宋代史研究会研究報告第九集

『宋代中国』の相対化

二〇〇九年七月二十七日発行

編　者　宋代史研究会©
事務局　福岡大学人文学部歴史学科山根研究室内
〒814-0180　福岡県福岡市城南区七隈8—19—1
電　話　〇九二-八七一-六六三一

発行者　石坂叡志

発行所　株式会社　汲古書院
〒102-0072東京都千代田区飯田橋二-五-四
電　話〇三-三二六五-九七六四
FAX〇三-三二二二-一八四五

富士リプロ㈱

ISBN978-4-7629-2866-6 C3322
KYUKO-SHOIN,Co.,Ltd. Tokyo. 2009

A Study on the Relativision of Song Dynasty

(宋代中国的相对化)

(Research Report of the Song History Research Group：No, 9)

by IIYAMA Tomoyasu 飯山知保、KUBOTA Kazuo 久保田和男、
TAKAI Yasuyuki 高井康典行、YAMAZAKI Satoshi 山崎覚士、
YAMANE Naoki 山根直生

The purpose of the this book is to study Song dynasty relatively to various outside factors. It means following two important points. First comparing with academic results from other ages historical studies, we deconstruct the traditional time／spatial frameworks which are still based on each dynasties. Second, we re-examine state and society in detail in Song Dynasty which had existed from 10th to 13th centuries in East Eurasian continent, comparing with the rules of other political powers and overcoming the concepts of nation-state or Sinocentrism which have been almost regarded as Song dynasty's distinct characters. A large number of studies have almost regarded the characters of Song dynasty as core factors of modern nation-state. That is why historians have taken them very seriously in the studies on Tang-Song transition. However we must analyse and re-examine the concept of nationalism, previous studies, and primary sources critically, in short we need to consider all of the aspects in historical research in this book to relativise Song dynasty. But these approaches mean that we will face some difficulties which are peculiar complexities.

Now we try to deal with it in various approaches in following Sec. Ⅰ, Ⅱ, and Ⅲ.

Sec. Ⅰ : From the viewpoint of Song dynasty itself; Three authors working on song history try to re-examine the image of Song period by deepening the comprehension about the issues immanent in Song dynasty itself and utilising the concept of nation-state.

Sec. Ⅱ : From the viewpoint of historical studies on other periods; Three papers develop the relative historical perspective, by researching the Five dynasties, Yuan, and Ming Qing.

Sec. Ⅲ : From the viewpoint of neighbouring countries; Song dynasty is re-examined by Six articles which focus on Khitai（Liao）, Jin, and Koryo. These countries were existed almost the same period of Song dynasty.

First of all, we need to have a conversation and discuss with historical researchers who study other periods, for their studies and academic results are great benefit and stimulus to us. To explain Song dynasty, a comparison with other periods may be helpful and it offers the key to an understanding of Song dynasty. We hope this book present a good place to start to discuss the various historians' results.

Sec. Ⅰ : From the viewpoint of Song dynasty itself

关于宋代中央信息到地方的传达——以邸报与小报为中心

(A study on transmission to the provinces of the central information in the Song Dynasty)

by KUBOTA Kazuo 久保田和男

十一世纪，宋朝前半，一种被称作邸报的文抄，由政府发行，进而发送到地方。

邸报的功用，是藉着赏罚分明的人事讯息，敦促官吏们勤奋努力。除了人事公布之外，其中也刊载了诏令和奏折内容。由于非法份子滥用天灾等等的消息，加上邸报也在首都销售，亦即民间也会得知邸报消息，因此，统一邸报的讯息是政府切要的问题。政府密切注意着不利政府的消息、虚构传言，以及将机密泄漏至国外的事。至于小报，也会有抢先邸报发出消息的情形发生。尽管政府对小报严加查禁，但是到了南宋中期，小报却已成了比邸报更重要的媒体。

南宋初期，宰相秦桧对所有的消息进行了严密的控制，邸报的消息发布也因秦桧的检查而遭到限制。这个时期，据说中央的消息无法顺畅传达至地方，使得国家合并上出现了不安定的因素。由此可知，邸报的消息传递在国家合并上有着举足轻重的地位。

唐代后半，有进奏院状，是各藩镇派驻在首都的进奏院官员，把得到的消息传送给藩镇的文件。宋代的性质则与唐代不同，消息是统一地传达至地方。亦即宋代利用邸报、小报，将统一的消息传至地方，藉此使地方知识份子对政治的看法能与政府一致。邸报的发行，并不像近代西欧利用金属活字与轮转印刷机，能大量印制书籍和报纸，因为雕版印刷的印制能力仅仅数千张，因此发行至地方就已经到达了极限。另外，受限的不仅是「量」。邸报和小报的内容，也只限于诏书命令和官吏的人事命令等等政治相关的消息而已。

雕版印刷的发明，对唐宋时期的社会文化造成了许多变化。可是由于雕版印刷的印制量有限，消息的传达范围自然受到限制。因此，富有阶层与一般平民所接收的讯息，便有着明显的差距。在中国，这个差距之所以持续不变，并非只在于雕版印刷的印制量问题。我认为，邸报消息传达的极限，只是凸显一部分贫富差距的现象。

The Regulation of Jinye in the Song Dynasty

(宋代禁謁制度的演變)

by MIYAZAKI Toshiaki 宮崎聖明

宋朝有禁止官員會見賓客的規定，叫“禁謁”，或者叫“謁禁”。本稿對禁謁制度的沿革和施行情況進行考察，併關於官員的日常動態、政府管理官員的方針和宋朝立法精神的特色，加以探討。

法律用語“禁謁”是禁止接待賓客（受謁）和自己訪問別人（出謁）的規定，而“謁禁”是禁止出謁的規定。但在一般的史料上沒有進行嚴密的區分，南宋時期，有很多把二者的意義相混淆的事例。

史料上，最早的“禁謁”一詞出現於神宗朝，但是從太宗朝已經有禁止受謁的規定。當時規定的對象是財政機關的三司，主要目的是防止請託。在真宗朝，整備中央政府機關和官僚機構，行政業務變得複雜，宋朝政府要求官員專心於自己的職務，所以禁止規定的適用範圍拡大。

在仁宗朝，隨著官員犯罪率的增加，有關裁判的請託也開始增加。於是，對於具有司法權的三司、御史臺、開封府的禁止受謁規定，顯得更加嚴厲。同時，歐陽脩建議禁止翰林學士以私人身份訪問宰執。這個建議的目的，是為了給予翰林學士跟唐代的學士一樣的特別待遇，並且提高他們的權威。

繼承上述的諸規定，神宗朝完成了“禁謁”制度。總結其特點有三：第一，對於中央官廳的大部分官僚施行禁止出謁的規定。第二，禁止規定的適用範圍拡大到地方官員。第三，罰則規定比以前更加嚴厲。雖然在哲宗朝，受到新舊法黨黨爭的影響，稍有緩和，但是規定的基本內容一直繼承到南宋時期。孝宗朝，對大理寺的禁謁規定越加嚴厲，規定在寺內建築官舍，而且要求官員必須在官舍居住，同時也限制了假日的外出。

史料上很少能夠看到施行禁謁規定的事例，大部分的貪污官員按照更重大的犯罪受到懲罰。而且，因為禁謁的罰則比較輕，所以禁謁規定可能沒有顯著的實效性。但是，宋朝把實效性薄弱的禁謁規定繼續保持下來。這個事實表明把細微的案件制定為成文法，可見宋朝獨特的立法精神。

宋代食羊文化与周边国家——以北宋与辽、西夏的关系为中心

(A Sheep Eating in Song Period and the Neighboring Coutries: Focusing on a relation of Northern Song Dynasty and Liao, Western Xia Dynasties)

by SHIO Takugo 盐　卓悟

十至十二世纪的东亚世界，独立性很强的辽、西夏等北方民族政权日益强盛。相比之下，北宋政权，显得有些势弱。尽管北宋在政治上相对这些周边国家处于劣势，但在经济上一直处于优势。以往的研究论文主要集中在北宋与辽、西夏之间的榷场贸易问题，却很难发现有关羊文化的专著。羊对于辽、西夏等北方民族来说，是国家的基本物产，是对北宋的重要交易品之一。

首都开封的奢华饮食文化，正象征着北宋雄厚的经济实力。而羊肉又是重要的奢侈品之一，通过由国家编撰的《宋史》、《续资治通鉴长编》等史料，可知整个北宋时期，尽管是在非日常空间，羊肉作为战利品、下赐品、祭祀用品、俸禄、御厨食品、交易品以及赠答品等，使用于各种不同的场合。北宋时期，羊肉是贵重的食品。围绕羊的问题，周边关系也不时会发生变化。北宋的开封，以宫廷为代表的官僚和富裕市民大量消费了作为奢侈品的羊肉。从北宋宫廷的羊肉消费量来看，仁宗前期每年大约消费十万只，到后期每年大约消费一万五千只至二万五千只，虽然消费量减少了，但仍是个庞大的数字。北宋的开封拥有以宫廷、官僚和富裕市民为主体的羊肉消费群体，因此，中央政权有必要确立一个羊肉供给体制。

开封是食羊文化中心，北宋王朝把大量的羊肉供给基地着眼于辽和西夏。北宋时期，尽管国内的河北、河东、陕西等华北一带的牧羊业很发达，但只靠国内的供给远远满足不了国内市场的需要。

尽管从遥远的辽和西夏进口羊只有很大困难，但北宋王朝耗费了很大的精力，从两国进口了大量羊只。辽国灭亡、北宋受到金国入侵，在钦宗时期的靖康之变(1126～27 年)之际，这种羊肉供给体制遭到了破坏。

北宋王朝把辽和西夏设定为开封的羊肉供给基地，主要基于以下几个理由。第一，以农业为主的北宋与以游牧经济为主的辽和西夏，在经济性质上有所不同。第二，北宋与两国之间在物价上存在差异。第三，为了回收岁币，北宋政府施行了继续同两国进行榷场贸易的对外政策。北宋初期，西夏是开封的主要羊肉供给基地，但澶渊之盟(1004)之后，主要依靠辽来满足开封的羊肉需求。

从北宋与辽之间有关羊的记载，可知澶渊之盟以前，有很多羊作为掠夺品的记载，但随着两国之间邦交的正常化，羊演变成代表友好、交易等的“和平”的象征。

另一方面，北宋和西夏之间有关羊的记载，反映了两国之间流动的、不稳定的关系。除了若干个例子以外，整个北宋时期有很多关于战利品的事例。北宋王朝根据不同时期，从西夏引进羊只的方式也有所不同。战时以战利品的形式获得羊只，而平时作为交易品进口羊只。

如上所述，可知称之为“宋代食羊文化象征”的开封的主要羊肉供给基地是辽和西夏。与北宋相比，虽然两国在经济上处于绝对的弱势，而且在政治上与北宋的关系很紧张，但它们与北宋在淮水以北地区构筑了“食羊文化圈”，维护了首都开封的羊肉消费。作为经济大国北宋，一部分的羊肉需求主要依赖于两国，表明北宋与两国的经济关系具有互补的一面。

Sec. Ⅱ: From the viewpoint of other ages historical studies

五代之〈中国〉与平王

(“China” and Pingwang (平王) in Five Dynasties)

by YAMAZAKI Satoshi 山崎觉士

从《五代史记》概观欧阳修的五代十国观，他以〈五代之君〉统治的中原王朝之〈中国〉以及该〈中国〉以外的十国为当时的天下。欧阳修所看到的时代像有很多值得我们学习之处。本稿想对关于天下核心的〈中国〉进行探讨。

本来讨论前近代中国国家时，与近代国家不同，对于国家及其周边的政治秩序，无论在理念方面还是在实体方面，都构造于其国家的政治制度内。对于该国家构造,对自国和周边地域的划定与政治的秩序化是不可避免的。因此，为了掌握前近代中国国家的性格，也有必要对包括该理念的、实体的秩序构造进行了解。

于天下四分五裂的五代十国时代，〈中国〉意味着中原王朝的直接实效支配的领域。然而该〈中国〉并不是自明之领域。为了表现它是中原王朝的支配领域,在理念上设定了边界领域。就是表现东南西北边界之爵号的平王被设置于〈中国〉之内。

当时所看到的王号，有上自国王、一字王、两字王、两字郡王。两字郡王是赐予于人物的，而其外的则是根据土地所赋予的。其中，平王号位置于一字王和两字王之间，乍一看来，会想到是两字王的一种。但是两字王的情况是，被赋予的土地和地名在原则上是相符合的，然而唯东南西北的平王与地名不相符，根据应有的方位将他们设置于东南西北的边界。自此，已经不会认为平王是两字王的一种了，可以推测这是为了划定领域的五代特有的秩序装置。于是，中原王朝通过在〈中国〉的边界设置平王而达成了边界支配，其西北边的平王继续移动且担负了攻守夷狄的任务，其东南边的平王则从事着入贡和商业流通的出入工作。尽管这些四边平王多次摸索自立政权并揭竿造反，但中原政权通过掌握其属州刺史的任命权也算是贯彻了直接实效支配。那是因为既然该地是〈中国〉，那么属州刺史任命权就归属于中原王朝，而不所属于平王（藩道），这是道制之原则。因此，作为中原王朝的论理，理念上平王所包围的领域就是〈中国〉，也是基于道制直接实效支配达到的领域。

也就是说，五代时期，在直接实效支配领域之边界的藩道等在分离的过程中，中原王朝作为直接实效支配领域的〈中国〉的政治表明而设置了〈平王〉，中原王朝将〈北平王〉、〈南平王〉、〈东平王〉、〈西平王〉分别置为〈中国〉的境界，还作为在空间上将〈中国〉内外进行分别的装置被观念化了。如此看来，可以说将〈中国〉在理念上划定的〈平王〉号，就是从〈天下〉的分裂和统一的互相竞争之中诞生的国家秩序装置,是由中原政权〈中国〉发信的。而且宋王朝一统天下，在与〈中国〉相等和的过程之中，五代〈平王〉号也就结束了其历史的角色。

如前所述，如果斟酌五代期爵号的性格及与之相附随的政治因素，也就不能将荆南、南平王同列入十国之中了。但是，执笔《五代史记》的欧阳修也未采纳这种五代的情况。于是后世遵从他的历史观，荆南也就被列入到〈十国〉了。显然,〈十国〉的整数观念以及〈五代十国〉的历史观是通过基于宋王朝之正统性的欧阳修的历史观而诞生出来的。在此可以确认，将五代置于乱离，自己实现统一的宋王朝引以伟大的〈五代十国〉史观依然决定了我们看五代史的双眼，也会深切体会到其相对化之必要性。

“五德终始”说之终结——兼论宋代以降传统政治文化的嬗变

(The end of the Five Virtues theory; Changes of traditional political culture in China since the Song Dynasty)

by LIU Pujiang 刘浦江

以阐释政权合法性为目的的五德终始说建立在对宇宙系统的信仰之上，经过宋代儒学复兴的冲击，被宋儒以道德批评为准则的正统论取而代之。但五运说的残余影响仍长期存在，直到明代，朝野间仍在继续讲求德运。五运说在宋代所面临的危机并不是一个孤立的现象，而是中国传统政治文化的一种共同境遇。宋代知识精英对五运说、谶纬、封禅、传国玺等传统政治文化进行了全面的清算，从学理上消解它们的价值，从思想上清除它们的影响。宋儒的政治伦理观念在当时是高调的、前卫的，但到元明清时代就变成了普世的价值观。传统政治文化的这一变迁轨迹，向我们指引了宋元明清时代思想史的基本走向。

A study on Dadu in the Yuan dynasty: from the viewpoint of the civil service examinations system and graduation ceremonies

（从科举制度看元代大都）

by WATANABE Kenya 渡辺健哉

The purpose of this article is to provide a clarify various aspects of urban development of Dadu, the capital city of the Yuan Dynasty, through studies of civil service examinations and graduation ceremonies.

The article begins with a brief introduction of the civil service examinations system of the Yuan Dynasty. Civil service examinations in the

Yuan Dynasty were reinstituted in 1313, and were held 16 times from 1315 to 1366. The examination consisted of three stages;provincial, metropolitan, and palace examinations. The first stage, provincial examinations, took place on August 20, 23 and 26. Metropolitan examinations were held on February 1, 3 and 5 of the year after the provincial examinations. The last stage, palace examinations, took place on March 7. Results were announced in order of score only after the palace examinations had been completed.

In the second half of the article, the author describes the provincial, metropolitan, and palace examinations held in Dadu. Provincial examinations in Dadu were held at the Kung-Yuan Examination Bureau in Nan-Cheng City. Examinees from different regions, that had passed the provincial examinations gathered at Dadu and, were welcomed by their countrymen living in Dadu. Metropolitan examinations were held at Chih-Kung Tang Hall, east of the Han-Lin Artisans' Bureau. Although the exact location of the Han-Lin Artisans' Bureau in Dadu is uncertain, it has been at the center of Dadu since 1333. Palace examinations were also held at the Han-Lin Artisans' Bureau.

In the last section of the article, the author introduces the ceremony held for the candidates. The announcement of the names of candidates was at the Chung-Tien Gate. The celebration party was held several days later after which, they visited and thanked the Emperor and bureaucracy of the Secretariat Department. Finally they visited the Directorate of Education and Confucian Temple, engraved their names on the stone, and paid homage at the Confucian Temple. In addition to this official ceremony, there was another ceremony reserved exclusively for the examinees. The so-called

"Association of the Classfellow" provided opportunities for interaction between the same year graduates. It was not uncommon for them to continue gathering in the years that followed maintaining a friendly relationship among examinees of the same year.

This article clarifies the graduation ceremonies of civil service examinations. The author wants to point out that : First, graduation ceremonies of civil service examinations in the Yuan Dynasty were more similar to those of the Ming Dynasty than those of the Song Dynasty. This might be explained by the fact that both the Yuan and Ming Dynasty chose Beijing as the Capital.That is to say, the location,route,and schedule of the graduation ceremonies during the Ming Dynasty followed the rules of the Yuan Dynasty. Second, a perspective on Dadu in the middle of the Yuan period is provided by the studies in this article. That is, the spread of the city from it's center to the east and west until the middle of the Yuan Period. Although much of the connection between the Beijing of the Yuan and Ming Dynasties still unclear, the fact that Dadu was the stage of politics and society can be learned from the phenomenon in the middle of the Yuan Period.

Sec. Ⅲ: From the viewpoint of neighbouring countries

关于契丹国（辽朝）宰相制度与南北二元（重）官制的考察

(A Study of the Prime Minister System and the Northern and Southern Dual Government Organization in the Kitai (契丹) [Liao (遼)] Dynasty)

by TAKEDA Kazuya 武田和哉

10 世纪初期建立的契丹国（辽朝），有一种叫做宰相的官职。根据《辽史》的记载，我们可以确认到这个名词由建国当初至灭亡前为止的存在。它是贯穿了整个辽代的一个重要官职。

契丹国的宰相，由名称来看，可以想象到它是由中华（汉）起源的官职。在契丹国的官制当中，我们还可以看到诸如惕隐和夷离菫等突厥起源的官名。这是因为契丹处于突厥的支配下时被采用的官名。这在《旧唐书》等史料里有明确的记录可判明。因此，宰相这个名称同样可以考虑为是契丹在唐朝的羁绊下时被采用的可能性非常高。

契丹国的宰相分为北府・南府两种。它一边帮助皇上参与政治的枢要，同时还担任统治各自管辖内的游牧部族。在建国初期，契丹国的部族制与軍事制度有着密接的关系，宰相担任部族的统治，同時也参与着軍事方面的诸多问题。

然而契丹国的领土扩大至合并了燕云十六州。从而，契丹人就得统治非游牧民族的汉族人及属农耕地带的汉族人地区。于是在世宗皇帝时期便制定了统治北方游牧民族的北面官与统治农耕民族的南面官这种官制。这便是历史闻名的南北双轨官制。

这个制度被导入之后，宰相在北面官制中，与以前相同分为北・南两个府履行着部族的统治。但是，如《辽史》等一些当时的史料中都误解为北面官包含北府宰相、南面官包含南府宰相。可是，实际上北府・南府宰相都属于北面官，担当统治游牧民族。

北面官最高的地位为北院枢密使，而南面官最高的地位为南院枢密使。从世宗皇帝时代至圣宗皇帝时代为止，北院枢密使由契丹人来担任，南院枢密使由汉人来担任。这是根据尚有的统治原则规定的。也就是游牧民与草原地带由契丹人来担任统治、汉人与农耕地带由汉人来担任统治。

根据调查被任命为宰相的人物的出身背景，我们发现，北府宰相主要由国舅族里，而南府宰相主要由皇族里来分别被选出。但是也有例外。汉人的任用数也颇多。任用汉人的实例主要由圣宗皇帝时代起有了增加，到兴宗皇帝时代以后就非常显著了。本来，担任统治游牧部族的官员里任用为数众多的汉人是非常以外的事情。

从开始起用汉人来担任宰相的圣宗皇帝至兴宗皇帝的时代，契丹国的官制就发生了一些变化。关于上述的枢密，北院枢密使由制度採用初始时直至灭亡时期为止，一直任命契丹人来担任，这一点没有什么变化。可是，南院枢密使，到了兴宗皇帝的时代，就由契丹人代替了汉人来担任。另外，虽然只是形式上的制度，还制定了由皇太子兼任两个枢密使的制度。

综合一下上述的情况，我们可以了解到，制度已变更为把处于上层地位的枢密使，原则上基本起用契丹人来担任，包括参与统治汉地。与此相比、担任部族统治的北面官的北府・南府宰相时而起用汉人来担任，在契丹人北院枢密使的下面汉人宰相也参与统治游牧民的情况。

由上述情况来考察，我们可以想象圣宗皇帝发出的诏令「朕以国家有契丹汉人故，以北南二院分治。」的统治原则已被改变，契丹国的南北双轨官制的内部发生了重大的变化。

作为这些变化的背景，一是起用汉人的贡举制度在圣宗皇帝初期被导入，有了稳定地任命汉人官僚的体制。另外，契丹人统治汉地的实绩积累，出现了不必依赖汉人统治汉地或汉人的可能性，这也是其理由之一。

经过这些重大的变化，宰相的职权也由建国初期有了变化。《辽史》中规定，北・南院枢密使，北・南府宰相，北・南院大王的各个职掌均为抽象性的职掌，无论哪一个都具有重复性的内容。另外，在游牧民社会里，部族制度与军事制度为内外一体的制度，这些各个职权的职务内容很难区别。

我们比较一下这些职权的内容，枢密使原本为执掌军事制度中心的官员，大王为皇族出身部—迭剌部的部长起源的官员，在他的掌管下有着強大的兵力，驻扎在南部国境地带行使着任务。这两个官职都有着直接的军事权限。与此相比宰相只是统治部族的职务。由此可以推想宰相的职务由涉及军事问题而逐次缩小・变化至统治部族的内政问题。

作为本篇论文的结论，它指出了契丹国的南北双轨官制由圣宗皇帝至兴宗皇帝时期为止发生了重大的本质性的变化。那么，我们也不得不考虑到作为政治制度发生重大变化的背景，契丹国的社会也发生了相当大的变动。至于这些变化的实态，今后将是契丹国历史研究的重要的课题，有必要从各个角度来研究。

A study on the international situation of the Northern Song Dynasty in the latter half of the 11th Century

(11 世纪后期北宋的国际地位——以宋丽邦交恢复及契丹的存在为线索)

by MORI Eisuke 毛利英介

This article intends to put the history of Northern Song 北宋 in the relativity, placing it in the international relationship at that time, through the restoration of the diplomatic relationship between Northern Song under the reign of the Emperor Shenzong 神宗 and Koryo 高麗 under the reign of the King Munjong 文宗, from the viewpoint of the history of the Liao 遼 Dynasty.

In chapter 1, we trace the details of the restoration of the diplomatic relationship between Song and Koryo following Liao's intervention, and realize the importance of its political-diplomatic aspect, while confirming the importance of the economical-commercial aspect, having been emphasized so far.

After that, we examine the article of Gaoli-gongan 高麗公案 in Dongpo-zhilin 東坡志林. Although we cannot accept as perfect fact the description that the direct meeting of the officials of Northern Song and Koryo described in the article served as the trigger for the restoration, we can find in it some truth that the restoration, which tends to be treated as the policy competing against Liao, was in need of Liao's tacit consent.

In chapter 2, we examine the bilateral international relationships of Eastern Eurasia in the latter half of the 11th century, in order to confirm the results of chapter 1. Our research found that the situation of Northern Song was inferior to that of Liao in the multilateral relation, especially after 1040s. In addition to this, we discovered that the concept of direction, considering Liao as north, Koryo east, Song south, and Xixia 西夏 west, was common among these states to a degree.

After that, we examine the concept of direction from the viewpoint of Northern Song. To be specific, Liao lay to the north, Koryo the east, Vietnam the south, Xixia to the west, with Northern Song in the center. However, it was partly common for the officials of Northern Song themselves to recognize her as "south". In addition to this, the concept from Northern Song was not common in the surrounding states.

From the arguments above, we can conclude that Northern Song was not the “middle kingdom” 中国 as the political-diplomatic center, and that this role was played by Liao. At least, there were two “middle kingdoms ”at that time, with Northern Song assuming the role of the lesser one.

We conclude that the restoration of the diplomatic relationship between Song and Koryo for Northern Song was merely an act of the virtual decoration as the middle kingdom under Liao’s hegemony.

Xiao miao-jing and Empress Dowager Tu-dan: One process of succession of Kitan（Liao）Buddhism

（萧妙敬与徒单太后——契丹（辽）佛教继承过程之一——）

by FUJIWARA Takato 藤原崇人

There are two kinds of genealogies of Buddhism that developed within the Jin Dynasty that rose in the 12th Century. In one, it is the genealogy by way of the Tang Dynasty and the North Song Dynasty, and one is the genealogy by way of the Tang Dynasty and the Kitan Dynasty. There is a tendency that the latter has been fixed to negligence compared with the former.

Wu-zong (武宗) of the Tang Dynasty carried out a large-scale suppression of Buddhism in 845. This Buddhism suppression was extremely severe. 4,000 or more Buddhist temples were destroyed throughout the country and over 200,000 monks were forced to return to secular life. This was a turning point in the decline of traditional Buddhism and a Zen sect that integrated daily life with training prospered.

Following the above suppression of Buddhism, an environment that promoted continued belief in the religion was maintained in certain military cliques. One of these areas was You-zhou (幽州)(present Beijing). The Kitan Dynasty inherited this region from the Hou-jin Dynasty, and made this region the base for research and the Buddhist faith.

Recently, it became clear that the succession of Kegon sect in Yan-jing (燕京)(former You-zhou) from the Kitan Period to the Yuan Period. In this succession of Buddhism that exceeds such an age, the mediation of the Buddhism field in Zhong-du (中都) of the Jin Dynasty becomes indispensable. Naturally, Buddhism in the Kitan Dynasty had been succeeded in Zhong-du. Then, how was the Kitan's Buddhism succeeded in Zhong-du ? This treatise looks at providing an answer to this question.

Chapter 1 aims to confirm the influence of the Kitan's Buddhism in Zhong-du and I have focused on the human affairs of official priests (僧官) that had jurisdiction over this region. Official priests were responsible for the management of Buddhist temples and monks in a certain area and for a variety of religious clerical work. The human affairs of official priests at that time reflect the intention of the Buddhism field in the region.

At present, there are five monks who are confirmed to have become official priests of Zhong-du. They were monks who belonged to a large sect and Buddhist temples since the Kitan Period. The strong influence of the Kitan's Buddhism in Zhong-du is clear.

Chapter 2 discusses the succession of the Kitan's Buddhism in Zhong-du. I paid particular attention to the point of the supply of talent. My main source of information was a stone inscription recording the achievements of the nun, Xiao miao-jing (蕭妙敬)(1121-1187) .

First, I described the achievements of Xiao miao-jing based on this stone inscription. She trained up in Ji-zhou (済州) and became famous as a nun of the Kegon sect. In 1156 she accompanied Empress Dowager Tu-dan (徒単太后) and entered Zhong-du. And she became a priest of a temple named Xian-qing-yuan (顕慶院).

At that time, a large number of royalties of the Jin Dynasty embraced Buddhism, and Empress Dowager Tu-dan was one of them. Xiao miao-jing enjoyed a close friendship with Empress Dowager Tu-dan.

Next, I discussed the realities of Buddhism faith in Ji-zhou, which was the birthplace of Xiao miao-jing. Under the rule of the Kitan Dynasty, this region was called Huang-long-fu (黄龍府) and functioned as a strategic traffic location in the east.

In Huang-long-fu, the Buddhism faith became active. Huang-long-fu served as a base city for Buddhism in the Kitan Dynasty in the east. It is thought that the intention of the belief of Xiao miao-jing was due to the influence of such an environment.

A monk who grew up in an old area of the Kitan Dynasty, and absorbed the Buddhism of the ground moved to the south, and entered Zhong-du. There is a side to which the Kitan's Buddhism in Zhong-du had been succeeded to by the inflow of such talent. In light of this ,the transfer of the capital　(from Shang-jing Hui-ning-fu (上京会寧府) to Zhong-du) carried out by Hai-ling-wang (海陵王) in 1153, and the movement of Empress Dowager Tu-dan to Zhong-du played an important role in the succession of the Kitan's Buddhism in Zhong-du.

The Relationship Between Ceremonial Parties of the Koryo Dynasty and 大宴 of the Sung Dynasty

(高丽的宴会仪礼和宋的大宴)

by TOYOSHIMA Yuka 丰岛悠果

The purpose of this article is to build the foundation for clarifying an aspect of the acceptance of Chinese ceremonial culture in Koryo, and grasping the whole image of the ceremonial system of the Koryo period. This article takes up 大宴, that is one of the ceremonial parties held by the king for the which the king gave to the subject in the Koryo dynasty ,and considers a connection with Chinese ceremonies, especially those from the Sung Dynasty. Ceremonial parties held by a sovereign are not only a place of fraternization between the king and the subject, but also a place for political and social interaction. Moreover, such events portrayed the cultural essence of a dynasty, and are helpful for studying the contemporary period in order to understand what kind of ceremonial party was performed.

Since it was held for the purpose of celebrating the birthday of 太祖 at the beginning of the Sung Dynasty, 大宴 had been held on national felicities and 郊祀, 籍田礼, and generally took place during spring and autumn. They were grand parties at which artificial flowers were presented to bureaucrats by each of their government posts. Koryo introduced this ceremony in 960-1051, and formed the ceremonial program using the program of Sung's 大宴 as a foundation albeit changing it partially.

大宴 which was introduced into Koryo affected the formation of the program of other ceremonies including ,燃灯会 and 八関会. 燃灯会 and 八関会 were racial events which were based upon Buddhism or folk religion as the ideological background. Although the parties held by the king on these events were not based on folk religion, they were ceremonial parties based on 大宴.

Lastly, the author refers to the problem of how 大宴 was introduced into the Koryo Dynasty from the Sung Dynasty and considers the possibility of a connection between ceremonial literature from the Sung Dynasty and the experience of envoys. In this process, the author looks at what kind of people may have been involved in sharing information pertaining to ceremonial programs in China and Koryo. This problem is one of the points of argument in order to provide a clearer picture of the diffusion of ceremonial culture.

On the Local Elites in the Liao Period: Focusing on the Wudingjun（武定軍）

（辽代士人层的动向——以武定军为中心——）

by TAKAI Yasuyuki 高井康典行

The studies on the local elites in the Liao period had been limited elementary research or study of some powerful families because of historical materials restriction. However, historical materials that discovered by excavation investigations in recent years, it is expected that a concrete image of the local elites in the Liao period is clarified more than before.

In this paper, I analyzed attitudes of the local elites, especially focusing on the courses of appointment to official ranks, in the Wudingjun（武定軍）——composed by Fengsheng prefecture（奉聖州）, Guihua prefecture（帰化州）, Kehan prefecture（可汗州）, Ru prefecture（儒州）, this is, present Zhangjiakou city（張家口市）——and examined the changes of their social status in the Liao period.

In the first half of the Liao period, local elites in the Wudingjun were appointed to staff officer or lower class military officer for generations; like, family Zang（臧）of Fengsheng prefecture, family Jiang（姜）of Guihua prefecture and family Wang（王）of Huaian county（懐安県）. It reveals that those families acquired official title, and extended their social influence in the region, by being connected with Military Commissioners（藩鎮）. On the other hand, there were some powerful families who got official post beyond the boundary of the region, who maintained high rank post in generations, and were connected with other powerful families. Some member of these powerful families was appointed to officials in the Wudingjun. Apparently, the relation between the local elites in the Wudingjun and the powerful families in the Liao period was similar to the relation between the rising families and the aristocrats in the latter half of Tang Period of other regions. However, from in terms of their origin, there was not much difference between them, in the Liao period.

The latter half of the Liao period, local elites who remained in local community, desired to be connected with the court by taking the examinations. Under such circumstances, the relation between Military Commissioners and local elites that had been seen at the first half of the Liao period became weak, and promoted grasp of the local elites by the central court.

This tendency is also seen in the society of the Five Dynasties (五代) -the Northern Song (北宋) ; therefore, it is possible to say that the social transformation since the latter half of the Tang period continued without impediment under the Kitan rule. In other words, the system of integration by the examination was formed—at least in Chinese community-- in the Liao dynasty as well as the Song Dynasty.

Family Duans in Jin-Yuan period : Local Elites in Lower Fenshui Basin during the 12th to 14th centuries

(金元時期的稷山段氏家族

——十一到十四世紀山西汾水下流域“士人層”的連続与変蛻変——)

by IIYAMA Tomoyasu 飯山知保

Was there any significant difference in the local Northern elite's attitude toward the central government and local society when compared to their Southern counterparts during the 12th to 14th centuries? How much influence did the Mongol conquest exert upon local literati in North China? Based on commemorative inscriptions and epitaphs, this article examines the history of local elites following the Jurchen conquest of the lower Fenshui basin, Shanxi.

A pivotal turning point came with the Mongol invasion. Following the collapse of Jurchen Jin rule, which had essentially inherited the administrative and recruiting systems of the previous Song dynasty, the Mongols established a relatively alien ruling system in northern China.

This resulted in the fall of the majority of prominent local families as they failed to adapt to the new system and the rise of new families with ties to the Mongols. Throughout this historical process, local elites continued to strive to maintain and improve their elite status in holding power in their localities. Their efforts were, however, not concentrated into the civil service examinations. As new recruit systems which Mongols established were far more diversified compared to those of Jin dynasty, and local elites had to choose the most suitable route to obtain official ranks. The favored routes were to gain a connection with Mongols or high-ranking officials, or to serve as clerk. In contrast, the civil service examinations played a limited role as it was not a route which provides an only way to officialdom like the civil service examinations in Jin or Song period. Consequently, number of local literati who eagerly take the civil examinations decreased dramatically after the Mongol conquest in the lower Fenshui basin.

Under these historical conditions, the status of local Northern elites was far more unstable and subordinate than that of their Southern Song counterparts. The local history of the lower Fenshui basin presents an interesting case study for considering the dichotomy in Chinese social history during the 12th to 14th centuries.

宋代史研究会
研究報告第九集

『宋代中国』の相対化

汲古書院

『宋代中国』の相対化　目次

宋代史研究会研究報告第九集

『宋代中国』の相対化

飯山知保・久保田和男・高井康典行・山崎覚士・山根直生

本報告集のテーマ「『宋代中国』の相対化」について
見直されるべき宋代史像とは
本報告集の構成

本報告集のテーマ「『宋代中国』の相対化」について

1　『宋代中国』の相対化

これまで宋代史研究会では、「トータルな宋代史像」あるいは「総合的な宋代史像[1]」を目指し、宋代に関して取り組むものであれば歴史学のみならず文学・思想・宗教・美術など関連諸学との交流を積極的に図ってきた。しかし近年、唐代・元代など他の時代史に関する研究を見ると、むしろ歴史学研究そのものにおいて、各朝代史の時間的・空間的枠組み、さらには「中国」という枠組みさえも解体・再構築する努力が進んでいることに気づかされる。

とりわけ、かつて「塞外史」とも呼ばれ「中国」から外在的なものと見なされがちであった領域での最新の成果は、単にそれらの領域での深化と言うにとどまらず目覚ましい。農耕文化や漢族を無自覚に主位に置きがちであった従来の「中国」概念を批判する、元代史ならぬモンゴル時代史の杉山正明氏、唐代史ならぬ中央ユーラシア史の森安孝夫

氏らは、その代表的論者と言えるだろう。(2) こうした動向の背後には、冷戦終結以後グローバル化と国家の相対化を加速させた現実の社会情勢、そこで入手・閲覧の可能となった新たな資史料、そしてこれらにより要請された史上の国家像の見直しという学問的課題があり、ゆえにこそ斬新な成果と年若い研究者の参加を得ているものと思われる。

他方、これまでの宋代史研究会では、あるいはより広く日本の宋代史研究全体は、こうした情勢と課題に応える上でどのような蓄積を有しているだろうか。そもそもさかのぼれば、宋代史研究のあり方に今も大きな影響を及ぼす唐宋変革論をめぐる諸先学、内藤湖南・宮崎市定・前田直典らの研究は、唐や宋といった一朝代にとどまらずモンゴル時代史にも及ぶ知見と、決して「中国」に限定されぬ世界史的な視野とを基礎として発されたものであった。(3) 最新の研究に目を転じても、多くの宋代史研究者が参加し二〇〇九年現在も進行中の研究プロジェクト、通称「にんぷろ」こと平成十七年度〜二十一年度文部科学省特定領域研究「東アジアの海域交流と日本伝統文化の形成——寧波を中心とする学際的創生——」(http://www.l.u-tokyo.ac.jp/maritime/) などは、海域や港湾都市という新たな考察空間の設定からこれに応えようとする試みとも言えようか。

しかし、宋朝の歴史的過程やその社会のあり方により大きな作用を及ぼしたと思われる大陸側の諸国家、遼・西夏・金・モンゴルとの関連を問うことは、戦後以来の宋代史研究において低調であったと認めるべきであろう。たしかに、宋とこれら諸国との和戦の展開、澶淵の盟などといった重要な政治・外交的事件史の研究は早くから取り組まれている。だが他時代史の成果から学べば、ここではこうした「宋朝と周辺王朝の外交関係史」のみの充実をもって充分とはできない。国家の単位のみを主体としその境界においてきっぱりと社会に線引きさえしてしまう近現代国家の概念や、諸国家を序列化しそのいずれかのみを正統とみなす中華秩序の概念を克服することが必要であろう。言い換えれば、中華と周辺という根強い枠組み自体を、「宋代」ならぬ十〜十三世紀の東ユーラシアにおいて解体し、宋朝の支配領域における国家と社会の歴史的様相を、他の政治権力の支配領域との相互関連もふまえて問い直す視点こそ求め

られよう。本報告集のかかげる「『宋代中国』の相対化」とは、このような意味を持っている。

見直されるべき宋代史像とは

ではここに相対化を図ろうとする「宋代」とは、そもそもどのような時代なのか。あるいはどのように理解されている時代なのか。宋代に関する多年の研究史の全貌をいま述べ尽くすことは不可能である。またむしろここでまず確認すべきものは、宋代の実態かそれへの認識か必ずしも明確に区分されることなく、それだけに我々の理解を規定する宋代のイメージ、時代像とも言うべきものであろう。自明・周知であるようでいて整理しがたいこの問題については、唐代と宋代の歴史的様相を「唐型文化」「宋型文化」として対比した、妹尾達彦氏による概括が参考になる[4]。その内容は以下のようである（傍線は筆者が付した。後述）。

	「唐型文化」	「宋型文化」
○要素	老荘思想・仏教・胡人習俗	民族意識・儒教思想・科挙制度
○思想文化	ハイブリッドな「外へ開かれた」文化	純粋を志向する「内に閉じられた」文化
○特色	多文化社会と遊牧民の影響	漢人共通文化の形成
○都市構造	多種族・多部族の衝突する危険に備える坊牆制	坊牆制の消滅した商業空間
○統治空間	外中国と内中国	内中国のみ
○統治者の差異	非漢人	漢人
○行政組織	形式的・複合行政組織	機能的・中央集権的行政組織

○体制イデオロギー　中華思想・普遍主義的イデオロギー　華夷思想・漢人中心主義的イデオロギー

これは、宋以降の中国史を「唐型文化」「宋型文化」の交互に反復する過程として大局的に展望するため、あえて図式的・対比的になされた概括であり、いま宋代史研究の立場から各論的に反論することは生産的でないと思う。ここでは仮にこうした時代像を再考の対象としよう。

その上で注意したいのは、「宋型文化」の特色のうち、とりわけ先に傍線を付した条項が、近代国民国家の特色に類似するものであるということである。それがかつて唐宋変革論においては、近代国家に先行する様相であるとの評価もなされた[5]。それは唐代や元代に関しては向けられることのなかったまなざしであり、意義づけであろう。そしていま我々は、この意義の基盤自体から問い直すことを求められているのである。やや先走ってそのあり方を展望するとすれば、

①二十一世紀を生きる我々自身をなおも縛る国民国家の概念が、前・前々世紀の先学の思考をどのように規定していたか、それが彼らの宋代史理解にどのように作用しているか。

②先学が依拠し我々もまたそうせざるをえない宋代史料の書き手たる宋代人《そうだいびと》は、対等の国家がせめぎあうという――その意味では近代国民国家の立脚する環境ともたしかに類似する――画期的な状況のもと、自らの国家とその歴史をどう認識し、何を理想として、それが彼らの記す同時代像にはどのような影響を与えているのか。

③以上、①②を整理した後に新たな「宋代」の国家像・社会像もうかがわれ、それを近隣国家の領域との相互関連において問い直すことができ、またひるがえって①②の「宋代」に対する認識をより客観化することも可能となる。

これらを単に①研究史の見直し、②史料批判、③史上の実態への再検討、ととらえてしまえば、どの時代史研究で

も同様であろう。だが宋代史の場合、現時点の国際社会における相対化自体が依然課題とされている、国民国家、ナショナリズムの問題を、①~③すべての段階とその相互の関連において幾重にも問い返さねばならないのである。[6]国民国家に類似する特徴を備えるが故に重要視され、いち早く研究の深化を見た宋代を、まさにその特徴そのものを相対化する視点で再考する。ここに、従来の意義づけを自ら掘り崩さねばならないという難問に加え、他の時代史とは異なった、「宋代中国」相対化のための独特な重層的困難性が生じている。我々の課題の克服はきわめて多面的な取りくみを必要とするであろうことを確認しておきたい。

本報告集の構成

以上をふまえ、本報告集は以下三部の構成とした。第Ⅰ部「宋代そのものへの観点から」では、宋代社会への内在的理解の徹底、新たな分析視覚などにより、宋代を主たる研究対象とする論者がその歴史像の見直しに取り組む。

久保田和男「宋朝における中央情報の地方伝達について――邸報と小報を中心として――」では、中央政府と地方官衙を結んだ情報媒体について考察する。いわば現在の官報に相当し筆写から木版印刷へと発展した邸報、時には不確かな情報をも報じるものでありながら南宋においては邸報より重要なものとなっていった商業新聞的な小報、国家統合を支えた宋代のマスメディアたる両者が、しかし畢竟官僚層のみを読み手とする限界に枠づけられていた点に注意を喚起する。先に述べた通り宋代は近代国民国家を先取りしたものと一面では評価されてきたが、これを批判的に再考した国民国家論の視点を援用して分析されることは稀であり、[7]こうした問題にきわめて自覚的な久保田論文の姿勢は本報告集の冒頭を占めるにふさわしい。

宮崎聖明「宋代における禁謁制度の展開」では、官僚の賓客との会見を禁止・制限する罰則、「禁謁」について取

り上げる。太宗・真宗朝で請託の防止と職務の円滑な遂行を目的に三司に対して適用されたこの制度は、仁宗朝では三司に加え開封府・御史など裁判の権限を持つ部門に対して、さらに神宗朝では検正官・地方官に対してと適用の幅を広げてゆく。こうした推移には慶暦新政・王安石新法などの政治動向があり、とりわけ禁謁規定の普遍化には神宗朝の「行政をいわばマニュアル化する」政治手法が作用していたという。制度としての実効には乏しく、南宋においては忠実な履行がむしろ批難されたというこの制度を宮崎氏が取り上げるのは、決して狭義の制度史的関心からではない。従来、まさに宋代史研究会において盛んに議論されながら「犯罪に関わる負の側面」については看過されてきた官僚の人的結合を実相においてとらえようとするものであり、法制史・社会史・政治史の成果を接合する視点としても興味深い。

塩卓悟「宋代食羊文化と周辺国家——北宋と遼・西夏との関係を中心に——」は、宋代の食文化に関する氏自身の先論をふまえ、羊肉をめぐる北宋期の交易・流通・消費の状況を明らかにする。北方遊牧民に由来し唐代に発達した華北の食羊文化は北宋においても衰えず、とりわけ首都開封においては「奢侈の代名詞」となっていた。その消費を満たしたのは、北宋領域内の官民の牧羊業、そして西夏・遼からの榷場を介した常態的な輸入であった。「食羊文化圏」として見れば淮水以北の北宋領はむしろ遼・西夏の領域と一体であり、『東京夢華録』にも描かれる華やかな開封の食文化はいわば北宋と諸国との経済的な相互依存の賜物であった、という。遼・西夏に対する北宋の圧倒的な経済的優位を強調する従来の宋代史像に対し、食文化の観点から反論を試みた一編と言えよう。

第Ⅱ部「他時代史の観点から」は、五代・元・明清といった他の時代の観点に立って宋代を再考する論考を収める。唐宋変革論の副作用というべきか、宋代といえばまずもって唐代との対比において語られがちであった。両宋変革、Song-Yuan-Ming transition といった近年の議論においても、前後の時代に対する全面的・包括的な「変革」の局面

に着目しがちであることは通底している。以下三本の論文はこうした姿勢とは距離を置き、宋代における個々の諸事象について、他時代からの純然たる比較史的展望を示している。

山崎覚士「五代の「中国」と平王」は、唐宋間に見られた王号、平王に関する検討を五代十国時代を中心として行う。五代において東西南北の各平王号は、華北の諸政権が実効支配しえた領域の境界付近に与えられるもので、いわば統一すべき領域を示す「理念的地理画定装置」であったが、実態としては華北政権に対し叛服常無ない勢力でもあった。それだけに、唐末以来の分裂状況を克服したと自ら任じた北宋人にとって、史上の平王の存在、とりわけ太祖の征伐を被った南平王＝荊南の扱いは論議を生ずるものとなる。こうした平王をめぐる五代での実態と宋代での認識の双方を明らかにする本論は、五代における「中国」の実態、そして今や教科書的理解となっている「五代十国」という宋人に発する歴史観自体、への再検討を試みる一編となっている。

劉浦江（小林隆道訳）「「五徳終始」説の終結――兼ねて宋代以降における伝統的政治文化の変遷を論じる」は、同氏「〝五徳終始〟説的終結――兼論宋代以降伝統政治文化的嬗変」（二〇〇六年初出）の日本語訳であり、本報告集のテーマにきわめて合致していたことから特に掲載をお願いした。土金木火水、五徳の移り変わりによって王朝の変遷を説明する「五運説」「五徳終始説」は、同じく権力の正当化に資せられてきた符讖・封禅・伝国璽とともに宋代に入ってその説得力を減じていく。秦漢以来のこれら「伝統的政治文化」に疑義を唱え転覆させた、欧陽脩を初めとする宋人の知的営為に関し、劉氏は「東洋のルネッサンス」としての宋代の画期性をある程度認めつつ、それが宋代では依然「少数の思想先行者だけの先知先覚」たるにとどまり、支配者の意識からも払拭されたのは、元、そして清朝においてであった、と述べる。宮崎市定による宋代への「ルネッサンス」との評価を周知のものとする我々にとっては、元明清でのさらなる展開をふまえ、宋代での変化を先駆的だが限定的なものととらえる後半の理解にむしろ学ぶところが多いと思う。

渡辺健哉「科挙制度から見た元の大都」は、官吏登用制度として宋代に一定の完成を見、以降の中国史の展開を大きく規定した科挙制度について、その社会全般との関連を把握することを目指す「広義の科挙研究」の立場から、元の国都大都での科挙儀礼に焦点を当てる。皇帝の科挙への関わりや合格儀礼などから言えば、元の科挙は宋代のそれと大きく異なる一方、明代に対しては強い連続性が見受けられるという。宋代科挙の画期性として評価される皇帝と科挙合格者との直接的な結合はこれらの儀礼によっても支えられていたものであり、他時代史との連続・断絶をふまえた宋代科挙に関する理解にはなお検討すべき問題が残されていることをうかがわせる。

第Ⅲ部「近隣諸国家の観点から」は、宋に並び立った諸国家、契丹（遼）・金・高麗の観点からする論考を収める。まず武田和哉「契丹国（遼朝）の宰相制度と南北二元（重）官制」では、広く知られるその制度的特色、南北の二元的官制について北・南府宰相を取り上げて再考する。一見きわめて中華的なものと映る宰相とは、宰輔者の存在する政治体制としては安史の乱以降～契丹国成立以前にすでに認められ、契丹国における実態を見ると聖宗朝後半～興宗朝を画期として漢人の任用が増えるという。他方従来は漢人をもってしていた南院枢密使では同時期に契丹人の任用が一般的となっており、こうした変質を遂げた後半期契丹国の官制を「二元的」と理解することは真に妥当であるのか、との疑義が示される。

毛利英介「十一世紀後半における北宋の国際的地位について——宋麗通交再開と契丹の存在を手がかりに」は、北宋と高麗の外交関係の展開を鍵として、宋遼の二国間関係のみにとどまらない多国間関係を展望し、当時の東アジアにおいて宋ならぬ契丹の有していた「中国」としての政治的地位を導き出す。唐宋間、東アジアの国際関係が国家主導の政治的なものから民間主導の経済的・文化的なものへと移行した、とするのは、高校世界史の記述などにも反映されている支配的見解だが、氏によればこうした史観は冊封体制論の枠組みの中で日本と宋との関係を主軸ととらえ

たことによるものであるという。

　この指摘を是とするならば、従来高く評価されてきた経済的・文化的側面での宋の国際的影響力は実態としてどれほどのものであったか、という問いが新たに生じよう。藤原崇人「蕭妙敬と徒単太后――契丹（遼）仏教継承の一過程――」は、金代仏教に対する宋代仏教の影響を重視した通説に対し、金の中都（契丹の南京、元の大都）に営まれた仏教界における契丹仏教からの人的連続性に着目して反論を試みる。「中都顕慶院故蕭苍厳霊塔記」から導き出された同寺の住持たる契丹人尼僧蕭妙敬の事跡、彼女を随行して上京会寧府から中都へ入った徒単太后（海陵王の義母）の存在などを通し、「中都の仏教、とくに教宗は、契丹本領に育まれた人材によってその存在が保たれていた側面が認められる」と結論づける。続いて、豊島悠果「高麗の宴会儀礼と宋の大宴」は、儀式次第や参加者の席次などから北宋から高麗へと伝播したものと思われる宴会儀礼、「大宴」を取り上げる。高麗におけるその導入の時期や、礼典を参照することよりも入宋使節の見聞によったと思われるという導入の経路、そして、仏教起源の燃灯会や土俗的信仰に基づく八関会といった高麗独自の年中行事にまで及んだその影響力が明らかにされる。藤原・豊島両氏の考察は、それぞれ仏教と宮廷儀礼という問題を通して先の問いに応えるものとなっており、しかもそれぞれの結論部分において宋が占めた地位に関する評価は相反している。第Ⅰ部の塩氏の論もふまえれば、経済的・文化的側面における宋代史像についてもやはりきわめて多面的な再考が図られるべきではなかろうか。

　契丹に関連するいま一本の論文、高井康典行「遼朝における士人層の動向――武定軍を中心として――」と、金元に関連する飯山知保「稷山段氏の金元代――一一～一四世紀の山西汾水下流域における士人層の存続と変質について――」は、ともにこれらの王朝支配下における士人の実態について考察する。一地域の士人層、あるいはそのうちのある一族に焦点を当てるそのアプローチは、唐代・宋代史研究では常套的とも言えるものだが、両氏のとりくむ時代・地域においてはこれらに倍する史料的困難が立ちはだかる。出仕経路の類型化といった創意や多数の石刻史料の検討

――文中では直接語られていない現地調査の労苦も背後にあろう――などによりこれを克服した両論は、科挙や士人、家族、宗族といった問題を通代的に論じるにあたって従来必ずブラックボックスとなってきた華北の長期的動向に多くの新たな知見を供しており、今後これらの問題に関しては必ず参照されるべき考察となろう。

以上十二編の論文から新たにどのような歴史像が描かれるのか。本来なら、再考の対象に設定した「宋型文化」に対し、どのような修正が求められるのか――プロト・ナショナリズムの時代とでも称すべき実態としての「宋型文化」が、一〇～一三世紀の東ユーラシアに特有の様相でもって再確認される可能性もあろうし、また逆にまったく新たなそれを構築する必要性も生じうる――、その展望を示すべきかも知れない。

だが、他時代史研究の動向に触発される形で構想された本報告集にとってまず必要とされるのは、やはりそれらの論者との対話であるように思う。毛利論文の末尾にふれられた、東アジア海域史研究などの「海の世界の視点」との接合も目指されるべきであろう。国境をこえた交流はこれまでの宋代史研究会においても努められてきたところであるが、各時代史をこえた交流の再活性化に本報告集が寄与することを願ってやまない。

註

（1）　宋代史研究会研究報告第一集編集委員会「発刊の辞」（宋代史研究会研究報告第一集『宋代の社会と文化』、汲古書院、一九八三年）。

（2）　杉山正明『世界史を変貌させたモンゴル――時代のデッサン』（角川書店、二〇〇〇年）、森安孝夫「ウイグルから見た安史の乱」（『内陸アジア言語の研究』十七、二〇〇二年）、同『興亡の世界史第〇五巻　シルクロードと唐帝国』（講談社、二〇〇七年）序章、など。

（3）　モンゴル時代史研究と内藤らの関連については、前掲杉山著書第三章「モンゴル時代史の研究―過去・現在・将来―」が

詳しい。

（4）妹尾達彦「都市の生活と文化」（『魏晋南北朝隋唐時代史の基本問題』、汲古書院、一九九七年）。

（5）唐長安城研究から出発して広くユーラシア全体の歴史的展開を展望し、新たな時代区分の可能性を唱える妹尾達彦氏は、唐宋変革説をめぐる研究史をふりかえり、特に宮崎市定において「近代国民国家」「民族国家」としての意義付けが宋に対してなされた、としている（「世界史の時期区分と唐宋変革論」、『中央大学文学部紀要』史学第五二号、二〇〇七年）。こうした問題をめぐる議論は数多いが、ここでは、増淵龍夫『歴史家の同時代史的考察について』（岩波書店、一九八三年）、寺地遵「日本における宋代史研究の基調」（『中国史学』第一号、一九九一年）、内藤湖南研究会『内藤湖南の世界――アジア再生の思想』（河合教育文化研究所、二〇〇一年）、などを挙げるにとどめる。

（6）妹尾達彦氏は、二〇〇五年一月、宋代史研究会を中心とする国際シンポジウム「伝統中国の日常空間」にディスカッサントとして参加され、同シンポジウムでの「宋代の国際関係と国内政治との関連を動態的に分析する視角」の弱さや、従来の宋代社会史研究における「宋代の国際関係と知識人の思想動向の密接な関係」を問う視角の乏しさを指摘している（妹尾達彦「宋代史研究の最前線に接して」、『宋代社会の空間とコミュニケーション』、汲古書院、二〇〇六年）。一シンポジウムの場に関するものであるとはいえ、傾聴されるべき指摘であろう。

（7）数少ない例外と思われるものに、宋代における「国境」の問題に先鞭をつけた金成奎氏の考察がある（同氏『宋代の西北問題と異民族政策』、汲古書院、二〇〇〇年）。

I　宋代そのものへの観点から

宋朝における中央情報の地方伝達について

——邸報と小報を中心として——

久保田和男

はじめに

本稿では、邸報と小報による情報伝達の諸相を分析する。邸報の問題については、すでに少なくない数の専論が先学によって公にされている。[1] 日本においては、古くに曾我部静雄氏の詳細な研究があり（曾我部一九四三）、最近では梅原郁氏が進奏院の研究の中で、論及している（梅原二〇〇〇）。本稿は、両氏がどちらかというと制度史の問題から扱っている邸報を、宋朝の政治文化の問題と関連付けて考察を深めてゆきたい。また、より商業的な情報媒体である小報についても邸報との関係を中心に紹介する。

情報伝達は、人間社会に不可欠なものである。文字の成立をはじめとする伝達手段の発達は、人間社会に多大な影響をあたえてきた。邸報や小報も、宋朝の成立、すなわち唐宋変革のなかで成立した情報伝達の新しい手段といえよう。したがって、邸報や小報を考察することは宋朝の特質をとらえる上で不可欠の作業なのである。そのための方法として、邸報や小報について宋代人がどのように語っていたのか、その言説を分析し、宋代人が考えていた邸報・小報の役割を明らかにする。具体的には、邸報・小報がもたらす情報を宋代人が共有する、その共有するという行為を宋代人がどう考えていたのか、どのような効果を生んだのかという分析が必要であろう。邸報・小報は中央の情報を地方に伝えるものであった。従ってこの問題は、中央と地方との関係の問題でもある。中央政府は、何のために邸報・小報といった新しい情報媒体を通じて情報伝達を行ったのだろうか。地方は、中央の発出する情報になにを期待していたのか。また、どのように読んだのか、その読み方も問題の一つとなろう。

邸報は、宋代初期に新設された都進奏院という役所が作製するものである。進奏院は奏邸と略称されるため、進奏院の報状は、略して邸報とよばれた。あるいは朝報ともいった。したがって、本稿は、まず都進奏院の成立の問題を

考えたい。そのうえで、都進奏院から発せられる邸報を巡る諸問題、もう一つの情報媒体「小報」の実態と邸報との関係という順番で、考察を進めてゆきたい。(本稿では『続資治通鑑長編』を『長編』、『建炎以来繋年要録』を『要録』、『宋会要輯稿』を『宋会要』と略称する。)

一、都進奏院の成立

進奏院は、唐代後半に藩鎮が上奏したり、首都の情報を集めたりするために設けられた機関である。[2] 五代以来、藩鎮の力を削り集権化をはかるため、支郡の直属州化が進展し、直属州も進奏院を開封に置くことが許された。財務機関や転運使なども、進奏院を置いた。太平興国二年(九七七)に藩鎮の支郡を廃止してからは、各州がすべて、京師に進奏院を設置することになったが、進奏官に人を得ない州もあり、制勅や諸司符牒などの文書の伝達が遅れたり、情報が漏れるという問題が生じた。そこで、太平興国中、何保枢が「鈐轄諸道都進奏院」を置き進奏院の統括的な管理をもとめたという(『皇朝類苑』二四、進奏院)。それを受けて、『長編』二三によると太平興国七年(九八二)十月に(『宋会要』職官二/四四　引用の両朝国史志によると、翌年の条にかけられている。)、各州の進奏院が統合されることになった。

まず開封にあった進奏院知後官二百人を相国寺行香院に集めて簡閲(選抜)し、一五〇人を選んだ。それぞれに二から三州を担当させた。かれらは、史料上は「成都進奏院」などとして登場する(『長編』一五四、慶暦五年二月乙卯の原注)が、都進奏院の成都府係なのである。また、『長編』二三、太平興国七年十月によれば、はじめは監・場務・転運使などの地方の経済官庁も進奏院を置いたという事だから、都進奏院にはその担当係りも置かれたはずである。[3] 彼ら進奏官の定額は後に一二〇名とされるが、[4] 南宋になると州軍数の減少のため八十一名となる。[5]

進奏院は、郵逓の中心であり、地方からの上奏の窓口である。また、政府から出される、制勅もほとんどが、ここから発出された。また士大夫たちが私的な手紙を交換するために使用することもできた。情報ネットワークの中心だったのである。次の呂陶「乞別給致仕状」(建中靖国元年)という文章は、進奏院からの文書逓送の状況を具体的に示すものとして貴重なものである。

建中靖国元年二月十二日において、梓州進奏官鄭永通の状申によるに称すらくは、正月二十六日逓到せし臣の致仕を陳乞するの奏状は、当日投進し訖んぬ、二十七日に計会し収取し到り、本官は前に依り集賢殿修撰致仕を許される、勅は二十七日申時において発せらる、達字号の馬逓にいれられ前去せり、と。臣契勘すらくは、上件の致仕勅命、馬逓の条限は日行三百里、梓州から京にいたるに三千六百里、計程するに合に二月初十日に在りて逓は梓州に到るべし。今《いま》来、已《すで》経に五十日、尚お未だ到るを見ず。都進奏院に縁るに、正月二十八日より以後、二月二十五日に至るのあいだ発来せし馬逓皮角は計十七件なり。並びに已に先次、州にいたる。惟だこれ臣の致仕勅牒のみ未だ到らず。臣しばしば人をつかわし本州より以て去きて鳳翔府に至る沿路に前件を根究せしむに、今正月二十七日の達字号の逓角は、まことにこれ未だ転送前来されず。窃に慮う、路にありて沈失せんと。……[6]

(『浄徳集』五)

梓州にあった呂陶のもとに届いた梓州進奏官の「状申」によると、呂陶の致仕をお願いする上奏が一月二十六日に到着し、二十七日の申時に許可する勅牒が発出された、それは「達字の逓角」(千字文で順番がつけられた封筒)に入れられ馬逓に付された。ここまでが、状申によって伝えられた内容である。馬逓は、一日に、三百里という規定である(曹家斉二〇〇二:一二一)。開封から梓州まで三六〇〇里であるので、十二日で到着するはずである。しかし、五十日たってもまだ到着しなかった。同時に、呂陶は「都進奏院」からの情報(べつの状申か)により、一月二十八日より二月二十五日までに、馬逓に入れられた梓州むけの皮角は合計十七通であることを知った。これらの馬逓皮角はすで

に州に到着しているが、直前に入逓された達字号の逓角だけが到着していなかった。そこで呂陶は、途中で失われてしまったと考え、再度、勅牒を発行して欲しい旨上奏するに至ったのである。

都進奏院と地方州軍の文書逓送ネットワークはかなりしっかりしている。個別の文書が地方官衙に到着したかどうか確認するチェック機能も備わっていたのである。邸報はこのネットワークをつうじて地方州軍に供給されたのである。次に、邸報について検討を加える。

二、邸報（進奏院報状・朝報）について

a、邸報の内容などについて

『長編』二三、太平興国七年（九八二）十月には、都進奏院成立以前の状況が、

晨に右掖門外廊に集まり、制勅及び諸司符牒を受け、午を将て、則ち各々私居に還る。事頗る稽緩漏泄す。

とあり、進奏知後官二百余人が、早朝から午（十一時から十三時）まで、制勅や諸官庁の下降文書を待ち、その後、各の居宅に帰ったという。これらの文書は右掖門外廊で配布されることになっていたのである。都進奏院成立後は、文書情報は都進奏院に集中され、地方へ伝達されるわけである。梅原氏（梅原二〇〇〇）も述べているように、都進奏院の進奏官は胥吏であり、それほど給与ももらっておらず、したがって情報によって利殖を図ることになる。

熙寧四年（一〇七二）、枢密院の属官であった劉奉世の上奏は、報状（邸報）についての基本資料である。分析してみよう（『長編』二二八、熙寧四年十一月庚寅）。

旧条を検会すらくは、進奏院、五日ごとに進奏官一名をして閤門において報状を鈔劄し、枢密院に呈を申し、定本によりて写録し報を逐処に供す、と。四方切に朝廷の除改及び新行の詔令を聞かんと欲し、而して進奏官も

亦た給を本州に仰ぐによりて、法を冒すを免れず、以て矯めて家書となして発放するを致す。監官禁止する由なく、日々罪戻をおそる。而して枢密院の定めるところの報状は、逓して外州に到るも、往往にして更に開省されず、徒に煩費と為る。

欲して乞うらくは、自今、枢密院の五日ごとの「定本報状」を罷め、諸道進奏官に、しばらく例によって供発するをゆるさんことを。応そ朝廷の已《お》えし差除・指揮の事および中外の常程の申奏の事は、並びに節写し通封もて騰報することゆるせ。

それ実封文字および事の辺機に渉る、幷びに臣僚の章疏等は、伝録漏泄するを得ず。犯者は、それ事実といえども、亦た違制科罪にしたがい、赦の降るもゆるさず。もし虚妄を増加するは、仍お編管せよ。もし敢て虚を承けて撰造し、伝報を致す者は、並びに厳断をおこない、事理重き者は、違制を以て論ぜよ。[7]

この劉奉世の上言は、「これに従う」と裁可されており、制度化されたのである。「旧条」では、枢密院に上げられた呈によって、枢密院は定本を作成し、それが正式な報状として、地方に配布されていた。この文面からすると、「写録」とあるから、手書きだったようだ。この制度は真宗咸平二年（九九九）からはじまったものである（『会要』職官二／四五）。ところが、傍線部のように、地方官たちの朝廷情報（人事情報と新しい詔令）に関する渇望と、進奏官の利益のため、枢密院の点検を待たずに情報を各所に伝達する進奏官の行為が慣例的に存在していた。そちらが地方の人々に先に伝わるから、枢密院が点検して作成された邸報は、形骸化してしまったという。配布されても開封もされないのである。複写・点検・全国に対する逓送、すべて無駄である。そのため、劉奉世は、「定本」を廃止し、進奏官が慣例的に行っている定本でない報状の配布に一本化することを提案している。

唐代の「進奏院状」[8]は、それぞれの藩鎮に関係のある情報を各藩鎮の進奏官が書き記したものであったが、宋代の「進奏院報状」は、全国の官僚が共通に関心を持つ人事情報を流すことが主な内容であった。誰が昇進し誰が降格し

たか、これは古今東西、人々の関心を惹く情報である。慶暦八年（一〇四八）の知相州楊孜の上言には、

　進奏院、逐旬、外州軍に報状を発す。蓋し朝廷の意、遷授降黜を以て、賞功罰罪を示し、天下の吏たる者を勉励せんと欲するならん。積習因循し災異の事を将って、悉く天下に報ず。姦人・贓吏・遊手・凶徒は聞く所あるを喜び、転相扇惑し生を遂う。……況や辺禁厳ならずして、細人往来するをや。[9]（『宋会要』刑法二／二九）

とある。中央政府が、報状によって官僚の人事を周知するのは、信賞必罰を示し官途にある者を督励するためである、という当時の士人の認識が示されており興味深い。この上奏文によると、報状で伝達される情報の中に「災異の事」が含まれている。他の史料なども勘案すると、進奏院を通過する制勅や地方からの上奏など各種文書が転載されていたようである。

ただし、伝達してもかまわない「常程文字」と、伝達できない「実封文字および事の辺機に渉る、并びに臣僚の章疏等」という、情報の区別があった（先引劉奉世上奏）。後者は、特に重要な国家機密を含んだものであったため、国際的な緊張関係にある北方への漏泄が心配された。したがって、邸報に掲載される情報は、進奏院で作製される際の取捨選択、そして、（定本制度が有効な時は）枢密院や宰相府の意向による情報統制のフィルターを経た物だったのである。上級官庁の検閲を経る定本制度は、情報流通の停滞を招く結果となるため、時に停止され、時に復活している。

北宋の宋敏求[10]と南宋の黄華父[11]はそれぞれ邸報の膨大なコレクションを持っており、それによって、旧制や前例に対する質問に即座に対応できたという。また、李燾の『長編』には史料として邸報が再三用いられており、その一部が『長編』の脚注に収録されている。それらは、かなり長い上奏文であったり議論のやりとりであったりする。以上のことから、梅原氏は、邸報がかなりの分量の小冊子であったと推測する（梅原二〇〇〇：八二）。

ただし南宋後半には、邸報は、簡略化される傾向にあったらしい。『容斎五筆』四には「近世文物之殊」として、

南渡後、変化した政府のならわしが紹介されているが、その中に「朝報簡削数項」として、邸報の簡略化の問題が指摘されている。

進奏院報状、必ず外郡の謝上、あるいは監司の到任表、それと慶賀の表章一篇を載す。凡そ朝廷郡守を除するのとき、先に則ち除目あり、但だ云う「某人、知某州に差され某人と替わる」と。録黄、吏部に下るに及び、則ち前銜後擬に云う「某官の姓名、宜く知某州軍州兼管内勧農営田事に差され某人と替わる、任に到れば資闕を成す、なお借紫・借緋し、回《かえ》る日を候ちて、かえしてもとの服色に依る」と。外官の休致を求むるに、則ち云う「某州申す、某官の姓名、病の為め致仕を乞う」と。或いは両人三人の後に云う「某時、已に勅命降り、各本官を守り致仕す」と。今復た行われず。但だ小報の批下するのみ。或いは小報を禁ぜば、則ち由りて知るべきなし。……(12)

これによると、報状にはかなり詳細な人事情報や謝文などが掲載されていたことが分り興味深い。しかし、傍線部によると、洪邁（一一二三―一二〇二）がこの史料を執筆していた頃は、邸報が行われず、小報だけが中央情報を伝達するだけになったとあり、非常に注目される。この邸報と小報との関係については、第三節で検討する。

b、邸報はどのように読まれたか

「四方、切欲聞朝廷除改及新行詔令。」（長編二二八、熙寧四年十一月庚寅）というように、新鮮な中央情報を地方士人は切望していた。地方では、どのように邸報を読み、情報を受信していたのであろうか。

まず、『宋会要』刑法二／一七、禁約、天聖七年（一〇二九）六月十一日には、殿中侍御史朱諫の上言として「河北辺城、毎進奏院報状至、望令本州実封呈諸官員、若事渉機密、不為遍示」とある。河北の辺境の州軍においては、中央から邸報が到着した際には、「実封」して「諸官員」にたいして「呈」するように提案されている。これは、河北

辺境の特殊な読み方である。地方では一般的にどのように邸報が読まれていたのだろうか。

筆記史料には、地方官衙において、複数の官人が邸報を取り囲んで士人社会の人事情報を共有している様が記録されている（『老学庵筆記』六及び七）。『澠水燕談録』九には、

直史館孫公冕、文学・政事にて時に聞こえるあり。而して賦性は剛明にして、賢不肖を別白《はっきりいう》を以て事となす。天禧中、連りに数郡を守る。暇日、僚吏に接すに、殊に朝廷の除授を談ずるを喜ばず。亦た未だ嘗つて除目を覧ぜず。邸吏の報状を得るごとに、則ち懐中に納め、復た省視せず。或ひとその意を詰じる。曰く、某人は賢にして、反って下位に沈み、某人は不才にして驟《にわ》かに顕官に居る。これを見るは人をして不快たらしむのみ、と。或ひとその広からざるを譏る。然れどもその賢を好み悪を嫉むの心、亦た尚ぶべきなり。[13]

とある。知州孫冕（真・仁宗朝のひと）は人事情報が書かれた邸報を開かず懐中に納めてしまい、省みなかった。官僚人事において不公平があることを知ることになり不快だ、というのが、彼の言い分である。知州がしまいこみ、興味津々の情報をみることができない他の官人たちはつぎつぎに不満を表明している。

以上に引用した二つの史料からわかるように、少なくとも北宋前半においては、州毎に一通の邸報が至り、それを官僚たちが回し読みをしていたようなのである。

一方で、州軍の正式な官員ではないものにもその情報は伝わっていた。元豊年間、王安石は当時は金陵にあって引退生活を送っていた。その王安石にも、首都情報が次々ともたらされていた。「魯国長大公主薨慰表」（『臨川文集』六二）という上表がある。魯国長大公主（袞国大長公主）[14]は、仁宗の第十一皇女で元豊六年に薨じている。表によると「進奏官状報」によって、その情報を知り上表を認《したた》めたとのことである。また知江寧府であった王安礼（『宋史』三二七本伝）が、司馬光が宰相に任ぜられたことが書かれている邸報を見せたところ、病床にあった王安石は「悵然」としたという。[15]また、次々と新法が廃止される中で、特にその立案にあたり精魂を傾けた免役法があっさり廃止された

と聞き「愕然」としたというが、[16]これも邸報によって知ったと考えられる。

蘇軾は、元豊八年六月に、常州安置処分を解かれ鄧州知事の辞令が下り、赴任の途上の真州で、鄧公瑾と交流を持った。[17]そこで作った「小飲公瑾舟中」という詩には、作者自身の原注が付せられている。それによると同席していたものが邸報を見ており、司馬光が門下侍郎に就任したことを、蘇軾に伝えたという（『施注蘇詩』続補遺下）。司馬光が門下侍郎に就任したのは、五月戊午（二十六日）である（『宋史』哲宗紀）。王安石が、「悵然」としたという司馬光の宰相人事が記された同じ邸報を、六月某日に、蘇軾は真州の船の中で見ていたのである。

ところで、前項に引用した、慶暦八年（一〇四八）の知相州楊孜の上言には、邸報によって伝達された「災異」情報を利用して悪事を働くものとして、「姦人・贓吏・遊手・凶徒」があげられている。また「細人」も情報を国境を越えて漏らす存在として登場する。「細人」や「遊手」といった一部の民間人にも報状による情報が伝わっていたことが了解される。ただし、これによっては、邸報そのものが民間に出回っていたことはいえない。

邸報が販売されていたとする史料がつぎのものである。

初め百官、秘書省に集まるに何事を議するか知るなし。凌晨に朝報を売る者あり、幷びに所在《いたるところ》各々大榜の通衢に掲げるあり、云く、金人、趙氏の賢者を推択するを許す、と。それ実は奸偽の徒、これにかりて、以て百官をあざむき、畢く集めしむるなり。これによりて百官各々趨赴し既に集まらば、即ち秘書省の門外、環るに兵を以てし、乃ち速かに張邦昌を薦挙せしむ。……[18]（『靖康要録』一一、靖康二年二月十三日）

この史料での朝報は、張邦昌の即位を百官の議による推戴として演出し正当化するために、金側がニセの情報を掲載し販売させたものだ。（曾我部一九四三）は、これは、小報であろうという。しかし、金人が宋朝の官僚集団を集結させるために出した偽情報を伝えるものであるので、よりオフィシャルな媒体の形態が用いられたと思われる。私は、ここは文字通り「朝報」であったと取る。突然、売り出されることになったとも考えにくいので、これ以前より、

販売されていたと見て大過あるまい。『武林旧事』六には、「小経紀《れいさいきぎょう》」の一つとして「供朝報」というものが記録されている。南宋では、商売として成立していたのである。ただし、『武林旧事』該項の冒頭には、「他処所無有」という但し書きがある。政府関係者が多い臨安（首都）だけで存在した商売だったようだ。政府の人事情報は、官僚を顧客とするサービス業者には必要な情報であると想像される。おそらく、このような人々を顧客として成立した首都独特の商売だったと考えられる。開封の例も同様に考えることが穏当であろうと思われる。

c、新法改革と邸報情報統制

『長編』二二三、熙寧四年（一〇七一）五月戊戌の条には、

是日、東明県の民、県の科せし助役銭の不当なるを以て、相い率いて宰相を遮りて自ら言うもの、凡そ数百家なり。王安石既に説諭して退かしむも、遂に上に白して曰く「知東明県賈蕃なる者は、范仲淹の女婿なり。流俗に附すを好み、上の建立する所を非とす。近ごろ枢密院、勾当進奏院に選差す。去年、進奏院、妄に朝廷の事もて四方に報じ、四方をして法令を奉行するに於いて疑懈あらしむ。今勾当せしむるは、宜しく平実なるものを得べし。蕃の如きは殆ど用いざれ」と。上以て然りと為し、因りて東明の事を究めしむ。蕃、管城の人、琰の曾孫なり。(19)

とある。前年、進奏院によって流された何らかの中央政府についての情報が、新法の執行に障害をもたらしたという。「朝廷のことを妄りに伝えた」とある。おそらく、王安石反対派の意見上奏が、政権の意向に反して地方に伝達されたのである。地方官はこれをみて新法施行を躊躇したのであろう。新法に反対の意見を持つ東明知県賈蕃を進奏院の長官とする人事案件に対して、王安石は強く反対した。この史料にはもう一つの事件が記録されている。これに先立ち、東明県の人々が開封に詣でて王安石を取り囲んで助役銭について抗議する一幕があったのである。その東明知県

が賈蕃だった。人々は、賈蕃の政権批判に影響されて、反対運動をしていると、王安石は決めつけ、彼の進奏院長官就任に難色を示している。

熙寧八年（一〇七五）の陳繹の上言によると（『宋会要』職官二／四六、熙寧八年四月二十六日）、

進奏院、詔令・差除・章奏文字を伝えるに、多く不実或いは事端を漏泄するあり。ただこれ監官に人を得れば、その弊を絶つべし。いま勾当院林旦、先きに台官に任ぜられ、言事、実ならずして降点せらる。乞うらくは別の差遣を与えられんことを。[20]

とある。この意見書でも、報状の内容と長官の人事が関連付けて論じられている。進奏院が、制勅・人事・上奏文を地方に伝達する際に、すなわち報状を作成する際に、事実を誤ったり、「事端」（混乱など）を伝えるようなことがあった、という。熙寧年間末期であるので、新法派内部での争いなども起こっていた時期である。報状が伝える情報は、時に生々しく中央政界の情勢を反映し、政権中枢にとっては必ずしも好ましいとはいえないものが伝えられてしまうこともあったのである。その弊害をなくすために進奏院の長官の人事に対して慎重であることが提案されている。

新法改革を推進し強烈な反対を受けていた当時の政府にとって、邸報の内容と深い関わりがある進奏院の長官人事は重要なものと意識されていたことが分る。[21]直接的な政府による情報統制、すなわち、上級官庁による検閲制度は情報伝達の遅滞をまねく、それこそ新法実施に障害を招いてしまう、そのため間接的な情報統制が選ばれたと思われる。

しかし、枢密院による点検がおこなわれた時代を含めて、北宋においては邸報情報を完全にコントロール下に置くことは事実上できていなかったようである。たとえば、宣和年間、徽宗が蔡京の邸宅を数度にわたり行幸し、遊興に耽っていたことが、たまたま（？）、蔡京の謝礼の上奏が邸報に掲載されたため、天下に知れ渡った、と『九朝備要』は伝えている。[22]

d、南宋初期の情報統制と邸報の国家統合機能

『要録』八六、紹興五年閏二月丙辰によると、「辺極差除事務」すなわち機密情報を進奏官が邸報などで自由に伝達していることが問題化し、再び、定本を除く「報」を禁止している。[23] すなわち上級官庁による検閲制度が復活したのである。この前年の紹興四年十一月に、池州に駐屯していた岳飛の元に、朝報が届けられた。それを読んだ彼は、吃驚した。母を国夫人に封じることや、次男に文資を授けることなどを懇請する「岳飛」の上奏文が、その朝報に掲載されていたからである。身に覚えのないものであった。調べてみると、事務官の劉康年が、勝手に書いたものだった、という。[24] この邸報に偽情報が掲載された事件は、邸報による情報伝達に対する統制が強化される直前の事件である。何らかの関連を感じずにはいられない。

なお、先の詔文で、具体的に禁止の対象となっているのは「擅報」と「録与諸処詗探人者」という行為である。前者は、私的な報状による伝達である。後者は、「諸処の詗探人」への情報リークである。「諸処の詗探人」とは、南宋草創期に出現した諸軍閥が中央情報を収集するために、行在に駐留させていた人員を指す。他の史料では「承接文字使臣」とか「詗探使臣」などと称されている。これは、おそらく南宋草創期に、情報伝達系統に混乱が生じ、それを補うためのものだったと推測される。一方で、分権的傾向をもつ非公式の存在であるため、中央情報を一元的に管理したい中央政府は目の敵にした模様である。とくに、秦檜が権力を握り、金との和平が推進されると、「詗探使臣」の存在そのものが禁止されるようになる（『要録』一六一、紹興二十年五月庚辰）。これは、戦時から平時への転換をはかる政策といえよう。

寺地遵氏によると、秦檜の政治手法は情報を操作することによって自己の地位の保全を行うというものだったという（寺地一九八八：三一一）。歴史記録の削除・改竄が彼自身の手によって行われていた。野史・私史のたぐいを禁止したり、『起居注』を記録する官を空席としたため、この時代の史料はきわめて少ない（寺地一九八八：二八九）。とす

ると、「承接文字使臣」を禁止し、実戦部隊の指揮官の在京における独自の情報源を掣肘する政策は、まさに秦檜が権力を保つために打った重要な一手だったといえよう。

以上のように情報統制に対して意を用いていた秦檜は、邸報に対してはどのような政策を採ったのであろうか。次の史料は、『要録』一七一、紹興二十六年（一一五六）二月庚辰にかけられている上奏文である。

右正言凌哲言く、国家祖宗の時より、進奏院を置く。若し朝廷、号令・政事・注擬・賞罰の類あれば、皆なこれを郵伝に付し、天下に播告す。

比年以来、用事の臣、乃ち本院監官をして先次、本を具して時相に納めしむ。これを定本と謂う。動もすれば輙《たやす》く旬日報行の許されるのを俟ち、方めて敢て伝録す。而して官吏、意旨に迎合し、多くは是れ緊要の事目を删去し、止だ常程文書のみを偏州下邑に伝える。往往にして時月の経歴するあり。朝廷詔令を聞かざるあり。切に恐るらくは、民、妄を聴き迷惑を生じ、治体に害あるを。望むらくは、進奏院定本をもって亟かに罷去を行い、以て祖宗の旧を復し、以て上下の情を通ぜしめんことを、と。

これに従う[25]。

このように、紹興二十六年に、「定本」はやめられることになった。この上奏の中で問題とされていることは、まず第一は、宰相府で停滞してしまい（その時間は、旬日：十日を数えたという）、報状（すなわち中央情報）の伝達が遅れてしまうこと、もう一つは、進奏官が宰相府に阿諛して地方に重要情報を伝えなくなったことである。上奏がおこなわれた紹興二十六年（一一五六）二月の前年十月、秦檜は重病のため宰相の座から退き、その月のうちに死去した。上奏時にはまだ次の宰相（左右僕射）は任命されていない。上奏における「時相」とは、秦檜その人なのである。秦檜は邸報情報を支配していたのである。

さて、邸報の定本を廃止し、邸報が政治情報を地方に速やかに客観的に伝達することで、「上下之情」を通じさせ

ることが望ましいあり方だと上奏文は主張する。この「上下之情」とはいったいどのような含意の言葉なのだろうか。

朱熹の弟子である欧陽謙之[26]は、『周礼』秋官の「朝大夫、掌都家之国治。日朝以聴国事。故以告其君長。」に注釈を加え、「国謂王国也。国之事故、不必施於都家者。凡国有事故、都家皆当知之。朝大夫皆当達之。所以上下之情通。若今進奏官報州県者也。」（『周官集伝』一二）と述べている。「中央の事件・問題は、必ずしも地方には関係ないかもしれないが、地方でも知るべきである。朝大夫は地方にすべて伝達すべきである。それによって、「上下之情」が通じる。それは、あたかも、宋代で進奏官が邸報によって州県に情報伝達するようなものだ」という。したがって、南宋期の「上下の情が通じる」とは、中央と地方州県との情報の共有という含意があったことが判明する。

たとえば、秦檜を批判して建州通判に出されていた汪応辰[27]が、朱熹に送った書簡に次のように書いている。「僻遠にして井底に坐するが如し、報状、おおむね両月余りにしてはじめて到る、惓惓たるこの心、ついにやむ能わざるものあり」と（『文定集』一五、与朱元晦）。臨安から建州までは、大体一三〇〇里である[28]。一日二百里の歩逓（曹二〇〇二）によって一週間の距離である。これが、二ヶ月かかって到着するとは、よほど、中央での遅滞が長かったのであろう[29]。左遷した反対派に、新鮮情報・重要情報が届かなければ、秦檜の地位は安泰である。しかし「上下之情」すなわち中央と地方州県の情報の共有は不足がちとなる。先引の凌哲の上奏文でも、「朝廷詔令」が末端の親民官に通じていないと、「民聴妄生迷惑、有害治体」すなわち、重要な情報が提供されないため人民が偽情報に惑わされ「治体」（政治体制）に悪影響が生じるという。邸報による中央地方の情報の共有が切実な問題として取り上げられている。

寺地氏は、秦檜の情報統制政策は政治権力の全体的性格の喪失を招き、官僚体制の国家統合機能を著しく損なったという（寺地一九八八：四二七）。氏は邸報の停滞には言及されていないが、この問題は、秦檜の情報統制政策の柱の一つとして注目すべき問題なのではないだろうか。この政策は統治に悪影響を及ぼしつつあったのである。したがって、秦檜没後、すぐに邸報による情報伝達の円滑化がはかられたといえよう。

本節では、南宋前期までの邸報に関係する諸問題を紹介し、邸報の役割や機能について明らかにしてきた。進奏院は唐代の後半、藩鎮が中央情報を集めるために長安に設置したものだった。そこから出される藩鎮への報告書を「進奏院状」といった。しかし、これは藩鎮毎に個別に作製されたもので、情報は統一されていなかった（福井二〇〇三）。一方、宋朝は都進奏院にまとめたため、地方へもたらされる中央情報は画一的に「進奏院報状（邸報）」にまとめられることになった。邸報は主に人事情報を伝達した。地方官にたいして信賞必罰を示し、勤務への精励を促すことになったとも言う。新しい詔令や上奏なども、これによって伝えられた。すなわち、邸報は中央政府が地方官人をコントロールする一つの手段といえよう。邸報による中央情報の順調な伝達は、宋朝の求心性を強化する機能を持っていたと考えられるのである。

ところで、本節でも指摘したとおり、初期の邸報は明らかに筆写されたものであった。その後、邸報が木版印刷されたかどうかは、直接その制度に言及する史料が管見の限り見あたらないため、やや難しい問題である。たとえば、『要録』六二、紹興三年正月甲申には、「進奏院に命ずらくは、月ごとに賞功罰罪の事を以て、鏤版して天下に付せ、と。旧典を復するなり。」とあり、進奏院によって、「賞功罰罪」の情報が木版印刷によって、地方に伝達されていたことが示されている。この印刷物は情報内容からして、邸報に類するもののように思われるが、月に一度のものであることから、邸報に言及した史料と断言することは躊躇されるのである。しかも、下文には、「その後、果たして行われず。」とある。なお、梅原氏は、進奏院に印刷施設が付属していたこと、詔令などが印刷頒布される例があること、また進奏院には印刷費用が予算計上されていたことを指摘した上で、南宋期の史料に「進奏院印書状報《ママママ》到……」（『鶴山先生文集』一八、応詔封事）とあることから、邸報は、北宋のある時期から印刷されるようになったと想定されている（梅原二〇〇〇：八三）。

ただし、木版印刷で複写され配布されたとしても、木版印刷の技術的な限界が、配布範囲に影響したと考えられる。（宮二〇〇六）は、木版印刷は、三〇〇〇部が複写能力の限界であるという。とすると、北宋の州県数がその程度であるため、かりに、州県に一部ずつ頒布するだけでも限界に近くなる。邸報情報は、民間にも一部伝わったようであるが、あくまでもその機能は、（游彪二〇〇四）が指摘するように官僚同士の情報共有である。内容も、官僚向けのものであり、現在の新聞のような世論形成をもたらすようなものであったと考えることは難しいようだ。

三、小報について——邸報との比較——

先ほども紹介したが、『容斎五筆』四「近世文物之殊」には「朝報簡削数項」という項目があり、朝報（邸報）の簡略化の問題が指摘されている。その末尾に、

……（邸報）今復た行われず。但だ小報の批下するのみ。或いは小報を禁ぜば、則ち由りて知るべきなし。……

とあり、あたかも、『五筆』執筆のころ[30]、すなわち洪邁晩年（一二〇二年没）直前には、地方に邸報は到らなくなり、「小報」によってのみ人事などの中央情報を知ることができるだけになった、と読める。本節では、この記事内容を、小報の性格や推移を考察することで確認してみたい。

a、小報の性格や別称

まず、（紹熙四年：一一九三）十月四日、臣僚の言（『宋会要』刑法二／一二五）を検討してみよう。

恭じけなくも惟うに、国朝進奏院を京都に置き、しかして諸路州郡もまたおのおの進奏吏あり。凡そ朝廷已に行う命令、已に定むる差除、皆な以て四方に達す。これを邸報という。久しく従うところなり。

しかれども比来《このごろ》、有司の防禁厳ならず。遂に命令あるも未だ行われざる、差除未だ定まらざるに、即時、謄播す。これを小報と謂う。始め都下より、これを四方に伝えるに、甚しきものは鑿空して撰造し、無を以て有と為し、近遠に流布し、群聴を疑悟せしむ。かりに常程の小事ならば、これを伝えること不実なるも、猶お未だ害ならず。もし事が国体にかかわり、或いは辺防にわたり、妄らに流伝あらば、害をなすこと細ならず。申明《かさねてめいれい》し、有司に厳しく約束を行わせ、応そ妄伝の小報は、人の首告《こくはつ》をゆるし、根完し実を得て断罪・追賞せんことを乞う。務むるは必ず行うにあり。

又た言う、朝報は逐日、門下後省の定本ありてより、宰執を経由して始めて報行すべし。近年、いわゆる小報なる者あり。或いはこれ朝報がいまだ報ぜざるの事、或いはこれ官員の陳乞の未だ曾て施行せざるの事を、先に外に伝える。固より已に不可なり。命令を撰造し、事端を妄伝す、朝廷の差除、台諫百官の章奏、無を以て有と為し、外に伝播する有るに至る。訪聞するに、一使臣及び閤門（閤門？）の院子《こまづかい》の、専ら此等を探報する事を以て生となすあり。或いは省院の漏泄を得て、或いは街市の剽聞を得て、又た或いは意見を撰造し、日々、一紙に書きて、以てこれを出局《しゅつぱん》す。後省の部・寺・監の知雑司及び進奏官、悉く皆な伝授し、坐して貲《はか》らざるの利を獲る。先に得る者を以て功と為すに、一を以て十を伝え、十を以て百を伝う。以て州郡監司にあまねく達するに至る。人情は新を喜びて奇を好む、皆な小報を以て先と為し、朝報を以て常と為す。真偽もまた弁《わき》まえざるなり。……(31)

やはり、一一九〇年頃、地方では小報が「先」とされ、朝報が「常」とみなされ、前者が重んじられるようになったという。これは情報の真偽よりも新鮮さを尊ぶ故であったという。ただ、邸報がまったくなくなったというわけではないようだ。

さて、この上奏によって小報の性格を検討してみよう。従来の邸報（報状・朝報）と違って、小報は、ニュースを積極的に収集して作成されたもののようである。一使臣及び閤門院子が、記者として「探報」（取材）に専門にあたっ

ており、「後省の部・寺・監の知雑司及び進奏官」などは、競争で情報を売ることによって利を得ていた。情報は新奇なものが好まれたため、かなり誇張されたようである。未決の人事案件、うわさ話などが載せられる傾向にあったのであろう。これから受ける小報のイメージは、報状を私的に流し小遣い銭を稼いでいるというものではなく、一種の、商業的情報媒体といえるものである。小報は「一紙に書いた」との事である。また、「小紙」に書いたという史料もある。[32] したがって、邸報のように制勅や上奏文をそのまま掲載するのではなく、衆目を集めやすい情報（有力者の人事の噂、政争など）が選択されてコンパクトに書き込まれたのである。

小報に対しては、淳熙十五年（一一八八）と淳熙十六年に禁令が出ている。[33] そして紹熙四年（一一九三）の上奏は、「之に従う」と裁可されて、ここでも、小報が禁止されている。しかし、その四年後、朱熹が、「慶元偽学の禁」についての情報を小報によって得ており、禁令は徹底してはいない。[34]『朝野類要』四には、

其有所謂内探・省探・衙探之類。皆衷私小報、率有漏洩之禁。故隠而号之曰新聞。

とあり、内探・省探・衙探といった「衷私」（きわめて私的な）な「小報」の名称があった。禁止されたものの、「新聞」という隠語で発行が続けられたという。この記事は元々は王明清の『揮麈録』にあったもののようであり（『池北偶談』四）、王明清は、紹熙五年（一一九四）に泰州通判となっていることから、大まかな時期は想定できる。禁令が繰り返されるものの消滅しない。これは、南宋の社会において小報が不可欠なものになっていたことを示している。

b、北宋における小報と南宋における小報

以上、南宋における小報の重要性を明らかにしてきたが、北宋ではどうだろうか。北宋に於ける小報の存在を明らかにするのが『東軒筆録』七の一節である。[35] それによると、熙寧八年（一〇七五）、王安石引退後、呂恵卿が参知政事

として権勢を振っていた。僧化成が、元絳（翰林学士）に対し五月十七日に呂恵卿が失脚すると予言していた。その日になったが、一向にその気配が無いので、夕刻になって、府界提挙蔡確と二人で群牧司の官衙で、僧化成をからかった。二人が帰ったのち、訪問してきた曾孝寛が、御史蔡承禧が劄子を奉ったという伝聞を話し出した。この尋常ならざる劄子の内容はいったい何だろうかと、言いかけたところ、なんと、「内探」が彼らの所に届けられ、「当日の上奏された劄子により呂恵卿が弾劾された」という最新情報が書かれており、元絳はたいへん驚いた、という。『東軒筆録』の著者魏泰は、神宗時代から徽宗時代にかけて生きた人であり、同時代史料といえる。したがって、僧の超能力の真偽はさておき、そこに登場している首都での情報伝達の仕組み自体は現実のものであろう。高官である元絳・蔡確・曾孝寛らが知らなかった、その日の朝に入れられた、御史の劄子の内容が漏洩し、内探（小報の一種）に書き込まれ夕方には各所に配布されていたのである。小報に求められる喫緊性が具体的に明らかとなる注目史料である。また、州県などの官製ネットワークによって伝達される邸報とは違い、小報は、個人の読み手に直接配達される仕組みになっていたことも判明する。

さらに遡って、天聖九年（一〇三一）に出された詔には、

聞くならく、諸路進奏官、報状の他に、別に「単状」を録す。三司、開封府、在京の諸司もまた「探報」あり。妄りに除改を伝え、中外を惑わす。……[36]（『宋会要』刑法二／一七、天聖九年閏十月十五日）

とあり、これによると、進奏官たちが、邸報のほかに「単状」を作成し、人事情報を不法に伝達して、中央・地方を混乱させているという。「単状」は、固有的な名辞であるか、それとも、一枚の書き付けを意味するのか、ここでははっきりしない。とにかくも、作製されたものは、小報に類別されるものといえよう。また、慶暦八年（一〇四八）の知相州楊孜の上言の下文には、

進奏院に下すを乞うらくは、今後、ただ除改・差任、臣僚の賞罰・功過、官吏の保薦のみすなわち通報す

るを得、自余の災祥のことは、たやすく「単状」を以て親識の名銜を偽りて題し、以て天下に報ずを得ず、と[37]。

とあり、「単状」の問題点が指摘されている。「親識の名銜」を詐って名義とし、その信用性を偽装する行為もあったという。この事実は、「単状」の発行がすぐれて営利的な行為であったことをあらためて示していよう。

天聖九年の詔勅の指摘する事実として、さらに注目すべきは、進奏院だけでなく他の三司・開封府などの中央官庁も、「探報」なるものを作成し人事情報の漏洩を行っていたことである。先引の『朝野類要』四には「内探・省探・衙探之類」が小報としてあったという。「省」や「衙」など官庁を表す言葉が、「探報」の前に添えられ熟した名詞であると考えられ、官庁の「探報」だったことが明らかとなる。すなわち、小報は進奏院で作製されるもの以外に、内朝や、三省、その他の官衙から発出されるものなど（曾我部一九四三：三六三）、いくつかの種類があったようである。

以上のように、「単状」「探報」は、小報と一括されて呼ぶことができる一群の営利的情報媒体の初期の物であると考えられる。これらは、情報を掌握する者（中央官庁）が、情報を求める者（地方官庁など）へ、情報をもたらすことによって利殖するという需給関係があればこそ成立した社会的存在といえる。

元豊八年（一〇八五）五月、蘇軾が、配所である常州から滕達道に宛てた手紙は興味深い[38]。

私は、もう一度申し上げます。人によって送られた定国の書の報じるところは、必ずしも真実でないかもしれません。都では事を妄伝することが喜ばれます。そして、この方もまた不審に思っております。そのうえ、四月十七日に発行された邸報が到着しましたが、いまでもそれを言っていません。疑うべきかもしれません。自分の復権問題は取るに足らないことです。しかし、喜ばしきは、保馬法・清汴の工事が皆やめられ、茶塩の専売も、一部緩められたということです。二聖（哲宗・宣仁太后）の徳は日々新たになっております。慶賀すべきでしょう[39]。……

（『蘇東坡全集』『続集』四、与滕達道二十三首）

蘇軾は、友人からの書簡によっても首都情報を知ることができたようである。この手紙中には、蘇軾自身が復権する情報が未確認情報として伝わったことが記されている。この未確認情報は「京師で妄伝されたもの」とされている。先引の天聖九年の詔勅に「また「探報」あり。妄りに、除改を伝え、中外を惑わす。」とあったが、蘇軾の人事情報もこの手の情報であったのであろう。蘇軾は、「邸報」に見あたらないため、自らの人事情報を信じようとしない。すなわち、邸報の権威がまだ高かったのである。

晩年の朱熹の小報に対する態度と比較してみよう。当時朱熹は、福建建陽県の竹林精舎にて講学に従っていた。『宋史全文』二九上、慶元三年（一一九七）正月の条に、

この月、朱熹・蔡元定を行遣する省劄、始めて至る。熹、まさに諸生に講論せしとき、小報を以て来たり言う者あり。熹、略《しばら》く起ちてこれを視る。復た坐して講論すること初のごとし、詞色更に和平たる。翌旦、諸生乃ちその指揮あるを知る。(40)

とある。あるものが、朱熹に対して小報を見せ、それによって自らの災難を知ったのである。その後も泰然として講義を続けた様子が特筆されている。この記事では、朱熹は情報の真偽に対して不審をもっている様子は伺われない。朱熹の文集を見ると、数点の書簡に小報が引用されており、朱熹自身も小報を定期的に手に入れていた可能性が高い。(41)

紹熙四年（一一九三）の上奏に「人情は新を喜び奇を好む、皆な小報を以て先と為し、朝報を以て常と為す。」とあったように、小報の情報媒体としての重要性は南宋中期に高まり、邸報を凌ぐものになっていたといえよう。『容斎五筆』四には、宋初よりの伝統として邸報により中央情報がしっかり伝達されていたが、南宋半ばにいたり邸報が簡略化され、やがて、地方に情報を伝えるものは小報だけになってしまった、という言説が見受けられる。蘇軾と朱熹の情報に対する態度の変化は、ある程度、この言説によって総括されている歴史的傾向を裏付けているように思える。

おわりに

近代の国民国家形成に、書物の出版や新聞などの営利的情報媒体の果たした役割が大きいと指摘するのが、(Anderson 一九八三) である。「想像の共同体」とは、近代の国民国家のことを表すアンダーソンの独特の術語である。人々は、国家に帰属していることを、「想像」し納得する。遠方の見ず知らずの人びととの一体感(国民意識)は、共同性の所有という「想像」が、情報の共有によって成立することによって生まれる。ヨーロッパでは、十六世紀よりラテン語ではない地方俗語で書かれた書物の出版によって大規模な情報伝達が可能となり、それまで意識されていなかった、一定範囲に居住する同一言語を使用する集団が形成されることとなった。就中、新聞の発達は、国内情報と外国事情をはっきりと分かち、国家の範囲は固い物理的なものとなる (Anderson 一九八三)。

一方、中国では十一世紀、宋朝前半に至り、邸報とよばれる政府の一部局が発行する情報媒体が地方官庁に出回るようになった。邸報に政府が期待していたことは、人事情報によって信賞必罰を明らかにし、官僚たちに精勤を促す役割だったという。もちろん人事以外の情報、たとえば詔令や上奏なども記載され、地方政府へ伝達された。災異などの情報を悪用しようとするアウトローの存在も確認でき、また、首都では販売されていたため、民間にも邸報情報が伝わることもあった。そのため、邸報情報の統制は政府の切実な問題であった。政府に都合の悪い情報や虚報が広まったり、外国へ機密情報が漏洩されたりすることに神経をとがらせていた。さらには、小報によって、邸報に先んじて中央政府の情報が流出することもはじまった。政府の度重なる禁令にもかかわらず、小報は、南宋中期には、邸報をしのぐ重要性をもつ情報媒体となった。

南宋初期の宰相秦檜は、情報統制を厳密に行った。邸報の発行も秦檜の検閲により滞った。中央から情報が州県へ

スムーズに伝達されないため、逆に国家統合に不安要素が現れたという。このことは、邸報による情報伝達が、国家統合を強化する役割を担っていたことを、物語っている。中央情報の速やかな伝達によって「上下の情を通ぜしめる」という凌哲の言説はこれを如実に表している。

唐代後半に「進奏院状」というものがあったが、各藩鎮の進奏院が首都で得た情報を独自に藩鎮にむけて発送した文書だったという（福井二〇〇三：三）。画一的に中央情報を伝達する宋代の「進奏院報状」とは性格を異にする。すなわち、宋代になると、中央からの情報は、邸報・小報によって宋朝の版図の州県や地方士人に（時間的なズレはあったが）ほぼ均一に伝えられるようになっていた。中央への政治的統一性がより明確になったことの背景がここにあるのではないだろうか。

しかしながら、西欧近代における金属活字や輪転機による書籍や新聞の大量出版とは、同様の機能をもっていたとは考えることはできない。邸報などが印刷されたとしても、木版印刷による複写能力は精々数千枚であり（宮二〇〇六）、地方州県への頒布などで、すでに情報伝播の限界に達してしまう。量的な限界だけではない。邸報や小報の内容は、詔勅や官僚人事など政治に関する情報に限られていた。質的にも限定的といえる。宋代にはじまる邸報・小報による情報の統一的伝達は、比較史的には限界があったと言わざるをえまい。

木版印刷の始まりによって、唐宋間には、社会文化において変化が生じたことは間違いないだろう。たとえば、井上進氏は、出版文化の発達により、地方読書人階層の底辺拡大が発生し、科挙受験層が大幅に広がった、という（井上二〇〇二）。妹尾達彦氏による、唐代のハイブリッドな文化様態とは対照的に、宋代におけるチャイナプロパーは、文化的統一性が強い、という（妹尾一九九七）卓見も印刷の発達と関係がありそうである。しかしながら、木版印刷の限界によって、情報の伝達範囲は自ずから限定されてしまう。したがって、読書人層とその他の庶民との情報格差は歴然と存在していたであろう。その格差は、木版印刷を中心とする出版文化を背景とする限りは続いたのではない

だろうか。邸報情報の広がりの限界は、この一端を表している現象と考えられる。

参考文献

青山定雄　一九六三　『唐宋時代の交通と地誌地図の研究』（吉川弘文館、一九六三）「第三章、唐代の駅と郵及び進奏院」

井上進　二〇〇二　『中国出版文化史』名古屋大学出版会

梅原郁　二〇〇〇　「進奏院をめぐって――宋代の文書伝達制度――」『就実女子大学史学論集』一五

加藤繁　一九三二　「竹頭木屑録」『史学』一一―三　『支那経済史考証』下（東洋文庫一九五三）再録

久保田和男　一九九八　「宋代に於ける制勅の伝達について――元豊改制以前を中心として――」『宋代社会のネットワーク』汲古書院

久保田和男　二〇〇五　「北宋徽宗時代と首都開封」『東洋史研究』六三―四

寺地遵　一九八八　『南宋初期政治史研究』溪水社

須江隆　一九九六　「慶暦党争考」『集刊東洋学』七六

妹尾達彦　一九九七　「都市の生活と文化」『魏晋南北朝隋唐時代史の基本問題』汲古書院

曾我部静雄　一九四三　『支那政治習俗論攷』筑摩書房

中村裕一　一九九一　『唐代官文書研究』（中文出版社）四章三節「進奏院状」

福井信昭　二〇〇三　「唐代の進奏院」『東方学』一〇五

山内弘一　一九八五　「北宋時代の神御殿と景霊宮」『東方学』七〇

宮紀子　二〇〇六　『モンゴル時代の出版文化』名古屋大学出版会

曹　家斉　二〇〇二　《宋代交通管理制度研究》河南大学出版社

游　彪　二〇〇四　《宋朝的邸報与時政》《中州学刊》二〇〇四―六

趙　效宣　一九八四　《宋代駅站制度》連経出版事業公司

Anderson, Benedict. 一九八三 Imagined Communities: Versobooks（白石隆・白石さや訳『想像の共同体』書籍工房早山二〇〇七／呉叡人訳『想像的共同体』時報出版一九九九）

Ebrey, Patricia. 二〇〇二 “The Emperor and the Local Community in the Song Period”（『中国の歴史世界』東京都立大学出版会）

註

（1）（加藤一九三二）（曾我部一九四三）（梅原二〇〇〇）（游彪二〇〇四）などがあげられる。

（2）唐代の進奏院については、（青山一九六三）（福井二〇〇三）を参照。

（3）たとえば、『長編』二三三、熙寧五年五月丁酉には、「……仍令進奏院遍牒諸路。」とあり、進奏院は路に対して牒を出したことがわかる。

（4）『宋会要』職官二／四四には、「（太平興国）九年七月詔。進奏官李芝等、於崇政殿択三十人補殿前承旨。始定進奏官、以百二十人為額。其遂《ママ》州府各令均掌之。」とある。

（5）『宋会要』職官二／五〇、紹興二八年七月二六日。

（6）於建中靖国元年二月十二日、拠梓州進奏官鄭永通状申称、正月二十六日遞到臣陳乞致仕奏状、於当日投進訖、二十七日計会収取到、許本官依前集賢殿修撰致仕。勅於二十七日申時発達字号入馬遞前去。臣契勘上件致仕勅命、馬遞条限日行三百里、梓州至京三千六百里、計程合在二月初十日遞到梓州。今来已経五十日、尚未見到。縁都進奏院、自正月二十八日以後至二月二十五日発来馬遞皮角、計十七件。並已先次到州。惟是臣致仕勅牒未到。臣屢差人自本州以去至鳳翔府沿路根究前件。今正月二十七日達字号遞角。委是未見転送前来。窃慮在路沈失。……

（7）検会旧条、進奏院、毎五日令進奏官一名於閤門鈔劄報状、申枢密院呈。定《ママ》依《ママ》本写録、供報逐処。縁四方切欲聞朝廷除改及新行詔令而進奏官亦仰給本州、不免冒法。以致矯為家書発放。監官無由禁止、日虞罪戻。而枢密院所定報状、遞到外州、往往更不開省徒為煩費。欲乞自今罷枢密院五日定本報状、許諸道進奏官、且依例供発。応朝廷已差除指揮事及中外常程申奏事、

並許節写通封謄報。其実封文字及事渉辺機、并臣僚章疏等、不得伝録漏泄。犯者、其事雖実、亦従違制科罪。赦降不原。若増加虚妄仍編管。如敢承虚撰造致伝報者並行厳断。事理重者、以違制論。従之。

（8）「進奏院状」の文書形態の分析については（中村一九九一）を参照。（福井二〇〇三）は、「進奏院状」の内容を網羅的に分析している。

（9）進奏院、逐旬発外州軍報状。蓋朝廷之意、欲以遷授降黜、示賞功罰罪、勉励天下之為吏者。積習因循将災異之事、悉報於天下。姦人・臓吏・遊手・凶徒喜有所聞、転相扇惑遂生。……況辺禁不厳、細人往来。

（10）宋敏求の邸報をめぐる故事は、『能改斉漫録』一二「宋敏求家報状皆全」の項を参照。

（11）黄華父の故事については、『癸辛雑識』別集上、「黄国」の項を参照。

（12）進奏院報状、必載外郡謝上、或監司到任表、与夫慶賀表章一篇。凡朝廷除郡守、先則除目、但云、某人差知某州、替某人。及録黄下吏部、則前銜後擬云、某官姓名、宜差知某州軍州兼管内勧農営田事、替某人、到任成資闕、仍借紫借緋、候回日、却依旧服色。外官求休致、則云、某州申某官姓名、為病乞致仕。或両人三人後云、某時已降勅命、各守本官致仕。今不復行。但小報批下、或禁小報、則無由可知。此必一宰相以死為諱者。故去之。……

（13）直史館孫公冕、文学・政事有聞於時、而賦性剛明、以別白賢不肖為事。天禧中連守数郡。暇日接僚吏、殊不喜談朝廷除授。亦未嘗覧除目、毎得邸吏報状、則納懐中、不復省視。或詰其意、曰某人賢、而反沈下位。某人不才、而驟居顕官、見之令人不快爾。或譏其不広。然其好賢嫉悪之心、亦可尚也。

（14）『宋史』二四八、公主列伝

（15）『邵氏聞見録』一二　王荆公、晩年於鍾山書院多写福建子三字。蓋悔恨於呂恵卿者。……公既病。和甫以邸吏状視公、適報司馬温公拝相。公悵然曰、司馬十二作相矣。

（16）『九朝備要』二一、元祐元年閏月、復差役法には「王安石在金陵、聞朝廷変其法、夷然不以為意。及聞罷役法、愕然失声曰、亦罷至此乎。良久曰、此法終不可罷。安石与先帝議之二年、乃行。無不曲尽。後果如其言。」とあり、しきりに、中央政治の情報が王安石のもとに伝達されている。

（17）『蘇文忠公詩編注集成総案』二六、元豊八年六月の条を参照。

(18) 初百官集秘書省、莫知議何事。凌晨有売朝報者、幷所在各有大榜掲於通衢云、金人許推択趙氏賢者。其実奸偽之徒、仮此、以紿百官、使畢集也。縁是百官各趨赴既集、即秘書省門外、環以兵、乃令速薦挙張邦昌。……

(19) 是日、東明県民以県科助役銭不当、相率遮宰相自言、凡数百家。王安石既説諭令退、遂白上曰、知東明県賈蕃者、范仲淹女婿。好附流俗、非上所建立。近枢密院、選差勾当進奏院。去年、進奏院妄朝廷事報四方、令四方疑懈於奉行法令。今使勾当、宜得平実者、如蕃殆不可用。上以為然、因令究東明事。蕃、管城人、琰曾孫也。

(20) 進奏院伝詔令差除章奏文字。多有不実或漏泄事端。惟是監官得人、可絶其弊。今勾当院林旦、先任台官、言事不実降点。乞別与差遣。

(21) 須江隆氏は、慶暦年間の「進奏院の獄」を分析し、進奏院の長官が政争の中でとりわけ注目される存在だったことを指摘する（須江一九九六）。

(22) 『九朝備要』二八、宣和元年一二月竄曹輔。初上之微行也、外人尚未知、因蔡京表有曰、軽車小輦七賜臨幸。邸報伝之、四方尽知之。……

(23) 枢密院言、近来、進奏官、輒擅報行朝廷辺極差除事務。詔、除定本外、擅報及録与諸処劄探人者、並重作施行。賞銭二百千、許人告。

(24) 『鄂国金佗稡編』一三「劾劉康年偽奏乞恩沢奏」。『要録』八二、紹興四年十一月庚午。

(25) 右正言凌哲言、国家自祖宗時、置進奏院。若朝廷之号令政事注擬賞罰之類、皆付之郵伝、播告天下。比年以来、用事之臣、乃令本院監官先次具本納於時相。謂之定本。動輒旬日俟許報行、方敢伝録。而官吏迎合意旨、多是删去緊要事目。止伝常程文書偏州下邑。往往有経歴時月、不聞朝廷詔令。切恐民聴妄生迷惑、有害治体。望将進奏院定本亟行罷去、以復祖宗之旧、以通上下之情。従之。

(26) 『宋元学案』六九、滄州諸儒学案上を参照。

(27) 『宋史』三八七、汪応辰伝によると、「……疏奏、秦檜大不悦、出通判建州、遂請祠以帰。……」とある。

(28) 『元豊九域志』では、開封から杭州まで二二〇〇里、開封から建州まで、三五〇〇里である。

(29) 建州治所建安県の隣県が建陽県である。慶元党禁の際に、省劄が建陽県に居た朱熹の元にとどけられたのは、慶元三年

（一一九七）一月二十七日であり、朱熹の処分が中央で決定したのは、前年の十二月二十六日である。これにより、臨安から建陽県まで省劄の伝達に要した時間が判然とする（束景南『朱熹年譜長編』華東師範大学出版社、二〇〇一による）。これと比較しても、邸報の伝達にかかった時間が「二ヶ月」というのはあまりに長く、中央での遅滞が長期にわたったと推測せざるをえない。

（30）洪邁の計画では『容斎随筆』五集は、それぞれ十六巻とする計画だったという。しかし、『五筆』は、未完成に終わったので十巻にとどまった（上海古籍出版社評点本一九七九、出版説明）。とすると『五筆』は晩年の著作であろう。

（31）『宋会要』刑法二／一二五。（紹熙四年一一九三）十月四日、臣僚言、恭惟国朝置建《ママ》奏院於京都、而諸路州郡亦各有進奏吏。凡朝廷已行之命令、已定之差除、皆以達於四方。謂之邸報。所従久矣。而比来有司防禁不厳、遂有命令未行、差除未定、即時謄播。謂之小報。始自都下、伝之四方、甚者鑿空撰造、以無為有、流布近遠、疑悟群聴。且常程小事伝之不実、猶未害也。倘事干国体或渉辺防、妄有流伝、為害非細。乞申明有司厳行約束。応妄伝小報、許人告首、根完得実断罪追賞。務在必行。

　又言、朝報、逐日自有門下後省定本、経由宰執始可報行、近年有所謂小報者、或是朝報未報之事、或是官員陳乞、未曾施行之事、先伝于外、固已不可。至有撰造命令妄伝事端、朝廷之差除、台諫百官之章奏、以無為有、伝播于外。訪聞、有一使臣及閤門院子、専以探報此等事為生。或得於省院之漏泄、或得於街市之剽聞、又或意見之撰造、日書一紙、以出局之。後省部寺監知雑司及進奏官悉皆伝授、坐獲不貲之利。以先得者為功。一以伝十、十以伝百、以至遍達於州郡監司。人情喜新而好奇、皆以小報為先、而以朝報為常。真偽亦不復弁也。欲乞在内令臨安府重立賞牓、緝捉根勘、重作施行。其進奏官令院官、以五人為甲。遞相委保、覚察。不得仍前小報於外。如違重置典憲。従之。

（32）周麟之によると、「小紙」をもって書いたという。（『海陵集』三、論禁小報）

（33）『宋会要』刑法、二／一二三。同、刑法、二／一二四。

（34）『宋史全文』二九上、慶元三年（一一九七）正月の条。後掲。

（35）熙寧八年、呂恵卿為参知政事、権傾天下、時元参政絳為翰林学士判群牧、常問三命僧化成曰、呂参政早晩為相。化成曰、呂給事為参政。譬如草屋上置鴟吻耳。元曰、然則其不安乎。成曰、其黜免可立而待也。是時春方半、元曰、事応在何時。成

又消息曰、在今年五月十七日。元憮然不測、亦潜記之。既而呂権日盛、台諫禁口《ママ》、無敢指議之者、会五月十七日、元退朝、因語府界提挙蔡確曰、化成言呂参政禍、在今日。真漫浪之語也。二公相視而笑。遂同還群牧。促召成而誚之。成曰、言必無失、姑且俟之。二公愈笑其術之非。既而化成告去、蔡亦上馬。是時曾待制孝寛同判群牧、薄晩来過庁、方即坐。元因訪今日有何事。曾曰、但聞御史蔡承禧入劄子、不知言何等事者也。語未已、内探報、今日蔡察院言呂参政兄弟。元聞之大駭、乃以化成之言告曾公。既而呂罷政事実始此日也。

(36)　如聞、諸路進奏官報状之外、別録単状。三司開封府、在京諸司、亦有探報妄伝除改、至惑《ママ》中外。

(37)　(『宋会要』刑法二／二九)欲乞下進奏院、今後、唯除改差任臣僚、賞罰功過保薦官吏、乃得通報。自余災祥之事、不得輒以単状偽題親識名銜以報天下。如違、進奏院官吏、幷乞科違制之罪。

(38)　『蘇文忠公詩編注集成総案』二五、元豊八年五月二十二日の条を参照。

(39)　某再啓。承差人送到定国書所報、未必是実也。都下喜妄伝事、而此君又不審。乃四月十七日発来邸報、至今不説、是可疑也。一夫進退何足道。所喜保馬戸、導洛堆垜、皆罷、茶塩之類亦有的耗矣。二聖之徳日新、可賀可賀。令子各安勝、未及報状也。

(40)　是月、行遣朱熹・蔡元定省劄始至。熹方与諸生講論、有以小報来言者。熹略起視之。復坐講論如初、詞色更為和平。翌旦諸生乃知其有指揮。

(41)　たとえば、『晦庵集　続集』二、答蔡季通……適見小報、元善已得浙西提挙……。

宋代における禁謁制度の展開

宮崎聖明

はじめに

宋代には「禁謁」あるいは「謁禁」と称される規定が存在した。これは官僚の賓客との会見を禁止・制限する規定であり、中央・地方様々な官僚に対して設けられた。本論はこの禁謁制度について、その沿革と歴史的意義を考察することを目的とする。

まずは先行研究を整理しておこう。禁謁・謁禁についての先行研究としてまず挙げるべきは、宰執に対する規定を扱った史継剛氏の研究である[1]。氏は北宋・南宋における宰執の賓客接見禁止規定を網羅的に取り上げ、「私謁請託の風」の抑制と行政効率低下の防止という意図があったと述べている。また、台諫制度を扱った虞雲国氏の著書、宋代の司法制度に関する王雲海氏主編の書においても、台諫官や法官（裁判担当の官僚）に対する禁謁規定の存在が指摘されている[2]。しかしこれら以外に対する禁謁規定についてはこれまで扱われることはなかった。また、上記の研究にしても規定の背景にある意図、政治状況との関係、規定の適用実態などについてなお考察の余地が残されているように思われる。本論では、宋代を通じた禁謁制度の全体像を明らかにしたい。

加えて、禁謁制度を考察することの意義について筆者の考えを述べておきたい。昨今の日本の宋代政治史研究においては、従来から研究が豊富であった官僚制・統治システムなどの制度面に加え、官僚・知識人相互の人的結合に関する研究、また個別の政治事件・政策決定に関する詳細な研究が新たな潮流を生みつつある[3]。官僚を制度の歯車ではなく政治における能動的存在として捉えるこうした研究においては、官僚の行動・日常的営為といったものが重要な要素となってくる。官僚の行動に対する規制である禁謁制度を考察することは、この官僚の日常的営為の実態に踏み込む一つの試みになるであろう。

もう一つは法制史的側面から見た意義である。宋朝が微細なことまで法令で規定するという性格を持っていたことは既に指摘されていることであるが、[4] しかしこうした法令の多さ・細かさは主に現代の我々が民事法と呼ぶ「戸婚田土の案」については言われてきたものの、官僚に対する規定に関してはあまり意識されてこなかったように思われる。実際に南宋期の法令集である『慶元条法事類』（以下『事類』）には禁謁をはじめとして官僚に対する様々な禁止規定が収録されている。これらの規定について、その適用実態も含めて考察することは宋代法の性格を明らかにする上でも意義を持つであろう。

以上のような問題意識から、本論では禁謁制度の沿革を整理するとともに規定の背景にある要因との関係を考察すること、および禁謁規定の適用実態の解明を目的としたい。

第一章　「禁謁」「謁禁」の語義

禁謁規定の詳細を見る前に、史料上に現れる「禁謁」「謁禁」という語の用法について言及しておきたい。宋代の典礼・政事などに関する用語集である趙升『朝野類要』巻四・雑制「禁謁」には、

百司の門首の謁禁者《は》、接客を許さざるなり。若《も》し大理寺官なれば、則ち又禁謁を加え、及び亦出謁を許さざるなり。

とあり、「謁禁」は賓客の接見の禁止、「禁謁」は出謁（自ら出向き人と会うこと）の禁止という解説が加えられている。また清・徐松輯『宋会要輯稿』（以下『宋会要』）職官七九―三七「戒飭官吏」嘉定十五年（一二二二）十二月二十四日にも、

人得て己に謁せざるは則ち之を名づけて謁禁と曰い、己得て人に謁せざるは則ち之を名づけて禁謁と曰う。……

乞うらくは儀制を申厳し、凡そ給仮に遇うの官は、必ず与《とも》に禁謁・謁禁の二者並びに行い、或いは違戻無かれ。とあり、賓客が訪問してきた際に面会してはならないという規定を「謁禁」、他の官僚に面会を求めてはならないという規定を「禁謁」と称すとある。このほかにも北宋・劉弇『龍雲集』巻二九に収められている策問には、その指し示す内容は不明であるが「禁謁・謁禁之科」と両者を並記した表現が見える。

これらを見ると「禁謁」と「謁禁」の意味するところは截然と分かれていたかのように思われる。しかし『事類』巻四・職制門一「禁謁」の項には兵官・監当官などの受謁・出謁双方の禁止規定が混在しており、また実際の用例を見ると上奏・詔勅・法令などにおいてすら両者が厳密に使い分けられていないものや意味内容がはっきりしないものが多い。紙幅の都合もあるのでここでは数例を示すに止めるが、例えば李燾『続資治通鑑長編』（以下『長編』）における「禁謁」の初出である巻三三五・元豊六年（一〇八三）五月戊子には、

前知湖州唐淑問言えらく、「……臣欲し乞うらくは州郡の禁謁は並びに在京百司の例に依れ」と。詳定重修編勅所に詔して立法せしむ。後、編勅所乞うらく、「知州・通判・県令は仮日に非ざれば出謁するを得ず、即ち親属及び職事相干す、并びに泛遣使命、或いは知州・通判・提挙官・鈐轄以上に謁する者は聴せ」と。

とある。州県官の「禁謁」を在京百司の例にならって定めることを唐淑問は求めているわけであるが、この「在京百司の例」とは熙寧九年（一〇七六）五月に在京官司の休日以外の受謁・出謁を禁止した規定を指すであろうから、唐淑問の言う「禁謁」とは受謁・出謁双方の禁止を意味していると思われる。ちなみに引用『長編』には編勅所の案として「知州・通判・県令は仮日に非ざれば出謁するを得ず」とあり、出謁のみが禁じられたかのようであるが、後にこの規定を収録したものと思われる『事類』巻四・職制門一「禁謁」には、

諸《およ》そ知州・通判・県令、仮日に非ずして輒ち出謁する、及び賓客ありて受謁する者は〈臣僚経過するに、令に依りて応《まさ》に迎送すべからずして迎送する、及び之に見《まみ》ゆる者も同じ。〉、各《おのおの》徒一年とす。（傍点筆者。〈　〉内は割註。以下同じ）

とあり、『長編』は「及び賓客ありて受謁する者」の字句を欠いているのであろう。ほかにも『長編』巻三三五・元豊六年六月辛酉を見ると、尚書省左右司に対し「枢密都承旨の例」にならって「禁謁」が設けられているが、この「枢密都承旨の例」も受謁・出謁双方を禁止したものである。(6) 出謁禁止のみを指す用例がないわけではないが、上奏・詔勅・法令などの公的文書においては概ね「禁謁」は受謁・出謁双方の禁止を含意しているとみてよかろう。

一方「謁禁」については、『長編』の用例を見てもその意味するところがはっきりしないものが多いが、受謁禁止と解釈するのが妥当な場合が多い。意味がはっきり示された数少ない例として、『長編』巻四六六・元祐六年（一〇九二）九月癸丑には、

御史中丞鄭雍言えらく、「執政官、謁禁の法を行うは便に非ず」と。詔すらく、「官員利害の陳述有るは禁ずる勿かれ」と。

とあり、ここでの「謁禁の法」とは執政官の受謁禁止を指すことは明らかである。受謁・出謁双方の禁止を指す例は一つしかなく、(7) したがって北宋の公的文書においては「謁禁」は受謁禁止のみを指すと言って差し支えなかろう。

次に私撰の筆記史料などについてであるが、「謁禁」とある場合が圧倒的に多く、「禁謁」の用例はごくわずかである。先に「謁禁」から見ると、呉處厚『青箱雑記』巻二には、

皇祐・嘉祐中、未だ謁禁有らず。士人多く馳鶩請託し、而して法官尤も甚だし。一人有りて望火馬と号し、又一人日遊神と号す。蓋し其の日《ひび》奔趨有りて、風を聞かば即ち至り、未だ嘗て暫息せざるの故を以てなり。

とあり、仁宗朝後期にはまだ「謁禁」がなかったために奔競請託が横行したという。ここでの「謁禁」は、官僚が諸処を訪問することを禁止する規定という意味で用いられているように思われる。また朱彧『萍州可談』巻一には、

近制、中外の庫務・刑獄官・監司・守令・学官、仮日なれば見客及び出謁を許す。在京の台諫・侍従官以上、仮日なれば受謁を許し、出謁を許さず。之を謁禁と謂う。

とあり、庫務・刑獄官・監司・守令・学官が休日のみ受謁と出謁を許可され、在京の台諫・侍従官以上は休日の出謁を禁止されるという規定を「謁禁」と称している。つまりここでの「謁禁」は出謁禁止も含意していることになる。

ほかにも、尺牘（書簡文）の書き方の手引き書である任廣『書叙指南』巻一五「淹滞阻隔」には「謁禁は禁急にて相聞するを得ざるを曰う。」（「謁禁」とは機密緊要のことがあって音信不通であった際に用いる）とあり、南宋のものであるが実際に「謁禁」という語が尺牘で用いられている。[8] 私撰史料・尺牘などでは法律の条文のような厳密さが不要であったことからも「謁禁」を用いることが多かったと思われる。

これが南宋になると、李心伝『建炎以来繫年要録』（以下『要録』）など官撰史料に由来するものでは「謁禁」が圧倒的に多くなる。いかなる意味で用いられているか不明なものがほとんどであるが、なかには受謁・出謁双方の禁止を意味することが確認できるものもある。[9] これは北宋の私撰史料における用法の影響であろう。

以上の用例から「禁謁」「謁禁」の用法については次のように結論付けておきたい。①法律用語としては「禁謁」は受謁・出謁禁止双方を含意し、「謁禁」は受謁禁止のみを指す。②私撰史料においては両者の厳密な使い分けはなされておらず、「謁禁」が多く使われる。③そうした私撰史料における使用方法が南宋に至って「禁謁」が「謁禁」に転訛する原因となった。よって本論においては、『朝野類要』の定義は混乱を招く恐れがあるので採らず、主に受謁禁止・出謁禁止という表現を用い、両者の総称として「禁謁」という語を用いる。

さて、「禁謁」「謁禁」という語は熙寧・元豊頃の史料から頻繁に現れてくるのであるが、受謁禁止規定はそれ以前から存在した。ではなぜ熙寧・元豊以降の規定を「禁謁」「謁禁」と称するようになったのであろうか。章をあらためて、禁謁制度の沿革を整理することでこの問題について考えてみたい。

（一）太宗朝～仁宗朝——対象の拡大と細分化

受謁禁止規定の初出は太宗朝に三司に対して出されたものである。太平興国五年（九八〇）、竹木をめぐり近臣・外戚による不正事件が発生し三司副使范旻をはじめとして多くの処罰者が出たことを機に、文武職官が三司公署にみだりに立ち入ること、書簡により請託を行うことを禁止する詔が出された。(10)

その後、他の官庁にも同様の規定が設けられるが、その理由は必ずしも請託防止に限定されるわけではない。例えば胥吏の例であるが咸平元年（九九八）七月、中書の吏院である制勅院には職務上の理由のない京朝官の立ち入りが禁止されている。詔にはあわせて機密の漏洩を禁じる旨の文言が見えるから、(11)立ち入り禁止の背景には堂後官など胥吏による漏洩を防止する意図があったのであろう。また同三年に下級武官の人事を担当する部局である三班院の受謁が禁じられた際には「公事少なからず」という理由が挙げられている。(12)景徳元年（一〇〇四）には開封府廨内での受謁を禁止する詔が出ているが、要請者が権知開封府陳省華その人であったことを考えると、これも賓客の訪問が職務の妨げとなっていたことが理由と思われる。(13)

このように請託防止に加えて職務の円滑な遂行が受謁禁止の目的となっていたのは、この時期が中央官僚機構の確立・整備の時期であったことと関係があろう。太祖・太宗の創業期を経て、真宗朝初期は宋朝が対内的にも対外的にも安定期を迎え始める時期であった。対外的には澶淵の盟による契丹との和平が成り、対内的には太宗朝以来幾度も改編を被った三司の機構が固まり、安定的な科挙の実施による科挙官僚の増加など、官僚機構の整備が進められた時期であった。必然的に各官庁の業務は漸増したであろう。かかる事態に対処する一つの方法として、元来は請託防止

が目的であった受謁禁止規定が円滑な職務遂行を促す規定として援用されるに至ったのであろう。

以上のように真宗朝には受謁禁止規定が諸官庁へ拡大され、最終的には大中祥符二年（一〇〇九）に在京百司全般に適用された⑭。当時の宋朝は統一王朝としての体裁を整えつつある時期にあり、受謁禁止規定拡大の背景には請託防止に加えて職務の円滑な遂行を促す意図があったと思われる。

ところで、史料上に「請託」という語で現れる私的な接触から我々が連想するのは、昇進における推薦人⑮を求めることなど、人事に関係する行為であろう。しかし、受謁禁止規定から垣間見える私的な接触は、何も人事面に限ったことではない。次に仁宗朝の受謁禁止規定について述べ、この点に関して考えていきたい。

仁宗朝における受謁禁止規定の中で目を引くのが、その初期における規定対象の偏在である。天聖二年（一〇二四）に三司・開封府の受謁禁止命令が出た⑯のを皮切りに、同五年には開封府の受謁禁止徹底の詔⑰、景祐二年（一〇三五）には三司・開封府・御史台の受謁禁止および違反者に対する処分規定⑱、翌三年には二月にやはり上記三官庁の受謁禁止に関する詔⑲が出され、同四月には接見した者と「監門の使臣」（門衛）の処分が規定されている⑳。このように三司・開封府・御史台に対する命令が頻発されているのはなぜであろうか。

確認しておきたいのは、これら三官庁のうち三司と開封府については先に見たように既に太宗・真宗両朝において受謁禁止規定が明文化されているということである。御史台については時期を確定する史料を見つけることができなかったが、『宋会要』刑法二―二一「刑法禁約」景祐二年二月五日には、

上封する者言えらく、「近日多く臣僚の私《ひそ》かに三司及び開封府・御史台に入りて看謁する有り。……豈に私かに入りて請謁するを容れんや。窃かに慮るに、別に寄嘱有れば、公務を妨廃せん。淳化・景徳明らかに条詔有り、並びに各《おのおの》禁止し、御史台の糾奏するを許すも、久しく覚挙無く、漸《ようや》く遵稟を失す。乞うらくは約束を申明し、其れ看謁し監司（?）に接見すれば、並びに違制に従《よ》りて論ぜよ」と。之に従う。仍お御史台・街司をして常に

切に覚察し、違犯あれば具名聞奏せしむ。

とあり、「淳化・景徳明らかに条詔有り」と言われている。三司に受謁禁止規定が設けられたのは太平興国五年であり「淳化」と符合しないという点は気になるが、御史台についても真宗朝までには受謁禁止規定が設けられたと見てよかろう。

このように既に真宗朝までに受謁禁止規定が設けられていたため、三官庁に関する命令はいずれも既存の規定の再確認、あるいはその遵守を求める内容となっている。(21) とすれば、この時期に敢えて規定の徹底を図らねばならない要因は何だったのだろうか。三官庁が一括りとなって史料に現れることの意味を考えてみると、想起されるのはこれらがいずれも裁判機能を有しているということである。三司は財政に関する犯罪を担当し、開封府は京師における民事・刑事双方の事件を取り調べ、ともに杖罪以下の判決権を有していた。また御史台は官僚の重大犯罪、他司の法官の収賄、州県・監司・中央官庁が処理できない案件を処理していた。(22) そのほかにも官僚による重大事件があった際にはこれらの官庁が特命を帯びて裁判にあたることがあった。

さらに他の司法機関については、天聖七年に刑部の受謁を禁止する命令が下され、(23) また時代は下るが宝元二年（一〇三九）にも審刑院・刑部・大理寺の受謁を禁止する詔が下されており、そこでは「請求曲法の事」の告発が奨励されている。(24) こうした司法機関に対する規定の存在も併せ考えると、これら三官庁に対する受謁禁止の再確認には裁判に関わる私謁の横行という事態があったのではないだろうか。

裁判に関わる不正の実態について、三司・開封府・御史台の三官庁が取り調べに関与したある事件の顚末を紹介しよう。趙抃『清献集』巻七・奏議「奏状乞移司勘結三司人吏犯贓〈五月十日〉」は、三司副使李参らによる不正事件に関する上奏である。これによると、事件の詳細は不明であるが府司（開封府司録司）で取り調べが行われたものの、それが終わらぬうちに李参が外任に出されてしまった（『長編』巻一八二・嘉祐元年（一〇五六）三月癸丑によると荊湖北路

安撫使。よって上奏の標題に付されている「五月十日」は嘉祐元年と思われる。）。その他の三司官員にも「干礙」（取り調べに対する妨害行為）があり、事件を終息させようという働きかけが行われているため、別の官司に担当を移して欲しいというのが趙抃の上奏の内容である。その結果、この案件は開封府に移送されたようである。(25) これを受けての措置について同巻八・奏議「奏状乞移勘丘岳・李先受贓等事〈十一月十八日〉」には、開封府軍巡院が賄賂を受け取り罪人を釈放してしまったこと、三司・開封府官吏の「干礙」が加わっていることが述べられ、取り調べ担当の官員を特に選出するか、御史台に移送しての取り調べが求められている。(26) しかしこの案件については、その後の経緯が不明であるばかりか事件そのものについての記述すら『長編』や『宋会要』には見えない。三司・開封府官吏の「干礙」が奏功したようである。

このように三司・開封府はともに裁判機能を有しているだけではなく、官吏が結託して裁判の妨害を行うこともあったのである。これらの官庁が担当する案件には李参の例のように官僚・胥吏が関与する事件が多く、おそらく取り調べに手心を加えることを求める私謁が頻繁に行われていたのであろう。また、この案件では三司・開封府と対立したものの、御史台の官僚・胥吏もこうした工作に手を染めることも皆無ではなかっただろう。さればこそ三官庁は一括して受謁禁止規定の対象となる一方で、この案件の顚末に象徴されるように、その受謁禁止規定は効果を上げていなかったのである。(27)

仁宗朝におけるもう一つの顕著な変化は、台諫官・両制に対して出入看謁や相互の往還、さらには宰執の私第訪問を禁ずる規定が一時的にせよ設けられたことである。ここでは両制に対し設けられた規定について詳述したいが、その前に宰執に対する規定を確認しておこう。宰執の私第受謁禁止は慶暦三年、名高い「慶暦新政」が開始された時期に出された。范仲淹等慶暦士人達の批判の対象となった呂夷簡が宰相を退任し、さらに「軍国大事」に参与することができなくなった後にあたる。『長編』巻一四三・慶暦三年九月丁丑には、

詔すらく、「執政大臣は仮休に非ざれば私第にて賓客を接見するを許さず」と。知諫院蔡襄の言に従《よ》るなり。而るに議者以為《おも》えらく、唐の元和用兵の時、裴度相為《た》り、私第にて四方の賢俊を延見し、以て謀慮を広げんことを請う。今一切賓客を禁絶するは、諫官の宜しく言うべき所に非ざるなり、と。

とあり、執政大臣は休暇日以外に私第で賓客を接見することが禁止された。知諫院蔡襄が自らが支持する范仲淹や韓琦（当時はそれぞれ参知政事・枢密副使）の行動に制約を加えることにつながる提言を敢えて行った背景には、私第という非公式な空間を利用して政治を行っていた呂夷簡の手法を否定する意図があったのであろう[28]。

この規定は至和二年（一〇五五）十月に解除されたが[29]、実はこれは受謁の全面解禁ではなく、この三ヶ月前に両制に対し宰執との面会を禁止する規定が設けられている。すなわち『長編』巻一八〇・至和二年七月癸亥には、

翰林学士欧陽脩請うらく、「自今両制・両省以上は、公事に因るに非ざれば、執政と相見《まみ》ゆるを得ず、及び台諫官と往還するを許さざれ」と。詔すらく、「如《も》し公事有れば、中書・枢密に就き白すを許す」と。〈江氏雑志云う、永叔は両制執政の第に詣《いた》るを許さざれと建言す。只だ翰林学士・知制誥を言うのみなるも、執政暁らず、応《あら》ゆる雑学士・待制倶に許さず。史の載す所と同じからず、当に考ずべし。治平の初め、脩学士院御書跋尾を作し、亦自ら弁ず云《うんぬん》と。〉

とあり、両制・両省以上は執政との面会が許されず、また台諫官との往還も禁止された。ここで言う「執政と相見ゆ」は、直後に出された范鎮の反論において「近日詔有りて、両制の臣僚、宰相の居第に詣《いた》るを得ず」とある（『長編』巻一八〇）ことから、私第における面会を指す。

この規定は自らも両制である欧陽脩[30]の提言によるものである。割註に見える「学士院御書跋尾」とは『欧陽文忠公集』巻七三「跋学士院御詩」のことであり、そこには提言に至る経緯と、彼がなぜかかる提言を行ったかが述べられている。

至和元年秋、余初めて恩を蒙り召されて学士と為り、嘗て事に因りて便殿に独対す。先帝密かに諭して将に玉堂

に幸せんとし、及び祖宗の時の如く夜に学士を召さんと欲し、因りて唐朝の故事を問う。余奏して曰く、「唐の世、学士献替を以て職業と為し、大臣を進退するに至りては、常に密議に参ず。故に当時号して内相と為す。又之を天子の私人と謂い、其の職は禁近に在り。故に唐制、学士は外人と交通せず。比来選用精に非ず、上は恩礼亦薄く、漸く疎外せられ、百司と異なる無きを致す。若し聖君崇奨に有意なれば、則ち当に漸く故事を修むべし」と。予遂に退きて建言すらく、「私かに執政に謁するを許さざれ」と。時人喧然として共に以て非と為す。蓋し俗習に流れ近事を見、学士の禁職たりて旧制外人と通ぜざるを知らざるなり。

この文言から、欧陽脩の意図は「内相」と呼ばれ大臣の進退にも関与し、また「天子の私人」として外人と交通しなかった唐代の翰林学士の如き権威を復活させることにあったと言えよう。

この時期は、宰相陳執中が台官の度重なる弾劾に遭い中央を退き、代わりに文彦博・富弼が宰相に就任し、政治の刷新が行われつつある時期であった。さらに、この陳執中弾劾の過程において弾劾の急先鋒である殿中侍御史趙抃と、彼の弾劾の手法に異議を唱える知諫院范鎮の対立が起こり、最終的に双方共に台官・諫官を辞任することとなった。この例に限らず、慶暦新政以来の台諫官による言論の活発化は、ともすれば相手に対する個人的攻撃にまでエスカレートする傾向にあった。こうした状況に鑑み、欧陽脩は両制に対して詔勅起草のみならず皇帝の顧問としての役割も担った唐代の翰林学士の如き地位を与えることで、政治の安定を図ろうという構想を持っていたのではあるまいか。台諫官との往還が禁止されたことも、過度の接近を防止し両制の独立性を保持するという意図によるものであろう。彼にとっては両制が宰執との面会を制限されることは、そのことによって生じる不都合や批判を差し引いても学士の権威付けに欠くべからざる要素だったのである。

またこの規定はあくまで私第に限定した規定であって、職務上の事由がある場合には中書・枢密院に行って面会を求めることが可能であったことは、欧陽脩の提言を受けて出された詔に「如し公事有れば、中書・枢密に就き白すを

許す」とある通りである（前引『長編』巻一八〇）。とすれば提言者欧陽脩もそのことは承知済みであった可能性が高く、やはり規定の意図は両制の地位を高めることにあったと思われる。

その後、宰執が両制を自由に接見することを妨げるこの規定は宰執の待遇として相応しくないとの批判が相次ぎ[31]、最終的に嘉祐四年（一〇五九）五月に両制の宰執私第訪問を許可[32]、同六年正月に両制と台官の往還を許可[33]し、おそらくそれ以前に許可されていた諫官[34]との往還を含めて禁止規定は全面的に廃止された。

以上のように、仁宗朝においては三司・開封府・御史台に設けられたような裁判に関する請託に対応するための受謁禁止規定に加え、欧陽脩が「禁職」に相応しい待遇として両制の宰執私第訪問禁止を求め、その結果両制は「宰執を訪問する行為」つまり出謁を禁止された。この待遇としての規定の持つ意味と出謁の禁止が次の神宗朝に援用されることになる。節をあらためて見ていこう。

（二）神宗朝――「禁謁」の確立

ここまで見てきたように、受謁禁止規定そのものは早くから見られたにもかかわらず、「禁謁」「謁禁」という語が史料に現れるのは神宗朝、熙寧・元豊の頃からである。つまり、神宗朝における変化が「禁謁」「謁禁」という語を生ぜしめたと言ってよかろう。ではその変化とはいかなるものだったのだろうか。

周知の如く、神宗朝前半期すなわち熙寧年間はそのほとんどが王安石執政期であり、名高い「新法」が企画・施行された時期である。王安石は新法実施にあたって既存の官僚機構とは別に新たな官庁・ポストを次々と設け新進官僚をこれらに充当していった。その中にあって最も重要な地位を占めたのが中書検正官である。これは中書の属僚として士人を任用し、他官庁の長官を兼任するなどの手段を通じて中書への権力集中を図ったものであり、熙寧三年（一〇七〇）九月に設置された[35]。その検正官の待遇について『長編』巻二一五・同年同月戊子には、

中書言えらく、「……請うらくは検正中書五房公事一員を置き、房毎《ごと》に各《おのおの》検正公事二員を置き、並びに朝官を以て充て、宰相・参知政事に見《まみ》ゆること常朝官の礼の如し。……親属・寺観・職事相干するに非ざれば、出謁を許さざれ」と。之に従う。

とあるように、親属、寺観、職務が関わる者を除いて出謁が禁止された。仁宗朝における両制に対する規定は執政・台諫官など面会対象を限定した上での禁止規定であったのに対し、この規定は面会対象が特定の官員に限定されていない。この中書検正官に対する規定が後に普遍化される出謁禁止規定の先駆ということになる。一方、受謁が禁じられていたかは明記されていないが、後述のように熙寧九年になって検正官の受謁を禁じる命令が下されていることから、この時点では制限は加わっていなかったと思われる。

検正官の出謁禁止規定の背景には、新法実施などにより今後多忙を極めるであろう彼らを職務に専念させる意図があっただろう。しかし、ほぼ時を同じくして士人任用が開始された枢密院都承旨に対する規定を見ると、出謁禁止規定は単に職務遂行の円滑化のみを狙って設けられたわけではないと思われる。

枢密院都承旨はそれまで枢密院の吏人が用いられていたが、熙寧三年八月、東上閤門使李評が就任し、士人任用が始まった（『長編』巻二一四・熙寧三年八月己卯）。その後、士人都承旨の「接遇体式」の検討が命じられ、九月八日にこれが決定された（『宋会要』職官六―四「枢密院承旨司」熙寧二年（正しくは三年）九月一日・八日）。そして『宋会要』職官六―五「枢密院承旨司」熙寧二年（正しくは三年）九月十二日には、

枢密院都承旨李評言えらく、「欲し乞うらくは中書検正五房公事の例に依り、寺観・親属・職事相干するを除くの外、余は出入看謁するを許さざれ」と。……並びに之に従う。

とあり、枢密院都承旨にも出謁禁止規定が設けられた。これが都承旨李評本人の提言に係るものであること、中書検正官設置とほぼ同時期である上に「中書検正五房公事の例に依れ」と述べられていることから、李評は検正官と同等

の待遇を得ようとしてこの出謁禁止規定を求めたと思われる。

同じような動きは翌四年十月、枢密院検詳官と呼ばれる属僚が枢密院に置かれた際にも生ずる。『長編』巻二二七・熙寧四年十月丙辰には、

枢密院、経武要略を編修す。秘書丞・館閣校勘王存、著作佐郎・館閣校勘陳侗、大理寺丞劉奉世、前秀州崇徳県令蘇液、並びに検詳枢密院諸房文字とす。……礼遇・添給・日直・人従・出謁の禁は、中書検正官に視《なぞら》う。館職を帯ぶる及び本院編修文字は旧に依り、余の差遣は並びに罷む。既にして存、母の老を以て辞し、改めて秘書丞朱明之を差す。〈新・旧紀並びに枢密院検詳官を置くと書す。〉

とある。『経武要略』編修にあたって枢密院諸房に検詳官が置かれることとなった。これは単なる編修官ではなく、『永楽大典』巻三一四五所引の劉攽『彭城集』「故朝奉大夫権知陝州陳君（＝陳侗）墓誌銘」に、

初めて二府の属官を置くに、用人甚だ重く、潞公（＝文彦博）時に枢密使為《た》り、君を薦めて選に充つ。（（　）内は筆者）

とあるように枢密院の属僚としての意味合いが強いものであった。また、陳侗のように枢密使文彦博の推薦により任命された者や、王安石と交遊あるも執政在任中は意見が不一致であったといわれる王存[36]など、王安石寄りとは言えない人事が行われている（王存は母の老を理由に就任せず）。中には蘇液のように後に曾布との結びつきが指摘される者[37]もいるが、全体として文彦博を中心とした枢密院側が中書に対抗するため属僚を設けたと理解すべきである。とすれば「出謁の禁は、中書検正官に視う」という措置も中書検正官と同等の地位を検詳官に持たせるためのものであろう。

以上のように、中書検正官にならって設けられた枢密院都承旨・検詳官に対する出謁禁止規定は、単に職務上の問題によるものではなく、他の官僚との接触機会を制限することで宰属としての権威付けを行うという意図があったのである。この規定の意図は前節で見た欧陽脩による両制の規定と同様と言うことができよう。

この出謁禁止規定は、従来の受謁禁止規定と組み合わされて在京諸官庁に適用されてゆく。まず、『長編』巻二七二・熙寧九年正月甲申には次のようにある。

詔すらく、「在京官司の廨舎の在る所に非ざる者は、親戚と雖も入謁するを得る毋かれ。三司・開封府・司農寺・審官東西院・流内銓・兵部・軍器都水将作監・提挙在京諸司庫務・提点倉場司・市易司・商税院・開封祥符県左右勾当公事・編修勅令式条例官は、仮日に非ざれば出謁及び賓客を接見するを得る毋かれ。開封府司・軍巡院は、仮日も亦賓客を接見するを許さず、止だ出謁のみを許す。内《うち》中書・枢密院検正検詳習学公事、刑部・大理寺・審刑院官は、仮日と雖も亦之を禁ず」と。其の後、応《あら》ゆる在京司局は、仮日に非ざれば亦出謁を得る無からしめ、違う者は接見の人と幷せて各《おのおの》徒二年とす。

正月甲申に、三司以下先に見た中書検正官など諸官庁・官僚に受謁・出謁禁止規定が設けられた。さらにその後、在京司局全体に休日以外の出謁が禁止されたとあるが、これについては『宋会要』職官六―七「枢密院承旨司」熙寧九年五月八日には、

枢密副都承旨張誠一言えらく、「伏して見るに中書・枢密院検正・検詳官は、仮日に非ざれば看謁と賓客を接見するとを得ず。惟だ枢密院都承旨・副都承旨は未だ該説を見ず。今欲すらく応《あら》ゆる在京司属は、仮日に非ざれば看謁及び賓客を接見するを得ず、廨宇の在る所に非ざる者は、親戚と雖も入謁するを得ざれ。違う者は接見の人と幷せて各《おのおの》徒二年とす。職事相干する者は、拘《かぎ》る勿かれ」と。之に従う。

とあり、この規定が設けられたのは五月八日ということが確認できる。[38]

正月に設けられたのは主要官庁に対する受謁・出謁禁止規定であり、そこには官庁の種類により次のような差等が設けられている。

①勤務日受謁・出謁禁止＝三司・開封府・司農寺など

②勤務日受謁・出謁及び休日受謁禁止＝開封府司録司・左右軍巡院
③受謁・出謁全面禁止＝検正官・検詳官・刑部・大理寺・審刑院

これらのうち、仁宗朝に問題となった司法官庁については、刑部・大理寺・審刑院は中書検正官・枢密院検詳官とともに最も厳しい規定の対象となっているが、一方で三司・開封府本府は勤務日のみの禁止となっている。ただ、開封府における「戸婚の訟」担当の開封府司録司、同じく「京城争鬥及び推鞫」担当である左右軍巡院[39]は本府と別個に規定の対象となっているうえ、後に大理寺と同じく受謁・出謁全面禁止となっている[40]。つまり最終的には勤務日の面会を禁止された行政官庁と、休日の接触も禁止された宰属・司法官庁という区分になったのである。この区分からは裁判に関する請託に対する警戒が強く感じられる。

元豊期の禁謁の特徴としてもう一つ、規定対象の地方官への拡大を挙げておこう。元豊二年には在京の管軍臣僚と路レベルの兵官・将副・押隊使臣の受謁・出謁が禁止され[41]、同六年五月には知州・通判・知県の勤務日出謁が禁止され[42]、六月には安撫司の属官に対し「禁謁」が設けられている[43]。

以上見てきた熙寧・元豊期の受謁・出謁規定を整理すると、①面会対象を限定しない出謁禁止規定が現れ、②受謁禁止規定と一括して在京諸官庁に対し適用され、③地方官への対象の拡大が見られた、という特徴を挙げることができよう。つまり、これまで個別の官庁・官職に対して設けられていた規定が普遍化されるとともに、新たに出謁も禁止し、また裁判機能を有する各官庁に対してはより厳格な規定を設けることで請託を厳しく取り締まるという方針が採られたのである。この時期に一連の規定に「禁謁」「謁禁」という呼称が用いられるようになったことの背景には、こうした規定の普遍化・厳格化があったのである。

この禁謁規定の普遍化は、神宗朝における法令編纂の動向と関係があるのではないだろうか。王安石新法期、その後の神宗親政期と、一貫して神宗朝には多くの法令編纂が行われ、これらは勅令格式という宋代独自の法典形式へと

つながってゆく。[44]施行細則やそれに伴う罰則を法令という形で明確化し、それに則って行政をいわばマニュアル化するという神宗朝における政治手法が、禁謁規定の普遍化に現れているように思われる。

（三）哲宗朝以降の推移

哲宗朝以降も禁謁規定は継承されるが、細部には改変が施される。第一に、神宗没後まもなく地方の兵官に対する禁謁が緩和されている。元豊八年七月（哲宗即位未改元）には開封府界・京東・京西路の将兵官の「謁禁」がやめられ、[45]翌元祐元年（一〇八六）四月には諸路兵官・縁辺都監・武臣知城県などの禁謁が緩和されている。これについて『長編』巻三七四・元祐元年四月辛卯には、

知大名府韓縝言えらく、「路分の兵官・将官は出謁すると賓客を接見するとを得ず、僅ど囚禁に同じく、恐らくは将を待するの体に非ざらん。乞うらくは禁約を刪除するを賜り、以て優恩を示せ」と。詔すらく、「諸《およ》そ路分の兵官・将副・縁辺の都監・武臣の知城県及び堡寨の主は、本処の見任官に非ざれば往謁及び接見するを得ざれ。如し職事相干する、並びに親戚なれば、並びに往還を聴す。其れ往謁及び賓客を接見して法に違えば、之に見《まみ》ゆる者と幷せて、各《おのおの》杖一百とす」と。

とある。これ以前の規定の詳細は不明であるが、韓縝の言は規定の廃止を求めるものであるから、これに応えた詔は以前の規定を緩和する内容のはずである。

この緩和の動きは中央官に対する規定においても見られる。『長編』巻三七六・元祐元年四月辛亥には次のようにある。

監察御史韓川乞うらく、「官局の旧に依りて賓客を接するを許さざるを除き、外内の禁謁は、並びに廃罷を行え」と。監察御史上官均乞うらく、「開封・大理の官局旧に依りて禁謁するを除くの外は、其の余は一切簡罷せよ。

如し禁を罷むの後、大小の臣或いは敢えて挟私背公し慢職玩令すれば、執法言事の吏、以て糾挙上聞するを得。之を黜《しりぞ》け之を譴《せ》むるも、誰か敢えて服せざらん。其れ治体に於いて、実に小補に非ず」と。尚書省看詳すらく、「禁謁の法、蓋し嘱請を防ぐも、或いは職事に於いて妨廃あり。其れ安撫司管勾機宜文字・勾当公事官は、均しく条禁を立て難し。今刪去せんことを欲す。及び台諫・開封府・大理寺の官、在京管軍臣僚、各《おのおの》旧条に依るの外は、其れ内外の法禁太《はなは》だ重く、理として合《まさ》に裁損すべし。及び在京通用等の条件至って繁にして、及び拘礙の未だ尽きざる有り、宜しく随時改修すべし。所有《あらゆる》申明せる朝旨の内、『門客・僧道・伎術は往還を許す』の一節、已に下条に於いて修立せり。管勾荘産・媒保の類、幷びに朝仮を得るは、禁謁を限らず。亦自《おの》ずから旧に依ると兼ねて改修条内に立つる所の刑名に係らざるは、宜しく今来定むる所に依り、其れ旧《もと》徒二年に係るは悉く杖一百に従り、本より応《まさ》に軽くすべき者は、職は本条に従れ」と。幷びに之に従う。〈新録「小補」の下に於いて刪修して云う、「尚書省看詳すらく、旧条を参用し、禁謁の制を申飭し、其れ旧徒二年に係る者」云々と。〉

これによると監察御史韓川・上官均が開封府・大理寺以外の禁謁を廃止するよう求めたことを受け尚書省が看詳し、安撫司管勾機宜文字・勾当公事官の禁謁は削除、台諫官・開封府・大理寺・在京管軍臣僚は従来通り、内外の禁謁の重すぎるものは裁損するほか、罰則については、従来通りとされたものおよび改修条内で刑名が明記されていないものは今回定めるところに従い、従来徒二年とされていたものは杖一百とする、と答申した。割註によると「新録」（紹興『哲宗実録』）では尚書省は「旧条を参用し、禁謁の制を申飭し」たとあったようだが（『宋会要』刑法二―三七も「新録」と同内容）、徒二年を杖一百とした点は『長編』本文の内容（おそらく「旧録」＝大観『哲宗実録』に依拠）と変わらない。この徒二年から杖一百への変更は単に五刑の上で三等を減じた以上に大きな意味を持つのだが、そのことについては次章で論ずるとして、ここでは違反者の罪が減じられたことが規定適用に消極的な姿勢への変化を示していること、また『事類』に残されている規定には徒罪とされているものが多いことから元祐期の軽減措置は一時的であっ

たと思われることを確認するに止める。

ただ一方で禁謁規定は完全に廃止されたわけではなく、例えば門下・中書後省及び詳定重修勅令所刪定官・検詳文字使臣については、『長編』巻三九二・元祐元年十一月壬午に、

尚書省言えらく、「門下・中書後省幷びに詳定重修勅令所刪定官・検閲点検文字の使臣は、並びに在京職事官禁謁法に依らんことを」と。之に従う。

とあり、「在京職事官禁謁法」にならうとされた。また、交通の要衝にあたる州県の官僚に対する禁謁が命じられるなど(46)、必要に応じて個別的な命令は下されている。

これが哲宗親政期を経て次の徽宗朝になると、再び内外諸官庁・官僚に対して禁謁を徹底しようとする動きがでてくる。『宋会要』刑法二―六四「刑法禁約」政和五年（一一一五）八月十一日には、

刑部・大理寺、修立し到れる条法を奏す、「諸《およ》そ臣僚、枢密院都承旨・左右司郎官〈一省録事・都事、枢密院逐房副承旨、差守闕当官、法司及び貼司同じ〉・大理寺・開封府・国子監・太学・辟廱官〈赤県若しくは左右廂県勾当公事〉は、出謁及び賓客を接見するを許さず。翰林学士承旨・翰林学士・給事中・中書舎人・起居郎・起居舎人・太子侍読侍講・尚書刑部・殿中省官・司農寺長貳丞は、並びに出謁を禁じ〈仮日は即ち見客す〉、尚書省官六曹・秘書省及び寺監・御史台検法官・主簿は、仮日に遇えば出謁を聴し、仍お見客を許す」と。之に従う。

とある。熙寧九年の在京諸官庁に対する規定以来の大規模な制度改定であるが、熙寧の禁謁規定と異なる面もある。まず規定の差等であるが、規定の緩やかな方から並べると、

①勤務日出謁・受謁禁止＝尚書省六部（除く刑部）・秘書省・寺監・御史台検法官・同主簿
②勤務日出謁・受謁及び休日出謁禁止＝翰林学士・給舎・起居官・尚書省刑部など
③出謁・受謁全面禁止＝枢密都承旨・尚書省左右司郎官・大理寺・開封府・国子監など

となる。②の対象である官僚のうち、翰林学士については仁宗朝以降の受謁禁止規定の変遷は不明であり、熙寧九年五月の在京百司の禁謁法が適用されていたのかも知れない。また給舎・起居官については前引『長編』巻三九二・元祐元年十一月壬午によると同じく在京百司の禁謁法（勤務日受謁・出謁禁止）が適用されていたはずである。とすれば政和五年の規定はこれらに対して新たに休日出謁も禁止したことになり、全体として規定の厳格化の方向で捉えて差し支えないであろう。

その他、政和七年には尚書省六部の禁謁法を業務の繁簡に応じて定めるなど細かな改変を示す史料もあるが[47]、両宋交代期の混乱から現存する史料は少ない。ここまで見てきた史料から哲宗朝以降の禁謁について大まかな傾向をまとめておくと、やはり新旧法党の政権交代が影響していると思われる。神宗朝に確立された禁謁が、哲宗朝・元祐旧法党政権期には違反者に対する刑罰が大幅に軽減され、また一部の官についてはは禁謁がやめられるなど緩和の動きに向かったのに対し、徽宗朝・新法党政権期には再び厳格化の方向へ向かっていったのである。

（四）南宋期――大理寺官禁謁の強化

最後に南宋期における禁謁規定について述べておきたい。高宗・孝宗両朝には、以前に出されたものと同様の規定が再発布されたり、「申厳」という形で既存の規定の遵守を求めるといったことが行われていることは確認できるもの[48]の、史料の制約から南宋の禁謁制度の展開を通時的に追うことは困難である。ただその中にあって、淳熙末に大理寺に対する禁謁規定が強化された時期がある点が注目される。もっとも、大理寺官に対する待遇・管理はこれ以前から問題視されており、ここでは紹興期から話を進めたい。

まずは南宋における大理寺官の地位について述べておこう。例えば沈該に対する弾劾で大理評事の人事が彼との縁故で行われていることが指摘されている[49]。また、袁説友『東塘集』巻九・奏疏「論刑獄当重疏」には、

朝廷刑法の科を設け、一歳毎《ごと》に一試、其の選に中る者、一二年せずして遂に廷評の職を得、期せずして来る者有るに至る。夫れ廷評の要任を以て任子躐升の階と為す。又一寺の法、皆廷評先ず以て接究し、此自《よ》り之を升し、以て正・丞と為る可《べ》し。又上りて郎と為り、進みて侍従と為る。然らば則ち廷評の官、固より軽遷に非ず、其れ館閣の遷に視《くら》べ、其の速きこと相似たり。

とあり、廷評＝大理評事が任子の昇進の階梯となっているとの指摘が見える。このように当時は大理寺官は昇進に有利に働くポストであったが、このことには重大事件の取り調べに関与するという職務上の性格が関係していると思われる。前引『東塘集』には、

寺は固より門禁有るなり。而るに今の胥輩、故無きを以て出づ可《べ》く、外の遊民、故無きを以て入る可《べ》し。康荘の衢に於いて適《あ》うが若きは、挙げて禁無し。遂に胥輩をして獄情を持して以て賕を受くるを得しめ、遊民をして金銭を託して以て法を変ずるを得しむ。而るに刑臣を用うは、恐らくは庸医用薬の如く、必ず其の死を得ざる者有り。是れ豈に為さざる可《べ》きの所ならんや。今、寺の丞正、亦室を寺中に作り、日《ひび》士大夫をして公門に往来せしめ、天子の獄、殆ど丞正犒賓の地と為るに過ぎざるのみ。此の弊大いに不可なり。

とあり、「門禁」があるにもかかわらず大理寺官が出謁・受謁を繰り返していると指摘されている。このように職務上の特権を利用して請託を図る法官がすでに北宋から存在していたことは先に引用した『青箱雑記』にも見えるが、南宋期にはこうした活動がより活発になり、大理寺官の側が職務上の特権を利用して高位高官に便宜を図り、一方権力者の側もこうしたポストに自らの縁故者などを就けるという構図が顕著になったのであろう。

こうした事態に対処すべく、大理寺あるいは大理寺官に対しては禁謁が強化されるとともにその居住形態にまで制限が加えられるようになった。『宋会要』職官二四―二一「大理寺」紹興二十年九月一日には、

詔すらく、「大理寺を起造し、一に移地段内に就きて量行して吏院を蓋造し、治獄・都轄自《よ》り推司の家属に至る

まで、並びに院内に就きて居住せしめ、其の出入の禁を厳しくす可《べ》し」と。寺丞石邦哲の請に従《よ》るなり。

とあり、大理寺丞石邦哲の請により治獄・都轄から推司は家族を伴って大理寺内に居住し、出入の禁を厳しくすることが定められた。これは大理寺の末端に対する措置であるが、孝宗朝に入ると上位の官僚に対する規定も厳格になってゆく。『宋会要』方域四―一〇「官廨」淳熙七年（一一八〇）五月十一日には、

臨安府に詔して大理寺評事の廨宇を修蓋せしむ。刑部尚書謝廓然、「獄情厳密を貴ぶも、評事外に散居す、乞うらくは本寺の空地を以て廨宇を創れ」と言うを以て、故に是の詔有り。

とあり、大理寺内の空き地に評事の「廨宇」（官舎）を建て、寺内に居住させた。またこの後に治獄・正丞、さらに断刑官の「廨舎」を修蓋しているが(50)、これも寺内に居住させることを想定してのものであろう(51)。

こうした措置の後、淳熙十六年に大理寺に対する禁謁規定が強化された。まず『宋会要』職官二四―三八「大理寺」淳熙十六年三月四日には、

詔すらく、「廷尉は天下の平なるも、日来官吏出入時無く、賓客日《ひび》請嘱有り。泄漏の弊、以て隔絶する無し。日後賓客を接見するを得ず、仮日と雖も亦出謁するを得ず。如し堂白の公事有れば、止だ朝廷に申せ。司直・寺簿も亦寺に就きて居止せしめよ」と。

とあり、大理寺官の受謁・出謁禁止が申厳された。それとともに大理司直・主簿の寺内居住も命じられており、他の官僚も含めて再度「門禁」を徹底させる意図があったのであろう。この規定は、同十月五日に休日出謁は許可された(52)ものの相当徹底されたようで、同職官一五―二六「刑部」淳熙十六年十一月十八日には、

刑部侍郎呉博古言えらく、「本部一司崇寧専法、『奏獄及び法に縁り《（法令に縁りて？）》て今事応《まさ》に議すべき者は、大理寺丞以下を召して議す』と。近ごろ専降の指揮有るに縁るに、大理寺官出謁するを得ず。以て未だ敢えて旧法を照用せざるを致す。乞うらくは今後本部合《まさ》に議すべき刑名有るに遇えば、旧法に従《よ》りて大理寺官の部に赴きて商議するを請う

を許せ」と。之に従う。

とあり、刑部との合議の際には大理寺官の外出を許可して欲しいとの刑部侍郎呉博古の言が見える。こうした本来果たすべき職務に支障が生じるほど厳格に禁謁規定が適用されていたのである。しかし程なくして請謁は再び横行するようになったようで、紹熙二年（一一九一）には大理寺長貳に対して出謁禁止が申厳されている。(53)

以上のように、南宋においては大理寺の官僚が権力と結びついて不正を行うことが甚だしくなり、これに対処するために禁謁規定の申厳が行われた。この措置とともに官僚の居住地に対する制限も加えられ、請託を防止しようとする強い意志が看取できるものの効果が上がったかは疑問である。

ここまで、北宋から南宋中期にかけて設けられた禁謁規定についてその意図・背景を考察してきた。禁謁規定は諸々の請託の増加を契機として設けられた規定であり、主に業務停滞の解消、職務の円滑な遂行を目的としていた。当初は受謁を禁止する規定が主であったが、時には規定対象となるポストの権威付けなどの意図を含有しながら次第に出謁も禁止する方向に拡大され、様々な官庁に対して設けられたのである。

しかしこの規定によって請託・不正行為が防止できたわけでは決してないことは史料を見れば明らかである。章をあらためて、禁謁規定の適用実態と処罰例を見ていこう。

第三章　禁謁の適用実態と処罰例

禁謁規定について、本章では次の二つの点に検討を加えてみようと思う。第一は、規定違反に対する監視が十分に行われ、官僚の側も規定の存在を意識して行動していたか否かという点である。第二に、規定違反者が出た場合に法

律に準拠した処罰が行われていたか、処罰はいかなるケースにおいて行われていたかという点である。以下、規定の適用実態と処罰の具体例について見ていこう。

（二）適用実態

前章において、「禁謁」と称される規定は熙寧・元豊期に確立したことを述べた。それは受謁禁止と出謁禁止が組み合わされるに至ったことが理由であったが、規定に基づく取り締まりの強化という点から見てもこの熙寧・元豊期を画期とすることができる。

先に見たように受謁禁止規定自体はすでに真宗朝において様々な官庁に対して設けられていたが、これによって請託の風潮が抑制できたとは考えにくい。宋代には科挙に及第した後も選人から品官になる（改官）際や、それ以降の昇進にあたっても一定数の推薦人が必要とされ、高位高官の知遇を得ることが重要な意味を持つようになった。かくして「奔競の風」が助長されるに至り、先述のように職務の妨げとなるほど官庁への訪問が行われたのである。これは政府の中枢である中書においても同様で、景徳四年に二府における賓客接見は「聚庁見客」を基本とするという規定が設けられた[54]ことが影響して、中書の賓客接見があまりにも少なすぎるという批判が起こった。『長編』巻八四・大中祥符八年（一〇一五）四月甲子には、

上王旦に謂いて曰く、「上封する者、中書は言事せず、賓客を接すること罕にして、政令頗る稽滞すると言う」と。旦等曰く、「……賓客を接すること罕なるは、誠に亦之有り。転運使副・提点刑獄・辺要の藩郡の守臣及び非次の将命の群臣の如きは、陛辞の後は未だ嘗て見ずんばあらず。或いは劄子を齎らし到る者、其の述ぶる所を観れば、以て詳悉す可《べ》し。復た詢問するに洎《いた》るも、即ち徼求に渉る。……」と。

とあり、「賓客を接すること罕なり」という上封者の批判に対し宰相王旦等は、転運使など会うべき者には会ってい

るし、劄子を送ってくる者を実際に呼び出して意見を聞いてみれば私的な要求をするに過ぎない、と現状を説明している。(55)

請託の横行は仁宗朝になっても変わらず、これに対して司法官庁には受謁禁止規定の申明が繰り返されたのは前章で見た通りであるが、規定を積極的に適用して取り締まりを強化しようという意図は希薄であった。再三言及しているが、『青箱雑記』巻二には「皇祐・嘉祐中には謁禁はなく法官を中心として請託が甚だしかった」とあるほか、王得臣『麈史』巻上「忠讜」には、

鄭毅夫三司塩鉄判官為《た》り。時に文禁頗る寛略にして、余嘗て省に入りて之に見《まみ》ゆ。張伯玉公達、鄭と同部にして、余幸いに数《しばしば》二公の持論を聴く。

とある。史料に見える人物からこれは仁宗朝末期のことと見てよいであろう。(56)この時期には「文禁（法令）頗る寛略」であったため王得臣は三司を訪れて彼らと面会し話を聞くことができたという。裏を返せば北宋末（『麈史』は政和五年（一一一五）成書）には規定が厳しかったということになる。

一方で、熙寧・元豊すなわち禁謁規定確立以降は、規定による不便を述べる官僚がいたり、また法令における刑罰の記載が具体的になることから、規定を積極的に適用しようという意図が強かったと思われる。例えば『宋会要』職官一七―二四「御史中丞」熙寧九年（一〇七六）十一月七日には、

権御史中丞鄧潤甫言えらく、「諸路局を置くの編修制勅官は、仮日に非ざれば看謁及び賓客を接見するを許さず。今御史中丞、言事を以て職と為し、若し仮日を須《ま》ちて賓客を接見すれば、即ち由りて外事を聞知する無し。乞うらくは謁禁を免ぜよ」と。詔すらく、「台諫官の賓客を接見するを許さざるの処を兼局するものは、見客を許す」と。

とあり、規定の対象外であった台諫官が受謁禁止対象の部局を兼任する際には、本職である台諫官としての職務を遂

行することを優先して受謁を許可するとされた。つまりそれ以前は他局を兼任する台諌官にも禁謁が適用されていたことになる。また『宋史』巻三四一「王存伝」には前後の内容から元豊年間のものと思われる王存の「官司の謁禁、本より請託を防ぐも、而るに弔死問疾、一切杜絶するは、皆便に非ざるなり」との言が見え、弔問や病気の見舞いなど日常的行為にも規制が加わったという。規定の適用が厳格であったことが窺える。

また、仁宗朝以前の受謁禁止規定には刑罰の具体的な記載が少なく、あっても「違制」（一般的な詔勅違反）に充てるといった記載に留まる（『宋会要』刑法二―二二）。一方で禁謁確立期の法令には「徒二年」と明確に記されているものが見え（『宋会要』職官六―七）、規定適用・処罰執行に対する積極的な姿勢が現れている。

しかし南宋期に入ると、再三官僚による禁謁遵守を求める上奏が行われていることから、規定は徐々に空文化し、それを取り繕うための申厳が行われるということの繰り返しだったと思われる。この背景にはいわゆる専権宰相と称される、強大な権力を持つ宰相の登場が挙げられる。秦檜を筆頭とする専権宰相は、例えば私第で政務を執るなど、官僚システムから逸脱した行動をとるケースが目立った。こうした政治形態においては官僚同士の接触に対し制限を加えることなど望むべくもなかったであろうし、そもそも権力の側もかかる規定を積極的に適用したとは思えない。

南宋期についてもう一つ注意すべきは、地方における適用実態である。先に引用したが、知州・通判・知県については、元豊期に定められたこのような禁謁規定が南宋にも残存していた。

諸《およ》そ知州・通判・県令、仮日に非ずして輒ち出謁する、及び賓客ありて受謁する者は〈臣僚経過するに、令に依りて応《まさ》に迎送すべからずして迎送する、及び之に見《まみ》ゆる者も同じ。〉、各徒一年とす。（『事類』巻四・職制門一「禁謁」の職制勅）

ここでは知州などに「休日でないのに出謁・受謁した者は徒一年」という規定が設けられているのであるが、これと相反することを朱熹が言っているのである。『朱子語類』巻一〇六・外任「潭州」には、

而るに今の官員は大小を論ぜず、尽く見客せず。敢えて某日見客し、某日見客せずと立定す。甚だしきは月に十日出でざるに至る。知らず、甚麼《いかなる》条貫の此の如きなるかを。此れ礼なるか、法なるか、怪しむ可《べ》し。知らず、出来して人と相応接すること少頃なるに、甚《いか》なる辛苦の処有るや。人の見《まみ》えんと欲する者をして等候して見ゆるを得ること能わざらしむ。或いは急幹有りて去らんと欲するに、甚《いか》なる心情有りて等待するや。呑まんと欲すれども可ならず、吐かんと欲すれども得ず、其の苦言うべからず。此等の人は所謂不仁の人なり。心都《すべ》て頑然として知る無し。抓著するも痒からず、掐著するも痛からず。小官嘗て上位の此の如きを被りて之を非とするも、他《かれ》栄顕に至れば、又自ら知らず。因りて言えらく、夏漕毎日先ず過往の人客を見て了《おわ》りて、然る後に職事官に請いて相見《まみ》ゆ。蓋し幕職官の稟事多き時、過客久しく候《ま》つ能わざるを恐るるの故なり。潭州、初一・十五は例として見客せず、諸司皆然り、某《それがし》遂に例を破りて皆相見えしむ。〈先生潭州に在るに間日毎に一たび学に詣《いた》り、士人斎中に見え、官員は則ち府署に於いてす。僩。〉

とある。朱熹は、賓客との面会に制限を設け、なかには月に十日も姿を見せない者がいることを「一体どんな条貫があってこうするのか」と批判している。また自身も月の一日・十五日に賓客と会わないとする潭州の慣例を破ったと言っている。朱熹の口振りはあたかも禁謁規定など存在しないかの如くである。

このほかにも管軍官が禁謁を忠実に守っていたところ周囲から怨嗟の声が上がったことを記す史料もあり、(57) 南宋期には請託防止という本来の目的に忠実な形での規定適用は甚だ困難であったと思われる。また地方官の側にもこうした規定に対する意識が希薄な者が多かったのではないだろうか。

(二) 処罰の具体例

次に処罰の具体例を見ていこう。禁謁規定違反による処罰の例は非常に少ないが、ここに挙げる二例はいずれも熙

寧・元豊期のものであり、ここまで述べてきた当該時期の画期性を示すものである。『長編』巻二八五・熙寧十年十一月己酉には、

詔すらく、「右千牛衛将軍世奨等五人、追官・勒停を免じ、罰金を聴《ゆる》す」と。私かに賓客を接するに坐し、罪徒二年に至るも、上特に之を寛《ゆる》す。

とあり、宗室趙世奨等五名が「私接賓客」の罪を犯して罰金処分を受けている。宗室に対する受謁禁止規定の詳細は不明であるが、本来徒二年にあてられるべきところを罰金で済まされている。熙寧・元豊期に禁謁規定に基づく監視・取り締まりが厳格に行われていたことを示す一例と言えよう。

また元豊二年には、「太学獄」に関連して学官に対し禁謁違反による処罰が行われた。前年十二月に建州の進士虞蕃が太学の講官の不公・怠慢を訴え、開封府で取り調べが行われたが、権知開封府許将が関係者を擁護する動きに出たため事件は御史台に移送され、当時御史であった徐亶・蔡確により許将をはじめとする関係者が弾劾・処分された。その中で学官に対する処分について、『長編』巻二九九・元豊二年七月癸巳には、

詔すらく、「殿中丞・国子監直講龔原は一官を追して勒停、三期の叙を展す。国子監直講・和州防禦推官・審官西院主簿沈銖、国子監直講・潤州金壇県令葉濤は各《おのおの》罰銅十斤、銖は勒停、濤は衝替」と。……濤、（生員張）育の茶紙を受け、幷びに仮日に非ずして生員の謁を受くるに坐す。

とあり、葉濤の処分（罰銅十斤・衝替）は生員から茶紙を賄賂として受け取ったことおよび休日でないのに生員と面会したことによるという。

この葉濤に対する処分は高官をも巻き込んだ大きな事件の一端であるが故に史料に記され残ったわけであるが、ほかにも違反者がいて処分を受けていた可能性も否定できない。しかし、禁謁違反に対する罪はせいぜい徒二年止まりであった[58]ため、ほとんどが罰銅などの懲戒処分で済まされていたために記録に残っていないのではないかと思われる。

また、前章で哲宗朝においてそれまで徒二年であった罰則を杖一百に軽減したことを指摘したが、これは単に罪三等を減じた以上の意味を持つ。仁宗朝において三司・開封府・御史台の受謁禁止規定違反が「違制」とされている（『宋会要』刑法二—二一）ことから、規定違反は私罪扱いを受けていたと思われる。一方、官僚・選人の犯罪歴は磨勘や改官の際に問題とされ、私罪徒以上の罪は杖以下に比べて著しく不利に働いた[59]。つまり徒罪から杖罪への変更により処罰者の履歴上の不利益は極端に軽減されることとなり、従って規定の持つ抑止力も弱まったであろう。前章において杖一百への変更が規定緩和措置として大きな意味を持っていたと述べた理由はここにある。

南宋においても禁謁を理由に処罰を受けているという事例は史料には出てこない。『宋会要』職官「黜降官」の項は官僚に対する降格処分事例を集めたものであり、南宋期の地方官についてはかなり網羅的に処分事例が収録されていることが青木敦氏によって明らかにされているが[60]、「黜降官」全体を見てみると、禁謁違反を理由に処分を受けたと明記されている事例はない。一方で贈収賄や官僚同士の「交結」による処分事例はそれこそ枚挙に暇がないほど残されている。これらの処分が決定する過程において禁謁違反が問題となったことは想定できるが、しかしおそらくはより罪の重い贈収賄などが適用されて処分されているのであろう。つまり、先に述べた適用実態と併せ考えると、ことを地方官に限って言えば禁謁違反のみによる処罰はほとんど行われず、行われたとしてもやはり罰銅などの懲戒処分で済んだのであろう。

以上見てきたように、受謁・出謁禁止規定違反に対する監視・取り締まりは、禁謁制度が確立した熙寧・元豊期には厳格に適用されていたと思われるもののその他の時期についてはさほど厳格に行われたとは考えにくく、摘発されて処罰が行われたとしてもそれは五刑上は最も重くて徒二年であり、従って実際には罰銅程度の処分に留まったと思われる。

おわりに

禁謁は熙寧・元豊期に確立した制度で、それまでに段階的に設けられてきた受謁禁止規定に新たに出謁禁止規定を加えて完成したものであった。従前の受謁禁止規定との相違はこのほかに、在京官庁に対し職務・地位の差異を踏まえつつ包括的に適用された点、地方官への対象の拡大が見られた点、監視・取締が厳格に行われた点が挙げられる。しかし、それ以前の受謁禁止規定も目的としていた請託の防止に効果があったとは言えない。哲宗朝に規定緩和の動きが見られるが、おそらくこれとともに規定適用についても消極的な姿勢への変化があったのではないだろうか。また罰則も軽微なものであり、罰銅程度で済ますことのできるものであったことも規定の効力の低さに影響を与えていたと思われる。禁謁のように軽微な罰則しか設けられていない禁止規定はほかにもあるが、それらの適用実態もおそらく大同小異であったろう。つまり、官僚に対する諸々の細かな禁止規定も禁謁同様に「戒飭」としての意味合いに過ぎないものであっただろう。この点、現実に生じた問題から生まれ実際に紛争解決の手段として判牘においても引用される「戸婚田土の案」に対する法とはやや異なると思われる。

ただ、両者に共通しているのはやはり微細なことまで法律として明文化する姿勢である。第一章で引用した『朝野類要』の「禁謁」の項について、清の兪樾は『茶香室叢鈔』鈔六「禁謁」の中で、

此の条を按ずるに謁禁・禁謁は別有るに似たり。謁禁者《は》、人来りて謁見すれば則ち禁有り、禁謁者《は》、其の人を謁するを禁ずるなり。今京官官（?）都察院輒ち署門に「文武官員私宅免見」と曰うは、即ち謁禁の遺制に似たり。

と言っている。兪樾の言うような「禁謁」「謁禁」の定義が厳密さを欠いていることは第一章で述べた通りだが、彼が「謁禁の遺制」と言っているからには、清代にはこのような規定は法令としては存在しなかったのであろう。清代

においては署門に一言掲げておくのみで事足りた事柄を、宋朝は事細かに法律として明文化していたのである。こうした官僚に対する禁止規定の宋代的特質については今後さらに考察を進めていきたい。

一方で、諸官庁に包括的に適用されたものの対象官庁毎に規定の内容には偏りがあり、特に司法官庁に対する禁謁は度々史料に登場してくる。こうした偏差は請託による弊害の程度の現れと取ることができよう。つまり司法官庁においては官僚などの犯罪の隠蔽や処罰の軽減を求める請託が殺到したと思われ、これに伴う不正行為の防止、裁判事務の円滑な遂行を目的として、特に南宋の大理寺に対しては官員の居住地を制限する規定まで設けられるようになったのである。さらに、先ほど述べた官僚に対する禁止規定の多さそのものがこうした裁判事務の増加や請託の横行を促進したのではないだろうか。また、宋代には言事官の活動が活発であったと言われるが、その言論、とりわけ官僚に対する弾劾の内実を見ると、個人攻撃であったり法令違反をあげつらって辞任に追い込むというケースが多い。言事の活発化という宋代政治の特徴は、批判・弾劾の材料である法律の多様さに裏打ちされたものであるとも言えよう。従来官僚同士の人的結合については同郷・同僚関係や昇進における挙主・被挙者関係など、結合の契機についての研究が中心であったが、禁謁規定を見てみると、そうした人的結合は必ずしも人事などの正の側面のみならず、犯罪に関わる負の側面においても日常的に作用していたと思われる。このような人的結合の日常的な作用のさらなる解明については今後の課題としたい。

註

（1）史継剛「宋代宰執的謁禁制度」（『西南師範大学学報』〈哲学社会科学版〉一九九〇—三）。

（2）台諫については虞雲国『宋代台諫制度研究』（上海社会科学出版社、二〇〇一）、法官については王雲海主編『宋代司法制度』（河南大学出版社、一九九二）。

（3）例えば官僚・知識人の人的結合については平田茂樹「宋代の朋党形成の契機について」（『宋代社会のネットワーク』汲古書院、一九九八）、山口智哉「宋代「同年小録」考——「書かれたもの」による共同意識の形成——」（『中国—社会と文化』一七、二〇〇二）、同「宋代郷飲酒礼考——儀礼空間としてみた人的結合の〈場〉——」（『史学研究』二四一、二〇〇三）、冨田孔明「北宋における奔競の風に関する一考察——薦挙制の問題と関連させて——」（『史学研究』二四六、二〇〇四）など。また政治事件・政策決定については熊本崇「宋元祐三省攷——「調停」と聚議をめぐって——」（『東北大学東洋史論集』九、二〇〇三）、平田茂樹「周必大『思陵録』・『奉詔録』から見た南宋初期の政治構造」（『人文研究』〈大阪市立大学大学院文学研究科紀要〉五五—二、二〇〇四）など。

（4）滋賀秀三『清代中国の法と裁判』（創文社、一九八四）二九五頁。

（5）『長編』巻二七二・熙寧九年正月甲申「詔すらく、「在京官司の廨舎の在る所に非ざる者は、親戚と雖も入謁するを得る毋かれ。……」と。其の後、応ゆる在京司局、仮日に非ざれば亦出謁を得る無かれ、違う者は接見の人と幷せて各徒二年とす。」

（6）註（5）で見た在京百司の規定は、『宋会要』職官六—七「枢密院承旨司」熙寧九年五月八日に「枢密副都承旨張誠一言えらく、「伏して見るに中書・枢密院検正・検詳官は、仮日に非ざれば看謁と賓客を接見するを得ず。惟だ枢密院都承旨・副都承旨は未だ該説を見ず。今欲すらく応ゆる在京司属は、仮日に非ざれば看謁及び賓客を接見するを得ず、廨宇の在る所に非ざる者は、親戚と雖も入謁するを得ざれ。違う者は接見の人と幷せて、各徒二年とす。職事相干する者は、拘《かぎ》る勿かれ」と。之に従う。」とあることから、枢密副都承旨張誠一の提言に係るものであることが分かる。上奏の内容から当然枢密院承旨司にも適用されたはずで、従って「枢密都承旨の例」とは在京百司同様に受謁・出謁双方を禁止したものであろう。これを本文引用『長編』が「在京百司の例」ではなく「枢密都承旨の例」と言っている理由は判然としないが、本文で後述するように当時の禁謁規定には官庁の地位・待遇を表す指標としての意味があり、元豊官制改革によって中書検正官を継承した尚書省左右司（『宋史』巻一六一・職官志一の「検正官」の項）の地位を枢密院承旨司と同等にするという意図を持ってこの規定が設けられたためとも考えられる。

（7）『長編』巻三五八・元豊八年七月庚申には「詔すらく、「提挙開封府界・京東・京西路将兵官の謁禁を罷めよ」と。」とあり、この「謁禁」は同巻三〇一・同二年十二月壬戌に「詔すらく、「在京の管軍臣僚、外任の路分兵官・将副・押隊使臣は、出謁

及び賓客を見るを禁ず。著して令と為せ」と。」とある規定を指していると思われる。

（8）王炎『隻渓類藁』巻一七・啓「賀許国正」と「謝范舎人」。

（9）『宋会要』刑法二―一一五「禁約」紹興二十七年十二月二十一日には、「左正言何溥厳乞うらく、「外官に謁禁の令を推行し、大要の監司は台諫に視《なぞら》え、典獄は大理に視え、自余の官は概ね在京百司に同じく、職事相干する者は坐する勿かれ」と。」とある。台諫については、『宋会要』刑法二―一一四「禁約」紹興二十七年四月十八日に「詔すらく、「台諫・両省令に依りて仮日に非ざると雖も亦見客を許すを除くの外、余官は旬仮日に非ざれば並びに出謁・受謁を許さず、如《も》し違わば御史台弾奏せよ」と。」とあり、「見客（＝受謁）」を許可されていたとあるから、台諫の「謁禁」とは出謁禁止を指すと思われる。また大理寺官の「謁禁」は、『宋会要』刑法二―一一三「禁約」紹興三年十二月三日に「詔すらく、「大理寺官、卿・少より司直・評事に至るまで、仮日と雖も亦出謁及び賓客を接見するを得ず、本寺の長貳をして常に切に覚察せしめ、仍お尚書省をして本寺の門に出榜して暁示せしめよ」と。」とあるように受謁・出謁双方の禁止を、在京百司の「謁禁」は前出『宋会要』刑法二―一一四「禁約」紹興二十七年四月十八日の「余官は旬仮日に非ざれば、並びに出謁・受謁を許さず」を指すと思われる。これらから、何溥厳の求めた「謁禁の令」は受謁・出謁双方の禁止に関わるものと言えよう。

（10）『長編』巻二一・太平興国五年八月己丑に「……因りて詔すらく、「自今文武職官輒ち三司の公署に入るを得ず、及び書札を以て往来し公事を請託するを得ず。門吏は之を謹察し、違う者は以て告げよ」と。」とある。『宋大詔令集』巻一九八・政事五一・禁約上「禁約文武官不得輒入三司公署詔」にはこの詔は同年十月甲申のものとある。

（11）『宋会要』職官三―二三「五房五院」咸平元年七月「詔すらく、「制勅院諸房公事、自今輒《たやす》く漏洩有るを得ざれ。及び御史台をして暁示せしめ、京朝官公事に因らず勾喚するに、輒ち制勅院に入るを得ざれ。仍お常に切に覚察し、違う者は具名以聞せよ」と。」

（12）『宋会要』選挙二五―一「三班院」咸平三年十一月「詔すらく、「三班院公事少なからず、賓客を接見するを許さず」と。」

（13）『宋会要』職官三七―五「開封尹」景徳元年七月「詔すらく、「開封府知府等、府廨内に於いて賓客を接見するを得ざれ」と。権知府陳省華の請に従るなり。」

（14）『宋会要』刑法二―九「刑法禁約」大中祥符二年六月二十一日「詔すらく、「文武官自今公事に非ざれば京百司に入るを得

ず。諸そ公局、監臨官の絜家して廨宇に止むる者の如きは、親故の来往を許し、其の公事を妨ぐること無からしめよ」と。」

(15) 宋代には上級官僚が下級官僚を推薦する際に保証人となる制度があり、これを「保任」「保挙」と称し、未入流の選人身分から京官への昇進（改官）など官僚はことあるごとに推薦人を集める必要があった。これに伴う「奔競の風」については註（3）所掲冨田論文参照。

(16) 『長編』巻一〇二・天聖二年七月戊戌「刑部郎中・侍御史知雑事姜遵言えらく、「三司・開封府、日《ひび》賓客を接し、頗る廃事を見る。……此れ皆旧と著《も》令有り。請うらくは禁止を行え」と。之に従う。」

(17) 『宋会要』刑法二―一六「刑法禁約」天聖五年九月二日「御史台言えらく、「開封府、近日多く臣僚の便を取りて出入看謁する有り。先降の勅命有りと雖も、未だ遵守施行するを聞かず」と。詔すらく、「御史台・街司をして常に切に覚察聞奏せしめよ」と。」

(18) 『宋会要』刑法二―二一「刑法禁約」景祐二年二月五日。

(19) 『長編』巻一一八・景祐三年二月乙卯「詔すらく、「三司・御史台・開封府は旧制賓客を接見するを得ず、其れ之を申明せよ」と。」

(20) 『宋会要』刑法二―二三「刑法禁約」景祐三年四月二十五日「臣僚上言すらく、「近日多く臣僚の私かに三司・御史台・開封府に入りて看謁する有り。乞うらくは今後更に臣僚の妄りに公事を託し、私かに入りて看謁する有れば、其れ接見する者及び監門の使臣、一等に科罪せよ」と。合《まさ》に省に入りて事を商量すべき者有るを慮り、詔すらく、「如し実に公事有れば、省府に赴きて商量するを許す」と。」

(21) 註（16）所引『長編』巻一〇二・天聖二年七月戊戌、註（17）所引『宋会要』刑法二―一六「刑法禁約」天聖五年九月二日、註（19）所引『長編』巻一一八・景祐三年二月乙卯。

(22) 註（2）所掲王雲海編著書参照。

(23) 『宋会要』職官一五―四「刑部」天聖七年十一月「詔すらく、「自今刑部は賓客を接見する及び縦《ほしいまま》に閑雑の人を入るを得ざれ」と。」

(24) 『長編』巻一二五・宝元二年十二月庚申「詔すらく、「審刑院・大理寺・刑部は、自今賓客を通ずるを得る毋かれ、犯す者

は違制を以て論ず。若し請求曲法の事あれば、則ち人の之を陳告するを聴す」と。」

(25)「臣窃かに聞くならく、三司副使李参、手分等を発摘し、条貫を減落し、枉法して取受し、人の財物を容れ、官銭を支出すること少なからずと。見《げん》に府司の勘鞫に係る。伏して縁るに方今財用匱乏し、日益《ひびますます》易《かわ》らず。三司は天下の利柄を掌るも、人吏は公然として過を作《な》し、上下蒙昧し、隠かに官物を盗み、其れ事に因りて発覚する者、百に一二と無し。若し尽情窮究せずんば、何に由りてか欺弊を革去するや。今来獄事未だ畢わらず、李参又差出に係り、其の余の三司の官員、多く干礙有り、務めて小了を欲すれば、則ち勘司誰か肯《あ》えて執守せん。臣愚伏して望むらくは、陛下特に指揮を賜り、上件の公事を将《もっ》て司を移し、別に根勘を行え。或いは乞うらくは専ら開封府に委ねて一面に公に依りて推鞫結絶せよ。貴ぶ所は姦贓情を得、法屈撓せず。〈開封府に移送して重ねて勘す。〉」

(26)「臣昨に将に三司の人吏の枉法受贓し、官銭を支して客人に与えし公事を弾奏せんとし、三司・府司より開封府に移送して断ぜしむるを蒙る。今来軍巡院復た即ち公に賄賂を行し、縦に罪人を放ち、朝廷を蒙昧し、道路に喧騰す。丘岳・李先等、事已に彰敗し、窃かに聞くに又本府に下して推勘するも、未だ允当と為さず、縁りて三司幷びに開封府の官吏、倶に干礙に渉る。今若し旧に准《よ》りて行遣すれば、終に情弊を尽くさざる有り。伏して乞うらくは聖旨もて指揮し、特に清強なる官員を選差するを賜り、或いは御史台に下して公を尽くして勘鞫せしめよ。姦贓をして舞文して人罪を出入せしむるを免れんことを」。丘岳・李先がいかなる人物かは不明であるが、「三司・府司より開封府に移送して断ぜしむるを蒙る」と李参と同様の措置が講じられていることから李参の不正事件に関係していると見て間違いなかろう。

(27)一方で法官自身が請託を求めることも頻繁に行われたようである。既に真宗朝の大中祥符八年には刑部・大理寺官・御史台主簿・三司検法官が便服で市街に出ることや市中で下馬することを禁じる詔が出ている（『宋会要』職官一五―三六「審刑院」大中祥符八年閏六月）。彼らがそれと分からぬ姿で、また雑踏に紛れて何者かと接触することを警戒しての規定と思われる。また、第一章でも見た呉処厚『青箱雑記』巻二には皇祐・嘉祐年間には法官による請託が盛んであったとある。さらに、時期は不明であるが包拯『孝粛包公奏議』巻五・明禁「請開封府司録軍巡官属不得請謁幷追贓事」には「臣昨に八月十七日に於いて上殿して進呈せる劄子内一道、以えらく、「開封府司録・左右軍巡院、刑禁最も繁なるに、其の官属等、但だ請謁に務め、本局の事、究心する所罕なり。欲し乞うらくは今後応ゆる司録司本職の官員、及び左右軍巡判官、如し大辟の罪人を

勘すれば、公事に非ざれば出入請謁するを得ず。貴ぶ所は獄情を閲実し、冤濫に至らず」と。」とあり、開封府司録司・左右軍巡院の官属が請謁に務めるばかりで職務を怠っていることが指摘されている。

（28）『長編』巻一四〇・慶暦三年四月甲子には「呂夷簡相を罷むと雖も、猶お司徒を以て軍国大事を議するに豫《あず》かり、上之を寵遇すること衰えず。是に於いて諫官蔡襄疏言すらく、「夷簡病を被りてより以来、両府の大臣、累ねて夷簡の家に至りて諮事す。……臣窃かに謂えらく両府の大臣は、陛下を輔けて以て天下を治むる者なり。今乃ち並びに笏もて夷簡の門に受事し、里巷の人、指点して窃かに笑う。……今疾を以て帰るも、尚お権勢を貪り、力辞する能わず。或いは聞くならく、只だ政府の一両人をして家に至らしめ大事を商議するを乞うと。夷簡退くも止《や》めざるの心を験《ため》すに足るなり。伏して乞うらくは特に軍国の大事を商量せしむるを罷めよ。庶《こいねが》わくは両府の大臣をして専ら責任に当たり、推避する所無からしめよ」と。甲子、夷簡、軍国の大事に豫かるを罷めんことを請う。之に従う。」とあり、宰相を退任した呂夷簡の私第へ二府の大臣が諮事に赴いていたことが、やはり蔡襄によって批判されている。

（29）『長編』巻一八一・至和二年十月癸卯に「侍御史梁蒨言えらく、「近制両府の大臣仮休の日に遇いて方《はじ》めて一に賓客を見るを得。朝廷の聡明を広くする所以に非ざるなり。乞うらくは禁を開き士を接すること故の如からしめよ」と。之に従う。」とある。なお、本条の割註には「此れ蒨の請う所に従うと云うと雖も、然れども賈黯、明年知制誥より出でて知許州たるに、猶お客禁を以て言を為さば、則ち蒨請う所の初年、亦未だ従わざるなり。当に考ずべし。」とあるが、賈黯が解除を求めた「客禁」とは、後述の至和二年七月に設けられた両制・両省官のみに対する宰執訪問禁止規定であり、李燾は慶暦三年の規定と混同している。

（30）『長編』には欧陽脩の肩書きは「翰林学士」となっているが、「廬陵欧陽文忠公年譜」（四部叢刊本『欧陽文忠公集』巻首）に見える当該時期の彼の制詞には「翰林学士」に加え「知制誥」とあり、彼が両制であったことが分かる。

（31）『長編』巻一八〇・至和二年七月癸亥の范鎮、趙汝愚『国朝諸臣奏議』巻四六・百官門・宰執上「上仁宗論両省両制官不得与両府大臣相見」の馬遵、『長編』巻一八二・嘉祐元年四月己卯の賈黯等の言を参照。

（32）『長編』巻一八九・嘉祐四年五月戊戌「詔して曰く、「君臣は徳を同じくし、以て天下の務めを成す。而るに禁防を過設するは、疑うに私慝を以てす。朕の意に非ざるなり。旧制、両制の臣僚執政の私第に詣るを許さず、執政嘗て薦挙する所、御

史と為るを得ず、其れ悉く之を除け」と。」

（33）『長編』巻一九三・嘉祐六年正月乙未「権御史中丞王疇言えらく、「比歳両制の臣僚、執政と相見《まみ》ゆる及び台諫官と往還するを得ず。議は一時に出で、初めより典故無く、当時の論者即ち以て非と為す。今執政と諫官とは已に其の禁を弛むるも、台官は尚お科防を設く。臣愚以為えらく、台官は議論を主《つかさど》り、以て天子の聞見を補う。豈に一二人能く天下の事を周知せんや。両制は侍従の臣、皆国の選なり。今遇《たまたま》或いは相見え、交《こもごも》自ら疑を為すは、朝廷の大体を示す所以に非ざるなり。請うらくは自今両制も亦台官と相見ゆるを許せ」と。之に従う。」

（34）註（33）所引『長編』巻一九三・嘉祐六年正月乙未によると「今執政と諫官とは已に其の禁を弛む」とあり、「諫官の禁」はこの時点ですでに解かれていたと言う。

（35）中書検正官の詳細については熊本崇「中書検正官――王安石政権のにないてたち」（『東洋史研究』四七―一、一九八八）参照。

（36）『宋史』巻三四一「王存伝」。

（37）『長編』巻二二六・熙寧四年八月己卯所引『林希野史』政府客篇には、「蘇頌の子の嘉、太学に在り、顔復嘗て王莽後周改法の事を策問し、嘉、極論して非と為し、優等に在り。蘇液密かに写して以て（曾）布に示して曰く、「此の輩唱和し、時政を非毀す」と。」とあり、顔復・蘇嘉が新法批判ととれる問題・答案を作成したことを曾布に密告している。

（38）なお、この『長編』と『宋会要』の記事には不一致がみられる。『長編』では正月甲申の詔に「在京官司の廨舎の在る所に非ざる者は、親戚と雖も入謁するを得る毋かれ」という規定が含まれているが、『宋会要』では張誠一の提言により五月八日に設けられたとされている。また、『長編』には「中書・枢密院検正検詳習学公事、刑部・大理寺・審刑院官は、仮日と雖も亦之を禁ず」とある一方で、『宋会要』には「中書・枢密院検正・検詳官は、仮日に非ざれば看謁と賓客を接見するとを得ず」とある。とりあえず規定が設けられた日月は『宋会要』に依拠し、文言の相違については、『長編』で検正官と共に列挙されている刑部・大理寺・審刑院などの裁判担当官庁に対しては本文で後述するように禁謁規定が厳格に定められる傾向にあったことから、ここでもより厳格な規定である『長編』の方を採っておきたい。

（39）『宋史』巻一六六・職官志六「開封府」。

(40)『長編』巻三〇九・元豊三年十月甲申「侍御史知雑事何正臣言えらく、「大理寺の法、本寺の官看謁を許さず、仍お賓客を接見するを得ず。府司・軍巡両院推勘公事、大理に減ぜざるも、休務の日は乃ち看謁するを得。亦或いは非時に造詣して稟白すれば、惟だに職事を妨廃するのみならず、亦恐らくは未だ観望請託の弊を免れざらん。欲し乞うらくは並びに大理寺の条に依りて施行せよ」と。之に従う。」

(41)註(7)所引『長編』巻三〇一・元豊二年十二月壬戌。

(42)第一章所引『長編』巻三三五・元豊六年五月戊子。

(43)『長編』巻三三五・元豊六年六月乙丑「詔すらく、「諸路管勾機宜文字及び勾当公事は、並びに禁謁す」と。」

(44)滋賀秀三『中国法制史論集　法典と刑罰』(創文社、二〇〇三)概説篇「第一章第六節」。

(45)註(7)所引『長編』巻三五八・元豊八年七月庚申。

(46)『長編』巻四二一・元祐四年正月甲午「詔すらく、「州県の水陸の衝に当たる者、監司・守令は仮日に非ざれば並びに禁謁す。著して法と為せ」と。」、同巻四五三・元祐五年十二月乙卯「刑部言えらく、「応《あら》ゆる天下の郡県の水陸駅路の経る所は《は》、幷びに禁謁を行い、知州・通判・県令、剣門関都監は仮日に非ざれば出謁するを得ず、即ち本州の見任官及び職事相干する、若しくは親属幷びに泛遣使命或いは知州・鈐轄以上に謁する者《は》聴す。発運・監司の本州県に在る者は此に準ぜよ」と。之に従う。」

(47)『宋会要』刑法二—六七「禁約」政和七年六月九日「臣僚言えらく、「近ごろ吏部に詔するに禁謁の文有り。諸部中、亦職任の天官より煩重なる者有るも、而れども謁制未だ行わず。恐らくは独り異なり難し」と。詔すらく、「戸・礼部、兵・工部は、並びに吏・刑部の法に依りて禁謁す」と。」

(48)『宋会要』刑法二—一一三「禁約」紹興七年七月十五日には「三省言えらく、「謁禁の制、皆専条有るに、比《このごろ》多事に縁りて、因循廃弛す。昨に臣僚の論列に因り、已に指揮を降して申厳す。訪聞すらく、近来前に依りて法禁に遵《したが》わず。唯だに以て請求を杜絶するのみに非ず、亦職事を妨廃するを恐るるなり」と。詔すらく、「刑部をして再び条法を検坐して申厳せしめ、御史台に委ねて常に切に覚察し、仍お出榜暁諭し、如し違犯の人有れば、具名聞奏せよ」と。」とある。また同二—一一四「禁約」には「(紹興)十八年七月十三日、御史台主簿陳夔、二十二年四月二十七日、国子監主簿史才、二十二年七月十三日、祠

部員外郎李岩老、並びに内外謁禁の制を申厳することを乞う。」とあり、『要録』の該当個所を見るとこれらが裁可されていることが分かる。

(49)『要録』巻一八二・紹興二十九年六月戊申。

(50)『宋会要』方域四—二〇「官廨」淳熙八年八月二十八日には「臨安府に詔して大理寺に於いて治獄正丞の廨舎を修蓋せしむ。臣僚の請に従るなり。」とあり、また同九年二月二日には「大理寺に詔して本寺内に於いて断刑官の廨舎を修蓋せしむ。大理卿潘景珪、「本寺の空地を将《もっ》て、自ら蓋造を行うを乞う」と言うを以て、故に是の命有り。」とある。

(51)これ以前の大理寺官の居住形態については判然としないが、禁謁規定確立期にあたる元豊年間については『宋会要』職官二四—八「大理寺」元豊二年三月八日に「詔すらく、「大理寺の長貳丞簿、家属既に治所に在らずして如し休暇に遇えば、宜しく止だ各《おのおの》一員を輪して寺に在らしめ、余は帰りて休沐せしめよ。庶わくは休久す可《べ》くして、人憚倦無からん。著して令と為せ」と。」とあり、大理寺卿・少卿・丞・主簿は寺内に居住していたと思われるものの家族は寺外居住が認められていたと思われる。

(52)『宋会要』職官二四—三八「大理寺」淳熙十六年十月五日。

(53)『宋会要』職官二四—四〇「大理寺」紹熙二年十月十六日。

(54)『長編』巻六五・景徳四年六月丙申。

(55)賓客の接見に慎重な二府の姿勢は、請託を極度に嫌う真宗の意向を反映してのものと思われる。王曾『王文正公筆録』には、宰相王旦の推薦によって転運使就任が確実視されていた人物が王旦の私第を訪ね、王旦は面会しなかったもののこのことが真宗に知れて人事が沙汰止みになってしまったというエピソードが見える。これ自体は二府における接見を禁止している規定に抵触するものではないが、こうした請託を嫌う真宗の姿勢が二府や在京百司に対する受謁禁止規定の増加の背景にあったのではないだろうか。

(56)『名臣碑伝琬琰集』下集巻一五「鄭翰林獬伝〈実録〉」によると鄭毅夫（獬）は皇祐五年（一〇五三）の進士で熙寧五年（一〇七二）没。そこでは塩鉄判官ではなく度支判官とある。また張伯玉も嘉祐三年（一〇五八）の時点で御史であることが確認できる（『宋会要』職官六五—一八「黜降官」嘉祐三年五月十三日）。

（57）『皇宋中興両朝聖政』巻五四・淳熙四年十一月丙午に「枢密院進呈す、李川申すらく、「近旨、管軍官の賓客を接見するを許さず。川、聖訓に準りて自《よ》り、敢えて妄りに一人をも見ず、遂に衆怨を斂《おさ》め、動《やや》もすれば謗議を生ず」と。趙雄奏すらく、「欲し乞うらくは指揮を申厳し行下せよ」と。上曰く、「李川能く此の如く遵守するは、誠に得易《やす》からず、与に再び約束を行う可《べ》し」と。仍お李川を奨諭すらく、「将帥能く此の如く執守するは、甚だ朕の意に副《かな》う。宜しく益《ますます》此の意を堅くして卹《うれ》うる勿かれ。衆怨謗議、起こると雖も慮るに足らざるなり」と。丁未、乃ち江上幷びに四川の諸軍に詔して已降の指揮に遵依せしめ、如し違戻有れば、重く施行を作し、干求・乞貸若しくは舟船・人馬の類を借りれば、並びに贓を以て論ず。」とある。

（58）例えば『宋会要』職官六―七「枢密院承旨司」熙寧九年五月八日、また『事類』巻四・職制門一「禁謁」の項を参照。なお、例外的に南宋最初期に内侍に対して統兵官と面会した場合は「停官・送遠悪州編管」という処罰が定められている（『要録』巻一〇・建炎元年十月癸未）ほか、『事類』巻四・職制門一「禁謁」には「諸《およ》そ内侍官、輒く外朝官の親戚に非ざると往還す、或いは出謁、賓客を接見する者は〈職事相干する者、有服親男女、正婚姻の父祖・兄弟は非。〉、並びに流二千里、軽重を量りて取旨編置す。其れ吏部に転帰せる内侍〈尋医・侍養・随侍・随行指教・丁憂・服関の類も同じ。〉、輒く辺守に往く、及び上文の違犯有る者は、除名勒停す。以上、若し之に見ゆる者は、違制を以て論ず。」とある。

（59）梅原郁「公罪・私罪の一考察――宋代の事例を中心として――」（『就実大学史学論集』一八、二〇〇三、のち同『宋代司法制度研究』創文社、二〇〇六所収）。

（60）青木敦「『宋会要』職官六四―七五「黜降官」について――宋代官僚制研究のための予備的考察――」（『史学雑誌』一〇二―七、一九九三）。

宋代食羊文化と周辺国家——北宋と遼・西夏との関係を中心に——

塩　卓　悟

はじめに

八世紀半ばに勃発した安史の乱は、唐の安定した律令体制を崩壊させるとともに、従来の東アジア世界の国際秩序を大きく変えた。十～十二世紀には、唐を中心とした国際秩序の崩壊に伴って没落した渤海、新羅、南詔らの国家にかわって、高麗、契丹（以下、遼と表記する）、西夏、女真（以下、金と表記する）といった自立性の強い民族国家が陸続と勃興した。

〈表１〉宋王朝の対外交易品
＊太字・ゴシック体は密貿易も活発
＊『宋史』巻186、食貨志、互市条などをもとに作成

		遼（916～1125年）	西夏（1038～1227年）
北宋（960～1127年）	輸出品	香薬・犀角・象牙・茶・繒帛・漆器・陶磁器	茶・穀物・繒・帛・羅・綺・香薬・漆器・磁器・生薑
	輸入品	銀・銭・布・羊・馬・槖駝・毛皮・珠玉	羊・**青白塩**・**馬**・駝・牛・玉・氈毯・甘草・蜜蠟・麝香・毛褐・紅花

かかる民族国家の登場は、東アジア世界におけるパワーバランスを崩壊させ、同地域における中国国家の地位を相対的に低下させた。このような華夷世界の成層秩序の変容は、中国国家における知識人の華夷思想にも大きな影響を与えただけではなく、[1]軍事的圧力による支配ではなく、経済的関係による異民族との友好関係の構築を目指すという宋の対外姿勢を生成したものと考えられる。これは、貨幣経済の発達や商品流通の発展によって経済国家としての地位を確立した宋の経済力を背景として成立したものであり、宋の対外政策の一大特徴でもあった。

北宋は、政治的には遼や西夏などの周辺諸国と必ずしも安定した関係ではなかったものの、経済関係においては、周辺諸国側からの顕在・潜在的要求の方が強かったため、榷場貿易の置廃を実施することによって、主導的立場を握っていたと従来考えられてきた〔田村　一九六四〕。また、〔畑地　一九七四〕は、遼や西夏にとって北宋との榷場貿易は必要不可欠な存在であったが、北宋にとって、遼との貿易は、戦馬の供給源としての比重が少なくなったために、必須のものではなかったと指摘するとともに、榷場貿易を途絶しても、北宋は社会的・経済的に国民生活の混乱を招来する要因はなく、ただ、その貿易によって、遼への歳贈で流出した銀や銭の回収を行ったに過ぎず、経済的には遼は北宋によってその弱点を握られており、それが結果的に平和維持につながったとの見方を示している。[2]

北宋と遼・西夏などの周辺諸国との間では、宋主導による活発な榷場貿易が実施され、さまざまな物資が交易された（〈表1〉参照）。それらの交易品のうち、従来、青白塩

〔宮崎　一九三四〕〔佐伯　一九八七〕）や馬（〔江　一九九五〕）などの物資が着目されてきたが、遼・西夏からの共通の輸入品である羊に関する専論は管見の限り見当たらない。羊は遊牧国家である遼・西夏にとって重要な輸出品の一つであるとともに、[3]農業経済国家でありながらも食羊文化の発達した北宋においても重要な存在であった。

食羊文化は、本来農耕民族である漢民族の食文化ではなく、北方遊牧民に端を発する食文化であった。北魏から北周に至るまで、鮮卑族の大きな影響を受けた唐室の李氏は、食羊文化を自明の理として継承した。[4]唐朝による約三百年間の支配によって発達した華北の食羊文化は、宋代に至って開花した。[5]

都市民たちが多様な食文化を享受した両都開封・臨安の飲食文化における奢侈の代名詞となったのが羊肉であった。とりわけ北宋の首都開封では、御厨や都市の富裕層による羊肉消費が盛んであったために、北宋朝はその供給体制を確立する必要があった。

そこで本稿では、北宋代における羊肉の消費形態の検討を通じて、北宋食羊文化における開封の位置づけを再確認し、一大羊肉消費市場であった開封の羊供給体制や北宋食羊文化の様相を、遼・西夏といった周辺諸国との関係から考察を進めていくことにする。

なお、本稿においては、『宋会要輯稿』は『宋会要』、『続資治通鑑長編』は『長編』と略記した。

一、北宋代における羊肉消費形態

宋代における羊肉の具体的な消費階層および消費状況に関しては、すでに〔塩　一九九八〕で論じたが、当論文では、南宋代を中心としており、かつ消費の方途を具体的に明らかにしなかった。そこで、本節においては、公的史料をもとに北宋代における羊肉の消費形態およびその比較対象として南宋代の事例を整理した〈表2〉から、北宋代に

〈表2〉宋代における羊関連記事の内訳

＊『宋史』『長編』『建炎以来繫年要録』『三朝北盟会編』をもとに作成した。

＊献上・贈答・下賜・俸禄・供応といった区分は、基本的に史料で用いられた用語によって分類したものである。

項目		北宋代	南宋代	合計
戦利品	宋←西夏（党項）	22例	0例	22例
	宋←遼（契丹）	13例	0例	13例
	宋←契丹・党項以外の諸民族	34例	0例	34例
下賜品	宋朝→他国（王・外交使節） ＊宋→西夏は3件、宋→遼は1件	9例	1例	10例
	宋朝→諸臣およびその家属	24例	3例	27例
	宋朝→将士	5例	0例	5例
	宋朝→父老	1例	0例	1例
祭祀		33例	15例	48例
俸禄		1例	0例	1例
交易品		4例	1例	5例
食材	御廚	6例	6例	12例
	兵糧	3例	1例	4例
	宴会	2例	0例	2例
	供応	4例	2例	6例
	日常食	5例	4例	9例
贈答品		4例	0例	4例
聘財		2例	0例	2例
献上品		11例	2例	13例
合計		183例	35例	218例

おける羊の消費形態や宋代食羊文化における開封の位置づけを考えていきたい。

〈表2〉をみると、北宋代においては、戦利品、下賜品、祭祀、俸禄、御廚の食材、交易品、贈答品、献上品、聘財といった多種多様な場において羊が用いられているが、日常食として利用されている事例はわずか五例にすぎない。日常食としての事例が少ないのは、中・下層の民衆にとって羊が高価であったことの反映であるとともに、『宋史』『長編』『建炎以来繫年要録』といった公的史料の生活文化に関する記録の欠如という史料的性格に起因するものと思われる。斯波義信氏は、宋代において羊は都市、農村を問わず、食肉として、また宮廷、寺観、村社の祭

牲として大量に消費されたと指摘している（斯波　一九六八）二三九頁）。たしかに、宮中・官僚・地主といった富裕層においては、羊肉は流通していたが、中・下層の人々にとって、羊肉は高価であり、容易に食することのできる食材ではなかった。

次に着目されるのが、北宋代と南宋代との記事件数の相違である。羊関連の記事は圧倒的に北宋代が多い。食材の事例を比較すると、両宋間に大きな相違はみられないものの、北宋代の戦利品、下賜品の事例がそれぞれ六十九例、三十九例であるのに対して、南宋代では、〇例、四例と、大きな差が存在する。特に、北宋代における西・北方諸民族関係の記事が際だっている。

こうした両宋の羊肉関連記事件数の相違の理由としては、両宋に関する史料の偏在が挙げられる。北宋と南宋代との史料を比較すると、『長編』全五百二十巻に対して、『建炎以来繫年要録』は全二百五十巻である。『建炎以来繫年要録』『三朝北盟会編』ともに、金関係の史料は豊富であるものの、後者は徽宗・欽宗朝を含むため、南宋代の史料が北宋代と比較すると見劣りすることが記事件数に反映したものと思われる。しかし、その点を考慮しても、北宋・南宋間の記事件数の差は尋常ではないため、これは一つの要因に過ぎず、他の理由があるに違いない。

次に想定されるのが、北宋代開封よりも南宋代臨安食肉市場における羊肉比重が低下したこと（塩　二〇〇五a）である。南宋は江南に拠ったため、華北に位置する北宋の開封よりも食羊文化が発達することはなかったという社会背景の反映とみることもできる。

北宋代における戦利品・下賜品記事の多さは、北宋と西・北方諸民族の双方において羊が重要な存在であったことを物語っている。一方、南宋代における戦利品の事例や南宋と金との榷場貿易の交易品に羊がそれぞれみられないのは、北宋代よりも羊肉消費量が減少した南宋が羊自給体制を確立したことや、主戦場となった淮水流域の住民の大部

〈表3〉北宋御廚における羊肉消費量
＊長は『長編』、会 は『宋会要』
＊括弧内は筆者が加えたもの。＊歳費は御廚のもの

時　期	内　容	典　拠
真宗・咸平5（1002）年	歳費＝羊数万口	長巻53、咸平5年12月丙戌条 会職官21-10
真宗・天禧元（1017）年	毎聖節＝羊3000余口	会食貨55-47
仁宗・嘉祐3（1058）年以前	1日＝羊280頭（年間約10万2千頭）	長巻187、嘉祐3年3月癸酉条
仁宗・嘉祐3（1058）年以後	1日＝羊40頭（年間約1万5千頭）	長巻187、嘉祐3年3月癸酉条
神宗・熙寧10（1077）年	歳費＝羊肉43万4463斤4両（年間約1万5千～2万5千頭）	会方域4-10

分が漢民族であり、羊の主産地である河北・陝西からも遠く、戦利品として略奪するほどの羊を保有していなかったことに起因する[6]。

如上の如く、〈表2〉は、史料の偏在という問題を内包するとはいえ、北宋と西・北方民族すなわち遼・西夏との羊をめぐる関係が、南宋の金に対するそれよりもはるかに重要であったことや当時における羊の貴重さを浮き彫りにした。

貴重な食材であった羊肉を大量消費していたのが首都の開封、とりわけ宮廷であった。〈表3〉は御廚での羊肉消費量に関する記事の一覧である。御廚は、毎日の皇帝や后妃の食事だけではなく、官僚・外国からの使節に対する賜宴・賜食などを管轄した[7]。

仁宗の嘉祐三（一〇五八）年には、御廚で使用される羊を、勾当御廚・駕部員外郎の李象中、供備庫副使張茂之、内殿承制韓従礼らの御廚を管轄する者が着服していたことが発覚し、以後、一日あたりの宰殺の額が二百八十頭から四十頭に減額されたことが記されている。

一日あたり二百八十頭であれば年間消費量は約十万二千頭であり、真宗の咸平五（一〇〇二）年の年間約数万口と概ね符合する。減額後には年間約一万五千頭にまで減らすことに成功した。神宗の熙寧十（一〇七七）年の御廚の歳費が四十三万四千四百六十三斤となっている。羊一頭あたりの産肉量を約四十斤（約二十五キログラム）と仮定して試

算すると、年間約一万八百頭となる。通常よりも早めに屠殺される羊や咸平五（一〇〇二）年減額後の消費量を考え合わせると、年間約一万五千～二万五千頭ではないかと筆者は考える。[8] 従って、仁宗の嘉祐三（一〇五八）年以降の御厨における羊消費量は、概ね年間約一万五千～二万五千頭の間で北宋滅亡まで推移したものと考えられる。[9]

政府の羊肉消費は、御厨だけではなく、官僚に対する俸祿も含まれていた。宋代の官僚は中央官僚・地方官を問わず、それぞれの官職に応じて、羊が俸祿の一部として現物給与されていたこともあり、開封における年間羊肉消費量は年間五十～六十万頭ほどであったと思われる。[10]

官による羊肉消費とともに、富裕な都市民を中心とした民間市場における羊肉消費も盛んであった開封は、北宋代の他の都市や農村と比較すると、食羊文化を著しく発展させた特異な存在であり、[11]「北宋食羊文化の象徴」と位置づけることができる。

かかる膨大な羊肉需要量を充足させるために、北宋朝は羊肉供給を安定させる必要があった。そこで、次節では、北宋朝が開封における大量の羊肉消費量をいかに供給したのかを検討することにする。

二、開封の羊肉供給体制——開封と遼・西夏——

「北宋食羊文化の象徴」ともいうべき大量の羊肉消費を誇った開封には多くの羊が集結した。開封郊外の汴河沿いの舟運の地に屠戸が集住して肉市を形成し、屠殺や開封城内への肉の販売を活発に行ったことや、そうした肉用獣類の集荷市場にともなって、城内において屠殺業と食肉販売業に分化していたことはすでに明らかにされている（古林 一九八七）一四五～一四六・一四八～一六一頁）。多額の利潤が見込める開封への羊搬入においては、民間の客商による自発的な「市場流通」も活発に行われていたものの、官による多大な羊肉需要を恒常的に供給するため、北宋朝は

主導的に「財政的物流」を展開した[12]。

大中祥符三（一〇一〇）年には、牛羊司で牧羊する羊の数は年間三万三千頭にもおよび、神宗の熙寧三（一〇七〇）年には、御厨や祭祀用の羊のほかに、三千頭を限度として、非常用の羊を畜養した[13]。開封の北には放牧地が設置されて牧羊が実施された。仁宗朝には、陝西地方での放牧が一万六千頭にもおよび、特に同州沙苑監の規模は大きく、河北の邢州、洺州、洛陽の南境の広成川などでも官営の牧羊が積極的に展開されるとともに、民間の牧羊業も陝西や河東などの地域で発達をとげた。

かかる華北の河北・河東・陝西地方における牧羊業の発展は北宋開封への羊肉供給に大きな役割を担った[14]。北宋朝は、光禄寺に属し、御厨・祭祀用の羊飼養を管掌した牛羊司を普寧坊に設置し、羊を御厨へと安定的に供給する体制の構築に努めた。外地から開封へと搬入された羊は、牛羊司へ送られて飼育され[15]、宮中の需要に応じて、宰殺務に送られて屠殺されたのちに御厨へと送られたが、仁宗・嘉祐五（一〇六〇）年に宰殺務改め供庖務が牛羊司配下に編入されたのちは、牛羊司が飼育・屠殺を掌り、御厨や祭祀を管掌する太常寺へと羊を送ったものと考えられる[16]。

一方、民間の肉市場には、上述の如く、開封府新城の外にある汴河沿いの堤岸空地に設置された肉市・豬羊圏などにおいて活発な羊の取引・屠殺がなされ、城内に多くの羊が運び込まれるとともに、大量に集積された宮廷の羊肉の余剰分が屠殺業者や食肉販売業者に払い下げられ、民間市場にも出回った[17]。

華北における官民の牧羊業を発達させ、開封への羊肉供給体制を整備した北宋であったが、ここで看過することができないのは、遼、西夏といった周辺国家の存在である。北宋代開封への羊肉供給地として両国に最初に着目したのは全漢昇氏であった〔全　一九三六〕。全氏は、開封に搬入された家畜として牛、羊、豚に着目し、羊は遼と陝西（西夏）から供給されたと指摘した。このような全氏の見解は、斯波義信、周宝珠氏などによって踏襲されている〔斯波　一九六八〕二三九頁、〔周　一九九二〕三一四頁〕。

しかし、これらの研究ではいずれも、遼や西夏から羊が開封へと輸送されていた事実のみを指摘し、その供給体制の具体的状況や、北宋の食羊文化およびその国際関係に対する影響といった点には考察が及んでいない。本節では、そうした諸先学の研究をふまえつつ、北宋代における、遼・西夏から開封への羊肉供給の状況を再検討していくことにする。

『長編』巻五十三に、

是の日（咸平五（一〇〇二）年十二月丙戌）、上（真宗）宰臣に謂いて曰く、「御厨の歳費の羊数万口は陝西より市《か》う、頗る煩擾為り。近来、北面の榷場貿易頗る多し、尚お孳牧を失うを慮るなり」と。呂蒙正言えらく、「洛陽の南境に広成川有り、地曠遠にして水草美し、牧地為るべし」と。即ち使を遣わして之を視せしむ。

＊以下、史料上の傍線部、括弧は筆者の手による。

とあり、真宗の咸平五（一〇〇二）年の段階で、御厨の歳費羊数万頭を陝西の榷場から購入しているため、非常に繁雑であることや、遼との交易で羊が大量に搬入され、宋自身で牧羊できなくなることに真宗が頭を痛めている様子が窺える。[18]呂蒙正の建議により、洛陽の南境にある広成川に白羽の矢を立て、のちにそこに牧地を開くに至った。陝西・西夏や河北・遼あるいは河東から輸送されてきた羊の一部はこの地で飼育されたのち開封へと搬送されたと思われる。

『宋会要』食貨三十五―四十六には、

（景徳二（一〇〇五）年五月二日）是の日詔すらく、「陝西沿縁蕃部の罰納献送の羊畜は、悉く籍して公帑に入れ、以て軍中の用度に給せよ」と。

とあり、前掲の史料から三年後の景徳二（一〇〇五）年に、陝西の蕃部より獲得した羊は、国庫へと入れられたあと、軍用に充てられたことが記されている。

『范文正公集』巻十一、「宋故同州観察使李公道碑銘」には、

（李士衡）三司使為り。……陝西旧《も》と吏人に科して、木を采りて京師に送らしむ。三門の険を度るに、破散する者大半なり。又た毎歳羊を市うに、亦た吏をして送らしむるに、羊道に斃る。二者の吏は皆な破産して以て償う。西人茲《これ》に苦しむこと五十年なり。公、商旅を募り、木を京師に送るに、入粟法の如く售《か》うに池塩を以てせんことを請う。又た請うらくは、其れ吏の私に羊を市いて以て之に副え、関征の算を免じ、其の亡失を補うを得ん。是れより西人復た破産するは鮮《すくな》し。

とある。「西人、これに苦しむこと五十年」とあるので、国初より、陝西（西夏）から輸送されてくる木材が、黄河の難所で知られる三門（現在の河南省三門峡）で破散するとともに、開封への輸送途中で死亡した大量の羊に対する補償のために没落する官吏が跡を絶たなかったが、真宗朝に三司使となった李士衡によって改革されたことが記されている。

かかる甚大な被害を受けても、西夏から開封への羊輸送は廃止されなかったのだろうか。従来、江南の物資を西北・北辺の辺境地域まで輸送したという見解、すなわち江南―開封―辺境の軍事物資輸送ラインが成立し、十分機能していたという説が有力であった[19]。しかし、開封から陝西へ向かう黄河の途中の難所三門のため、このラインの水運での運送は困難であったという見解（〔青山　一九六三〕三四二〜三四三頁）をもとに、近年、〔西奥　二〇〇一・二〇〇六〕が、開封方面から西北部への軍糧輸送の困難さを指摘し、コスト面などからこの輸送ラインの現実性に疑義を呈するとともに、西北辺境地における軍糧輸送を担ったのは、開封・江南の客商ではなく、現地の商人であったことを明らかにしている。

糧食に関していえば、輸送コストから考える西奥氏の手法には説得力がある。ただし、羊に関して言えば、第一に、開封が一大羊肉消費市場であったこと、第二に、国都開封へ大量の羊が供給されていたこと、第三に、陝西には主要牧羊地があり、かつ榷場貿易における羊輸入もあったことなどから考えると、かかる困難を排してでも北宋が「財政

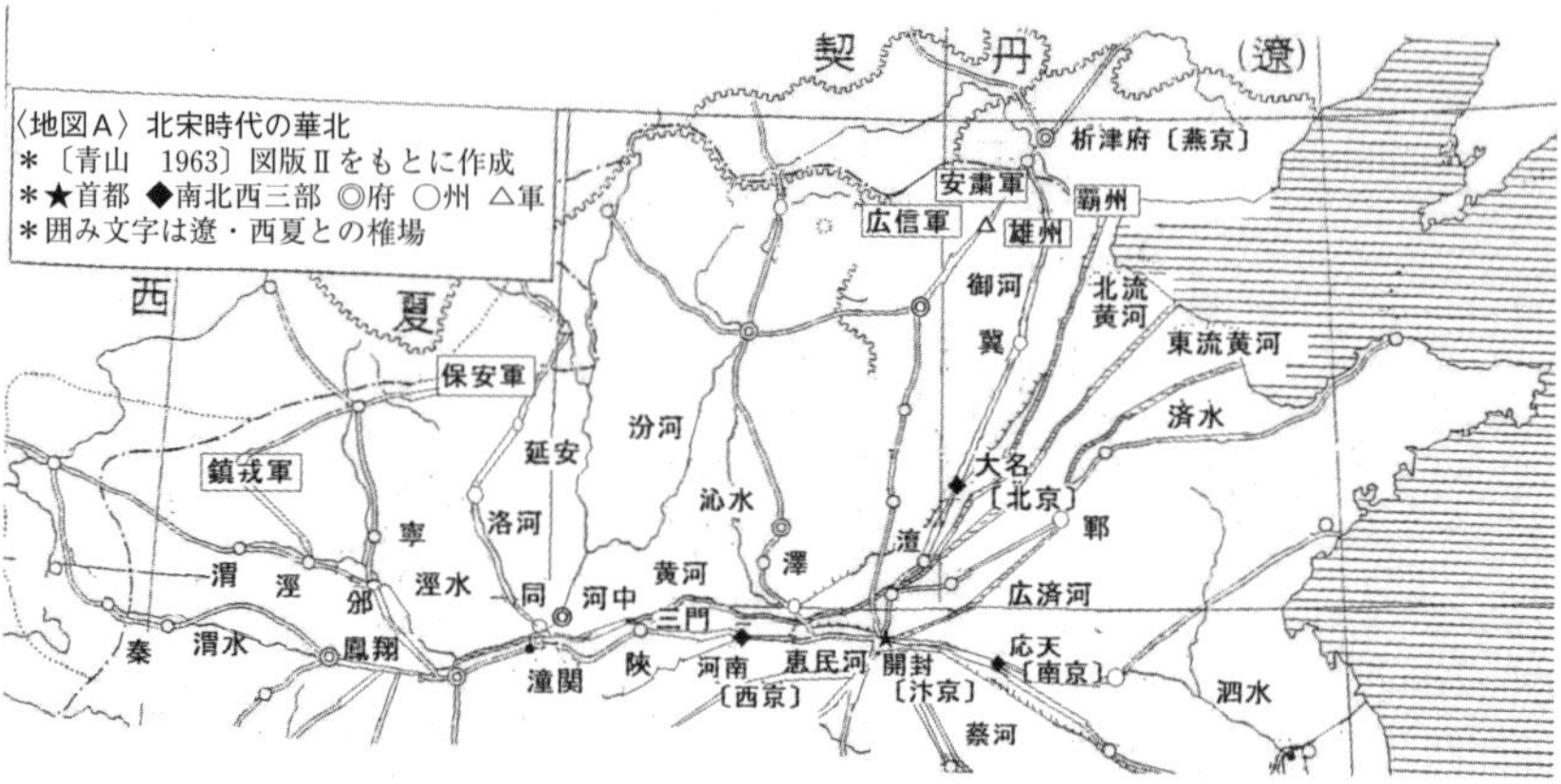

的物流」を発動し、陝西から開封への羊供給は恒常的に行われていたものと思われる。[20]

では、陝西から開封への羊輸送にはいかなる方法がとられたのであろうか。管見の限り、宋代における羊輸送の具体的形態を記した記録が見当たらないため、開封まで陸運・水運いずれの手段をとったのかは定かではない。しかし、開封城外にある肉行が汴河沿いにあることや、大量の羊輸送には水運の方が合理的であること、[21]『范文正公集』に、「羊が道に斃れて死亡した」とあり、「道」とは、途中の陸路を指すものと考えられることからも、西夏との榷場貿易によって獲得した大量の羊は、客商や民、兵士らの手によって、黄河、洛水、涇水、渭水といった水運だけではなく、陸運をも複合的に利用しつつ開封まで輸送されたものと思われる（〈地図A〉参照）[22]。

神宗朝以降、西夏が勃興し、黄河による陝西から開封への漕運が殆ど廃止されたという（青山　一九六三　三五〇～三五一頁）。当該期以降、西夏・開封間の羊肉流通記事がみられなくなるのは、当時の北宋・西夏間の流動的かつ不安定な政治状況によって、西夏から開封への羊肉供給が衰退に向かった状況を反映している。

一方、河北（遼）の榷場からも羊が輸送されてきた。『長編』巻二百十一、熙寧三（一〇七〇）年五月条に、

制置条例司言えらく、「諸路科買上供の羊、民間供備の幾ど倍なり。而《しか》

して河北榷場の契丹羊を博買すること歳ごとに数万なり、路遠く京に抵れば則ち皆な痩悪耗死す。屢ば法を更うるも、止めること能わず。公私の歳費銭四十余万緡なり。近ごろ著作佐郎程博文に委して利害を訪《と》わしむ。博文屠戸を募るに産業を以て抵当とし、人を召して保任せしめ、官豫め銭を給し、時日限・口数・斤重を以て羊を供せしむ。人多く楽しんで従い、以て歳計を充足するを得たり。御膳に供する及び祠祭の羊の別圏に依りて養栈するを除くの外、仍更《さら》に栈養羊は、常に満三千を満たして額と為し、以て非常の支用に備う」と。之に従う。

とある。陝西方面と同様に、河北の榷場で購入した、年間数万頭におよぶ契丹産の羊が、開封への搬送途中、遠路のため死亡率が高かった。(23)宋朝は法を改正したものの、効果がなく、国家・民間ともに大きな損害を被ったため、著作佐郎の程博文に諮ったところ、程は、屠戸や民を募って、彼らに政府より金銭を支給し、期限・口数・斤重などを約してこれらを上供せしめた。その結果、歳計が充足するとともに、御厨や祭祀用の羊を除いて、非常用として常時三千頭を飼育するに至った。

熙寧十（一〇七七）年には、沈括が以下のように述べており、

四夷、皆な中国の銅幣を仰ぐ、歳ごとに闌《みだり》に塞外に出づる者は貲《あがな》わず。……京師百官の饔餼、他日羊・牛を私《ひそか》に市より取る者、惟だ百貨を以て之に易う、近歳疥疾乾没の蠹為るを以て、一切の民を募りて餼牽を京師に入れしむ。芻牧の労を革めると雖も、牛・羊の外国より来たる者は、皆な易うるに中国の実銭を以てす。此の如きの比、中国の銭の北に洩れる者は歳ごとに其れ幾何なるかを知らず。（『長編』巻二百八十三）

依然として、遼や西夏から羊が開封に輸送されていたことが分かる。

神宗朝以降、西夏からの羊供給は衰退したものの、遼から開封への羊供給が北宋朝の滅亡直前の徽宗朝まで継続されたことは、『東京夢華録』にみえる食羊文化の隆盛からも窺える。(24)しかし、『宋会要』職官二十七―二十七に、（欽宗靖康元（一一二六）年）四月十四日詔すらく、都城の物価未だ平らがず、来る者尚お少し、門に入る猪・羊

　及び応干合《あらゆる》に税《みつ》ぐべき物色、並びに権《かり》に更に税を免ずること一季なり。

とあるように、欽宗の靖康元（一一二六）年、豚や羊の輸入が途絶えがちであったため、北宋朝が免税措置を実施したことが記されている。これは、開封への羊供給体制が靖康の変（一一二六〜二七年）による戦乱や天災などにともなって破綻したことや[25]、重要な羊供給源であった遼の滅亡（一一二五年）に起因する。

如上の如く、北宋代の開封は遼や西夏からの羊供給体制が確立していた。では、北宋は何故、遼や西夏を首都開封への主たる羊供給地として選択したのであろうか。第一の理由としては、農業経済国家である北宋と、遊牧を主とする遼・西夏両国との経済的性格の相違が挙げられる。豊富な産物を持たない遼・西夏両国にとって、羊や馬は貴重な輸出品の一つであった。一方、農業国家でありながらも、食羊文化であった宋の羊肉需要という互いの利害が一致したことが、大きな要因であると思われる。

第二は、北宋と両国における物価の相違である。遊牧を主とする遼・西夏の羊の価格は、北宋と比べると安価であった[26]。輸送のコストはかかるにせよ、北宋の支配下である河東や陝西・河北の牧羊場で飼育コストをかけた上で輸送するよりも、むしろ榷場貿易を通じて安い価格で購入した遼や西夏の羊を、河東・陝西・河北の牧羊地を通じて、あるいは直接開封に輸送する方が効率的であると、北宋朝や榷場貿易で活躍した客商は考えたに違いない。

第三は、北宋にとって、遼・西夏との榷場貿易は、対外的な平和維持や、歳幣で支払った銀の回収のために継続する必要があった点である（畑地　一九七四）。北宋は、榷場の置廃によって、政治的・経済的に優位に立ったとはいえ、貿易の停止を永続化しようとはしなかった。遼や西夏との貿易を完全に廃止しない以上、両国の主要産物の一つである羊が輸入品として着目されるのは当然であった。

如上の理由によって、北宋は遼・西夏といった両国を羊供給地として選択したものと考えられる。つまり、一大羊肉消費市場開封へは、陝西・河北・河東といった宋国内の牧羊地で飼育された羊のみが輸送されたのではなく、遼や

西夏といった周辺国家との榷場貿易で獲得した羊が、これらの牧羊地を経由して、あるいは榷場から直接開封へと搬送された。北宋初期は西夏・陝西地方、澶淵の盟（一〇〇四年）以降は、遼・河北地方が開封への主要羊肉供給地となった。換言すれば、遼・西夏といった周辺諸国は、北宋に経済面では劣勢に立たされていたものの、宋都開封における食羊文化隆盛の基盤を支えていたといえる。

三、羊関連記事からみた北宋と遼・西夏関係

（1）羊関連記事からみた北宋・遼関係

狩猟と牧畜を主要生産活動とする遼は、五代期より、農業経済国家である中国に対して羊や馬を多く輸出していた（〔日野　一九四一〕）。また遼は北宋にとって重要な羊供給地であった。従って、榷場貿易での羊交易が両国の国際関係を考える上で重要な要素であることは疑いない。ここでは、北宋・遼間の羊関連記事から、両国における羊の位置づけや国際関係の状況を検討していく。

〈表4〉をみると、真宗・景徳元（一〇〇四）年までは、いずれも羊が牛・馬とともに掠奪される記事であるが、景徳二（一〇〇五）年以降、贈答品・下賜品・献上品・交易品といった両国の友好を物語る記事へと変容をみせている。その理由としては、景徳元（一〇〇四）年に締結された澶淵の盟が挙げられる。[27]澶淵の盟以前における宋・遼間の貿易はさほど活発ではなく、断続的なものであり、宋朝の一方的意志によって榷場が開閉される極めて不安定なものであった（〔田村　一九六四〕）。これは、北宋初期においては、まだ遼から羊が恒常的に供給されなかったことを意味する。北宋にとって、戦利品としての羊の略奪は、単に遼に打撃を与えるだけではなく、国内の羊肉需要を満たすための一つの手段であった。戦利品として獲得された羊は、その一部を将士に分与したり、回易の商品として利用され

〈表４〉北宋・遼間の羊関連記事

＊[宋]は『宋史』、[長]は『続資治通鑑長編』、[会]は『宋会要』

時　　期	内　　容	典　　拠
太祖・開宝２(969)年	覇州監軍馬仁瑀、麾下の兵卒に命じ、遼国領内で人口・羊馬を略奪。	[宋]巻273、李漢超伝・同巻、馬仁瑀伝
太祖・開宝中(968～976)	杜守元、遼軍を破り、生口・牛羊を略奪。	[宋]巻463、杜審琦附伝
太宗・太平興国中(976～984)	趙延進、遼軍を撃破し人馬・牛羊を略奪。	[宋]巻271、趙延進伝
太宗・太平興国４(979)年	崔翰、遼軍を撃破、馬・車帳・羊畜・兵器を獲得。	[長]巻20
太宗・太平興国６(981)年	白継贇、遼軍を撃破、鎧甲・羊・馬を獲得。	[長]巻22
太宗・太平興国７(982)年	折御卿・崔彦卿、遼軍を撃破、兵器・羊馬を獲得。	[長]巻23
	宋軍、遼軍を撃破、羊馬・兵器を獲得。	[長]巻23
太宗・太平興国８(983)年	宋軍、遼軍を撃破、羊馬・兵仗を獲得。	[長]巻24
太宗・雍熙３(986)年	田紹斌、遼軍を破り、牛羊・器甲を略奪。	[宋]巻280、田紹斌伝
	李重誨、遼軍を破り、羊馬・鎧甲を獲得。	[宋]巻280、李重誨伝
	張斉賢、遼軍を破り、馬・車帳・牛羊・器甲を略奪。	[長]巻27
	韓守英、遼軍を破り、牛・馬・羊・鎧甲を獲得。	[宋]巻467、韓守英伝
真宗・咸平５(1002)年	段守倫、遼軍を破り、牛・馬・羊・鎧甲を獲得。	[長]巻52
真宗・景徳元(1004)年	折惟昌、遼軍を破り、羊馬・器甲を獲得。	[長]巻58
真宗・景徳２(1005)年	遼の新城榷場都監劉日新、知雄州何承矩に氈・羊・酒を贈る。	[長]巻60
	宋朝、遼使に銀器・綵帛・羊を下賜。	[長]巻60
	遼、真宗および国母の生誕日・元旦の礼物として羊を贈る。	[長]巻61
真宗・景徳３(1006)年	遼との榷場貿易で繒帛・漆器・秔糯を増やし、銀銭・布・羊馬・槖駝を輸入し、１年に40余万貫獲得した。	[宋]巻186、食貨志下８
真宗・大中祥符５(1012)年	河北榷場貿易で遼から購入した羊が搬送途中で死亡、商人がこれを売りさばくことを朝廷が許可した。	[会]食貨38-28
仁宗・慶暦５(1045)年	契丹使、夏国の羊馬を宋に献上。	[宋]巻11、仁宗本紀
神宗・熙寧３(1070)年？	河北榷場の遼から購入した羊が遠路のため、京師に至る前に皆痩悪耗死する。	[宋]巻179、食貨志下１
神宗・熙寧３(1070)年	河北榷場の遼から購入した羊数万頭が、牛羊司に至る前に半ばが死損する。公私の費用は40余万貫におよぶ。	[会]職官21-12

たが、河北の官営の牧羊場、あるいは開封へと搬送されたものと考えられる。

澶淵の盟以前の北宋・遼両国関係において、略奪品としての性格が強かった羊は、両国間の国交正常化にともない、親善や交易に使用される物資として、いわば両国の「平和の象徴」へとその性質を変えた。国交の良好化ののち、両国間の羊の贈答は、民族は異なるとはいえ、同じ食羊文化を持つ国家としての親近感を互いに抱かせたのではないかと筆者は考える。和平実現後の榷場貿易の恒常化に伴って、羊交易は活発に行われ、遼から輸送された羊が、開封を中心とする北宋の羊肉需要を支え、次第に『東京夢華録』にみられる徽宗朝の開封における食羊文化の基盤を支えることになった。

（2）羊関連記事からみた北宋・西夏関係

北宋と西夏両国間の羊関連史料を整理した〈表5〉をみると、太祖・乾徳六（九六八）年、真宗・景徳四（一〇〇七）年、仁宗・慶暦八（一〇四八）年・仁宗・皇祐元（一〇四九）年の四件以外のすべてが戦利品としての記事であることが確認できる。これは、澶淵の盟を機に外交関係が安定した北宋・遼とは異なり、北宋代を通じて、極めて流動的・不安定であった西夏との関係を反映したものであった[28]。従って、和平期には、羊は贈答品など友好関係維持のために利用されていた。

西夏は仁宗・慶暦六（一〇四六）年以降の榷場貿易正常化の期間は、毎年二万頭の羊を北宋に輸出していた。西夏の榷場貿易額は遼と比較するとかなり少なく、羊の輸出額も北宋にとっては微々たるものであったという指摘がある〔李華瑞　一九九八〕三三七頁〕。たしかに遼と比べると、西夏は北宋との国際関係が安定せず、恒常的に開封への羊肉供給源としての地位を保つことは困難であり、北宋後半期には開封への羊肉供給地としての役割を衰退させていった。

とはいえ、年間二万頭は、年間一万五千〜二万五千頭という御厨の皇帝食事分を賄うに足る額である。また、北宋

〈表５〉宋・西夏間の羊関連記事

時　期	内　容	典　拠
太祖・乾徳６(968) 年	夏人の侵寇に対して、通遠軍使董遵誨が諸族の酋長を供応するため、羊・酒をふるまった。	宋巻273、董遵誨伝
太宗・太平興国７(982) 年	宋軍、夏軍を撃破、夏人より兵器・羊馬を略奪。	長巻23
太宗・太平興国８(983) 年	荊嗣、李継遷軍を撃破、牛羊・鎧甲・弓矢を略奪。	宋巻272、荊罕儒附伝
太宗・太平興国９(984) 年・雍熙元 (984) 年	曹光実、李継遷軍を撃破し、牛羊を略奪。	宋巻272、曹光実伝
	曹光実、夏軍を撃破し、羊馬・器械を獲得。	長巻25
	宋軍、夏軍を撃破、夏人より生口・羊馬を略奪。	長巻25
太宗・端拱中(988〜989)	許均、夏の原州初牛欄砦を攻略し、牛羊を獲得。	宋巻279、許均伝
太宗・淳化４(993) 年	張崇貴、夏軍を破り、牛羊・槖駝・鎧甲を獲得。	宋巻446、張崇貴伝
太宗・淳化５(994) 年	李継隆、夏州を攻め、牛羊・鎧甲を獲得。	長巻35
真宗・咸平３(1000) 年	張崇貴、夏軍を破り、牛羊・槖駝・鎧甲を獲得。	宋巻446、張崇貴伝 長巻47
真宗・景徳４(1007) 年	西夏に対し保安軍に榷場を設置し、以後、繒帛・羅綺を輸出して駝馬・牛羊・玉・氈毯・甘草を輸入し、香薬、瓷漆器・薑桂を輸出し、蜜蝋・麝臍・毛褐・羱羚角などを輸入した。	宋巻186、食貨志下８
	盧鑑、羊馬を夏人から略取。	宋巻326、盧鑑伝
仁宗・宝元２(1039) 年	李士彬、夏軍を破り、羊・馬を略奪。	宋巻290、程琳伝
仁宗・康定元(1041) 年	李士彬、夏軍を破り、羊・馬を略奪。	宋巻290、程琳伝
仁宗・慶暦４(1044) 年	周美、夏軍を破り、牛・馬・羊・槖駝・鎧甲を獲得。	宋巻323、周美伝
仁宗・慶暦８(1048) 年	仁宗、李元昊の死に対して、西夏に絹・布・羊・麺・米・酒を贈る。	宋巻485、夏国伝下 長巻163
仁宗・皇祐元(1049) 年	夏人、牛羊を陝西安撫使程琳に献上し、偽って帰順を願い出る。	宋巻288、程琳伝 長巻168
神宗・元豊４(1081) 年	种諤、西夏軍を破り夏人より羊・牛・馬を略奪。	長巻319
神宗・元豊６(1083) 年	鮮元、西夏軍を破り夏人より羊・牛・駝・馬を略奪。	長巻351
	羅凌、西夏軍を破り夏人より羊・牛・駝・馬・器甲を獲得。	長巻353
哲宗・元符元(1098) 年	种朴、夏人より羊・牛・馬・駝を略奪。	長巻497
	折可適、夏人より羊・牛・馬・駝を略奪。	長巻501
哲宗朝	章楶、西夏軍を破り夏人より羊・牛を略奪。	宋巻328、章楶伝
欽宗・靖康元(1126) 年	章楶、西夏軍を破り夏人より羊・馬・金帛を略奪。	宋巻360、宗沢伝

との羊交易は、西夏にとって、必需品となりつつあった茶や宋の銅銭を輸入するためにも重要な存在であった。一方、北宋にとっても、安価な価格で購入できる西夏産の羊を購入することは、開封への羊供給体制を整備し、経済関係の構築による西夏の反乱防止を行うために、大きな意義を有していた。そうした両国の利害の一致は、不安定な両国関係を緩和する一つの要因となったものと考えられる。

つまり、国際関係が悪化した折には、辺境で北宋軍が略奪した羊は西北部一帯や開封へと送られて消費され、北宋前半期における平時においては、恒常的な榷場貿易によって、西夏は開封に発達した食羊文化の一翼を担うことになった。

おわりに

北宋代の公的史料からみる限りにおいては、戦利品、下賜品、祭祀、俸祿、御厨の食材、贈答品、献上品など、非日常的場面において羊肉が使用されており、羊肉の貴重さが窺える。また、南宋代と比べて北宋と西北諸民族、遼・西夏といった周辺国家との間の戦利品記事が圧倒的に多いことは、史料の偏在、南宋食肉市場における羊肉比重の低下、華北を領域としていた金との抗争において、戦利品として羊が獲得しにくかったことなどがその要因として挙げられるが、いずれにせよ、北宋と周辺国家との間において、羊が重要な位置を占めていたことが分かる。

一方、御厨を筆頭に、都市の富裕層によって活発に羊肉食が行われていた開封は、宋代における「食羊文化の象徴」と呼ぶべき存在であった。北宋開封における大量の羊肉消費は、北宋朝に羊肉供給体制の整備を余儀なくさせた。官民の牧羊業の発展した北宋国内の河東・河北・陜西地方は勿論のこと、北宋が特に着目したのが、遼と西夏であった。両国は農業経済国家の北宋とは異なり、遊牧を主とする国家であったために、北宋よりも羊の価格が安価であった。

また平和維持装置としての役割を持っていた貿易活動の継続を願う北宋にとって、牛・馬を除けば、自国の羊肉需要を満たすための羊にしか食指が動かなかったものと解される。一方、遼・西夏両国にとっても、北宋との貿易は必要不可欠な存在であり、牛や馬とともに中心的役割を担ったのが羊であった。従って、両国は開封での華やかな肉食文化を辺境から支えていたといえる。

羊をめぐる北宋と遼との関係は、澶淵の盟を契機に大きく変貌をとげた。当初、両国関係において略奪品として登場した羊であったが、盟約の締結後は、両国の親善や交易に利用される「平和の象徴」へと転化するとともに、『東京夢華録』で描かれた開封の贅沢な肉食文化を創出する役割を担った。一方、北宋と西夏との関係は、北宋代の両国の外交関係を反映して、極めて不安定なものであり、北宋後半期には開封への羊肉供給地としての役割を衰退させていくものの、開封の肉食文化発展の礎となった。

十〜十二世紀の東アジア世界において、政治的緊張をはらみつつも、北宋の淮水以北、とりわけ開封を中心に、北方の遼、西北の西夏とともに、一つの「食羊文化圏」が形成された。その背景に宋朝が実施した「財政的物流」による開封への両国からの羊肉供給体制の整備があったことは疑いない。経済関係において圧倒的に有利とされた北宋が、国都開封に代表されるその食肉需要の一部を両国に依存していたことは、北宋が必ずしも全面的に両国に対して経済的恩恵を与えていたとはいえず、北宋と両国との経済関係が相互補完的な一面をも内包していたことを物語るといっても過言ではない。

註

（1）当該期の華夷思想に関しては、〔宮崎　一九五〇〕〔近藤　一九七九〕〔妹尾　一九九七〕を参照されたい。

（2）〔畑地　一九七四〕参照。宋と遼との経済関係については、〔張亮采　一九五七〕〔寥　一九八二〕〔陶　一九八四〕第三章

などがあり、西夏との経済的関係については、〔霍　一九八八〕〔李華瑞　一九九八〕第九章などがある。それぞれの見解は若干異なるが、宋の経済的優位に関しては、概ね一致している。

（3）遼は羊や馬を重要な財源として重視するとともに、北宋のみならず、五代諸王朝や南唐といった国家に対する礼物や商品として活用していた（〔劉　二〇〇六〕九〇頁）。また、西夏が遊牧経済であり、馬や羊が産物の中心であったことは、『長編』巻三百六十五、哲宗・元祐元（一〇八六）年二月条に、「西夏氏・羌の旧壌に居す、産する所の者は羊馬氈毯に過ぎず、其れ国中之を用いるも尽きず、其の勢い必ずや其の余と他国と貿易せんことを推すなり。其れ三面皆な敵人にして、之を鬻がんとするも售《う》れず。惟だ中国者《は》、羊馬氈毯の輸する所なり、而して茶綵百貨の自ら来る所なり。其の人嬰児の如し、而して中国之に乳哺す。」とあり、北宋、蘇軾『東坡志林』巻三、夷狄には、「（李）元昊諫めて曰く、「吾れ本と羊馬を以て国を為す、今反って以て中原を資《たす》け、得る所は皆な茶彩軽浮の物なり、適《まさ》に以て吾が民を驕惰にするに足る、今又た欲すらくは此を以て人を戮さんことを。茶彩日び増え、羊馬日び減ず、吾が国其れ削るなり」と。」とあることからも窺える。なお、荒川慎太郎氏（東京外国語大学）のご示教によれば、「羊」をあらわす西夏文字は六種類も存在する。一方、漢字においては、管見の限りでは、「羊」は「羊」「䍧」「羣」の三字のみであり、通常、「羊」以外の文字はほとんど使用されない。このことは、本来、漢民族がよく食していたブタに、「豚」「猪」「豕」「豘」「豵」「彘」など十種類以上もの文字が存在するのとは対照的である。このように言語的観点からみても、西夏における羊の重要性がわかる。氏の学恩に謝意を表したい。

（4）南北朝から唐朝への食羊文化の大凡の流れは、〔王　二〇〇〇〕第三章第一節を参照されたい。

（5）〔程　一九八六〕〔陳　一九九五〕〔張競　一九九七〕〔朱ほか　一九九八〕〔徐　一九九九〕〔魏　二〇〇四〕〔塩　一九九八〕〔塩　二〇〇五a・b〕などがある。北魏を建国した鮮卑族の、羊肉を主体とする食習慣が、東・西魏や北斉・北周、さらには隋や唐を経て宋に至ったことが宋代における食羊文化発達の最大の理由であると思われる。北宋・唐慎微『重修政和経史証類備用本草』巻十七、獣部中品、羖羊角に、羊肉が腎気を補う薬用効果について言及する一方で、同書、巻十八、獣部下品、豚卵には、「凡そ猪肉、味は苦、主に血脈を閉ざし、筋骨を弱め、人肌を虚にし、久しく食う可からず、病人金疱の者尤も甚し。」とある。かかる中医理論はすでに唐、孟詵『食療本草』にもみられるが、とりわけ宋代の中医理論の中で羊が重視され、豚肉が軽視される傾向が強まったことも、上層階層における羊肉食普及の一因であると思われる。

（6）南宋臨安へは、会稽から羊が搬入されていたことは〔全　一九三六〕参照。ただし、会稽だけで賄える訳もなく、臨安近郊の諸都市、とりわけ湖羊を産する太湖周辺の湖州・蘇州などから臨安への羊が供給されたものと考えられる。湖羊については、〔李群　一九八七・一九九七〕を参照されたい。なお、南宋初期の金との外交関係については、〔寺地　一九八八〕〔何・徐　一九九九〕の緻密な研究がある。

（7）『宋会要』方域四―一～七。なお、太祖の開宝二（九六九）年、右僕射の魏仁甫に対して太祖が酒十石とともに御厨から羊百頭を賜ったことが、宋代における官僚への賜食の初見である（『長編』巻十、開宝二（九六一）年閏五月条）。このことからも、宋初において、すでに官僚の食羊文化が成熟していたことが窺える。

（8）〔塩　一九九八〕で、筆者は成長した羊一頭あたりの産肉量を約四十～六十斤（約二十五キログラム～三十五キログラム）と試算した。『宋会要』職官二十一―十一によれば、大中祥符三（一〇一〇）年五月の詔で、桟羊や草羊を下は十二斤（約七キログラム）以上、上は二十三斤（約十三キログラム）以上で屠殺させたことがわかる。多く見積もって三十斤（約十八キログラム）で屠殺し、その産肉量を一頭あたり六割と仮定すれば、年間約二万五千頭の消費となる。

（9）管見の限り、哲宗・徽宗・欽宗朝の御膳の羊肉消費量を記した記録はみえない。『宋会要』職官二十一―十三に、「（紹興）八（一一三八）年七月十八日詔、……礼部言えらく、見今《いま》牛羊司御膳の羊を宰供するに、毎日羊一口を宰して供応す。毎月已に降せる指揮に依り、四十口を収めて額と為す。」とあるように、南宋の高宗・紹興八（一一三八）年には、毎日一頭の羊が御膳に供せられていた。この事例の場合、南宋初期の動乱期のために、御膳の羊消費額が減少したものと考えられることから、記録のみえない北宋末期の三朝に関しては、概ね神宗朝の消費量に拠ったものと筆者は考える。

（10）『宋会要』職官五十七―九～十五に官僚に対する羊支給例がみられる。なお、〔程　一九九二〕一四一頁では、官僚全体に対する羊支給額を、年間羊消費量が百余万頭、〔張　二〇〇七〕では、年間九十六万頭から九百六十万頭におよぶと試算している。しかし、第一に、真宗の時代、牛羊司での飼養羊の年額が三万三千頭であったこと、第二に、『東京夢華録』巻三、天暁諸人入市に「直ちに天明に至り、其れ殺猪羊作坊より、人毎に猪羊を檐《かつ》ぎ及び車子もて市に上る。動《やや》もすれば即ち百数なり。」とあるように、毎朝開封の民間市場に搬入される豚・羊肉をあわせても数百単位であり、羊肉では二～三百頭程度と筆者は考えること、第三に、官の年間羊肉消費量が百万頭と仮定すれば、開封への官羊搬入は一日あたり約三千頭にもおよぶ

のは想定しがたいことなどを考え合わせると、この数字は首肯しがたい。開封における年間の羊肉消費量は、御廚が約一万五千～二万五千頭、民間が約八～十万頭、地方官分を除く俸祿羊は四十～五十万頭、官民あわせて、年間約五十～六十万頭程度であったと筆者は考える。

(11)〔塩　二〇〇五a・b〕において、『東京夢華録』にみえる獣肉・魚肉をあわせた肉料理の記事に占める羊肉料理の割合が三十六％であり、開封の食肉市場において、羊肉の占める割合が最も多いことを筆者は指摘するとともに、富裕層は多く羊肉を消費したものの、一般庶民にとって羊肉は安価な食材でなく、庶民にとっての一般的な食肉は豚、家禽や野味類であったことを明らかにした。

(12)宮澤知之氏は、「専制国家が財政を運用して直接間接に組織し誘導した全国的物流、巨大な官需物資を社会から国家へ集中し、また社会に再分配した物流は、あわせて財政的物流と呼ぶことができ、農村を中心とする社会内部で自生的に成長する市場的流通と概念的に明確に区別されるべき」だと指摘している（〔宮澤　一九九八〕一二頁）。ただし、氏は「財政的物流とは、生産力と社会的分業の発展にともなう自生的な商品流通である市場的流通に対置しうる概念である。二つの流通経済は概念的な区別であり、現実の流通では必ずしも両者を弁別することはできないものもある」（〔宮澤　二〇〇二〕七頁）とも述べており、国家によって組織された全国的物流を「財政的物流」、農村で自生的に成長した物流を「市場的物流」と区分しつつも、両者を完全に区別することは難しいとの見方も示している。本稿においては、国家が計画的に供給体制を整備した羊肉流通を「財政的物流」であると捉え、この用語を使用することにする。なお、開封城外から城内への具体的な肉の流通経路に関しては、詳細は不明である。

(13)『宋会要』職官二十一―十二に「神宗熙寧三年……。仍お牛羊司をして羊を桟養せしめ、常に三千口を満たして額と為し、其れ実に十の四を省くべし、と。之に従う。」とあるが、『長編』巻二百十一、熙寧三年条には、「仍お更に桟養する羊、常に三千を満たして額と為し、以て非常の支用に備うべし、と。之に従う。」とあり、非常支用分としている。ここでは、『長編』の記載に従う。

(14)宋代の牧羊業の発展に関しては、〔程　一九九二〕第二章第四節および、〔韓　一九九三〕第一章、〔張　二〇〇七〕に詳しい。〔程　一九九二〕は、宋代華北における官民の牧羊業の発展を指摘し、遼・西夏両国の存在については特に言及していな

い〔程　一九九二〕一三九～一四二頁）。また、〔李　二〇〇四〕も、宋朝が高度に発展した自給自足経済であったため、羊の供給も華北一帯で賄っていたと指摘する〔李　二〇〇四〕三三六～三三七頁）。

(15)『宋会要』職官二十一―十二に「神宗熙寧三年……河北の榷場、契丹の羊を買うこと数万、牛羊司に至れば則ち死損するもの半ばに及ぶ。」とある。

(16)『宋会要』食貨五十五―四十六・四十七、『長編』巻百九十二。なお、『宋会要』職官二十一―十一には、真宗朝においても、牛羊司が羊を屠殺している事例もみられることから、宰殺務（供庖務）が存在している時期も牛羊司の屠殺業務が行われていたことが分かる。

(17)前掲註（10）『東京夢華録』巻三、天暁諸人入市には開封の肉市場への羊肉供給の様相が描写されている。また、『宋会要』職官二十一―十に「（景徳）二（一〇〇五）年六月、牛羊司に詔すらく、外群より送納せる死羊、及び諸処にて取索せる羊肉・羊粑は、並びに口実に須《もち》いて斤重を定め、出して申破せしめ、止だ估羊の節級に憑きて懸估するを得ざれ、と。十月詔すらく、外群の死羊は側近の県尉・監造粑送官に委任して官に送り、其の頭肚は、五月より七月に至れば埋窖し、三月より九月に至れば估価を量りて出売せしめよ、と。」とあり、官羊が民間市場へ払い下げられた事例がみえる。

(18)『長編』のこの記事に関する李燾の注に「『会要』は乃ち咸平五年十二月の事なり、或いは移して他処を見れば、則ち当に彼れを削りて此に存るべし。熙寧三年五月二十一日、始めて榷場羊を買うを罷む。」とあるが、熙寧十（一〇七七）年、沈括の上言で羊の輸入について言及していることからも、その後も遼との間の羊交易は継続されていたことが窺える。

(19)〔日野　一九三五〕、〔斯波　一九八八〕二三九頁、〔宮澤　一九九八〕第一部第一章。

(20)唐代の事例であるが、『太平広記』巻百三十三、報応三十二、殺生、朱化（所引『奇事』）に「洛陽の人朱化者《は》、販羊を以て業と為す。唐貞元の初め、西のかた行きて邠・寧に抵り、其の羊を廻易す。……（朱）化之を然りとす。乃ち其の人に告げて曰く、『爾小羊有るを知らせれば、我当に尽く之を易えるべし』と。其の人数日にして乃ち一羊主を引きて至れり。化遂に小羊百十口を易え得たり。大小羊相い雑りて群を為し、洛陽に廻帰す。行きて闕下に至り、一夕易うる所の小羊、尽く化して鬼と為《に》りて走ぐ。化大いに駭き、其の由を測る莫し、明年復た邠・寧に往く。」とあるように、唐代、洛陽の客商朱化は販羊を業としており、陝西の邠州・寧州まで羊の買い付けに出向き、小羊を百十頭も購入して、それらを洛陽まで持ち帰っ

て販売しようとしており、翌年に再び邠州・寧州まで羊の買い付けに赴いたことが記されている。物語自体は虚構であるにせよ、唐代においても、洛陽から陝西まで大量の羊を購入する輸送ルートが形成されていたことや、陝西が産羊地として有名であったことがわかる。かかる特徴は宋代にも受け継がれたものと見るべきであろう。

（21）〔日野　一九八三〕三八一頁も、水運説を採っている。

（22）『宋史』巻百七十五、食貨志上三、漕運に「河北・河東・陝西の三路は租税薄くして、以て兵費を供するに足らず。屯田・営田の歳入幾ばくもなく、糴買入中の外、歳ごとに内蔵庫の金帛及び上京榷貨務の緡銭を出すこと、皆な翅《ただ》に数百万のみならず。使臣や軍大将を選び、河北は船運して乾寧軍に至り、河東・陝西は運びて河陽に至り措置せしむ。陸運には、或いは鋪兵・廂軍を用い、或いは義勇・保甲を発し、或いは夫力を差雇し、車載駄行して、道宜しき所に随う。河北は地理差《や》や近く、西路は回遠にして、又た磧険を渉り、運致すること甚だ艱《かた》し。」とあり、河陽から陸運を利用したことが知られる。おそらく羊においても河陽から一旦陸運を利用し、再び水運を用いたのであろう。

（23）『宋会要』食貨三十八―二十八、互市に「（大中祥符五（一〇一二）年）閏十月詔すらく、河北の榷場に市《か》う所の食羊路に死す者、市人の之を鬻ぐを抑うるを得るなし。」とあり、河北の榷場で購入され、開封などへの搬送途中で死亡した羊を売りさばく商人を政府が黙認したことが記されている。河北や陝西からの輸送途中で死亡したため、廃棄された羊肉も、宋代羊肉市場の一つの供給源であったといえる。なお、河北から開封への輸送ルートは、前掲註（22）『宋史』巻百七十五、食貨志上三、漕運の記事から、雄州（現在の河北省保定市雄県）、覇州（現在の河北省覇州市）、安粛軍（現在の河北省保定市徐水県）といった河北榷場で獲得した羊は、水運を利用して乾寧軍（現在の河北省滄州市青県の東）まで運送され、そこから黄河・御河による水運によって、開封まで輸送されたと思われる。ただし、この輸送ルートも具体的な輸送方法に関する記録が管見の限り見出せないので、陸運された可能性も否定はできない。

（24）『三朝北盟会編』巻八、宣和四（一一二二）年六月三日条、「宋昭上書論北界利害乞守盟誓女真決先敗盟」に「蓋し祖宗朝の賜予の費は、皆な榷場より出づ、歳得の息は、之を虜より取るも、復た以て虜に予《あた》う、中国初め毫髪も損なう無し。比年以来、榷場の法寖《ようや》く壊れ、遂に内帑を耗《そこな》う。臣願わくば健吏を遴選し、榷場の利害を講究せしめんことを。復た祖宗の時の如くせしむれば、則ち歳賜の物慮るに足らざるなり。」とあり、北宋末期の徽宗朝においても、従来のような北宋の輸出超過

ではないものの、榷場交易が実施されていたことがわかる。

（25）『三朝北盟会編』巻七十六、靖康二（一一二七）年正月十八日条に、「帝蒙塵自り以来、雪雨止まず、物価日び翔《あ》がり、米は斗ごとに一千二百、麦は斗ごとに一千、驢肉は一斤一千五百、羊肉は一斤四千、猪肉は一斤三千にして、人戸復た有るを得ざるなり。」とあり、戦乱や天災により開封への物流システムが破綻し、羊肉の価格も暴騰したことが記されている。

（26）『長編』巻百四十九、仁宗・慶暦四（一〇四四）年条には、西夏と界を接する西北諸部族の地域において、北宋の茶数斤と羊一頭が交換されるという記事が載っている。

（27）澶淵の盟に関する先駆的研究としては、〔田村　一九三五〕がある。そのほか、中国・台湾における研究は枚挙に遑がないが、最近、〔毛利　二〇〇六〕が、斬新な視点から澶淵の盟を新たに捉え直す着目すべき研究を行っている。

（28）北宋と西夏との関係については、〔李華瑞　一九九八〕に詳細かつ体系的な研究がなされている。

参考文献

〈日文〉

青山定雄『唐宋時代の交通と地誌地図の研究』（吉川弘文館、一九六三年）

張競『中華料理の文化史』（筑摩書房、一九九七年）

佐伯富『中国塩政史の研究』（法律文化社、一九八七年）

斯波義信『宋代商業史研究』（風間書房、一九六八年）

寺地遵『南宋初期政治史研究』（渓水社、一九八八年）

古林森廣『宋代産業経済史研究』（国書刊行会、一九八七年）

宮崎市定『東洋的近世』（教育タイムス社、一九五〇年、のち同上『アジア史論考』上巻、朝日新聞社、一九七六年）

宮澤知之『宋代中国の国家と経済』（創文社、一九九八年）

宮澤知之「中国専制国家の財政と物流——宋明の比較」（『第一回中国史学国際会議研究報告集　中国の歴史世界——統合のシステムと多元的発展——』東京都立大学出版会、二〇〇二年）

近藤一成「宋代永嘉学派葉適の華夷観」(『史学雑誌』八八―六、一九七九年)
塩卓悟「宋代における肉食の普及状況――南宋期、江南の事例を中心に――」(『集刊東洋学』七九、一九九八年)
塩卓悟「宋代都市の食文化――北宋から南宋への展開――」(『大阪市立大学東洋史論叢』特集号、二〇〇五年)〔塩　二〇〇五ａ〕
塩卓悟「宋代都市の食文化――両宋交替期における北食・南食の展開――」(『アジア遊学』七八、二〇〇五年)〔塩　二〇〇五ｂ〕
妹尾達彦「都市の生活と文化」『魏晋南北朝隋唐時代史の基本問題』(汲古書院、一九九七年)
田村実造「澶淵の盟と其の史的意義」(上)(中)(下)(『史林』二〇―一・二・四、一九三五年)
田村実造「遼・宋の経済関係――とくに貿易を中心として――」(『中国征服王朝の研究』(上)東洋史研究会、一九六四年)
西奥健志「北宋の西北辺における軍糧輸送と客商」(『鷹陵史学』二七、二〇〇一年)
西奥健志「宋代の物流と商人――軍糧納入への関わりを中心として――」(『鷹陵史学』三二、二〇〇六年)
畑地正憲「北宋・遼間の貿易と歳贈について」(『史淵』一一一、一九七四年)
日野開三郎「宋代の便糴に就いて」(『東洋学報』二三―一、一九三五年、のち『日野開三郎東洋史学論集』第一一巻、三一書房、一九八八年、所収)
日野開三郎「北宋時代の行」(『日野開三郎東洋史学論集』七・宋代の貨幣と金融(下)、三一書房、一九八三年所収)
日野開三郎「五代時代における契丹と中国との海上貿易」(『史学雑誌』五二―七・八・九、一九四一年、のち『日野開三郎東洋史学論集』一六・東北アジア民族史(下)、三一書房、一九九〇年所収)
宮崎市定「西夏の興起と青白塩問題」(『東亜経済研究』一八―二、一九三四年、のち『宮崎市定全集』九・五代宋初、岩波書店、一九九二年所収)
毛利英介「澶淵の盟の歴史的背景――雲中の会盟から澶淵の盟へ――」(『史林』八九―三、二〇〇六年)

〈中文〉
王利華『中古華北飲食文化変遷』(中国社会科学出版社、二〇〇〇年)
何忠礼・徐吉軍『南宋史稿』(杭州大学出版社、一九九九年)

韓茂莉『宋代農業地理』（山西古籍出版社、一九九三年）
韓茂莉『遼金農業地理』（北京社会科学文献出版社、一九九九年）
江天健『北宋市馬之研究』（国立編訳館、一九九五年）
朱瑞熙ら『遼宋西夏金社会生活史』（中国社会科学出版社、一九九八年）
周宝珠『宋代東京研究』（河南大学出版社、一九九二年）
徐海栄主編『中国飲食史』巻四（華夏出版社、一九九九年）
陳偉明『唐宋飲食文化発展史』（学生書局、一九九五年）
程民生『宋代地域経済』（河南大学出版社、一九九二年）
陶晉生『宋遼関係史研究』（聯経出版、一九八四年）
李華瑞『宋夏関係史』（河北人民出版社、一九九八年）
劉美雲『十至十三世紀北方遊牧民族探析』（中国文聯出版社、二〇〇六年）
霍升平「論北宋与西夏的貿易」（『中州学刊』一九八八―一、一九八八年）
魏華仙「試析北宋東京的肉類消費」（『河北大学学報』二〇〇四―二、二〇〇四年）
全漢昇「南宋杭州的消費与外地商品的輸入」（『中央研究院歴史語言研究所集刊』七―一、一九三六年、のち、『中国経済史論叢』第一冊、香港中文大学新亜書院新亜研究所、一九七二年所収）
全漢昇「北宋汴梁的輸出入貿易」（『中央研究院歴史語言研究所集刊』八―二、一九三九年、のち、『中国経済史論叢』第一冊、香港中文大学新亜書院新亜研究所、一九七二年所収）
張顕運「宋代牧羊及其在社会経済生活中的作用」（『河南大学学報・社会科学版』四七―三、二〇〇七年）
張亮采「宋遼間榷場貿易」（『東北師範大学科学集刊・史学』一九五七―三、一九五七年、のち『遼金史論文集』、遼寧人民出版社、一九八五年所収）
程民生「宋代飲食生活中羊的地位」（『中国烹飪』一九八六―一二、一九八六年）
李群「湖羊的来源和歴史研究」（『農業考古』一九八七―一、一九八七年）

李群「湖羊的来源及歴史再探」（『中国農史』一六―二、一九九七年）
寥隆盛「北宋与遼夏辺境的走私貿易問題」（上）（下）（『食貨月刊』（復刊）一〇―一一・一二、一九八一年）

〔付記〕本稿は平成二十年度文部科学省科学研究費補助金（特定領域研究）の交付を受けた研究成果の一部である。なお、本稿は、第七回遼金西夏史研究会及び第一〇八回宋代史談話会における口頭報告に加筆・修正を行ったものである。両研究会の席上、諸先生方より貴重なご指摘を賜った。末筆乍ら、感謝の意を表したい。

Ⅱ　他時代史の観点から

五代の「中国」と平王

山崎覚士

はじめに

欧陽脩撰『五代史記』巻七一、十国世家年譜には、欧陽脩がとある人物と問答を繰り広げることを通じて、彼自身の五代十国時代に対する思索を披瀝するくだりがある。

> 問う者曰く、「四夷・十国は、皆な中国の有にあらざるなり、四夷の封爵朝貢は則ち書き、而るに十国の書かざるは何ぞや」と。（欧陽脩）曰く、「中国を以て夷狄を視るに、之れを夷狄とするは可なり。五代の君を以て十国を視るに、之れを夷狄とするは則ち未だ可ならざるなり。故に十国の封爵朝貢は、夷狄に如かず、則ち以て之れ

を書く無し。……是を以て外して書かざるは、其の自ずから中国に絶つるを見わすのみ」と。[1]
ある者が四夷と十国とはともに「中国」の領有ではなかったのに、『五代史記』の中で両者の記述スタイルに相違があるのはなぜかと問うてみた。その問いに対し「十国を夷狄とみなすのは行き過ぎだから、両者の記述に段階的に区別を設けて「中国」ではなかったことを表現したかったのだ」というのが欧陽脩の答えである。この問答から欧陽脩の五代十国観を概観すると、「五代の君」が治める中原王朝を指す「中国」と、その「中国」とは別に十国と四夷とを分け、この三つの領域区分を設けて当時の〝世界〟を認識していたことが分かる。そして欧陽脩はこの世界をまた「天下」とも認識していた。同じく『五代史記』の巻六〇、職方考の序文では、

梁の初め、天下は別れて十一国と為り、南に呉・浙・荊・湖・閩・漢有り、西に岐・蜀有り、北に燕・晋有り、而して朱氏の有する所七十八州以て梁と為す。……一百二十三州を合し以て唐と為す。……一百一十八州を合し以て周と為す。宋興りて之れに因る。此れ中国の大略なり。……其の餘外属なる者は、彊弱相い幷わさり、其の得失を常にせず。周末に至り、閩已に先に亡び、而して在る者は七国なり。[2]

と、五代後梁の時代には天下が分かれて十一国になったと述べ、そのうち後梁や後唐、後周など中原王朝は八十から一二〇前後の州を総べて「中国」となしたとする。ここでは天下の内に「中国」が含まれており、外属の諸国を加えて天下が構成され（四夷は天下の外に置かれ）ると欧陽脩は認識していた。このような欧陽脩の見た天下や「中国」に対する時代像の認識に学ぶべきところも多い。本稿では欧陽脩の認識に導かれて「天下」の中核を構成する「中国」の問題について考察したい。そして最後には、彼の五代「十国」という、いまや常識的な歴史観を越えることが目標である。

渡辺信一郎氏は前近代中国国家をその具体的側面から「天下」と規定した。[3]「唐代中国における天下とは、現実に共有される法令にもとづき、王朝の統治機構と戸籍・地図の編成によって実効的に支配される領域であ」り、無限に

広がる〝世界〟ではなくて有限の領域であるときわめて実体的に天下国家を把握している。氏の規定は一面には肯首されるものの、より前近代中国国家を実体に即して把握しようとするならばまだ不十分であろう。それは分裂期の天下の構造と政治的秩序化について、充分な説明をなしえていないからである。実効支配地としての実体的天下と、中国皇帝政治において統一すべき領域としての理念的天下が乖離するいわゆる分裂時代には、実効支配地が「中国」として登場することになる。天下と「中国」とが符合する唐王朝などの時期では、「中国」は吐蕃やウイグルなど夷狄に対する語として見えるが[4]、五代期にはいわゆる中原王朝を指す語として「中国」が使われるようになる。しかしこの「中国」は自明の領域ではない。そこにはやはり、実体的にも理念的にも時代的特徴を含んだ自ら支配する領域を画定する国家的政治秩序が働いている。この分裂期における両側面の「中国」を究明することなしに、その時期の天下も解けないであろうし、引いては天下秩序そのものの解明も不十分なものとなるだろう。

そもそも前近代中国国家を検討する場合、近代国家とは異なり、国家とその周辺に対する政治的秩序が理念の面でも実体の面でも、その国家の政治制度内に構造化されていることに注意すべきである。その国家構造にとっては、自国と周辺に対する地域の画定と政治的秩序化とが不可避であった[5]。ゆえに、前近代中国国家を把握するためにはこうした理念的・実体的国家構造をも含めて理解する必要がある[6]。

ところで近年では宋代の国境（線）画定に関する成果が現れており、金成奎氏は宋代になって国境の明確化が志向されつつあったと指摘し[7]、また古松崇志氏はヨーロッパの主権国家による国境線（boundary）画定に類する現象が宋遼間で締結された澶淵の盟で見られたことを明らかにされている[8]。しかしながらここで五代の歴史を通じて明らかにしたいのは、中国における支配領域の画定にはそうした実態的・可視的側面に加えて、政治的秩序化（ここでは封爵）による理念的側面もあったことである。

そして五代十国という政治的分裂の時代において、実体的支配領域を構成する政治的中間領域である道に対して行

なわれた「平王」封爵こそ、自国における政治的秩序化をともなう理念的地理画定装置に相当すると思われる。
よってここでは「中国」に理念的に地理画定を与える封爵「平王」号について取り扱う。「平王」号の機能を追究することを通じて、五代の「中国」における独自の国家構造的特質を解明する一端を提示し、統一帝国史観を相対化することが本稿の課題である。その結果として、先ほども述べたように北宋人がつくり上げた五代乱離の歴史観を批判するものともなるだろう。

第一章　平王の位階

爵制の起源は古いが、唐後半期からとりわけ五代にかけて節度使職に爵号が賜与されるようになる。[9] そこで五代における爵号をその節度使職との関係を含めて概観してみることとしよう。その際、爵号は王号のみを見ることになるが、それは他の爵号として公侯伯子男もあるものの史料上現れにくく、一方で王号が最も多く出現し、また爵号の最上位としその特徴を明確に示すことによる。

五代における王号の事例を挙げたのが表1五代封爵表である。この表より王号の序列はおおよそ、

国王——一字王——平王——二字王——二字（一字）郡王

となる。[10] 例えば高季興の場合には同光元年（九二三）十一月己未に渤海郡王から渤海王へ［No.25→28］、そして同光二年（九二四）三月丙午に南平王に進爵し［No.32］、また東平王王建立は天福五年（九四〇）三月癸酉に韓王に封ぜられ［No.55→59］、楚王馬殷は天成二年（九二七）六月丙申に楚国王に進んでいる［No.38］。

そしてこれら王号と節度使職との関係を見てみると、その封爵が爵を受ける人物に対して用いられるものと、封ぜられる土地に対して用いられるものとに大別される。

表1　五代封爵表

No.	皇帝	人名	封爵年月		封爵号	節度州	備　考	注記
01	梁太祖	唐主	開平元年(九〇七)	四月戊辰	済陰王		開平二年二月二十一日被害	旧三
02		馬殷		四月辛未	楚王	潭州		旧三、冊一九六
03		張全義		五月	魏王	河南尹兼河陽		旧三、冊一九六
04		銭鏐		五月	呉越王	両浙		旧三、冊一九六
05		劉守文	開平二年(九〇八)	五月	大彭郡王	滄州	開平三年五月被擒	会十一。旧四、冊一九六は大彭王
06		劉守光		五月	河間郡王	幽州		旧四、冊一九六
07		馮行襲		五月	長楽郡王	許州	開平中卒	会十一。旧四、冊一九六は長楽王
08		韓遜	開平三年(九〇九)	三月丙戌	潁川郡王	朔方	貞明初卒	会十一。旧四、冊一九六は潁川王
09		王処直		四月甲寅	北平王	易定	同光元年被廃	旧四
10		王審知			閩王	福建		旧四
11		劉隠			南平王	広州	乾化元年五月薨	旧四
12		劉知俊			大彭郡王	同州	開平三年六月庚戌削奪	旧四、冊一九六
13		楊師厚			弘農郡王	襄州	開平四年七月移陝州節度使	旧四、冊一九六
14		劉守光		七月	燕王	幽州	乾化元年八月甲子称帝	旧四、冊一九六
15		劉隠	開平四年(九一〇)	四月	南海王	広州	乾化元年卒	会十一
16		(羅紹威)		五月	鄴王	魏博	薨(唐朝の爵を継ぐ)	旧五
17		高万興	乾化元年(九一一)	五月甲申朔	渤海郡王	延州		旧六、冊一九六
18		王檀	乾化二年(九一二)	正月	琅琊郡王	邢州	貞明二年被害	旧七、冊一九六
19	末帝	葛従周	乾化三年(九一三)	二月	陳留郡王	潞州	貞明二年十月薨	旧十六、冊一九六
20		楊師厚		三月庚戌	鄴王	魏州	貞明元年三月卒	旧八
21		李仁福		三月壬戌	隴西郡王	夏州		旧八
22		高万興	貞明元年(九一五)	閏二月甲午	渤海王	延州	渤海郡王から	旧八
23		(劉巖)	貞明五年(九一九)	九月丙寅	南平王	広州	称帝、削奪	旧九
24		高万興	貞明六年(九二〇)	四月癸丑	延安王	鄜延	渤海郡王から	旧一〇
25		(高季昌)	龍徳元年(九二一)	二月丙寅	渤海郡王	荊南		旧一〇
26	唐荘宗	(李茂貞)	同光元年(九二三)	十一月壬寅	秦王	鳳翔		旧三〇
27		(朱友謙)		十一月癸卯	西平王	河中		旧三〇

28		高季興		十一月己未	渤海王	荊南	天成二年二月壬寅削奪	旧三〇
29		高万興		十一月辛酉	北平王	鄜延	同光三年十二月卒	旧三〇
30		張全義	同光二年(九二四)	二月辛巳	斉王	河南尹	同行四年薨	旧三一
31		李茂貞			秦王	鳳翔	同光二年四月薨	旧三一
32		高季興		三月丙午	南平王	荊南	渤海王から	旧三一
33		李仁福		四月乙丑	朔方王	夏州		旧三一
34		(馬賓)		四月癸巳	扶風郡王	桂州		旧三一
35		銭鏐		十月壬午	呉越国王	両浙	天成四年九月癸巳、削奪	旧三二
36		朱友謙		十一月丁巳	西平王	河中	同年二月己卯は冀王に作る	旧三二
37	明宗	王延鈞	天成二年(九二七)	五月癸丑	琅琊郡王	福建	旧三八	
38		馬殷		六月丙申	楚国王	湖南	長興二年十一月薨	旧三八
39		(王都)	天成三年(九二八)	四月庚子	太原王	定州	削奪	旧三九
40		王延鈞		七月戊辰	閩王	福建		旧三九
41		銭鏐	長興二年(九三一)	三月乙酉	呉越国王	両浙	長興三年三月薨	旧四二
42		孟知祥	長興四年(九三三)	二月癸亥	蜀王	剣南東西両川	応順元年称帝	旧四四
43		銭元瓘		七月丁亥	呉王	両浙		旧四四
44	閔帝	高従誨	応順元年(九三四)	正月壬辰	南平王	荊南		旧四五
45		馬希範			楚王	湖南		旧四五
46		銭元瓘		正月甲午	呉越王	両浙		旧四五
47	末帝	趙徳鈞	清泰元年(九三四)	六月	北平王	幽州		旧四六
48		房知温			東平王	青州		旧四六
49		李従曮		七月丁未	西平王	鳳翔	李茂貞長子	旧四六
50	晋高祖	范延光	天福二年(九三七)	五月壬申	臨清王	魏州	同年七月甲寅、削奪	旧七六
51		李従曮			岐王	鳳翔		旧七六
52		王建立		五月丙子	臨淄王	青州		旧七六
53		銭元瓘		十一月戊辰	呉越国王	両浙		旧七六
54		李従曮	天福三年(九三八)	四月戊子	秦王	鳳翔	開運三年冬卒	旧七七
55		王建立			東平王	青州		旧七七
56		范延光		九月己巳	高平郡王	魏州		旧七七

57		王昶		十一月丙午	閩国王			旧七七
58		王継恭		十一月戊申	臨海郡王	福州		旧七七
59		王建立	天福五年(九四〇)	三月癸酉	韓王	潞州	同年卒	旧七九
60		楊光遠		九月甲申	東平王	青州		旧七九
61		王延羲		十一月甲申	閩国王		福州	旧七九
62		銭元瓘	天福六年(九四一)	九月壬申	彭城郡王	遙領広州		旧八〇
63		銭弘佐		十二月庚戌	呉越国王	両浙		旧八〇
64	出帝	楊光遠	天福八年(九四三)	三月癸未	壽王	青州	同年反	旧八一
65		劉知遠	開運元年(九四四)	三月癸巳	太原王	幷州北京留守		旧八二
66		朱文進		十二月癸丑	閩国王	福州		旧八三
67		劉知遠	開運二年(九四五)	四月庚寅	北平王	幷州	後漢高祖	旧八三
68	漢高祖	馬希広	天福十二年(九四七)	月甲午	楚王	湖南		旧一〇〇
69		高行周		十一月丁丑	臨清王	魏州		旧一〇〇
70	隠帝	高行周	乾祐元年(九四八)	三月丙辰	鄴王	魏州		旧一〇一
71		(銭弘倧)		四月戊子	呉越国王	両浙		旧一〇一
72		(銭弘俶)		八月乙未	呉越国王	両浙		旧一〇一
73	周太祖	高行周	広順元年(九五一)	正月乙亥	斉王	鄆州	同年八月壬寅、薨	会十一
74		安審琦			南陽王	襄州		旧十一〇
75		符彦卿			淮陽王	青州		旧十一〇
76		李彝興		正月己卯	隴西郡王	夏州		旧十一〇
77		高保融			渤海郡王	荊南		旧十一〇
78		馮暉			陳留郡王	霊武	広順二年六月辛丑、卒	旧十一〇
79		安審琦	顕徳元年(九五四)	正月庚辰	陳王	襄州		旧十一三
80		符彦卿			衛王	魏州		旧十一三
81		高保融			南平王	荊南		旧十一三
82		李彝興			西平王	夏州		旧十一三
83	世宗	符彦卿		七月乙亥	魏王	魏州		旧十一四

＊カッコ付人名は、改めて進爵したのではなく、先に進爵の事例がなく、その時点で爵号を持っていたことを表している。

＊旧五代史、五代会要、冊府元亀は、それぞれ旧、会、冊と表記した。

まず渤海郡王や琅琊郡王などの「二字郡王」（呉郡などの場合も含む）の場合、それが設置される節度使の治州の所在にかかわらず、「高氏・王氏」など人物に対して封爵されている。例えば延州節度使であった高萬興は乾化元年（九一一）五月甲申朔に渤海郡王となり〔No.17〕、邢州保義軍節度使であった王檀は乾化二年（九一二）正月に琅琊郡王となっている〔No.18〕。これら人物に対して用いられる郡王は、その人物の姓によって爵号が決まっており、渤海の高氏や琅琊の王氏などの望姓[11]にあやかった爵号である。そして郡王号は、その人物が死去すれば廃止されるか、あるいはより上位の王号に進爵することが多く、以後明らかにしようとする地理空間的秩序構造にとって重要性は低いと考える。

次に「王」号を越えて「国王」号について見てみよう。この王号は節度使の治州にかかわるものであり、封ぜられる節度使職が固定している。呉越国王の場合、古来の呉・越国の地にあやかって鎮海・鎮東軍節度使（治州は杭州と越州）が決まって授けられ〔No.35・41・53・63・71・72[12]〕、また閩国王も福州節度使のみが授けられる〔No.57・61・66〕。楚国王も湖南節度使に固定している〔No.38〕。これら国王号は設置される州が定まっていた。

郡王と国王の中間に位置する「王」号は、「一字王」と「平王」、「二字王」とに分かれる。一字王は中原王朝が直接支配しない地に対してなされる場合にはその土地に限られ、直接支配領域では土地固有の爵号でないものもある。たとえば後に十国に数え上げられる江南諸国の場合、国王に封ぜられる前には王号を持つ。「呉越王」〔No.04・46〕・「楚王」〔No.02・45・68〕・「閩王」〔No.10・40〕などである。これらは「国王」と同様、封ぜられる地が代々固定している。しかし一方で「中国」内における王号はその地に固定とまではいかず、たいてい郡王号・平王号から進爵し異動した高位の節度使数人にのみ用いられている。その性格は郡王と国王の中間的様相を示しており、支配空間構造に決定的要素を持っていたとは思われない。

次いで二字王はその名が天宝年間の古郡名[13]に因んでつけられているものが多く、その郡名は封ぜられる地と符合し

ている。広州節度使には南海王［No.15］[14]、鄜延節度使には延安王［No.24］、幷州節度使には太原王［No.39］となっている。ただ魏州節度使の臨清王［No.50］[15]、青州節度使の臨淄王［No.52］、襄州節度使の南陽王［No.74］は設置州の隣州の郡名となっている。隣州である理由は判然としないが、郡名と設置州とが符合するうちに入れて大過あるまい[16]。

さて本題の「平王」号について見ていこう。平王号は二字王の一種と考えられる。つまり東平・西平・南平・北平は古郡名に因ったものの如くである。しかしながら、他の二字王とは決定的な相違点がある。それはその古郡名と設置州とが全く符合していないことである。天宝年間の古郡名に依れば、東平郡は鄆州、西平郡は鄯州、南平郡は渝州、北平郡は平州を指すが、設置州は以下に見るように全く因んでいない。そこには「～平王」が二字王の中でもすでに特別な機能を持ち、他の爵号からの脱皮を図っていたことを窺わせる。そして平王は時事に合わせて移動する場合がありながら、その置かれる土地は中原王朝の道制[17]の及ぶ際限の地という特徴を持っていた。以下、表2平王封爵表を参考にしつつ、それぞれの平王号について見ておこう。

［東平王］

東平王は絶えず臨海の地、青州平盧軍に設置された。後唐清泰帝元年（九三四）六月に房知温が封ぜられ、以後、王建立（在位・九三八～九四〇）、楊光遠（在位・九四〇～九四三）が続いた。

［西平王］

後梁の末年、当時河中節度使の朱友謙（のち李継麟に改名）が寝返りを謀り、晉（のち後唐）から西平王に封ぜられた。当時その西、鳳翔には後梁から半自立化した李茂貞政権が勢力を張っていたが、

荘宗の入洛するを聞くに及び、（李茂貞）懼れて自ずから安ぜず、方め上表して臣を称し、尋いで其の子継曮を遣わして来朝せしむ。茂貞に詔して旧官に仍り、秦王に進封し、賜う所の詔勅は名せず。……同光二年夏四月薨ず、年六十九[18]。

と、後唐朝になると、その版図に入ることとなった。そして、その子の李従曮のとき、鳳翔府に西平王が置かれるようになる。さらに西平王は治所を移し、九五四年に夏州定難軍に置かれることとなった。やがて西平王・夏州定難軍がのちの西夏の礎となる。

［北平王］

北平王の場合最も移動が激しい。それは契丹との北辺情勢が煩く、かつ政治的重要性が大きかったことを物語っている。

後梁朝の折、北平王は易定節度使に置かれていた。当時、河東太原府には李克用の晋（のちの後唐）が勢力を張り、また幽州には燕国を称する劉守光が跋扈していた。

後唐朝となると、太原府の東にあった燕や、前北平王王処直の子王都を勢力下に入れ、清泰元年（九三四）に契丹との境界に当たる幽州に北平王を設置した。

そして後晋朝には、建国の際「燕雲十六州」を契丹に割譲し、幽州は契丹の地となったため、開運二年（九四五）に北平王を河東太原府に移動させることとなった。

そして北平王・河東節度使劉知遠が皇帝位に即し（九四七）、後漢朝が開始されることとなる。

［南平王］

後梁朝においては、南海の広州節度使に南平王が置かれていたが、後唐朝以降は荊州節度使に置かれ続けた。

これら四限に置かれた四平王を見ていくと、四平王は当時の政治情勢に左右されつつ継続的に設置・移動を繰り返していることが注目される。このことから、この東平・西平・北平・南平がそれぞれ他の二字王に見られるような個別限定的な区域を指す郡名とはもはや考え難い。むしろ東西南北の平王であるとの理解を促す。かつこの平王号は単なる有名無実の爵号ではなく、政治的有効性を持っていたことをも示している。先に見たように二字郡王の場合、そ

の設置される土地に意味はなく、封爵される人物如何に関わっていた。また二字王も郡名と設置州とが符合するものであった。しかし平王に関しては、南なら南平王、北なら北平王というようにその設置される方位にその方位を示す平王が設置され、またその地域も中原王朝が道制を敷く際限という特徴を持っている。「〜平王」が先述した「二字王」にはない特徴を持ち、また「二字王」から進爵して「〜平王」となるなどから、「平王」は「二字王」の一つと考えるよりも、五代期に独特の王号の一種として規定しうるのではないか。

そして四つの平王のうち、特に移動の激しいのが西平王と北平王であり、ここは夷狄と直接する地域であった。その移動・設置こそは当時勃興しつつあった契丹、党項との境界域での攻防を物語るものである。一方で東平王と南平

表2　平王封爵表

平王	節度使	人名	年号	備考
東平王	青州平盧軍	房知温	清泰元年（九三四）六月	天福元年（九三六）十二月辛巳、卒於鎮。
		王建立	天福三年（九三八）四月戊子	天福五年（九四〇）三月癸酉、封韓王。病卒。
		楊光遠	天福五年（九四〇）九月甲申	天福八年（九四三）三月癸未、封壽王。同年反。
西平王	河中節度使	朱友謙	同光二年（九二四）十一月丁巳	同光四年（九二六）正月、誅。
	鳳翔節度使	李従曮	清泰元年（九三四）七月丁未	李茂貞長子。天福二年（九三七）五月壬申、封岐王。
	夏州定難軍	李彝興	顕徳元年（九五四）正月庚辰	乾徳五年（九六七）秋、卒於鎮。
北平王	易定節度使	王處直	開平三年（九〇九）四月甲寅	同光元年（九二三）、被廢。
	鄜延節度使	高萬興	同光元年（九二三）十一月己未	同光三年（九二五）十二月、卒。
	幽州節度使	趙徳鈞	清泰元年（九三四）六月	天福二年（九三七）夏、卒於契丹。
	河東節度使	劉知遠	開運二年（九四五）四月庚寅	天福十二年（九四七）二月辛未、即皇帝位。
南平王	広州節度使	劉隠	開平三年（九〇九）四月甲寅	開平四年（九一〇）四月、封南海王。
		（劉巖）	貞明五年（九一九）九月丙寅	称帝、削奪官爵。
	荊南節度使	高季興	同光二年（九二四）三月丙午	天成二年（九二七）二月壬寅、削官爵。
		高従誨	応順元年（九三四）正月壬辰	乾祐元年（九四八）十一月癸卯、薨。
		高保融	顕徳元年（九五四）正月丙子	建隆元年（九六〇）八月、薨。

王は設置地域が変動することなく、江南諸国と中原王朝との間の交通関係を媒介する地域であった。『資治通鑑』巻二八七、後漢高祖天福十二年八月条に、

初め、荊南は湖南・嶺南・福建の間に介居し、地は狭く兵は弱し、武信王季興の時より、諸道入貢の其の境を過ぎる者は、多く其の貨幣を掠奪す。諸道書を移して詰譲し、或いは加うるに兵を以てするに及び、已むを得ずして復た之れに帰し、曾《すなわ》ち愧と為さず(19)。

とあり、荊南南平王の地は江南諸国の朝貢路の中継地にあたる。また平盧軍節度使東平王もその支配地、登・萊州などの山東半島が呉越・閩などの江南諸国および渤海・朝鮮の入貢路となっていた(20)。こうして東西南北に「平王」を設置することによって、当時の中国支配地の西北辺では夷狄との攻防を通じて移動を繰り返しながらもその軍事的最前線を作り出し、南東辺では江南諸国などの朝貢路及び商業活動の為の交通路獲得の用を成していたのである。

そして、これら平王が四限に立置し、地理的限定が加わった地域こそが「中国」であった(21)。そのことをより明らかなものとするために、「中国」内であった荊南＝南平王と「中国」外であった呉越国との実体的権力構造を次に比較してみよう。

第二章　平王と国王の実体的相違――「中国」内外を分ける指標

まず呉越国について見てみよう。『資治通鑑』巻二七二、後唐荘宗同光元年二月条に、

梁主は兵部侍郎崔協等を遣わせ呉越王（銭）鏐を冊命して呉越国王と為す。丁卯、鏐始めて建国し、儀衛の名称は天子の制の如くし、居る所を謂いて宮殿と曰い、府署を朝廷と曰い、教令の統内に下すを制勅と曰い、将吏は皆な臣を称し、惟だ改元せざるのみ、表疏は呉越国を称して軍と言わず。……百官を置き、丞相・侍郎・郎中・

員外郎・客省等使有り。（考異に曰く、十国紀年に、鏐の功臣・諸子は節制を領し、皆な署して而る後に命を請うと）[22]。

とある。後梁の最末年に銭鏐は呉越国王に冊命され、建国を行なったが、その際、さまざまな名称を天子の制度に擬えた。そして、中原王朝に対する上奏文書である表疏は、その肩書きを「鎮海・鎮東軍」（呉越国の節度使職）とはせずに「呉越国」としていた[23]。これは、呉越国が節度使職を基盤とした勢力ながら、節度使権力から一歩抜け出し、「呉越国」として政治的権力を昇華させたことを端的に示している。

さらには、そうした呉越国政治権力を運営・維持するために百官を設置していた。そして、『資治通鑑考異』に引く『十国紀年』によれば、呉越国内の節度使職（＝刺史。呉越国では州単位に節度使を置く[24]）はすべて国内でその部署に就けてから、中原王朝に許諾を得ていた。つまり国王は属州の長官である節度使・刺史の任命権をも有していたのである。

これらのことから、呉越国は節度使権力から昇華し、独立的行政組織を持ち、国内の属州刺史任命権をもつ政治単位であると確認できる[25]。呉越国王同様、国王に封ぜられた楚国・閩国でも事情は同じである[26]。

一方の荊南はその政治中枢に中央行政府（百官）が存在しておらず、あくまでも節度使府が行政単位となっていた。

『三楚新録』巻三に、

梁祖の禅代するに及び、江陵尹兼管内節度観察処置等使を正拝す[27]。

とあって、後梁朱全忠が禅譲で皇帝位についた際に拝した職権を記してある。そして後に南平王となっても、その節度使権力が昇華することは無かった。それは「呉越国王」のように国王号に封ぜられることなく、独自に中央行政府を持つ「呉越国」といった、独立的政治権力の段階に進み得なかったからである。

また南平王は属州刺史の任命権を持たないという点でも呉越国と異なっている。つまり、『資治通鑑』巻二七五、後唐明宗天成二年二月条に、

高季興既に三州を得、朝廷は刺史を除せず、自ら子弟を以て之れと為さんことを請うも、許さず[28]。

としている。この経緯をもう少し詳しく見てみよう。後唐荘宗が前蜀を降さんとした折、荊南の高季興にも出兵を求めていた。その見返りとして高季興は夔・忠・萬三州を要求する。『資治通鑑』巻二七五、後唐明宗天成元年六月条に、

高季興は表して夔・忠・萬三州を属郡と為さんことを求め、詔して之れを許す[29]。

とあり、その『考異』に引く『十国紀年』荊南史に、

天成元年二月、王は表して夔・忠・萬三州及び雲安監もて本道に隷せんことを請い、荘宗之れを許す。詔命未だ下らずして、荘宗弑に遇う。六月、王表して三州を求め、明宗之れを許す。

また同じく『考異』に引く『明宗実録』に、

天成元年六月甲寅、高季興奏すらく、去冬に先朝は詔命して峡内属郡を攻めしめ、尋いで施州の官吏、臣の峡を上るを知り、率先して帰投すること有り。忠・萬・夔州は旦夕に収復せんことを期するも、郭崇韜に専ら文字を将て臣に回帰するを約せられ、方め陳論せんと欲すれども、便ち更変に値《あ》う。

とある。これらによれば、高季興は蜀伐の見返りとして荘宗に三州を属郡とすることを求めたが、荘宗が死に明宗に代わったため、改めて要求しなおした。そして天成元年（九二六）六月に詔が下って属郡とすることを認められたのである。そして翌年（九二七）二月に高季興は得た三州の刺史を朝廷が任命することなく、自分でその子弟を充てたいと請うたが、朝廷が許すことは無かった。

朝廷の論理としては、蜀を降して得た三州を荊南の属州とすることには異論は無いものの、その刺史任命権については朝廷側に所属するというものであった。これは前稿で明らかにした道制の原則に沿うものである[30]。

結局高季興は朝廷の対応に腹を立て、中原の都に運ぶ蜀の財貨を全て横奪してしまい、その結果として中原から官

爵を奪われ、また後唐の派遣した軍に敗れて、手にした三州も失うこととなった。

また別の事例を見てみよう。先に見た後唐の前蜀討伐の後、その西川には孟知祥が節度使として就任する。その孟知祥はやがて後蜀を建国するが、その前段階として西川属州の刺史任命権を朝廷に認めさせていた。まず天成四年（九二九）正月に、

西川孟知祥奏すらく、支属の刺史は乞うらくは臣の本道にて自署せんことをと[31]。

と属州刺史任命権の要求を朝廷に突きつけた。これに応じて長興三年（九三二）冬十月己酉朔に、

再び供奉官李（存）瓌を遣わせて西川に使いせしむ、……知祥奏する所の西川部内の文武将吏、権に墨制を行ないて除補し訖らば奏するを許されんことを乞い、詔して之れを許す[32]。

とその要求を認めている。『資治通鑑』巻二七八、後唐明宗長興三年十月己酉朔の条では、

帝復た李存瓌を遣わし成都に如かしめ、凡そ剣南の節度使・刺史より以下の官は、知祥差署し訖わらば奏聞するを聴し、朝廷は更めて人を除せず[33]。

とし、孟知祥の人事任命権は節度使・刺史以下の官吏に及んでいた。

これらの事実は以下のことを示している。まず当時前蜀を滅ぼし、直轄支配下に入った西川の節度使となった孟知祥はその属州刺史任命権を有しておらず、朝廷からの許諾を必要としていた。つまり、詔が無ければ節度使・刺史の任命権を持ち得なかった。そして孟知祥は東川董璋を滅ぼし、東川節度を加えて両川を手中に収めるや、属州刺史任命権（及び節度使任命権）を得て、翌九三三年には蜀王に封ぜられ、その次年に後蜀を建国したのであった。つまり、節度使・刺史にまで及ぶ人事任命権は、本来的には朝廷に帰していたが、孟知祥の要請に従って与えられたものであった。しかし付与すれば「中国」から独立して建国する危険性をはらんでいた。むしろ、「中国」から脱して独自政権を認め得るものであった。ゆえに朝廷は節度使の属州刺史任命権付与に慎重にならざるを得ず、荊南＝南平王に与え

られることは無かったのである[34]。

以上の国王と平王の権限の相違についてまとめてみよう。呉越国は、呉越「国王」に封ぜられ、中央行政府を持ち、「国」内における属州刺史任命権を持っていた。他方、南平王は中央行政府を持たず、管轄領域内の州刺史任命権をも持たなかった。それはやはり、「荊南＝南平王」はあくまで「中国」領域内であり、中原政権の直接実効支配の波及する地域、道制の敷かれる地域であったため、「中国」内の州刺史任命は直接中央が下すものであり、呉越国と同等の権限を持ち得なかったのである。

第三章　五代の「中国」

五代に先立つ唐代においても「平王」号は見られる。しかしその平王号が四限揃って出現することはなく、また恒常性もない。その初例として、『旧唐書』巻九、玄宗紀下、天宝九年（七五〇）五月に、

乙卯、安祿山東平郡王に進封す。節度使の王に封ぜらるるは、此れより始まるなり[35]。

とあって安祿山がその端緒であった。そして東平郡王安祿山を皮切りに節度使封王が始まる。以下、西平郡王に隴右節度使哥舒翰[36]、淮西節度使李忠臣[37]、鳳翔隴右道節度使李晟[38]が封ぜられ、南平郡王に剣南東川節度使高崇文[39]、淮西節度使李希烈[40]が、北平郡王に河東節度使馬燧[41]が封ぜられていった。ただ唐代においては「～平郡王」であり、史料上「郡」が落ちて「～平王」と記されることも多かった[42]。なお「郡王」号自体、「郡」が落とされることがよく見られる。とにかく、唐代後期において四つの「～平郡王」が揃うという「平王」号の萌芽形態が見られるが、まだ五代におけるような「中国」四方の際限に置かれるといった特徴は見せていなかった。「西平郡王」が隴右また淮西に、「南平郡王」が剣南東川また淮西に封ぜられるが如くである。しかしながら唐の最末期ともなると、その名も「平郡王」から「平

王」に変化していった。東平王の朱全忠（宣武淮南等節度使[43]）、西平王の王建（西川節度使[44]）及び杜洪（武昌軍節度使[45]）、南平王の張匡凝（忠義軍節度使[46]）である[47]。

そして五代において四限が揃って出現し、その設置箇所も「中国」の際限という特徴を持つに至るのである。しかしながら五代における平王号の特徴を今ひとつ以下に挙げておきたい。それは、平王に封ぜられた節度使が叛旗を翻す事例が多いという点である。南平王高氏が中原王朝の支配から度々脱したことは先に見たとおりである。また、後梁朝の南平王劉隠は結果として皇帝を偽称し、東平王の楊光遠、北平王の趙徳鈞は契丹に内附した。また、西平王の李従曮・李彝興にしても同様に半独立政権であった。彼らは政治的には、中原王朝の実効支配からややもすれば切り離れ、自立政権を摸索していた。つまり「中国」の直接支配から離脱しようとしていた地域・勢力であったのである。よって五代の中原政権はその支配領域の際限から崩壊の危機にさらされていた。そして「中国」の際限ということは特に東・北・西方において夷狄などと接触する地域であり、辺境支配の上で政治的重要性を持っていたことは言うまでもない。それらの地に「平王」号を与えることは何を意味するのだろうか。

五代平王配置図

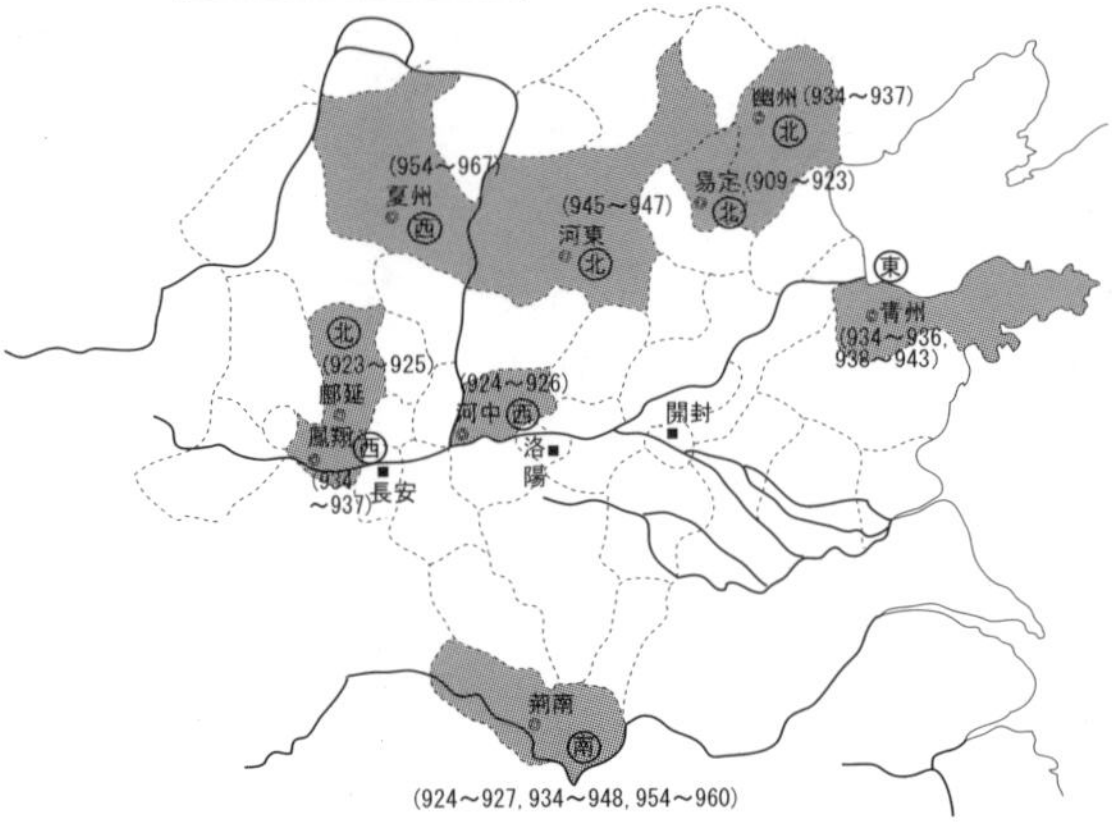

政治的には「中国」から切り離れてしまう可能性を持つ藩道に対する「平王」封爵は、如上の議論を受けるならば、やはり中原政権にとってあくまでもそこは「中国」であることの理念的政治表明であり、その実効的支配領域に対する地理的画定を与えるものであったのではあるまいか。中原王朝の論理としては、「平王」によって理念的に囲ま

れる地域こそが「中国」であり、道制に基づく直接実効支配の及ぶ領域であった。つまり五代期においては、「天下」が四分五裂し、直接実効支配領域の際限の藩道などが分離していく中で、直接実効支配領域としての「中国」の政治表明として「平王」を設置していたのであり、「北平王」「南平王」「東平王」「西平王」がそれぞれ「中国」のボーダーとして、「中国」内外を空間的に分別する装置として観念されたであろう。こうして見れば「中国」を理念的に画定する「平王」号とは、「天下」の分裂と統一のせめぎ合いの中から生まれた中原政権発信の国境設定装置であったと言い得る。

また西北辺の平王設置の遊動性は当地における軍事的緊張の結果より生じており、設置地域が当時における軍事的最前線であり、平王が国防の一端を担っていたことを示している。一方で、東南辺での平王設置は逆に不動性を持っていた。先述のとおり東南辺は江南諸国などからの進奉貢献・商業流通の出入路にあたっており、当地の経済的財政的重要度が窺い知れる。東平王・南平王の立地する山東半島・荊南地方が「中国」と政治的・経済的に不可分の関係にあったが故に[48]、その平王は常に固定されるよう目指され、属州刺史任命権が付与されず中原政権に帰属されることを通じて「中国」に組み込まれていたのであり、その結果として五代の諸王朝は不安定ながらも屋台骨を維持することに成功したのである。

やがて北宋代に入ると平王は変形したものとなる。北宋朝では燕雲十六州を切除して天下は統一されほぼ「天下」と「中国」が合一したが、「平王」号は西平王李氏（のちの西夏）[49]と南平王李氏（交趾）[50]とに与えられ残存することとなった。これら設置された地域は、政治的には「中国」に封爵されながら独立自治を行なう「中国」外の他民族勢力である。このことから、五代の「平王」が「中国」において内在的であったのに対し、北宋朝の「平王」は「中国」より外在化していたことが分かる。この変化の解明は別の課題として残るものの、宋朝国家構造の一特徴として注目されてよいだろう[51]。

今見てきたように、「平王」号というのは、五代という天下と「中国」の相違する時期において、「中国」を理念的に画定する上で出現した国家的秩序装置であり、「中国」から切り離れてしまう際限の藩道に対して地理的限定を加えることによって、政治的支配空間を創出するものであった。そして「天下」が一統され、「中国」と等合する道程の中で、五代「平王」号はその歴史的役割を終えてゆくのであった。

結びにかえて

「平王」とは「中国」を領域画定する爵号であって、南平王はその南限に設置された。確かに代々高氏が南平王を世襲し、宋が自ら滅ぼしてその子孫を後々まで優遇する[52]、その点を見据えるならば、荊南＝南平王は他の諸国と同列に映じ、「十国」として数え得るかもしれない。

しかし五代期における爵号の性格及びそれに付随する政治的要因、また道制の特徴を斟酌するならば、荊南＝南平王を他の諸国と同列にするわけにはいかないであろう。そしてその両者の相異点は「平王」を際限とする「中国」と「諸国」とを截別し、またそれら「中国」と「諸国」とが「天下」を構成する要素ともなっていたことも諒解される[53]。

降って、こうした五代天下秩序も欧陽脩の時代には受け入れられないものであった。そして後代になって彼の歴史観に従い荊南は「十国」に数え上げられることになる。言うまでもないが、十国とは呉・南唐・前蜀・後蜀・呉越・閩・楚・南漢・北漢（東漢）・南平（荊南）のことである。『旧五代史』では「十国」の語は見えず、それに相当する国々や人物は別に世襲や僭偽に立伝されている。その伝中には十国に含まれない者もおり、十国が規定されていない[54]。やはり十国を述べる嚆矢として『五代史記』を挙げるべきだろう。『五代史記』の成立が皇祐五年（一〇五三）であるので、五代が終わって百年ほど経て後に「十国」を規定したことになる。

ところで、五代十国という時代を総括的に記述する同時代的史料として『九国志』『十国紀年』がある。『九国志』[55]は北宋路振の撰で、現存するのは十二巻のみである。『九国志』は当初荊南を除く九国の事跡を記す四十九巻の書物であったが、その後路振の孫である路倫が荊南の事跡を二巻増して、治平元年（一〇六四）六月辛酉に『九国志』五十一巻を仁宗に奉った[56]。ところがまた別系統として、路振の四十九巻本に張唐英が北楚（荊南）の事跡二巻を足したものがあり、それが現在に伝わったものである[57]。『十国紀年』[58]は残念ながら現存しない。『十国紀年』については『資治通鑑』の編纂にかかわった劉恕の著作のほかは詳しく分からず、『資治通鑑考異』等にその引用を見るくらいである。

このことより、五代十国を「九国」から「十国」に捉えようとするのは、五代が収束し宋王朝が立って百年あまりのちの仁宗朝より始まることが諒解される[59]。それ以前には五代の諸国に「荊南」を含まず「九国」として認識されていたものが、仁宗朝の欧陽脩、及び路倫あるいは張唐英が「荊南」を加えて「十国」として認識するにいたったのである。つまり、「十国」という呼称はその時代が終わって百年ほど経ってから使用され始めており、いわゆる五代十国の当時において「十国」と理解されていたわけではない。五代の当時、荊南はあくまで「中国」であり、「十国」に数え入れることのできるような江南諸国とは理念的にも実体的にも相違していたのである。

よって「十国」という整数的概念、そして「五代十国」という歴史認識が宋王朝の正統性（自ら征伐した荊南を含めた諸国を「十国」に規定）に基づく欧陽脩の歴史観（あるいはその時代の史観）を通して生み出された見解であることは明らかである。こうして、宋人がつくり上げた、五代を乱離と位置付け、統一を果たした宋を偉大とし、自らが討伐した諸国を「十国」に数え上げた「五代十国」史観が依然として我われの五代史をみる眼を決定付けていたことを確認し、その相対化の必要性が実感されるのである[60]。

註

（1）『五代史記』巻七一、十国世家年譜、
問者曰、四夷・十国、皆非中国之有也、四夷之封爵朝貢則書、而十国之不書何也。（欧陽脩）曰、以中国而視夷狄、夷狄之可也。以五代之君而視十国、夷狄之則未可也。故十国之封爵朝貢、不如夷狄、則無以書之。……是以外而不書、見其自絶於中国焉爾。

（2）『五代史記』の巻六〇、職方考、
梁初、天下別為十一国、南有呉・浙・荊・湖・閩・漢、西有岐・蜀、北有燕・晋、而朱氏所有七十八州以為梁。……合一百二十三州以為唐。……合一百一十八州以為周。宋興因之。此中国之大略也。……其餘外属者、彊弱相并、不常其得失。至於周末、閩已先亡、而在者七国。

（3）渡辺信一郎「「天下」のイデオロギー構造」（『中国古代の王権と天下秩序――日中比較史の視点から』校倉書房、二〇〇三年）

（4）李方「試論唐朝的〝中国〟与〝天下〟」（『中国辺疆史地研究』二〇〇七年二月）

（5）拙稿「呉越国王と「真王」概念――五代十国の中華秩序――」（『歴史学研究』七五二、二〇〇一年八月）、「五代における「中国」と諸国の関係――国書、進奉・貢献・上供――」（『大阪市立大学東洋史論叢』十二、二〇〇二年三月）。また五代における天下秩序については、拙稿「五代の天下　書評：渡辺信一郎『中国古代の王権と天下秩序――日中比較史の視点から』」（『東洋史論叢』十四、二〇〇五年三月）を参照。

（6）五代中原王朝における実体的地域支配構造については、拙稿「五代の道制――後唐朝を中心に――」（『東洋学報』八五―四、二〇〇四年三月）を参照。

（7）金成奎『宋代の西北問題と異民族政策』（汲古書院、二〇〇〇年）

（8）古松崇志「契丹・宋間の澶淵体制における国境」（『史林』九〇―一、二〇〇七年一月）

（9）唐代における爵制の研究として仁井田陞「唐代の封爵及び食封制」（『東方学報』東京、一〇―一、一九三九年）、今堀誠二「唐代封爵制」（『中国史の位相』勁草書房、一九九五年）、松島才次郎「唐の封爵について」（『信州大学教育学部紀要』二〇、

一九六八年十月）。また異民族に対する封爵に関しては金子修一「唐代冊封制一斑――周辺諸民族における「王」号と「国王」号――」、同「唐代の異民族における郡王号について――契丹・奚を中心にして――」、同「唐朝より見た渤海の名分的位置附けについて」。以上金子氏論文は『隋唐の国際秩序と東アジア』（名著刊行会、二〇〇一年）に収録。中国においては楊光輝『漢唐封爵制度』（学苑出版社、一九九九年）。この著書は「封爵制度」を中国古代社会において比較的重要な典章制度であり、その確立・完備、重大な変化の過程は秦漢から隋唐にいたる一千余年にあったとする認識に立ち、主には魏晋南北朝の封爵事例を取り上げている。ゆえに残念ながら五代に関する記述はない。

(10) 前掲金子氏論文によれば、唐代において夷狄に用いられる爵号の序列は、王―国王―郡王であったが、五代に入り国王―王―郡王に逆転すると捉え、唐末五代の変動として注目すべき事実であるとする。

(11) 池田温「唐代の望姓表――九・十世紀の敦煌写本を中心として――（上・下）」（『東洋学報』四二―三・四、一九五九年十二月・一九六〇年三月）

(12) ただ呉越国王の場合、他の一字国王とは異なりより上位の位階であると認識されていた。四部叢刊本『呉越備史』巻三、天福三年十月に附す呉越国王玉冊文に「……羽翼大朝、藩籬東夏、宜列諸侯之上、特隆一字之封、……」とある。諸侯の上に列して、一字の封爵よりたかくするのがよいと規定された呉越国王は、一字国王・一字王の最上階に位置されていた。前掲拙稿「呉越国王と「真王」概念――五代十国の中華秩序――」を参照。

(13) 二字王の事例を見ると、その名の由来が県名なのか郡名なのか判断がつきにくいが、州を単位とする節度使に対して封ぜられることから郡名であろう。

(14) 南海王の場合、表からも分かるように南平王からの進爵であり、先に掲げた序列と唯一異なっている。四限の平王制度の確立期が後唐朝にあり、他の諸王朝と違った後梁朝の平王設置の仕方を鑑みると、後梁朝における独特の現象と考えられる。後註（21）も参照。

(15) 臨清は貝州所属の県名であり、他の郡名とは異なる。しかし魏州と貝州は近隣関係にある。

(16) 渤海王と淮陽王は二字王の特例と考えられる。渤海王の場合、本文中で見た二字王の性格を持たず、渤海郡王からの進爵で渤海王となることから、郡王的性格を持つ、つまり封ぜられる人物に因る王号と考えたい。また淮陽王は封ぜられた符彦

卿の出身州である陳州の古郡名から来ており、設置州ではなく人物に因った封爵である。

(17) 拙稿「五代の道制――後唐朝を中心に――」。

(18) 『旧五代史』巻一三二、李茂貞伝、

及聞荘宗入洛、(李茂貞) 懼不自安、方上表称臣、尋遣其子継曮来朝。詔茂貞仍旧官、進封秦王、所賜詔勅不名。……同光二年夏四月薨、年六十九。

(19) 『資治通鑑』巻二八七、後漢高祖天福十二年八月条、

初、荊南介居湖南・嶺南・福建之間 (胡注、此語専為三道入貢過荊南発)、地狭兵弱、自武信王季興時、諸道入貢過其境者、多掠奪其貨幣。及諸道移書詰譲、或加以兵、不得已復帰之、曾不為愧。

(20) 日野開三郎「五代閩国の対中原朝貢と貿易」、同「五代呉越国の対中原朝貢と海上貿易」(以上、『日野開三郎東洋史学論集』十、三一書房、一九八四年)、同「五代時代における契丹と中国との海上貿易」(『日野開三郎東洋史学論集』十六、三一書房、一九九〇年)、また拙稿「呉越国の首都杭州――双面の都市変貌」(『アジア遊学』七〇、二〇〇四年十二月)。

(21) 後梁朝は他の四代王朝とは違い、南平王を広州に設置していた。これは、後梁朝にとって「中国」は広州までであることの表明であり、事実、後梁朝最末年になるまで天下の内に「国王」を封じることはなかった。つまり後梁朝にとっては依然として「天下」＝「中国」の政治理念が貫かれていた。そして後唐朝より荊南に南平王が設置され「中国」が画定されるや、「中国」外の天下に諸「国王」が置かれるようになる。

(22) 『資治通鑑』巻二七二、後唐荘宗同光元年二月条、

梁主遣兵部侍郎崔協等冊命呉越王 (銭) 鏐為呉越国王。丁卯、鏐始建国、儀衛名称如天子之制、謂所居曰宮殿、府署曰朝廷、教令下統内曰制勅、将吏皆称臣、惟不改元、表疏称呉越国而不言軍。……置百官、有丞相・侍郎・郎中・員外郎・客省等使 (考異曰、十国紀年、鏐功臣・諸子領節制、皆署而後請命)。

(23) 『五代会要』巻十一、功臣に、

後唐同光三年八月、内詔冊呉越王銭鏐、其印宜以呉越国王之印為文、仍令所司以金鋳造、示異礼也。

とあり、建国に応じて呉越国王印も新たに鋳造されるに至った。

（24）渡辺道夫「呉越国の支配構造」（『史観』七六、一九六七年十月）、佐竹靖彦「杭州八都から呉越王朝へ」（『唐宋変革の地域的研究』同朋舎、一九九〇年）。

（25）初代国王銭鏐の死後、二代目銭元（伝）瓘はその遺言を守り、国家体制を節度使体制に戻した。『資治通鑑』巻二七七、後唐明宗長興三年二月条に、

掌教令。

（銭）伝瓘襲位、更名元瓘、……以遺命去国儀、用藩鎮法。

しかし同じく『資治通鑑』巻二八一、後晉高祖天福二年四月条に、

呉越王元瓘復建国、如同光故事。丙申、赦境内、立其子弘僔為世子。以曹仲達・沈崧・皮光業為丞相、鎮海節度判官林鼎

とあって、五年後再び建国を果たしている。

（26）楚国の場合は『資治通鑑』巻二七六、後唐明宗、天成二年八月条、

冊礼使至長沙、楚王殷始建国、立宮殿、置百官、皆如天子、或微更其名。翰林学士曰文苑学士、知制誥曰知辞制、枢密院曰左右機要司、群下称之曰殿下、令曰教。以姚彦章為左丞相、許徳勲為右丞相、李鐸為司徒、崔穎為司空、拓跋恒為僕射、張彦瑤・張迎判機要司。然管内官属皆称摂、惟朗桂節度使先除後請命。

とある。楚国中央政府の建設の様が窺えるが、管内の官属はすべて「摂」を称したというから仮に叙任し、正式任命を中原王朝に仰いでいたようであるが、朗州・桂州節度使は自ら除していた。

閩国の場合、国王に封ぜられる時既に閩国内では皇帝を称していたから、管内刺史を自除していたことは言うまでもない。

（27）『三楚新録』巻三、

及梁祖禅代、正拝江陵尹兼管内節度観察処置等使。

（28）『資治通鑑』巻二七五、後唐明宗天成二年二月条、

高季興既得三州、請朝廷不除刺史、自以子弟為之、不許。

（29）『資治通鑑』巻二七五、後唐明宗天成元年六月条、

高季興表求夔・忠・萬三州為属郡、詔許之。……『考異』曰、……『十国紀年』荊南史、天成元年二月、王表請夔・忠・

萬三州及雲安監隷本道、荘宗許之。詔命未下、荘宗遇弑。六月、王表求三州、明宗許之。……『明宗実録』、天成元年六月甲寅、高季興奏、去冬先朝詔命攻峡内属郡、尋有施州官吏知臣上峡、率先帰投。忠・萬・夔州旦夕期於収復、被郭崇韜専将文字約臣回帰、方欲陳論、便値更変。

(30) 五代の道制においては、道内の属州は道の統制下にあり各州の政治行為は道の長官である観察使の認可を必要とするが、州刺史を始めとする属州の上級官吏は中央行政府の任命であった。拙稿「五代の道制――後唐朝を中心に――」を参照。

(31) 『旧五代史』巻四〇、後唐明宗紀第六、天成四年正月、
西川孟知祥奏、支属刺史乞臣本道自署。

(32) 『旧五代史』巻四三、後唐明宗紀第九、長興三年冬十月己酉朔、
再遣供奉官李（存）瓌使西川、……知祥所奏西川部内文武将吏、乞許権行墨制除補訖奏、詔許之。

(33) 『資治通鑑』巻二七八、後唐明宗長興三年十月己酉朔条、
帝復遣李存瓌如成都、凡剣南自節度使・刺史以下官、聴知祥差署訖奏聞、朝廷更不除人。

(34) 後に西平王の置かれる夏州について『冊府元亀』巻一七八、帝王部、姑息三に、
（長興四年）八月、夏州自署李彝殷為綏州刺史、乞正授、従之。

とあって、蜀の孟知祥の場合と同じように夏州節度使では刺史の自署が行なわれていたように見えるが、しかし孟知祥が朝廷の許諾を必要としたのと異なり、その許諾のもとに刺史任命が行なわれていたわけではなかった。李彝超やのち李彝殷が三軍に推されて留後となり節度使に就いたことからして、朝廷の権力が夏州域に浸透していたとは言いがたいものがあり、「最も辺遠に居り、久しく乱離に属し、夷狄の風に染まること多く、朝廷の命を識ること少なし」（『旧五代史』巻一三二、李彝超伝）と詔の文句にあるように中原朝廷自ら認めるところでもある。さらに父の李仁福は契丹と連結し、内侵を図っていたことなどからして、決して朝廷に対し従順ではなく半ば独立化していた。それでもなお中原政権は夏州節度使を「平王」に封じたという、西北辺支配の「あいまいさ」がうかがえる。

(35) 『旧唐書』巻九、玄宗紀下、天宝九年五月、
乙卯、安祿山進封東平郡王。節度使封王、自此始也。

(36)『旧唐書』巻九、玄宗紀下、天宝十二年九月己亥朔、
隴右節度使・涼国公哥舒翰進封西平郡王、食実封五百戸。

なお、西平郡王は唐初、吐谷渾に対して封ぜられていた。他に北平郡王も突厥・契丹に対して用いられている。西平郡王が中国内地に置かれたのはこの時より始まる。

(37)『旧唐書』巻十一、代宗紀、大暦十一年十二月庚戌、
加淮西節度・検校右僕射・安州刺史・西平郡王李忠臣検校司空・同中書門下平章事、仍兼汴州刺史。

(38)『旧唐書』巻十二、徳宗紀上、興元元年八月癸卯、
加司徒・中書令・合川郡王李晟兼鳳翔尹、充鳳翔隴右節度等使、涇原四鎮北庭行営兵馬副元帥、改封西平郡王。

(39)『旧唐書』巻十四、憲宗紀上、元和元年九月丙寅、
以剣南東川節度使・検校兵部尚書・梓州刺史・封渤海郡王高崇文検校司空、兼成都尹・御史大夫、充剣南西川節度副大使・知節度事・管内度支営田観察使・処置統押近界諸蛮及西山八国兼雲南安撫等使、仍改封南平郡王、食邑三千戸。

(40)『旧唐書』巻一四五、李希烈伝、
建中元年、又加検校礼部尚書。会山南東道節度梁崇義拒捍朝命、迫脅使臣、二年六月、詔諸軍節度率兵討之、加希烈南平郡王、兼漢北都知諸兵馬招撫処置使。

(41)『旧唐書』巻十二、徳宗紀上、興元元年八月癸卯、
河東保寧軍節度使・太原尹・北都留守・検校司徒・平章事・北平郡王馬燧為奉誠軍晉絳慈隰節度行営兵馬副元帥。

(42)例えば北平郡王馬燧の場合、先に引いた『旧唐書』本紀の後に「北平王馬燧」としたり、列伝より引いた南平郡王李希烈が本紀では「南平王」とつくっている。

(43)『旧唐書』巻二十上、昭宗紀上、龍紀元年四月壬戌朔、
以宣武淮南等節度副大使・知節度事・管内営田観察処置等使・開府儀同三司・検校太傅・兼侍中・揚州大都督府長史・汴州刺史・充蔡州四面行営都統・上柱国・沛郡王・食邑四千戸朱全忠為検校太尉・中書令、進封東平王、仍賜賞軍銭十万貫。

(44)『資治通鑑』巻二六四、昭宗天復三年八月庚辰、

加西川節度使西平王王建守司徒、進爵蜀王。

(45)『旧唐書』巻二十上、昭宗紀上、天祐元年七月己卯、

制武昌軍節度・鄂岳蘄黄等州観察処置兼三司水陸発運淮南西面行営招討等使・開府儀同三司・検校大師・中書令・西平王・食邑三千戸杜洪加食邑一千戸、実封二百戸。

(46)同上、光化三年七月乙卯、

又以忠義軍節度・山南東道管内観察処置三司水陸発運等使・開府儀同三司・検校太尉・中書令・兼襄州刺史・上柱国・南平王・食邑三千戸張匡凝可検校太師・兼中書令、加実封一百戸。

(47)平郡王・平王が出現するのは本文に挙げたのみだが、その時期に注目すれば、安祿山封東平郡王から始まる「天下」＝「中国」が揺らぎ始めた時期と、朱全忠封東平王という決定的に「天下」＝「中国」が崩れた時期であることが分かる。つまり、「天下」＝「中国」の図式が危ぶまれた頃に「平（郡）王」が出現し、五代期にその完成形を見ることが諒解される。

(48)荊南高氏の論理としては、中原王朝による平王封爵が勢力存続のための一つの方策であったことも事実である。確かに、度々中原王朝から叛したが、その結末にもたらされたものは、荊南の経済的困窮であった。『資治通鑑』巻二八八、後漢高祖乾祐元年六月条に、

高従誨既与漢絶、北方商旅不至、境内貧乏、乃遣使上表謝罪、乞脩職貢。詔遣使慰撫之。

とし、荊南にとって中原との政治的断絶は、北来商人などの経済的不通状態を引き起こすものであった。また、同巻二八七、後漢高祖天福十二年八月条に、

初、荊南介居湖南・嶺南・福建之間（胡注、此語専為三道入貢過荊南発）、地狭兵弱、自武信王季興時、諸道入貢過其境者、多掠奪其貨幣。及諸道移書詰譲、或加以兵、不得已復帰之、曾不為愧。

とあり、荊南が中原入貢の際の通過地であり、その財貨を横奪することも多かったが、これは荊南が中原と政治的に結びついているからこそ可能なのであった。荊南にとって中原に対する政治的従属は地域経済上、不可避であったのである。

(49)『宋史』巻四八五・四八六、夏国伝。

(50)同右、巻四八八、交阯伝。

（51）北宋朝の国家秩序を明らかにする論文が近日増えつつある（前掲古松氏等）。西夏や交阯に対する「平王」号封爵や契丹・高麗との関係を含めた北宋朝国家の特質を全体的に捉える必要があろう。
（52）例えば『宋史』巻七、真宗紀二、大中祥符元年十月癸丑条、
両浙銭氏・泉州陳氏近親、蜀孟氏・湖南馬氏・荊南高氏・広南河東劉氏子孫未食禄者、聴敘用。
（53）拙稿「五代における「中国」と諸国の関係――国書、進奉・貢献・上供――」。
（54）ただ贅言するまでもなく、『旧五代史』は完本が存在せず、現在目にするものは永楽大典などからの復原本である。ゆえに確実に『旧五代史』に「十国」の語がなかったとは言い切れないものの、『五代史記』に見られるように、明らかに「十国」世家を立ててはいなかったことは注目される。
（55）『直斎書録解題』巻五に、
九国志五十一巻。左正言知制誥祁陽路振子発撰。九国者、謂呉・唐・二蜀・東南漢・閩・楚・呉越。各為世家列伝、凡四十九巻。末二巻為北楚、書高季興事、張唐英所補撰也。
とある。また王應麟『玉海』巻四七に、
治平十国志。真宗時、知制誥路振采五代僭偽呉・唐・前蜀・後蜀・南漢・北漢・閩・楚・呉越九国君臣行事、撰九国志、為世家列伝四十九巻。其孫倫又増高氏為十国志、治平元年六月辛酉、倫上之。詔付史館。張唐英補為北楚書二巻、合五十一巻。
と述べる。さらに守山閣叢書本『九国志』に付す周夢棠（邵晉函が『九国志』を『永楽大典』から撰出したものを編纂した人物。現在われわれが目にする『九国志』を編む）の按語によれば、
蓋綸雖経増輯、而当時所伝播者、則唐英補撰也。書仍路氏之旧、故不改旧名。其書向無刊本。
とする。
（56）『続資治通鑑長編』巻二〇二、治平元年六月条に、
駕部郎中路倫献其父振所撰九国志五十巻、詔以付史館。振在真宗時知制誥、所謂九国者、呉楊行密・南唐李昇・閩王潮・漢劉崇・南漢劉隠・楚馬殷・西楚高季興・呉越銭鏐・蜀王建孟知祥也。

とあって、前蜀・後蜀を合わせて一つとし、計「九国」としている。

(57)　李紹平「路振与《九国志》」(『史学史研究』一九八四年第三期)も参照。なお、李氏も路振『九国志』に南平は含まれていなかったとする。

(58)　『直斎書録解題』巻五には、

劉恕撰。十国者、即前九国之外、益以荊南、張唐英所謂北楚也。

とあり、『郡斎読書後志』巻一には、

十国紀年四十二巻。右皇朝劉恕道源撰。……所謂十国者、一王蜀、二孟蜀、三呉、四唐、五呉越、六閩、七楚、八南漢、九荊南、十北漢。

と解題している。

(59)　ただし石田肇氏は、『九国志』も路振は執筆当初から「十国」を著述する意図があったとする。「新五代史の体例について」(『東方学』五四、一九七七年七月)、同「新五代史撰述の経緯」(『東洋文化』四一・四二合併号、一九七六年三月)を参照。

(60)　本稿で見たような仁宗朝下の欧陽脩の「五代十国」規定に始まり、神宗朝下の司馬光『資治通鑑』にある程度完成すると思われる宋代独特の史観は論及の価値がある。吉川幸次郎氏は、『資治通鑑』の生まれる背景に、「過去の人間の生活を批判する態度を、従前よりも多くもったことにある」と考える(「宋人の歴史意識――「資治通鑑」の意義――」『吉川幸次郎全集』十三、筑摩書房、一九六九年)。また小島毅氏によれば、宋代の歴史意識の分水嶺は仁宗朝慶暦年間にあり、これより宋朝は唐朝を越え、堯舜に準えるものであるとの心性の転換があったとする(「宋代人の歴史意識――朱子学勃興の背景――」、小島毅編『多分野交流演習論文集　東洋的人文学を架橋する』東京大学大学院人文社会系研究科多分野交流プロジェクト、二〇〇一年七月)。副題からも分かるとおり、小島氏の主眼は朱子学勃興の契機として慶暦年間を挙げている。仁宗朝より神宗朝に至る期間における、欧陽脩『五代史記』、司馬光『資治通鑑』など私撰史書の成立、及び『崇文総目』など官蔵書目の整理(『続資治通鑑長編』巻一三四、仁宗慶暦元年十二月己丑条「翰林学士王堯臣等上新修崇文総目六十巻。景祐初、以三館・秘閣所蔵書、其間亦有謬濫及不完者、命官定其存廃、因倣開元四部録為総目、至是上之。所蔵書凡三万六百六十九巻、然或相重、亦有可取而誤棄不録者」)といった、公私にわたる歴史書編纂事業を当時の歴史観と合わせて分析を加える必要がある。

「五徳終始」説の終結
——兼ねて宋代以降における伝統的政治文化の変遷を論じる——

劉 浦江
（訳 小林隆道）

秦漢から宋遼金までの時代、五徳終始説は一貫して歴代王朝がその政権合法性を説明する基本理論の枠組みであり、「故に秦 五勝を推し、水徳を以て自ら名づくる自り、漢由り以来、国有れば未だ始め此の説に由らざるなし[1]」と言われる如くであった。しかし、宋金以後は、千年余り踏襲された五運説はついに儒家政治文化の主流から追い出されて消滅へと向う。この変化は一体どのように生じたのか。

この問題に対し劉復生教授が既に先鞭をつけている[2]。だが、五運説の終結は決して一つの独立した現象ではなく、その現象を、宋代以降における中国の伝統的な政治文化が引き起こした、それほど注目を引くことはないが深く考えさせられる重要な変革という一連の背景の下に置いて詳しく見ると、この難解に見える問題に対してより整合的な解

釈ができる。また同時に、これを通して宋元明清時代における思想史の大きな潮流を把握できるだろう。

一　宋儒の五運説に対する消解

五徳終始説が世に広まっていた宋代以前の時代に、それに対して何か疑問を発した人はほぼいない[3]。宋儒の五運説に対する反動は欧陽脩に始まる。北宋中期における儒学の復興という時代思潮の影響の下、欧陽脩により提起された正統の弁により五徳転移という政治学説はかつてなかったほどの衝撃に遭遇する。欧陽脩が若い頃に著した「原正統論」は五運説を「不経の説」「昧者の論」とし、その晩年に改訂した「正統論」中には五運に対して正面からの批判を次のように展開している。

自古王者之興、必有盛徳以受天命、或其功沢被于生民、或累世積漸而成王業、豈偏名於一徳哉。……曰五行之運有休王、一以彼衰、一以此勝、此暦官術家之事。而謂帝王之興必乗五運者、繆妄之説也[4]。

劉復生教授は「欧陽脩の〈正統論〉は、五徳転移という政治学説の終結を理論上宣告した[5]」と指摘する。そこで、我々が問題にしなければならないのは、欧陽脩は一体どのように学理上から五徳終始説を消し去ったのか、ということである。

「正統論」は饒宗頤氏によって「古今一大文字」と称され[6]、その正統理論上における一大創造は「絶統」の説である。「正統論」下篇には、

凡為正統之論者、皆欲相承而不絶。至其断而不属、則猥以仮人而続之、是以其論曲而不通也。夫居天下之正、合天下於一、斯正統矣。

とある。もしこの正統の標準に符合しなければ、正統王朝とはみなされず、これは「正統　時有りて絶す」ることに

なる。但し、正統が断絶することへの認定に対して、欧陽脩が前後で述べている言い方には異なる点がある。若い頃に著した「正統論」七篇はただ西晉が滅んだ後から隋の統一の前までを絶統に列べているが、晩年に重訂した「正統論」では、三国・五代をも絶統の列に入れている。

絶統説は五徳転移という政治学説がよりどころとした基礎を根本から揺るがした。鄒衍の五運説は宇宙体系の信仰の上に構築され、その基本理念は五行代替、相承不絶にある。後に劉歆が創立した閏位の説も、徳運の断層を埋めるために考えられたものに過ぎない。宋太宗太平興国九年（九八四年）、布衣趙垂慶は唐統を直接承けて金徳とすべきだと建言したが、朝廷百官が提起した反対理由は、「五運代遷し、皆な親しく承受し、質文相い次ぎ、間髪を容れず。豈に数姓の上を越え、百年の運を継ぐ可けんや[7]」というものであった。また、明人は五運説の手落ちを指摘して、「世常には治まらざるも而れども運停機する無し。……五行の運、一息して若し継がざれば、則ち天道壊れん[8]」と述べている。故に五運説を支持する者は、かりに天下大乱の分裂時期においてさえも正統を探し出し徳運を伝承させなければならなかった。欧陽脩の絶統説はまさにこの意義の上で徹底的に五徳終始説の理論体系を否定している。

宋代における正統の弁が史学史上に有する意義に関して、先人が既に多くの研究を残している[9]。私の見たところ、その討論の最大の収穫は、王朝の交替を「奉天承運」という政治神話から「居天下之正」という政治倫理問題にはじめて変えたことにあり、これは宋代史学観念の大きな進歩である。伝統的な五運説は数術の方法で政権の正当性を推定し、「天道に依り以て人事の断ず可からざる者を断ず[10]」というものであり、主に徳運の連続性を損なわないよう注意を払うために、道徳方面から「統」の正と不正の問題を考慮するものは少ない。宋儒の正統の弁と前代のものを比較すると大きな違いがあり、それは、大一統の政治前提は別として、道徳による賛同を特に強調していることである。

欧陽脩と同時代の名僧契嵩は彼の天命観を以下のように述べている。

『泰誓』曰、「天視自我民視、天聴自我民聴」。此所以明天命也。異乎後世則推図讖符瑞、謂得其命也。謂五行相

勝、謂得其徳也。五勝則幾乎厭勝也、符瑞則幾乎神奇也……(11)

契嵩の天命正統観には明らかに強烈な道徳的な訴求が表れており、且つその批判の矛先を直接五徳終始説へと向けている。

この種の価値観がもたらした巨大な衝撃が、五運説がついに消滅へと向う上で重要な要素となったことは間違いない。しかし、宋儒が尊重した道徳的な問題を趣旨とする正統観念が知らず知らずのうちに人びとの心に与えた影響は、明清時代に至ってようやく明確に見て取れる。五運説の全盛時期には、政治家は天下を得るに「正」を以てすることを強調した（この「正」は手段の正当を指すのではなく、来歴の正統を指し示している）。すなわち政権の合法的な由来を重視し、故に「或は前代の血胤を以て正と為し、或は前代の旧都所在を以て正と為し、或は後代の承くる所の者・自ら出す所の者を以て正と為(12)」した。歴代の徳運の争いは、ほとんどが政権の継承関係にあり、正統は主に政権の来歴によって決まった。

宋代の正統の弁の道徳的洗礼を経た後、明清時代の政治家が強調するのは天下を得るに「道」を以てしたことであり、すなわち政権を獲得した手段が正当か否かを重視し、この政権がある正統的な王朝から直接由来するものかどうかはあまり意に介していない。朱元璋は皇帝を称し建国した後、彼の天下が元朝の手中から取ったものでなく、群雄の手から得たものであることを常に強調している。彼はかつて朝廷の臣僚に対して、「（元末）盗賊蜂起し、群雄角逐し、州郡を窃据す。朕　已を得ず、起兵し自全を図らんと欲し、兵力の日に盛んなるに及び、乃ち東征西討し、渠魁を削除し、疆域を開拓す。是の時に当り、天下は已に元氏の有つに非ず。……朕　天下を群雄の手より取り、元氏の手に在らず(13)」と話をしたことがある。清朝の統治者も彼らの天下が明朝から取ったものであるとは全く承認しておらず、乾隆帝は「我が朝　明の為に復仇討賊し、中原に定鼎し、海宇を合一し、古自り天下を得ること最も正為り(14)」と公言している。明らかに、このような正統観と「五運代遷し、皆な親しく承受し、質文相い次ぎ、間　髪を容れず」

の論法とは全く相容れないものであり、これがまさに宋代以後の道徳教化の結果である。

欧陽脩の後、五運説への質疑は宋儒の文章中にますます多く見られるようになる。彼らの主な論拠は、五運の説は六経に見えず、すなわち陰陽家による根拠のない談であり、その本質について言えば、讖緯と同類のものと言え、全く信奉するに値しない、というものである。[15] この種の論調は欧陽脩の見解と基本的に一致する。

宋儒の正統の弁は、欧陽脩よりその端を発し、朱子によって集成された。欧陽脩に比べると、朱熹の正統観念は後世に対しての影響が更に深い。朱子が正統を論じる際には所謂「無統」の説があり、『資治通鑑綱目凡例』には以下のようにある。

凡正統、謂周・秦・漢・晉・隋・唐。……無統、謂周秦之間・秦漢之間・漢晉之間・晉隋之間・隋唐之間・五代。[16]

一般には、『通鑑綱目』は朱子門人の趙師淵により書となされ、『凡例』は朱子の手によるものであり、故に正統・無統の区別は完全に朱熹本人の意見を表しているとされている。言うまでもないが、朱子の無統説は欧陽脩の絶統説と一脈相承のものであり、清人の何焯は「正統 時有りて絶す、欧公千古特出の見なり。而して朱子の謂う所の三国・南北・五代は皆な無統の時、実に之に因るなり、……而して之を欧公の論ずる所と較べれば則ち尤も密なり」と言う。[17] 朱熹の正統論に道徳批判が満ちていたことは、『春秋』の筆法で著名である『通鑑綱目』を一見すれば知ることができる。[18] この書は後世の人に「『春秋』後の第一書」と尊奉され、明の翰林院編修謝鐸は「是の書は『春秋』を師法し、実に経世の大典にして、帝王の亀鑑なり」と述べている。[19] このことから、それが史学著作にとどまらず、政治倫理の教科書であったことが分かる。朱子『通鑑綱目』の主張する正統観念は基本的に元明清三代における正統の弁の主導権を握ったと言え、[20] 故に清儒は「朱子の『綱目』出でて、而る後に古今の正統を議する者は定まる」と言う。[21]

欧陽脩の絶統説であるか朱熹の無統説であるかにかかわらず、それらは五徳終始の基本理念と相い衝突するものである。但し非常に意味深長であることに、朱熹本人は決して五運説に反対していなかった。彼の学生沈僴がかつて彼

に向かって「五行相生相勝の説、歴代国を建つに皆な之を廃せず、此の理有るや否や」と教えを請うた。朱熹の回答は「須く也た此の理有るべし、只だ是れ他の前代推して得るは都な理会する沒し」というものであった。[22] また、彼の別の弟子である金去偽が彼に五運説に対する見解を問うた際には、朱子は「万物五行を離れ得ず、五運の説も亦た理有り。三代已前の事に於て、経書の載せざる所の者甚だ多し」と回答している。金氏が更に「五運の説、知らず相生か相克かを取る」と問うと、朱子は「相生を取る」と答えている。[23] 注目するに値するのは、これは朱熹個人だけの傾向ではなく、事実上、宋代理学家は一般的に五運説に対し賛同と理解の態度を示していることである。程頤の見解を見てみよう。

五徳之運、却有這道理。凡事皆有此五般、自小至大、不可勝数。一日言之、便自有一日陰陽。一時言之、便自有一時陰陽。一歳言之、便自有一歳陰陽。一紀言之、便自有一紀陰陽。気運不息、如王者一代、又是一箇大陰陽也。唐是土徳、便少河患。本朝火徳、便多水災。蓋亦有此理、只是須於這上有道理。[24]

南宋における他の理学大儒である真徳秀も「五徳の論は理有り、天地の間一物として此の五無き者無し」と述べている。[25]

以上の様々な見解は、人々を困惑させるに違いない。中でも朱熹『通鑑綱目』の主張する無統説、及び彼の一貫した理想主義的な道徳批判の立場を考慮すると特にそうである。私が思うに、この疑問は宋代理学家の宇宙体系から解釈すべきである。周敦頤『太極図説』は以下のように言う。

無極而太極。太極動而生陽、動極而静、静而生陰、静極復動。一動一静、互為其根。分陰分陽、両儀立焉。陽変陰合而生水・火・木・金・土。五気順布、四時行焉。[26]

周敦頤の宇宙生成論は、太極から陰陽へ、陰陽から五行へ、五行から万物へという模式である。宋代理学家は「二五之精」「二五之気」とよく言うが、二五とは即ち陰陽五行のことであり、宇宙の本原である。故に「二気五行、万物

を化生す[27]」と言う。朱熹は『太極図説』の宇宙体系に対し「天地生物、五行独り先す。……天地の間、何の事にして五行に非ざらんや。五行陰陽、七者滾合し、便ち是れ生物の材料なり[28]」と解釈をしている。周敦頤の言う太極は、二程、朱子によって理或は天理と称されるが、「二気五行、万物を化生す」の宇宙生成模式は決して何か違いが有るわけではない。我々がもし正統観の角度からではなく宇宙論の角度から宋代理学家の五運説に対する肯定的態度を理解すれば、先に挙がった疑問は氷解する。実際は、朱熹等の人はただ哲学思弁のレベルで五運説の合理性を承認しているだけで、歴史価値判断を下す時には、当然彼には彼の道徳準則と判断規準がある。

これにより、我々はまた次のような疑問を解くことができる。宋代理学家の五運説に対する支持がありながらも、なぜ五運説が遂に消え去ってしまう命運を少しも変えることができなかったのだろうか。その理由は、伝統的な五徳終始説は王朝の正統を審判する理論的基礎として存在したが、宋代儒学の復興という衝撃を経て、宋儒により道徳批判の新規則に取って代えられ（理論上五運説を支持する程朱一派でさえ例外ではなかった）、ここにおいて五運説はその存在価値を失ったからである。

しかし、宋代において五運説の「終結」を語るのは、やはりまだ早すぎると見なさざるを得ない。実際上、宋儒の五運説に対する質疑と批判は、ただ少数の思想先行者だけの先知先覚であった。宋遼金時代において、五徳転移という伝統的な観念はなおも強固に世俗社会に根ざしており、未だ儒家政治文化の主流から脱せず、政治舞台から社会意識形態のレベルまで、随所にその影響を見ることができる。

まず、宋遼金時代の政治家たちは依然として本朝の徳運問題を討論することに熱心であり続け、且つそれを政権合法性を解釈する最も重要な根拠とした。宋太祖が即位し大赦の詔を出したが、開宗明義の冒頭の言葉は「五運推移し、上帝　焉に於て睠命す。三霊改卜は、王者の膺図する所以なり[29]」である。しかも、太祖即位の当年において、直ぐに徳運問題を討論し始め、有司は「国家　禅を周より受け、周は木徳、木は火を生み、合に火徳を以て王たるべし、其

の色は赤を尚ぶ、仍ち請うらくは戌日を以て臘と為さんことを[30]」と上言している。ここにおいて、趙宋王朝は火徳をもって自任した。靖康二年（一一二七年）、高宗が南宋政権を重建すると、「初め年号を議すに、黄潜善 定めて炎興と為[31]」したが、最終的には建炎と確定した。「炎興」「建炎」とも火徳中興の意味である。高宗は即位改元し詔して「朕惟うに火徳中微するも、天命未だ改まらず、……靖康二年五月一日を以て改めて建炎元年と為す[32]」と述べている。また、臨安城が破られ南宋が滅亡した後、益王は福州において帝を称し、年号を改め「景炎」としたが、これもやはり火徳を寓意したものである。宋朝だけに限らず、相い次いで宋と対峙した遼、金王朝も、五徳終始説を踏襲し正統を標榜する理論的根拠とした。この問題については、私は既に専門論文で研究しており、冗長に語るに及ばないだろう[33]。

たとえ宋代士大夫階層であっても、五運説を信仰する者はやはり多く存在した。欧陽脩の同時代人を例として挙げると、欧陽脩とともに宋代古文運動を主導した尹洙は、正統問題に話が及んだ際に、「天地に常位有り、運暦に常数有り、社稷に常主有り、民人に常奉有り。故に夫れ王者は、位は天地に配し、数は運暦に協う[34]」と議論を発している。また、かつて欧陽脩とともに『唐書』を編修した張方平は、「南北正閏論」で「夫れ帝王の作るや、必ず膺籙受図し、改正易号し、制度を定め以て一統を大とし、暦数を推し以て五運を叙ぶるは、天の休命に応じ、民と更始する所以なり[35]」と述べている。このような伝統的な政治文化観念に類似する考えは当時の士大夫階層中になおも十分普及していた。米芾に書画印があり、その印文は「火宋米芾」とあるが、彼は題識を書き「正人端士、名字は皆な正しく、紀する所の歳時に至るも、亦た正しからざる莫し。前に〈水宋〉有り、故に〈火宋〉を以て之を別す[36]」と説明を加えたという。この故事は実に宋人の脳裏に深く根ざした徳運観念を反映している。

宋代典籍中にはっきりと見ることができるのだが、五運説はこの時代の知識体系中において相当重要な位置を占めていた。真宗朝に編纂された『冊府元亀』は最初の歴史学百科全書であるが、それは五徳終始政治学説による歴史体系の集大成と称するに足るものであり、基本的には北宋前期における知識界の主流であった史学観念を表している[37]。

『通志』「芸文略」は史部編年下に「運暦」の小類を特別に設けており、また『図譜略』には「紀運類」が設けられており、みな五運説の著作を収録するのを主としている。両者を通計すると著録されている図書は六十九種で、作者の多くは唐宋時代の人である。これは五徳推移説が当時において非常に流行した一種の社会思潮であったことを表す。また、宋庠の『紀年通譜』は宋代に広く知られた史学工具書である。早くに伝世されなくなってしまったが、宋人の言によれば、その書は「正閏を区別[38]」し「五徳を以て相承[39]」したと言うから、その内容は自ずと想像し得る。元祐年間、諸葛深が著した『紹運図』は、「伏羲自り皇朝神廟迄で、五徳の伝及び紀事は皆な篇に著[40]」され、「其の書 頗る世俗に行わる[41]」と言われており、よく売れた民間の通俗的な読み物であったらしい。また寧宗時に東宮を任じた給事中の婁機は、とくに太子のために『歴代帝王総要』と名付けた歴史知識読本を編纂した。この書は「唐虞自り始め、以て光宗皇帝に至り、……五徳の相生、世系の聯属、提綱撮要せざるは靡[42]」かった。

以後五運説の衰微により、これらの観念が時代遅れのものとされた著作はみな後世に伝わることはなかった。しかし我々は、南宋末年に王応麟が編纂した蒙学工具書である『小学紺珠』及び陳元靚が編纂した類書『事林広記』の中に歴代王朝の徳運を常識と見なして紹介している状況を今日見て取ることができる[43]。

つまり、宋代の儒学復興により五徳終始説の弔鐘が既に鳴らされていたが、南宋末年に至るまで、この種の伝統的政治文化は依然としてそれが長期に蓄積してきたエネルギーと慣性により軽視できない社会影響を発揮し続けた。王朝変遷を解釈する理論体系としての五運説が政治舞台から最終的に姿を消すのは、元朝以後のことである。

二　伝統的政治文化の変遷～宋代の考察に基礎を置いて

五運説が宋代に直面した危機は決して一つの孤立した案件ではなく、中国の伝統的な政治文化と共にする境遇だっ

た。秦漢以来、皇権の合法性と権威性を確立する手段は主に四つあり、一つ目は符讖、二つ目は徳運、三つ目は封禅、四つ目は伝国璽である。[44]顧頡剛氏は古代中国人の目に映った政治のからくりに対しユーモアのある適切な比喩を用いている。「この時代の人々は皇帝は上帝の官吏であると見なし、符は上帝が彼に与えた除書であり、封禅は彼が就任する時に発する奏書であり、五徳と三統の改制は就任後の見栄である。[45]」更に一句、伝国璽は上帝が彼に授けた官印と牌符である、と付け足してもかまわないだろう。注意に値するのは、これら伝統的な政治文化が宋代以後みな五徳終始説とほぼ同じような変化を経て、同じ変遷の軌跡に従ったことであり、そこに宋元明清時代の思想史の基本的潮流を見出すことができる。

（1）宋学の讖緯に対する止揚

一種の政治神学としての讖緯は前漢中晩期に形成され、それは五運説と深い根元的な関係を持っている。乾隆帝は「五運終始は、讖緯の祖とする所[46]」と考え、劉師培氏と陳槃氏は讖緯は鄒衍一派の陰陽家の手より直接出来たと主張している。[47]清人が編纂した七経緯から見れば、讖緯文献中に確かに多く五徳転移の内容がある。例えば、『尚書』緯中の「帝命験」・「運期授」に「明五行相代之期、易姓而興之理」とあり、また『礼緯』「斗威儀」はもっぱら帝王五徳終始の運、及び五行五声と政教相配の説を述べ、『春秋元命苞』は五行更王・帝王迭興の事を言う。[48]両者の政治機能にどのような違いがあるかと問うならば、讖緯は応急の政治神話で、五運説は王朝の正統を樹立することを目的とした政治学説と言える。それらはみな五行更代の道理を言うが、前者の重点は革命に理があることであり、後者の重点は政権の合法性である。

王莽簒奪より以後、讖緯は政治野心家が国を盗み取り権力を奪い取り、王朝を変える一種の常套手段となった。故に曹魏以下の歴代王朝は均しく民間の図讖の私蔵を禁じ、中でも隋煬帝の禁令は最も厳重であった。唐朝は明文をもっ

て図讖を禁止したが、五経緯と『論語讖』は「禁限に在らず[49]」であった。故に孔穎達の修した『五経正義』、李善の注した『文選』、顔師古の注した『漢書』、章懐太子の注した『後漢書』、及び『芸文類聚』・『初学記』・『稽瑞』等の類書は、みな緯書の内容を大量に引用している。

経学と緯学の徹底的な分化は宋代における儒学の復興以後のことである。欧陽脩「論刪去九経正義中讖緯箚子」はそのことを表す文献として考えられている。

至唐太宗時、始詔名儒撰定九経之疏、号為正義。……然其所載既博、所択不精、多引讖緯之書以相雑乱、怪奇詭僻、所謂非聖之書、異乎「正義」之名也。臣欲乞特詔名儒学官、悉取九経之疏、刪去讖緯之文、使学者不為怪異之言惑乱、然後経義純一、無所駁雑[50]。

この建議は当時実行にうつされなかったが、宋儒が讖緯を排斥する決別態度をはっきりと表明したものである。哲宗元祐元年（一〇八六年）、太常博士顔復が歴朝の祀典を討論した時にも同じような主張をし、「伏して乞うらくは詔を礼官に降し、経を攷え正を為し、凡そ讖緯及び諸儒の曲学を干ぎ、前古汚朝の苟制、諸子の疑礼、道士の醮祈、術家の厭勝は、一切刪去し、然る後に大小群祀は皆な聖人の制に合せんことを[51]」と述べている。また、孝宗朝の時、礼部侍郎劉章が『三朝国史』中の「符瑞志」を刪去することを建議しており[52]、当然これは讖緯とはっきりと境界を区分するためである。そして、魏了翁『九経要義』に至り、はじめて讖緯の説を刪去し尽くし、これより讖緯文献はほぼ跡を絶ち、緯学は最終的に絶学となる[53]。元末明初の王禕は讖緯の消滅過程に対し総括をしている。

隋末遣使捜天下書籍、与讖緯相渉者悉焚之、唐以来其学遂熄矣。然考之唐志、猶存九部八十四巻、而孔穎達作九経正義、往往援引緯書之説、宋欧陽公嘗欲刪而去之以絶偽妄、使学者不為其所乱惑、然後経義純一。其言不果行。迨鶴山魏氏作『九経要義』、始加黜削、而其言絶焉[54]。

徐興無氏は、讖緯文献が一時羽振りをきかせるも鳴りをひそめ姿を消してしまう、その主な原因は歴代王朝による

禁止や破壊ではなく、経学自身による止揚であるとしている。[55] 宋儒が讖緯に対する排斥に苦心した状況から見ると、この結論は要点をついていると言える。ただし、私は讖緯の消滅にはもう一つ重要な歴史背景があると考える。それは即ち中古時期の知識体系の変化と関係がある。秦漢時代の知識体系中、天文暦法・算学・地学・物候学（生物気候学）・農学等といった古代の科学技術はみな数術の名の下に入れられ、[56] 数術は科学技術・神学迷信・宗教を集め一体とし、故に『史記』には「天官書」・「暦書」があり、「亀策列伝」・「日者列伝」もある。唐宋以降、中国人の知識体系には重大な変化が発生し、科学と迷信は徐々に二つに分かれ、ここに天文暦法・算学・地学・農学等が数術の中から分化し、医学・薬学及び植物学・動物学・鉱物学・化学等が方技の中から分化して出てきた。この後、数術の地位は日に日に低下し、民間と術士の中だけで伝わり、迷信の掃き溜めと見なされた。[57] 故に欧陽脩『新五代史』は『漢書』以来諸史が踏襲してきた「五行志」を廃し、「司天考」をそれに代え、ただ天文現象を記すのみで世間の出来事と無理に相い比べることをしなかった。鄭樵『通志』も「五行略」・「符瑞略」を立てず「災祥略」を立てている。宋儒の讖緯に対する止揚、経学と緯学の分化、これらは知識が分化する時代背景の下に儒学が覚醒した結果である。

（2）封禅の末路

封禅はもとは戦国後期の斉国の方士が創制した一種の原始宗教の性質を有した祭祀典礼であり、秦漢大統一帝国形成以後、それは受命改制と一緒となり、「一種の革命受命の学説」[58] となった。次に挙げる応劭の見解は漢人の封禅に対する理解を代表すると言ってよいだろう。

王者受命易姓、改制応天、功成封禅、以告天地。[59]

また、唐代の張説は封禅の政治象徴の意義に対して更に詳細な解釈を加え、「封禅の義に三有り。一、位　五行図籙の序に当る。二、時　四海昇平の運に会す。三、徳　欽明文思の美を具かにす」[60] と言う。私の理解に基づけば、封禅典礼

は実際上は新興王朝が「奉天承運」する一種の文化表象である。

秦から宋までの千余年間、秦始皇帝・漢武帝・漢光武帝・唐高宗・武則天、唐玄宗・宋真宗等七名の帝王が封禅の大典を挙行しているが[61]、歴代における封禅の企画立案に至っては、様々な原因により遂行できずに終わったものが多くある[62]。本来ならば封禅は新興王朝が革命受命する学説であり、そうであれば当然開国の皇帝が挙行するべきであるが、何故そうではない場合が多いのだろうか。『白虎通義』「封禅」は「始め受命の時、制を改め天に応ず。天下太平となり、功成れば封禅し、以て太平を告ぐ」とはっきりと述べている。張説の見解によれば、封禅の前提として易姓し王となる他に「四海升平」という内容もある。言い換えれば、一つの新王朝が建立されるに当り、新しい政治秩序が形成されるに及んで、即ち天下が安定した後に封禅の基本条件が揃うのである。漢武帝・唐高宗・宋真宗の封禅は均しくこのように理解できる。そして、武則天は革命を以て封禅し、唐玄宗は復位を以て封禅しているが、それらはみな「易姓受命」・「功成封禅」の本義に背いていない。

宋真宗の天書封禅運動は歴史上最後の封禅盛典である。宋人が直接真宗の封禅に対して批評意見をするものは少ないが、北宋中期からの儒学復興運動の興起以後、儒家士大夫は前代に盛世の大典と見なされた封禅という政治文化の意義を根本から消そうと企図した。范祖禹は、唐代の封禅を評議した際に「(封禅は) 実に秦自り始め、古に有る無し。且つ三代は封禅せずして王たり、秦は封禅して亡ぶも、人主は三代に法らずして秦に法り、以て太平の盛事と為すは、亦た已に謬る。……終唐の世、惟だ柳宗元のみ封禅を以て非と為し、韓愈の賢を以てしても、猶お憲宗に勧めしは、則ち其の余は怪とするに足る無し[63]」と述べている。宋儒の封禅に対する批判において、主な論拠は「封禅の文は経典に著されず」であり、葉適は「封禅は最も拠無し。……秦 始めて封禅するに至り、而して漢武 之に因り、皆な方士の説を用い、虚り黄帝を引きて神仙変詐を推し、是を以て淫祀瀆天するなり[64]」と直言する。更に胡寅は以下のように封禅と漢唐以来の讖緯の流行を一緒に結びつけている。

漢唐以来、緯書行而経学弛、重以鄭玄博聞寡要、不知折衷於聖人、而惟緯書之信。世無達理大儒稽古正言以祛群惑、遂使有天下者於無事時肆其侈心、千乗万騎、巡狩費侈、登山琢石、夸大功徳、或有秘祝以祈不死、取笑当代、貽譏後来。(65)

これらの批判には宋代儒学が覚醒していることが現れており、宋儒の五運説に対する非難と、讖緯に対する排斥とは同様の意味を有していた。

宋儒の封禅に対する批判はこの盛世の大典という神聖性を徹底して払いのけ、遂に後世の人は封禅が新興王朝による「奉天承運」の象徴意義を有しているとは信じないようになり、ここにおいて封禅は絶体絶命の状態に陥った。明清時代、時に臣僚が封禅を建言することがあっても、毎回拒絶された。永楽十七年（一四一九年）、礼部郎中周訥が封禅を建議したが、「上曰く、封禅は古に非ざるなり。帝王の後に聞こゆる有る者は、其の徳に在り封禅に在らず、と。許さず。……是に於て言者沮まれて封禅卒に行われず(66)」という始末であった。康熙二十三年（一六八四年）、翰林院編修曹禾が、三藩及び台湾を平定したのを以て封禅を建議したところ、翰林学士張玉書等の反対に遭う。その理由は「封禅の説は経典に著されず」であり、この事が再び言い出されることはなくなった(67)。

乾隆帝は泰山の神廟のために撰した碑文の中で、前代帝王の封禅の挙に対して、

彼登封告成、刻石紀号、金泥玉検、往牒所誇、矯誣侈大之事、繄寡昧所不敢知。(68)

と、すこぶる軽蔑した態度を示している。乾隆五十五年（一七九〇年）二月、乾隆帝は泰山へと赴いたが、それは封禅のためではなく、「岳に登り馨を薦め、民の為に福を祈る」ためであり、「漢・唐・宋の升中の誣の如きに非ざれば、即ち刻璽も亦た封禅の用に供するに非ざらんや(69)」としている。これは明清時代の政治家はすでに宋儒の封禅に対する価値判断に完全に賛同していたことを意味する。

（3）伝国璽の没落

伝統的な政治文化の中で、秦の伝国璽は正統王朝の象徴的符号として見なされた。秦始皇帝が和氏璧（一説には藍田玉）で伝国璽を造り、その印文の八字は「受命於天、既寿永昌」であったと史書は載せる。ここにおいて、「秦自り以後、相伝して以て受命の璽と為る。其の璽を得るや、遂に伝えて以て真に受命有るの符と為す。是の璽無ければ、乃ち之を目して〈白板天子〉と為すに至[70]」り、また「天下の人、遂に帝王の統は道に在らず璽に在ると以為い、璽の得失を以て天命の絶続と為し、或は之を以て紀年し、或は之を仮りて建号す[71]」という状況となった。歴代の正統の争いでは、伝国璽が往々にして焦点となるが、徳運は抽象的な考えであるため、それは一種の物的証拠で証明することを必要としたのである。

この種の政治文化伝統は宋代まで続く。哲宗紹聖五年（一〇九八年）、咸陽の民段義が得た玉璽を朝廷に上すと、詔を出して翰林院・御史台・礼部・秘書省に集議させたが、みな「是れ漢以前の伝国の宝」とし、そこで哲宗は「日を択び祗受」し、また改元して元符とした[72]。しかし、多くの宋代士人は決してこの神話を信じず、李心伝・趙彦衛等の人々はみな本物の秦璽は既に漢末董卓の乱に毀されてしまったと考えていた[73]。明人の批評は更に鋭く、「是れ又た天書の故智を作さんや。天書あり年を号して祥符と為し、秦璽あり年を号して元符を為す。既に其の乃考神宗の法を紹述し、又た其の乃高考真宗の符を紹述す、亦た異ならざらんや[74]」としている。

宋代政治家はまだこれらの伝統的な政治のからくりをもてあそんでいたが、その時代の知識エリートは既に伝国璽の政治迷信から脱していた。劉恕はかつて司馬光に彼の見地を次のように正直に述べている。

正統之論興於漢儒、推五行相生・指璽紱相伝以為正統、是神器大宝、必当扼喉而奪之、則乱臣賊子、釈然得行其志矣[75]。

劉恕による伝国璽に対する否定は徹底しており、彼は秦璽が信じられないものであることを非難しているのではなく、

秦璽の価値を全く承認せず、秦璽を神聖化するような正統観念に賛同しないのであった。胡寅も「秦をして善とするや、而るに璽は本とする所無く、固より当に法るべからず。秦をして不善とするや、而して璽美しきと雖も、撃して之を破るは宜を為し、又た何ぞ伝えるに足らんや」[76]と述べている。宋儒は伝国璽に対して徹底的に否定し、それが再び人々により政治文化符号と見なされないようにし、それによって伝国璽の没落へと向う運命が決定した。

しかし、元代にも秦璽と関わる政治事件が発生している。至元三十一年（一二九四年）世祖フビライの死後、宗室諸王は上都に集まり、新しい君主を立てることを議論した。当時主な皇位争奪者はチンキムの長男晉王カマラと三男テムルであり、兄弟二人の勢力が均衡していたことにより、三ヶ月経ってもなお皇位継承人を確定することができなかった。ちょうどその重要な時期に、御史中丞崔彧はムカリの子孫の家から得たという伝国璽をテムルの生母皇太妃に献じ、テムルは最終的に重臣バヤンとユステムルの支持の下に皇位を継承し、成宗となった[77]。

この事は秦璽を取り上げて問題にしているが、前代の状況とは異なっており、特例と見るべきである。実際、元朝は伝国璽を重用視しておらず、郝経は「近世金亡びて秦璽を獲るも、以て亡国不祥の物と為し、委て之を置き、以て宝と為さず」[78]と述べており、その証拠となる。崔彧が秦璽を献上したのは、明らかに臨時応急の挙であり、当時の翰林学士承旨董文用の話は相当露骨で、

斯璽也、自秦迄今千六百余載、中間顕晦、固為不常。今者方皇太孫嗣服之際、弗先弗後、適当其時而出、此最可重者[79]。

としており、この秦璽がどのように扱われたのかが分かる。この事はせいぜい当時伝国璽が一般の観念においてなお一定の影響をもっていたというのに過ぎない。

明清時代に至ると、時に「秦璽」が再度出現する情報があるものの、もはや人々は本物と信じることはなく、にせものを本物とすることもなかった。これは伝国璽が既に政治効力を有していなかったことを物語っている。弘治十三

年（一五〇〇年）、陝西鄠県の民である毛志学が玉璽を泥水のみぎわより得ると、「陝西巡撫熊翀 秦璽復た出づるを以為い、人を遣り之を献ず。礼部尚書傅瀚言えらく、窃かに惟うに璽の用は、文書を識す・詐偽を防ぐを以てし、宝玩と為すを以てするに非ざるなり。秦始皇 藍田玉を得て以て璽と為す自り、漢以後伝えて之を用う。是れ自り巧争力取し、此を得れば乃ち以て受命に足ると謂いて、受命は徳を以てし璽を以てせざるを知らず。故に之を求め得ざれば、則ち偽造し以て人を欺く。之を得れば、則ち君臣色喜し、以て天下に誇示す。是れ皆な貽笑すること千載なり。……、帝 其の言に従い、却て用いず[80]」となった。また、天啓四年（一六二四年）、「臨漳の民 耕地漳浜にて、玉璽を得たが、その印文は秦璽と同じであり、河南巡撫程紹は朝廷に「秦璽 徴するに足らざること久し。今璽出で、適たま臣疆に在り、既に当に復た地下に埋めるべからず、又た合に人間に私秘すべからず。欲すらくは官を遣わし闕廷に恭進し、跡は貢媚に渉る。且つ至尊の宝とする所は、徳に在り璽に在らず。故に先に馳せ奏聞す、候命進止[81]」と奏聞した。この事についてその後日談は無く、大方うやむやのうちに終わったのであろう。

乾隆帝は『国朝伝宝記』をものしたが、これには明清時代の政治家の伝国璽に対する本当の意識が最もよく反映されている。

若論宝、無問非秦璽、即真秦璽亦何足貴。乾隆三年高斌督河時、奏進属員濬宝応河所得玉璽、古沢可愛、文与『輟耕録』載蔡仲平本頗合。朕謂此好事者仿刻所為、貯之別殿、視為玩好旧器而已。夫秦璽煨燼、古人論之詳矣、即使尚存、（嬴）政・（李）斯之物、何得与本朝伝宝同貯。……朕嘗論之、君人者在徳不在宝。宝雖重、一器耳。明等威・徴信守、与車旗章服何異。徳之不足、則山河之険・土宇之富、拱手而授之他人、未有徒恃此区区尺璧足以自固者[82]。

『輟耕録』巻二六は薛尚功『歴代鐘鼎彝器款識法帖』から伝世する秦璽印文の模写二種類を転載しており、一つは向巨源本、一つは蔡仲平本である。乾隆三年に得た「秦璽」は、蔡仲平本と同じであるが、乾隆帝により「好事家が

模刻したものである」と指摘されている。このような明清時代の政治家の伝国璽に対する批判が共通の価値観に基づいていることを我々は見ることができる。傅瀚は「受命は徳を以てし璽を以てせず」と揚言し、程紹は「至尊の宝とする所は、徳に在り璽に在らず」と言い、高宗は「君人は徳に在り宝に在らず」と言い、みな強烈な道徳的な訴求を表現しており、彼らが主張する価値観念と宋代士人のそれは一脈相承のものであった。伝国璽がなぜ宋代以後ますます軽視されるようになったかについても、これらのことから容易に説明できる。

五運説から讖緯・封禅・伝国璽に至るまで、それらは宋代以降における中国の伝統的な政治文化の変遷の軌跡を我々に明確に示している。上述した事実は、宋代がそれら全ての変化の源であり、宋代が新旧両時代の接合点上にあったことを明確に表している。

伝統的な政治文化の秩序は宋代においてもなお継続して存在している。両宋の政治家たちは「宋は火徳を以て王たる」の正統論を始終放棄せず、真宗は封禅大典を挙行し、哲宗は「秦璽」の発見により年号を改め、『宋史』「五行志」中には依然として多くの火徳と関係のある讖語を見出すことができる。

その一方で、宋代の知識エリートは伝統的な政治文化に対し徹底的な清算を進めており、学理上からそれらの価値を消し、思想上からそれらの影響を取り去った。欧陽脩たちの政治倫理観念は宋代においては理想主義的な前衛的なものであったが、元明清時代に至ると、普遍的な価値観に変わった。これは葛兆光氏の言う、唐宋時代の知識エリートの創造的思想が明代に至るとしだいに制度化、世俗化、常識化していく過程に類似する。[83] 宋代士人による解体と構築を通して、最終的には伝統的な政治文化が宋代以後に全面崩壊の立場に陥る結果を引き起こした。五徳終始説の時代は終わり、経学と緯学は徹底的に分けられ、封禅大典は再び挙行されず、伝国璽の神話も再び信じられることはなくなった。

宮崎市定氏は、十一世紀の北宋中葉に「東洋のルネッサンス」が起きたことを提起しているが、その主な表現は、

哲学上の儒学復興、文学上の古文運動、印刷術の普及、科学の発展、芸術の繁栄であり、「東洋のルネッサンス」が欧州のルネッサンスに対し軽視できない重要な影響を作ったことを証明することに努めている[84]。この説は発表後期待したほどの肯定的な反響を得られず、劉子健氏はこの「欧州の歴史を度量衡とする」東洋史観に対して批判的態度を表明している[85]。たしかに、欧州の歴史発展過程の思考モデルとの比較において、宋代中国で発生した変化を「ルネッサンス」とすることは、かならずしも妥当ではないかもしれない。

しかし、我々はそれでも宮崎氏の洞察力に敬服する。彼は我々に向って、中国中古社会の転換期について理解する際に十一世紀が特殊な意義を持つことを指摘しており、この時代に一体どのような尋常でない変化が起きたのかについて考えることを示唆している。上述の如く、中国の伝統的な政治文化の重大な変革が宋代に起き、もしその比較的明確な端緒を探し出すならば、ほとんどの手掛かりは十一世紀の北宋中葉を指し示しているだろう。欧陽脩による五運説への批判、宋学による讖緯に対する排斥、封禅の意義が質疑を受ける、伝国璽の価値が否定される、――これら一切はみな北宋中期に端を発している。

したがって、我々は理由をもって、十一世紀の北宋中葉に思想啓蒙運動が起こり、それは宋代儒学復興・理性発展の結果であると考えることができる[86]。宋代の立場に立って見ると、それは「運動」というのは無理があるかもしれないが、もし元明清から宋代を見れば、思想啓蒙運動の脈絡ははっきりと見いだせ、それは最終的には秦漢大統一帝国形成以来から継続する千余年の伝統的な政治文化秩序を転覆させたのだった。

宋代以降の中国歴史の基本潮流について、先人は既に認識していた。明人陳邦瞻「宋史紀事本末叙」には鋭い分析がある。

宇宙風気、其変之大者有三。鴻荒一変而為唐虞、以至於周、七国為極。再変而為漢、以至於唐、五季為極。宋其三変、而吾未睹其極也。……今国家之制、民間之俗、官司之所行、儒者之所守、有一不与宋近者乎[87]。

厳復にも類似する見方があり、「若し人心政俗の変を研究せば、則ち趙宋一代の歴史は最も宜く究心すべし。中国の今日現象を成す所以の者、善為るか悪為るかは、姑く具に論ぜざるも、而るに宋人の造る所と為るは就ち什の八九なるは、断言す可し[88]」と言う。彼らの見解に従えば、元代以降の中国歴史の基本的な様相は宋代によって決定されたもので、唐・宋は二つの時代に分かれて属し、宋元明清は一まとまりの歴史単位に属している。伝統的な政治文化の変遷から見て、この種の見方はまちがいなく見識がある。中国と外国の学界で唐宋変革についての論争は既に一世紀近く続いているが、これまでの討論で関心が払われてきた焦点は主に社会構造の変遷と経済関係の再編であった。しかし、政治倫理観念の変化に対する注意はあまり向けられておらず、本稿はこのために一つの新しい考えを提供し得るかもしれない。

三　五運説の余緒

五徳終始説の時代は南宋滅亡に従い終わったが、五運説の影響はなお長期にわたって存在し、時に甚だしきに至っては政治上にある種の作用を発揮した。モンゴル時期、しばしば漢人は徳運問題を建言したが、みな採用されなかった。最も早くこの問題を提起したのは郝経である。彼は「删注刑統賦序」の中で「国家今地　金より過ぎて、民物繁夥にして、龍飛び鳳舞い、殆ど四十年たり、正朔を改む・服色を易う・制度を修むるの事は、謙譲して未だ遑あらず。然りと雖も、必ず治むを致し、法を創り制を立てんと欲せば、其れ先務なり[89]」と述べている。この文はおよそ憲宗三年（一二五三年）に作られており、当時モンゴルは未だ正式に中国王朝的な制度を用いていなかったが、郝経は既に徳運の確定を当面の急務と見なしていた。世祖フビライが即位した後、翰林修撰を任じていた王惲は正式に上疏し本朝の徳運を討論することを建言した。

蓋聞自古有天下之君、莫不応天革命、推論五運、以明肇造之始。……拠亡金泰和初徳運已定、臘名服色因之一新。今国家奄有区夏六十余載、而徳運之事未嘗議及、其於大一統之道似為闕然。……合無奏聞、令中書省与元老大臣及在廷儒者推論講究而詳定之。[90]

この建議はなんらの回答も得られなかった。モンゴル一代の漢化程度は高くなく、モンゴル統治者の漢学の知識では、恐らく王惲の言う「徳運」が一体何を意味するのか非常に理解し難かったのではないだろうか。[91]

成宗即位のはじめ、「南人洪幼学 封事を上り、妄りに五運を言い、笞して之を遣」[92]った。洪氏が何者かを考すべきものがないが、方回『桐江続集』巻一八に「送臨安洪行之幼学次鮮于伯幾韻」一首があり、洪幼学の字が行之であり臨安の人であったことだけが分かる。洪氏が鞭打たれた理由は、おそらく彼がモンゴル統治者に陰陽讖緯を妄言する術士とみなされたからであろう。元朝は讖緯を厳しく禁じており、至元十年（一二七三年）正月己未、「陰陽図讖等書」を禁じた。二十一年五月には、「天下の私蔵せる天文図讖を括り、……私習及び収匿有る者は之を罪す」ることになった。[93]漢学知識が浅かったモンゴル統治者は、おそらく五運説と讖緯とがどのような区別があるのか分からず、南人がその種の陰陽五行の見解を持ち出して本朝の歴史に付会することに対し自然と反感を抱き、故にこのような激烈な反応があったのだろう。また、元人劉壎の言によれば、「元貞新政、北士呉助教有り『定本十六策』を陳」べ、その中の一策には略して「漢は火を以てし、唐は土を以てし、此の徳運の重事、先儒 相生相勝の評有り」云々とあり、明らかに徳運問題を建言している。この呉助教なる者は他史料にその名が見えないが、「或は云えらく此の人 此の書を撰成するも、曾て投献せずして没す」とあるから、ほとんど何らの影響も無かっただろう。[94]

元の時代において、始終本朝の徳運問題が正式に討論されることは遂になかったが、明人は元朝水徳の説を持ち出し、何喬新「跋閩人余応詩」には次のようにある。

此詩叙元順帝為瀛国公之子、乃閩儒余応所作也。其詩有〝壬癸枯乾丙丁発〟之句、盖壬癸為水、丙丁為火、元以

水徳王而宋以火徳王也[95]。

元の順帝が実は南宋末代皇帝瀛国公（即ち宋の恭帝）の子であるという話が明人には広く普及しており、この詩中の「壬癸枯乾丙丁発」は、水徳が尽き火徳が興るの意である。また何喬新によれば、「故老相伝すらく、（元の）世祖の江南を取るの時、水竭火生の謡有り、蓋し元は水徳を以て王たり、宋は火徳を以て王たり、是れ則ち奇渥温氏に継いで起つ者、実は趙氏の遺胤なり[96]」とある。これより知ることができるのは、元朝水徳説は当時の民間に流行していた一種の見解であったはずであることである。この説はおそらく最初は南宋の遺民の口から出たものだろうが、それは民間に通行する五徳相勝説を前提としたものであり、ただ宋が火徳であるから安直に元は水徳であると推定したものに過ぎず、これは伝統的な五徳終始政治学説とは既に甚だ遠いものとなっている。

元朝が徳運を重んじなかったことの最も根本的な原因は、宋儒の思想啓蒙を経た後には、既に五徳説への敬虔な信仰が失われていたことにある。元代には宋遼金三史の纂修義例問題をめぐって正統の弁が展開され、主に修端を代表とする南北朝説、宰相脱脱の支持を得た「三国各与正統」説、王禕が提起した絶統説、及び大多数の漢族士人が主張した独尊宋統説があるが、それらあらゆる観点はみな五運説の理論的枠組み内で正統問題を討論したものではない。南北朝説と「三国各与正統」説によれば、天下に同時に一つに止まらない正統王朝があってよく、絶統説では正統は連続的なものでなくともよく、独尊宋統説もただ華夷正閏の角度から立論したに過ぎず、全く徳運の問題に関連していない。独尊宋統を主張して著名である楊維楨の「正統弁」は、その最後に「其の子午卯酉及び五運の王を推し以て正閏を分くる説の若きは、此れ日家小技の論にして、君子は取らず、吾れ以て論と為す無し[97]」と特に申明している。元朝はなぜ徳運を重んじなかったのか、これにより一つの明確な回答を得ることができよう。

元朝は五運説を取らなかったが、伝統的徳運観念は元末農民戦争中に一種の思想武器と見なされ十分に利用された。紅巾軍の反元闘争は、開始されると復宋の旗印を打ち出し、韓山童は自ら宋徽宗八世の孫であると称し、韓林児と徐

寿輝が建立した農民政権は、国号を均しく「大宋」とした(98)。復宋を旗印とする以上、宋は火徳であり、火徳は赤を尊ぶから、赤色は反元武装の最も鮮明な標識となった。劉福通は武装闘争を始めると、「紅巾を以て号と為」した(99)。朱元璋の描写に拠して言えば、紅巾軍が決起した当初、至る所が「巾衣は皆な絳にして、赤幟　野を蔽う」といった光景であった(100)。故に元末農民軍は紅軍と通称され、また紅巾軍と称された。劉辰『国初事跡』は明確に紅巾軍が赤を尊ぶことと火徳を一緒に結びつけ「太祖　火徳を以て王たり、色は赤を尚び、将士の戦袄・戦裙・壮帽・旗幟は皆な紅色を用う(101)」としている。劉辰が元末に朱元璋の幕僚であったことを考えると、彼の記載は信じるべきであろう。

しかし、紅巾軍の色尚問題に対しては別の解釈もある。呉晗氏は、韓山童・韓林児父子の「明王」の号、及び朱元璋の大明という国号は、均しく明教経典『大小明王出世経』から出たもので、これは宋元時代の明教（摩尼教）が以前より白蓮教と混同され、紅巾軍の尚赤もまた彼らが信奉する明教と関係があったためだと考えている(102)。この種の観点は今のところ誤りであることが証明されており、元代白蓮教と明教は互いに関係はなく、元末農民軍の領袖はみな白蓮教徒であり、「明王」の号及び大明という国号は均しく白蓮教徒が朗読していた『大阿弥陀経』から出たと楊訥氏は指摘している(103)。これは明教で紅巾軍の尚赤を解釈する説を取るべきではないことを表している。ましてや白蓮社と明尊教（即ち明教）は洪武三年に明文で禁止されているが(104)、その後も明朝は依然として尚赤のままであり、紅巾軍の色尚が宗教信仰とは確実に関係が無いことが分かる。

所謂「太祖以火徳王」は、一般にはただ朱元璋が反元闘争中に採用した一つの政治策略に過ぎず、その目的は復宋を号令とするもので、故に宋の火徳を継承すると揚言したと考えられている。しかし、朱元璋が明朝を建立した後には、火徳の説を堅持し続ける必要は無く、ここにおいて明朝一代は再び徳運を重視することはなく、五運説は最終的にその政治効能を喪失した(105)。

しかし、歴史は決してそのように単純ではない。一体明朝に徳運の説はあったのであろうか。このことについて今

まで深く立ち入り検討した人はいない。一種の支配性をもった正統理論としての五徳終始説の時代がすでに終わったことを我々は認めるが、しかし実に多くの史料が明朝の人はなお徳運を重んじ続けたことを表している。

明代前期、人々は一般には朱明王朝の運は火徳に当ると考え、官側史料から個人的著述に至るまで、この方面の記載が多くある。洪武三年（一三七〇年）、「詔すらく歴代の服色の尚ぶ所を考せ。礼部奏して言えらく、歴代 尚ぶを異にす。夏は黒を尚び、商は白を尚び、周は赤を尚び、秦は黒を尚び、漢は赤を尚び、唐は服飾は黄を尚び、旗幟は赤を尚び、宋も亦た赤を尚ぶ。今国家 元の後を承け、法を周・漢・唐・宋に取り以て治を為し、服色の尚ぶ所、赤を宜と為す、と。上 之に従う[106]」とある。もし、この史料に「火徳」の二字が表れてないというならば、更に明確な証拠を他に挙げることができる。明初に礼官が楽律を議論した際、周は木徳を以て天下に王となったが、木は金に克されるので、「故に『周官』旋宮の楽……未だ嘗て商に及ばざるは、其の剋する所を避くるのみ」、「宋の祫享の楽も亦た商を去るは、是れ商を去るは周人の制なるを知らざるのみ、周人の制を以て之を推せば、則ち宋は火徳を以て天下に王たり、其の剋する所を避くを論じ、当に羽音を去るべし、而るに太常 楽を用うるに詩羽を審らかにせずして詩商を審らかにするは、蓋し古人の旨を失うこと遠し。今国朝 火徳を以て天下に王たり、宋と同に其の剋する所を避ければ、則ち亦た当に羽を去るべし」と述べられている[107]。陰陽五行説によると、五行には五音が配され、土は宮音、金は商音、木は角音、火は徴音、水は羽音である。周は木徳であり、金は木を克するので、故に金徳に配された商音を避けるべきであった。また、宋は火徳であり、水は火を克するので、故に水徳に配された羽音を避けるべきであった。明朝も火徳であるから、羽音を避けるべきである、というのであった。

また、明初に「儒臣に命じて九奏侑食楽章を重製せし」めたが、その一つが『炎精開運』の曲である。それには「炎精開運、篤生聖皇」云々とあり[108]、「炎精」とは明らかに火徳を指している。洪武七年、太祖は北元の君主への手紙の中で、「今我が朝の炎運方に興る」と言明しているが、これも火徳を自任したものである[109]。他にも、当時の一般士

人の大部分が朱明火徳の説に賛同していた。洪武年間、殷奎が甘粛総兵のために代わって起草した賀聖節表には、「火徳を以て天下に王たり、交龍 受命の符を開す。聖人を生み中原に主たらしめ、夾馬は発祥の迹を紀す(110)」とある。正統の末、英宗北狩の際に「陰かに遣使し鎮守太監裴富に諭」し、裴富は卜者仝寅に吉凶を占うことを願うと、仝寅は「庚午中秋、車駕其れ還らんか。……七八年を計え当に必ず復辟すべし。午は、火徳の王なり」と述べた(111)。仝寅は午が「火徳の王」であると言い、これにより英宗が間もなく戻るであろうと推断しているが、これは明朝火徳という観念を反映している。

火徳説以外に、明朝中後期には土徳説も出現する。万暦年間、張養蒙が撰した「五徳之運考」には、「我が朝受命し、其の火徳を尚ぶを謂う有り、其の土徳を尚ぶを謂う有り、紛紛として定まる無し(112)」とある。私の推測によれば、土徳説はおよそ弘治以後に出現しただろう。羅玘「送益国長史胡君之国序」には次のようにある。

今天子建親藩、首興、次岐、又次亦以益鳴其国。封子建昌、於天文其次鶉尾。鶉尾、火位也。火、土母也。国家以土徳王、茲封也而冠以茲名也、得無意乎(113)。

羅玘は弘治の進士であり、官は南京吏部右侍郎に至り、正徳七年（一五一二年）に致仕している(114)。これは明朝土徳説に関する私が見た最も早い記載である。

それでは、明朝の人が標榜した徳運には一体何の意味があるのか。また、それは元朝以前の五運説とどのような本質的な違いがあるのか。実際上、明朝建国以後に徳運問題が正式に討論されたことはなく、所謂火徳も朱元璋の元末紅巾軍時代の通説を踏襲したに過ぎず、この種の見解と五徳転移の基本理念は完全に相容れない。五運説は五徳相生を重んじ、五行は代替するのであるから、どうして後代が前朝の徳運を踏襲する道理があるだろうか(115)。もしかしたらまさにこの原因のために、明朝中期以後にようやく土徳説が提起されたのかもしれず、おそらく朱明の土徳は趙宋の火徳を承け、元朝を閏位に入れることを主張したのだろう。

しかし、火徳・土徳の両説は対立して互いに譲らず、ついには決まった論は無かった。これは徳運の確定が明朝にはすでに王朝正統に関する最も重要な大事ではなく、鄭重かつ荘厳な国家行為でもなく、火徳でもよく、土徳でもかまわず、それは朝野に流行するある種の非正式な見解でしかなかったことを説明する。

そのため清人さえ明朝に徳運の説があったことを知らないようであるのも当然であり、『古今図書集成』は歴代徳運を考述するも、金朝で終わっている[116]。清代の二つの啓蒙読本である『群書紀数略』と『幼学歌』は歴代王朝の徳運を文化史知識として紹介しているが、その下限はともに宋までである[117]。つまり、明朝の人が重んじた徳運は、多く見積もっても伝統的な五運説の一種の残響のようなものに過ぎない。

五運説が最後に利用され政治のために役割を果たしたのは、おおかた明末の農民戦争中である。李自成が建立した大順政権は水徳を以て王たると自称し、趙士錦『甲申紀事』によれば、「賊云えらく水徳を以て王たり、衣服は藍を尚ぶ、故に軍中倶に藍を穿き、官帽も亦た藍を用う[118]」とある。趙士錦は大順軍が北京を攻撃占領した後に留め用いられた旧明の官僚であり、この記載は自らの耳目で見聞きしたものであろう。劉尚友『定思小紀』にも「賊未だ僭位に即かざると雖も、然るに明代官制の大半は更革し、……服色は深藍を尚び、文官は武将を拝するの類、倶に刊定し冊を成し、以て頒行を候つ[119]」とある。李自成はどうして水徳と称したのだろうか。これは明らかに一般の人の多くが明朝が火徳であると思っていたからであり、故に水克火の意を取り、その直接の理論根拠は民間に通行していた五徳相勝説である。しかし、伝統的な見解に従えば、水徳は黒を尊ぶべきであるのに、李自成は藍を尊ぶように改めたのは融通をきかせたのであろう。

明清鼎革の後、五徳説の影響はますます衰微した。清朝一代においては、徳運を重んじる記載を再び見ることはできない[120]。清朝統治者の五徳終始説に対する態度に関して、乾隆帝が乾隆三十八年（一七七三年）に作った「題大金徳運図説」詩序の中に最もはっきりと見える。

五徳之運、説本無稽。……自漢儒始言五徳迭王、遂推三皇五帝各有所尚、後更流為讖緯、抑又惑之甚矣。夫一代之興、皆由積徳累仁、豈遂五行之生尅。而服御所尚、自当以黄為正、餘非所宜。元・明制度尚黄、不侈陳五徳之王、其義甚正。本朝因之、足破漢魏以後之陋説。[121]

『大金徳運図説』は僅かに存する五運説関連の著作であるが、乾隆帝はこの書のために詩を題したことによって、この種の伝統的な政治文化と最後の決別を行った。その立場の不動さ、態度の鮮明さは、清朝が再び徳運を重んじる可能性が無いことを我々に信じさせるに十分である。もし宋儒が五徳終始説の墓を掘った人であるとするならば、清の乾隆帝はその最終的な消滅を宣告したと言っても差し支えないであろう。

（原載『中国社会科学』二〇〇六年第二期）

註

（1）欧陽脩「正統論 上」、『欧陽文忠公文集』巻一六、四部叢刊本。

（2）劉復生「宋代〈火運〉論略——兼談〈五徳転移〉政治学説的終結」、『歴史研究』一九九七年第三期。作者は五運説の終結は北宋における儒学の復興の結果としている。

（3）唐元和間、憲宗は「五運相承是非」を殿試士人熊執易に対する問題としたが、熊氏はただ巻首に「此非臣末学所敢知。五運相承、出於遷史、非経典明文」と書いただけであった（『類説』巻一九、『記纂淵海』巻三七、引李畋『該聞録』）。筆者の管見の限り、これが宋代以前に僅かにある五運説に対して非難を表す言論である。

（4）欧陽脩「正統論」は仁宗康定元年（一〇四〇年）に撰述され始め、「原正統論」、「明正統論」、「秦論」、「魏論」、「東晋論」、「後魏論」、「梁論」等七篇を包括し、後に『居士外集』巻九に収められた。晩年に至って刪訂して「正統論」三篇となし、『居士集』巻一六に収められている。これらは四部叢刊本『欧陽文忠公文集』を参照。

（5）前掲劉復生論文一九九七、一〇三頁を参照。

（6）『中国史学上之正統論』、上海：上海遠東出版社、一九九六年、三九頁。
（7）『宋会要輯稿』運暦一—一。
（8）華鈴「五徳之運如何」、『明文海』巻八九、中華書局影印清抄本、一九八七年。
（9）西順蔵「北宋その他の正統論」、『一橋論叢』（東京）第三〇巻五号、一九五三年十一月・陳芳明「宋代正統論的形成背景及其内容——従史学史的観点試探宋代史学之一」、『食貨月刊』復刊一巻八期、一九七一年十一月・陳学霖「欧陽修〈正統論〉新釈」、氏の『宋史論集』に収録、台北：東大図書公司、一九九三年を参照。
（10）これは司馬光の言である。劉義仲『通鑑問疑』、学津討原本。
（11）（宋）釈契嵩『鐔津文集』巻五「説命」、四部叢刊三編本。
（12）梁啓超「新史学・論正統」、『飲冰室文集』第三集、昆明：雲南教育出版社、二〇〇一年、一六四〇頁。
（13）『太祖実録』巻五三、洪武三年六月丁丑、中研院史語所校印本『明実録』、一九六二年、第二冊、一〇四六頁。また、『元史』「順帝紀」至正十五年六月、「自紅巾妖寇倡乱之後、南北郡県多陥没、故大明従而取之」も同様の意味である。
（14）『御制文二集』巻八「命館臣録存楊維楨〈正統弁〉論」、文淵閣四庫全書本。
（15）余靖『武渓集』巻四「禘郊論」、鄭獬『鄖渓集』巻一七「五勝論」、章如愚『羣書考索』別集巻八経籍門「五運之説」等を参照。
（16）『朱子全書』第一一冊、『資治通鑑綱目』附録一、三四七六—三四七七頁、上海古籍出版社、安徽教育出版社点校本、二〇〇二年。
（17）『義門読書記』巻三八「欧陽文忠公文」（上）、崔高維点校本、北京：中華書局、一九八七年、中冊、六八二頁。
（18）私が見たところによれば、『通鑑綱目』は朱熹の正統観念の史学的表現に過ぎない。かつて門人が「『綱目』の主意を問う」と、朱子の回答は「主在正統」であった。（『朱子語類』巻一〇五「朱子二・論自注書」）
（19）『憲宗実録』巻一一九、成化九年八月壬戌、『明実録』第二四冊、二二八六頁。
（20）饒宗頤『中国史学上之正統論』附録一と附録三を参照。元代掲傒斯は「世之言『綱目』亦無慮数十家」と称している。（『掲文安公全集』巻八「通鑑綱目書法序」）私の粗略な統計によれば、朱熹の後から清末まで、朱子正統観に賛成して編撰さ

れた「綱目」体の史書は数百種に達する。
(21) (清) 孫宝仁「季漢紀序」。趙作羹『季漢紀』巻首（台北文海出版社影印清稿本、出版年不詳）を参照。
(22) 『朱子語類』巻八七「礼」四「小戴礼・月令」、王星賢点校本、北京：中華書局、一九八六年、第六冊、二二三九頁。
(23) 『朱子語類』巻二四「論語」六「為政篇下・子張問十世可知章」、第二冊、五九七頁。
(24) 『河南程氏遺書』巻一九「楊遵道録」、『二程集』第一冊、二六三頁、王孝魚点校本、北京：中華書局、一九八四年。また、楊時編訂『河南程氏粋言』巻二『天地篇』「或問、五徳之運、有諸。子曰、有之。大河之患少於唐、多於今、土火異王也」による。(『二程集』第四冊、一二二四頁を参照。)
(25) 真徳秀『西山読書記』巻三七「陰陽」、文淵閣四庫全書本。
(26) 『周敦頤集』、譚松林等点校本、長沙：岳麓書社、二〇〇二年、三頁。
(27) 周敦頤『通書』理性命第二二章、『周敦頤集』、四二頁。
(28) 『朱子語類』巻九四「周子之書・太極図」、第六冊、二三六七頁。
(29) 『宋大詔令集』巻一「太祖即位赦天下制」、北京：中華書局、一九六二年、一頁。
(30) 『宋会要輯稿』運暦一―一。時は建隆元年（九六〇年）三月。
(31) 『建炎以来繫年要録』巻五、建炎元年五月庚寅の条。
(32) 『宋会要輯稿』礼五四―一四。
(33) 拙稿「徳運之争与遼金王朝的正統性問題」、『中国社会科学』二〇〇四年、第二期を参照。
(34) 尹洙『河南先生文集』巻三「河南府請解投贄南北正統論」、四部叢刊本。
(35) 張方平『楽全集』巻一七、文淵閣四庫全書本。
(36) (元) 李治『敬斎古今黈』逸文巻二、劉徳権点校本、北京：中華書局、一九九五年。「水宋」とは南朝劉宋を指す。
(37) 詳しくは『冊府元亀』巻四、帝王部運暦門、及び巻一、帝王部総序、巻一八二、閏位部総序に見える。
(38) 『宋史』巻二八四、宋庠伝。
(39) 劉義仲『通鑑問疑』。

(40) 衢本『郡斎読書志』巻六、雑史類。
(41) 『直斎書録解題』巻四、編年類。
(42) 鏤鑰『攻媿集』巻五三「歴代帝王総要序」、四部叢刊本。
(43) 王応麟『小学紺珠』巻一、天道類「五運（五勝）」、中華書局影印津逮秘書本、一九八七年。陳元靚『事林広記』丙集上巻、帝系類『歴代帝王伝統之図』、中華書局影印元後至元六年鄭氏積誠堂刻本、一九九九年。
(44) 韓愈『三器論』（『全唐文』巻五五七）は、九鼎・明堂・伝国璽を世俗観念中の皇（王）権の象徴とするが、九鼎と明堂が持つ政治象徴の意義は主に先秦時代に表現されたもので、秦漢以後は皇権の符号と見なされなかったとする。
(45) 顧頡剛「五徳終始説下的政治和歴史」、『古史弁』第五冊、四六六頁、上海：上海古籍出版社、一九八二年。
(46) 劉統勛等編『評鑑闡要』巻一、文淵閣四庫全書本。（明）張萱『疑耀』巻四「周礼大司楽弁」条及び『八旗通志』巻三〇「旗分志」は均しく五運の説は讖緯より起こるとし、二者の源・流関係を混淆している。
(47) 以下の二論文を参考。劉師培『左盦集』巻三「西漢今文学多採鄒衍説考」、『劉師培全集』第三冊、北京：中共中央党校出版社、一九九七年。陳槃『讖緯溯原』（上）、『歴史語言研究所集刊』第一一本、一九四三年。
(48) （清）趙在翰輯『七緯』巻三八「叙録」。『緯書集成』上冊、上海：上海古籍出版社、一九九四年、拠嘉慶十四年小積石山房刊本影印。
(49) 『唐律疏議』巻九「職制律」、劉俊文点校本、北京：中華書局、一九八三年、一九六頁。
(50) 『欧陽文忠公文集』巻一一二、『奏議集』巻一六。
(51) 顔復「上哲宗乞考正歴朝之祀」、『宋朝諸臣奏議』巻九一、上海：上海古籍出版社、一九九九年、下冊、九九一頁。
(52) 『宋史』巻三九〇「劉章伝」。
(53) 北宋『崇文総目』より以後の歴代官私書目には、『易緯』を除いて、その他讖緯文献は均しくすでに著録されない。『易緯』が幸いにも保存された理由は、主に宋代理学家がその宇宙論の精華を吸収したからである。
(54) 王禕『王忠文集』巻二〇「雑著・叢録」、文淵閣四庫全書本。朱彝尊『経義考』巻二九八、通説四「説緯」、中華書局影印四部備要本、一九九八年。

(55) 徐興無『讖緯文献与漢代文化構建』、北京：中華書局、二〇〇三年、九一―九三頁、三〇一頁を参照。

(56) 『漢書』「芸文志」は当時の知識体系によってあらゆる文献を六芸・諸子・詩賦・兵書・数術・方技等の六つの類に分け、その中で数術は天文・暦譜・五行・蓍亀・雑占・形法等の六つの小分類に分かれ、後になって産出された讖緯は自然と数術の類に入った。

(57) 李零『中国方術考』（修訂本）緒論、北京：東方出版社、二〇〇〇年。劉楽賢『簡帛数術文献探論』、武漢：湖北教育出版社、二〇〇三、三―五頁を参照。

(58) これは顧頡剛氏の語である。前掲『五徳終始説下的政治和歴史』、第四六六頁を参照。孫広徳氏は封禅は五徳終始説の構成要素とするべきだと言う（氏の著作『先秦両漢陰陽五行説的政治思想』、台北商務印書館、一九九四年、一二一頁を参照）が、この説はあまり妥当ではない。

(59) 『風俗通義』山沢第十「五岳」。

(60) 張説『大唐封祀壇頌』、『全唐文』巻二二一。

(61) 武則天が嵩山で封禅したのを除き、その他の諸帝は均しく慣例に従い泰山で封禅礼を行っている。

(62) 『冊府元亀』巻三五至三六、帝王部封禅門、及び（清）秦蕙田『五礼通考』巻四九至五二、吉礼「四望山川附封禅」。

(63) 『唐鑑』巻二、貞観六年、上海古籍出版社拠上海図書館蔵宋刻本影印、一九八四年。北宋中期の士人の封禅に対する批判は、『李覯集』巻二「礼論第七」、孫甫『唐史論断』巻上「封禅不著於経」条にも見える。

(64) 『習学記言序目』巻一九、北京：中華書局、一九七七年、上冊、二七二頁。

(65) 胡寅『致堂読史管見』巻一二、梁紀、江蘇古籍出版社影印宛委別蔵本、一九八八年、第五七冊、八〇一頁。

(66) （明）王直『抑菴文集』巻一三「題却封禅頌稿後」、文淵閣四庫全書本。この事の始末は楊士奇『東里文集』巻一二「礼部尚書謚文穆胡公神道碑銘」に詳しく見える。

(67) （清）張玉書『張文貞公集』巻三「停止封禅等議」、乾隆五十七年松蔭堂刻本。この事の始末は孔毓圻『幸魯盛典』巻二に詳しく見える。

(68) 清高宗『御制文初集』巻一六「重建泰山神廟碑文」、文淵閣四庫全書本。

(69) 清高宗『御制詩五集』巻五一「八徴耄念之宝聯句」「蒼帝発生山蹕莅」句小注、文淵閣四庫全書本。
(70) (明)丘濬『大学衍義補』巻九〇「治国平天下之要」、文淵閣四庫全書本。晋末永嘉の乱により、秦璽は匈奴劉漢に没せられ、東晋南渡の初めには秦璽が無く、そのために「北方人呼晋家為白板天子」となったという。(『南斉書』巻一七「輿服志」)
(71) (元)郝経『陵川集』巻一九「伝国璽論」、文淵閣四庫全書本。
(72) 『続資治通鑑長編』巻四九六、元符元年三月乙丑の条、巻四九八、元符元年五月戊申・丙寅の条を参考。この時に立案された年号には真符・宝符等もあり、みなこの伝国璽により名を得ている。
(73) 李心伝『建炎以来朝野雑記』乙集巻五「制作・宝璽」、趙彦衛『雲麓漫鈔』巻一五を参照。
(74) (明)劉定之「璽弁」、唐順之編『稗編』巻三五、礼十三「器服」に載録、文淵閣四庫全書本。
(75) 劉義仲『通鑑問疑』。
(76) 胡寅『致堂読史管見』巻一四、梁紀、宛委別蔵本、第五七冊、九〇三頁。
(77) 『輟耕録』巻二六「伝国璽」、『元史』巻一二二「按扎児伝」を参照。
(78) 郝経『陵川集』巻一九「伝国璽論」。
(79) 王惲『秋澗先生大全文集』巻四〇「伝国玉璽記」、四部叢刊本。
(80) 『明史』巻六八「輿服志四」。(明)王鏊『震沢集』巻二五「礼部尚書傅公行状」を参考。
(81) 『明史』巻二四二「程紹伝」。この事の次第は『徐氏筆精』巻八「玉璽図説」に詳しく見える。
(82) 清高宗『御制文初集』巻四。
(83) 葛兆光「〈唐宋〉抑或〈宋明〉——文化史和思想史研究視域変化的意義」、『歴史研究』二〇〇四年第一期を参考。
(84) 宮崎市定「東洋のルネッサンスと西洋のルネッサンス」、『史林』二五巻四号(一九四〇年十月)・二六巻一号(一九四一年二月)に連載。中国語訳(「東洋的文芸復興和西洋的文芸復興」)は中国科学院歴史研究所翻訳組編訳『宮崎市定論文選集』下冊、北京：商務印書館、一九六三年。「東洋的近世」、黄約瑟による中国語訳は、『日本学者研究中国史論著選訳』第一巻、北京：中華書局、一九九二年に収められる。
(85) 劉子健『中国転向内在——両宋之際的文化内向』序言、趙冬梅中国語訳、南京：江蘇人民出版社、二〇〇二年。

(86) 宋代儒学復興の思想開放に対する一般的な意義については、劉復生『北宋中期儒学復興運動』、台北：文津出版社、一九九一年を参考。
(87) 陳邦瞻『宋史紀事本末』附録一、中華書局点校本、一九七七年、第三冊、一一九一頁を参考。
(88) 厳復「与熊純如書」之五二、一九一七年作。『厳復集』第三冊、六六八頁（北京：中華書局、一九八六年）を参考。
(89) 郝経『陵川集』巻三〇。
(90) 王惲「請論定徳運状」『秋澗先生大全文集』巻八五。
(91) 王惲が徳運の事を建言したことに関しては誤解があり、はっきりさせておく必要がある。王惲『論服色尚白事状』には「国朝服色尚白、今後合無令百司品官如遇天寿節及円坐庁事公会、迎拝宣詔所衣裘服、一色皓白為正服。布告中外、使為定制」（『秋澗先生大全文集』巻八六、「烏台筆補」）とある。陳学霖氏はこのことから王惲はモンゴルの徳運は金徳であり、色は白を尊び、金朝の土徳を継承すべきであると主張していると考えている（「大宋〈国号〉与〈徳運〉論弁述義」、『宋史論集』、台北東大図書公司、一九九三年、第三八頁）。思うに、王惲が言った「国朝服色尚白」とは、モンゴルの旧俗を指して言ったものであり、徳運とは関係がない。宋子貞「中書令耶律公神道碑」には、太宗オゴデイが即位した時、「諸国来朝者多以冒禁応死、公言『陛下新登宝位、願無汚白道子』。従之。蓋国俗尚白、以白為吉故也」（『元文類』巻五七。この事はまた『輟耕録』巻一「白道子」条に見える）とある。
(92) 『元史』巻一八「成宗紀」、元貞元年閏四月庚申。
(93) 『元史』巻八・巻一三「世祖紀」を参照。
(94) 劉壎『隠居通議』巻三一「元貞陳言」、叢書集成初編本。
(95) （明）何喬新『椒丘文集』巻一八、文淵閣四庫全書本。
(96) 『椒丘文集』巻八「史論」。
(97) 『輟耕録』巻三。
(98) 徐寿輝の国号は、伝世文献には均しく「天完」と記され、過去の学者たちはこの得体の知れない国号に対し各種の推測性の強い解釈を提起した。一九八二年に重慶明玉珍墓で出土した『玄宮之碑』により、その国号が実は「大宋」であることが

分かった。朱元璋は韓林児宋政権の継承者を以て自任し、反元紅巾軍の正統を自任し、故に明朝建国後に徐寿輝の「大宋」の国号は「天完」と改竄されたと研究者は考えている。胡人朝「重慶明玉珍墓出土『玄宮之碑』」（『考古与文物』一九八四年第四期）、劉孔伏等「談元末徐寿輝農民政権的年号和国号」（『学術月刊』一九八四年第五期）を参考。

(99)『元史』巻四二「順帝紀五」、至正十一年五月。
(100) 朱元璋「紀夢」、『全明文』巻一二、上海：上海古籍出版社、一九九二年、第一冊、一七八頁。
(101) 劉辰『国初事跡』、『国朝典故』巻四、北京：北京大学出版社、一九九三年、上冊、第八四頁。
(102) 呉晗「明教与大明帝国」、原載『清華学報』一三巻一期、一九四一年四月、『呉晗史学論著選集』第二巻、北京：人民出版社、一九八六年、に収められている。
(103) 楊訥「元代的白蓮教」『元史論叢』第二輯、北京：中華書局、一九八三年。
(104)『太祖実録』巻五三、洪武三年六月甲子、『明実録』第二冊、一〇三七頁。
(105) 前掲陳学霖論文一九九三、四八頁、及び前掲劉復生論文一九九七、一〇四頁を参考。
(106)『太祖実録』巻五二、洪武三年五月辛亥、『明実録』第二冊、一〇二六頁。
(107) 徐一夔等『大明集礼』巻四八、楽・鐘律篇、「火徳去羽」条、明嘉靖九年内府刻本。この書は勅を奉じて修されたもので、洪武三年九月に完成した。
(108)『太祖実録』巻一四一、洪武十五年正月辛巳、『明実録』第四冊、二二一九頁。
(109) 朱元璋『与元幼主書』、『全明文』巻五、第一冊、五四頁。
(110) 殷奎『強斎集』巻五「聖節表」、文淵閣四庫全書本。
(111) 谷応泰『明史紀事本末』巻三五、「南宮復辟」、中華書局点校本、一九七七年。
(112) 張養蒙「五徳之運考」、『明文海』巻一二〇。
(113) 羅玘『圭峰集』巻六、文淵閣四庫全書本。
(114)『明史』巻二八六、「羅玘伝」を参考。
(115) 黄瑜『双槐歳鈔』巻一「聖瑞火徳」条（叢書集成初編本）は、もっぱら朱明火徳の各種の符瑞を論じているが、運がなぜ

火徳に当るかについては一言も触れず、また徳運がどのように転移するかについても解釈していない。これによれば、明朝の人の火徳説が追究に耐えないでたらめなものであることがわかる。

(116) 『古今図書集成』明倫匯編皇極典巻一七〇「帝運部匯考」、中華書局、巴蜀書社影印本、一九八五年。

(117) 宮夢仁『群書紀数略』巻一、天部理気類「五運五勝」の条、文淵閣四庫全書本。王用臣『幼学歌』続編、天文門「五運五勝」の条、光緒十一年自刊本。

(118) (明) 趙士錦『甲申紀事』。『甲申紀事 (外三種)』、北京・中華書局、一九五九年、一六頁を参照。この史料は張帆氏からの提示を承けた。

(119) (明) 劉尚友『定思小紀』。『甲申核真略 (外二種)』、杭州、浙江古籍出版社、一九八五年、七三頁を参照。

(120) 旧説では大清の国号は水克火の意を取ったものだと言われたが、大清の国号の本意を考えるに、清代檔案・史籍はみな解釈しておらず、故に後世の人がそれぞれに憶測したが、みな根拠とするには不十分である。市村瓚次郎「清朝国号考」『支那史研究』東京・春秋社、一九四三年・松村潤「大清国号考」『清史国際学術討論会論文集』瀋陽・遼寧人民出版社、一九九〇年を参考。

(121) 清高宗『御制詩四集』巻一四、文淵閣四庫全書本。

科挙制よりみた元の大都

渡辺健哉

はじめに

伝統中国において実施された科挙の重要性について、筆者のような浅学がいまさら改めて強調するまでもなかろう。筆者は「近年の元代科挙研究について」（以下、前稿と略記）と題する論考を公表し[1]、史料環境の整備等により、近年にいたって研究が著しく進展した元代の科挙をめぐる研究状況を概観した。前稿の冒頭でも説明したように、科挙に

ついては、科挙の制度それ自体を分析する「狭義の科挙研究」と、科挙をめぐる文化・社会状況の全般を扱う「広義の科挙研究」とに大別できる。特に後者の「広義の科挙研究」は、劉海峰氏が一連の著作を通じて提唱している「科挙学」と軌を一にするものであり、(2)近年ではこちらの視点からの研究が高まりつつあることを指摘した。

元代の科挙についていえば、これまではどちらかといえば、「狭義の科挙研究」に関心が集まり、とくに漢人とモンゴル・色目人との間で試験内容が異なっていたこと、合格者数の配分における民族間の差など、モンゴルによる漢族に対する優位性といった文脈で語られることが多かった。しかしながら科挙制度それ自体を元朝という一王朝の中だけで考察していても、元代における科挙実施の意義や、とくにその後にもたらされた様々な影響を総体的に把握することは難しい。たとえば、第一場において、経文に関する問題が出題され、その解釈が朱熹の理解にもとづくよう求められるのは、元代からのことである。これが含意するものは、国家による「解釈の規定」の一大転換であり、それは同時に社会に対する朱子学の浸透を示すもので、中国思想史の展開を把握する上でも特筆すべき事柄であることもまた、言を俟たない。さらには、後述するように、明代の科挙制度そのものへ与えた直接的な影響も検討すべき対象となり得よう。

本稿では「広義の科挙研究」という視点から、かねて筆者の研究対象としている大都における科挙について考えてみようと思う。科挙という制度は階梯を一段一段進むことによって合格に向かうという性格を有しているため、それは国都に近づいていくことがただちに成功を意味するともいえる。国都に向かうことが受験のステップアップに直結するわけであるから、受験者にとって国都への憧憬は計り知れないものであったに違いない。本稿ではこうした観点から、大都において科挙がどのように展開したかについて論じていく。

はじめに、国都と科挙の関係に触れた先行研究について紹介しておく。まず、唐代の長安については、妹尾達彦「唐代の科挙制度と長安の合格儀礼」がある。(3)ここでは、唐代科挙の概略を述べた上で、長安で繰り広げられた科挙

の儀礼について様々な史料を駆使して復元している。明代の北京については、新宮学『北京遷都の研究』「第三章　北京遷都　四―三　永楽十三年乙未科」があり、北京遷都の過程の一つとして、永楽十三年（一四一五）に実施された科挙の状況について明らかにしているが、全面的な検討に及んでいるわけではない。[4]本稿で企図している科挙儀礼の復元については、宋代の科挙を全面的に検討した荒木敏一氏の古典的研究と、南宋代の「同年小録」「登科録」等の史料を分析して儀礼の内容について明らかにする山口智哉氏の研究とがそれぞれ存在する。[5]明代については、儀礼の概略を鶴成久章氏が明代の「登科録」の内容を紹介する中で触れている。[6]本稿で取り上げる元の大都については、陳高華氏が概括的に触れられている程度で、[7]とくに専論が存在するわけではない。

以上のように、科挙を国都と絡めた視点からの研究は絶無とはいえないが、それほど多いわけではない。まして、科挙の舞台としての元の大都に注目した研究はほとんど無いといっても過言ではないのである。本稿は、これまであまり触れられることのなかった、大都における科挙の運用状況について、可能な限り具体的に述べていくことを主たる目的とする。さらに――実はここにこそ本稿の最大の眼目が秘められているのだが――科挙が元代中期ともよべる仁宗時代から開始されたという事実から、これまでの大都研究においてほとんど欠落しているといってよい、元代中期から後期にいたる大都の開発状況について最後に述べたいと思う。

一　元代の科挙について

本論に進む前に、まず元代の科挙制度について概述しておこう。[8]よく知られているように、元代においては王朝設立の当初から科挙が存在していたわけではなく、皇慶二年（一三一三）十一月に至って、翌年八月の郷試、さらにその翌年三月に大都で会試を挙行することが宣言された。世祖クビライの時代から科挙の実施が検討されていて、しば

しば、科挙復活の提言がなされはしたものの、科挙の再開は仁宗朝まで待たねばならなかったのである。ここには様々な要因が複合的に存在したであろうが、世祖・成宗・武宗の時代を経て政治・社会が一応の安定を得たことも理由の一つとして挙げることができよう。科挙の実施は中断をはさみながらも、延祐二年（一三一五）から至正二十六年（一三六六）まで、十六回を数えた。

元代の科挙は郷試—会試—御試（殿試）の三段階に渡って実施された。第一段階の郷試の試験内容については、『通制条格』巻五「学令」に載せられる皇慶二年の詔令に詳細が記されている。[9] 郷試は十一の行省、二つの宣慰司、四つの路でそれぞれ行われた。試験の次第について簡単に述べておけば、概ね以下の通りである。試験は八月二十日・二十三日・二十六日に行われた。当日は日の出前に入場し、夕方には退場する。その際には宋代の韻書である『礼部韻略』だけを持ち込むことができた。[10] 受験生の答案を受け取った「受巻官」は「弥封所」に答案を送り、名前を書いた箇所を紙で緘封する（糊名）。糊名された答案は謄録所に送られ、朱筆で答案の複本が作られる（謄録）。両者を読み合わせて誤りがないことを確認して採点が行われた。郷試合格者（郷貢進士）は三百名とされたが、これに国子生も加わるため、後述するように、至正十一年では三百七十三名が次の会試に進み得る。

第二段階の会試は郷試の翌年の二月一日・三日・五日に行われた。試験科目は郷試に準じ、答案提出後の手続きも郷試と同じである。規定によれば会試合格者は、蒙古・色目・漢人・南人でそれぞれ二十五人ずつ合計で百名と規定されてはいるものの、延祐二年の会試合格者はわずか五十六名であり、百人を満たしたのは元統元年（一三三三）の一度きりしかない。

最後の御試は三月七日に行われた。受験生一名ごとにケシクが監視役となり、漢人・南人には試策一問が出題され、一千文字以上の答案が合格、蒙古・色目人には時務策一問が出題され、五百字以上で合格とされた。御試では合否が判定されるのではなく、順位が決められるだけであった。[11]

近年の研究においては、こうした制度的側面よりも、科挙にまつわる出版物や合格者の動向などに関心が集まっていて、いくつかの研究が生み出されていることは、すでに前稿で指摘した通りである。ここでは、前稿公表後に気づいた成果を加えておきたい。近年の蕭啓慶氏と沈仁国氏の研究によって、元代の科挙合格者名簿が出揃った形になったことは紹介したが、前稿を公表した後に、翟国璋〔主編〕『中国科挙辞典』（江西教育出版社、二〇〇六年）を入手した。その附録には沈仁国氏の手になる「進士名録」が掲げられている。それぞれの人物につき典拠が示されていない憾みは残すものの、沈仁国氏が公表してきた一連の作業を踏まえた成果であり、『中国科挙辞典』本編の「科挙人物」とあわせて検討すべき材料である。[12] 今後はこうした基礎的研究を踏まえ、統計的な分析も行われていくと予測される。[13]

二　大都における郷試・会試の実施

それでは、国都である大都において科挙に関連する行事がどのように行われていたのか。まず、大都においては、他の地方都市とは異なり、科挙の三段階——郷試→会試→御試——がすべて実施されるということを前提としなければならない。以下ではまず郷試と会試について、特に大都で行われたことに注意して述べていきたい。

(1) 郷試

郷試合格者には地域差が存在した。モンゴルの七十五人のうち大都出身者が十五人、色目人の七十五人のうち大都出身者が十人、漢人の七十五人のうち大都出身者が十人とされている。他の試験場ではわずかに一桁台の数字に過ぎない。[14] また、規定によれば、別の路に戸籍を置いているモンゴル・色目人・漢人であっても、大都・上都に不動産があり、かつ長期に渡って居住している者については、特例によって試験を受けることが可能であった。[15] つまり、他の

地域出身者に比べて大都からの選抜者が多く、かつ大都居住者について特例的に受験が許可されていたために、他の都市に比して史料はそれなりに多く残っていると予測される。

まず、大都郷試で出題された策問を個人の文集等からいくつか集めることができる。

袁桷「大都郷試策問」（『清容居士集』巻四二）

蘇天爵「大都郷試策問」（『滋渓文稿』巻二四）

孛朮魯翀「大都郷試策問」（『国朝文類』巻四七）

陳旅「至正元年大都郷試策題」（『安雅堂集』巻一三）

出題時期について確認しておこう。袁桷「大都郷試策問」は延祐四年（一三一七）のこと、陳旅は「至正元年大都郷試策題」とそれぞれ明記されている。蘇天爵「大都郷試策問」については、「題商氏家蔵諸公尺牘歌詩後」（『滋渓文稿』巻二八）に、「至元元年乙亥、余堂帖を奉じて考試大都郷貢士たり、古今暦法を策問す」とあることから、これが至元元年（一三三五）の出題であったことがわかる。附言すれば、郷試が八月に実施されたのち、この年の十一月になって科挙は一旦停止される（『元史』巻三八、至元元年十一月庚辰の条）。つまり、郷試実施段階まで、科挙の中断が考えられていなかったこと、そして八月から十一月までの間で政策の転換が図られたことを意味する。孛朮魯翀「大都郷試策問」については、孛朮魯翀が至元二年（一三三六）に致仕しているため、当該の問題がそれ以前の出題であるとしか言及できない。こうした問題や、それに対する答案それ自体の分析はいずれ行われるべき課題であるが、ここでは一点だけ指摘しておきたい。

出題時期が延祐四年と特定できる袁桷「大都郷試策問」は、「先王の政、民を養うより先んずるは莫し」から始まる一文で、食糧供給の方法やその備蓄方法について訊ねている。そこでは、「今天時に雨沢、上聖心に協し、中外豊熟す」とあるように、現状は問題がないことを述べる。ところで、『永楽大典』より元代の会要ともいうべき『経世

大典』を抄録した『大元倉庫記』には大都に建設された京倉の規格・備蓄量・設置年代が記されている。[16] その設置年代に注意を払えば、世祖クビライの治世下の後、突如として皇慶二年に、屢豊倉・大有倉・積貯倉・広済倉・豊穣倉の五つの倉庫が建設されていることを確認できる。一方、皇慶二年について『元史』本紀を捲れば、「京師久しく旱なるを以て民の疾疫するもの多し」（『元史』巻二四、皇慶二年十二月甲申の条）等と記されるように、旱魃・地震に代表される災害の記事が散見される。天災と備蓄用倉庫の建設が連関性を持っていて、それが四年後の延祐四年郷試の出題内容に反映されたと看做すのは詮索し過ぎであろうか。また、陳旅「至正元年大都郷試策題」は「京師は天下風俗の枢機なり」の一文より始まり、当時の大都の風紀が乱れているため、これを漢代の長安のような都にするためにはどのようにすればよいのか、という問題となっている。つまり、こうした問題は甚だ抽象的な内容を含みはするものの、そこに当該時期の大都にまつわるコンテンポラリーな社会問題が出題傾向に反映されていると思われる。[17]

それでは、その大都郷試はいったいどこで行われたのであろうか。大都出身で泰定元年（一三二四）の進士、宋褧（一二九四～一三四六）の「嘲敬徳口号」（『燕石集』巻九）と題する詩歌の自註には、「南城、大都毎歳郷試の所」と明記してある。ここに記される「南城」はいうまでもなく、かつて拙稿で確認した、[18] 大都西南にあって元末まで存在した南城を指す。また宋褧の兄で、至治元年（一三二一）に進士となった宋本（一二八一～一三三四）も、「南城校文聯句」（『元詩選』二集所引『至治集』）の序において、当該の詩文を馬祖常や謝端とともに、泰定三年（一三二六）に「大都郷試貢院にて作」ったと書き記している。二つの事例を合わせて考えれば、南城に郷試を実施するための貢院が設置されていたということになるであろう。

各地の郷試を経た受験者は次の会試受験のために全国各地から大都に集まった。大都に集う郷貢進士の様子を伝える史料が、程端礼「江浙進士郷会小録序」（『畏斎集』巻三）である。

至正十一年の春、天下の郷貢進士京師に雲会し、礼部に群試す。時に、江浙行省の計偕に与る者四十有三人、前

挙のもの二人、冑監由りする者六人あり。既に試して江浙の朝に仕え及び京師に客たる者、相率いて金銭を持し、牢醴を具し、国西門内咸宜里の栄春堂に張し、燕を以て之を労す。国家の賢を得るを喜び、郡県の士多きを楽しみ、契好を敦くし、斯文を昭らかにするなり[19]。

「江浙進士郷会小録序」というタイトルより諒解されるように、江浙行省での郷試に合格した会試受験者が、至正十一年（一三五一）に大都に向かい、そこで同郷の官僚やちょうど大都に滞在していた人々によって遠路をねぎらわれ、あわせて試験に向けて激励されている様子が伝わる。この年の郷試に合格したものが四十三人、前回の郷試に合格しながら会試に参加しなかったものが二人、国子監出身者が六人いたという。さらにこの史料からは「咸宜里の栄春堂」という場所が確認できる。咸宜里は、『析津志輯佚』に「咸宜坊」として記される坊で、場所は宮城の西側にあった。このように受験生が集まる様子は、後述するように、受験生の多くが麗正門の南に宿を決めていたなどといった事実からも窺い知ることができる。三年に一度の会試直前の大都は、受験生のみならず、それを歓迎する人々も巻き込んで賑やかな情景が繰り広げられたのであろう。二月の会試から御試を経て合格者に対する一連の行事が終わる四月まで、その熱気は大都を覆い尽くしたのである。

（2）会試

次の段階である会試について検討しよう。会試の試験内容について基本史料となるものは、『元史』選挙志の史料であるが、貢院で試験が行われた時の運用状況については、『新刊類編歴挙三場文選』（静嘉堂文庫蔵本を参照。以下『三場文選』と略記）の巻首に載せられている「聖朝科挙進士程式」が詳しい。『三場文選』は元代の科挙受験参考書であり、当時の受験生に広く読まれたといわれている[20]。そこに掲載されているいくつかの文章は『大元聖政国朝典章』『通制条格』『事林広記』『元代婚姻貢挙考』『新編事文類聚翰墨全書』にも掲載されていて、重複する箇所も多い。し

かしながら、もっとも詳細なのは、『三場文選』に収録されているものであるため、ここでは、それを中心に据えながら（『三場文選』については、一部字句を改めた箇所もある）、他の史料によって補足を加えつつ検証していくこととする[21]。

会試

試院は翰林院東の至公堂においてし席を設けて舎を分かつ。

正月十五日、中書礼部印巻す。巻面印を用て鈐縫す。

正月二十八日、中書礼部において榜示す。

二月初一日黎明、挙人院に入り、懐挟を捜検し訖われば、班ごとに堂下に立ち、各のおの再拝す。知貢挙官答跪し、試官以下各のおの答拝す。畢れば、題を受け、各のおの本席に就く。午後相次ぎ受巻所において巻を投じて出づ。

二月初三日早、院に入り、十人ごとに一班となり、堂下に揖し、題を受け、席に就き、投ずること初一日の如し。

二月初五日、院に入り、班揖し、題を受け、席に就き投巻すること初三日の如し[22]。

まず、この史料から、試験が翰林院東に置かれた至公堂と称される空間で執り行われたことが分かる。ここでは、この試験会場について検討を加えよう。

科挙が復活された時期、すなわち皇慶年間の翰林国史院の正確な場所は、実は不明である。大都城の城内では中央官庁がしばしば移転を繰り返し、中でも中書省・御史台・翰林国史院の三官庁は相互に何らかの関連性を抱えつつ移転を行ったと考えられる。この点は中書省や尚書省の官庁も含めて、大都城内における官庁の移動というテーマで改めて詳細に論じなければならないが、ここでは結論だけを述べておく。

翰林国史院はまず南城に置かれた。いつから大都城内に建設されたかは不明であるが、本稿で触れる科挙の儀礼が

翰林院で行われていることから判断すれば、延祐二年（一三一五）以降は大都城内に設置されたとみなしてよいであろう。場所と時期が特定できるのは、至順年間（一三三〇～三三）のことで、それについて『日下旧聞考』巻六四、官署の案語には、「元の翰林国史院屢ば遷徙を経、至順間居を北中書省旧署に賜う」とある。つまり、至順年間に翰林院が大都中心部にあった鳳池坊の旧中書省署に移転したという。[23] 私見によれば、中書省は元代において三度設置された尚書省の官署の移動と連動していたと推測されるので、翰林国史院の移動も中書省の移転と何らかの相関関係が想定しうるかもしれない。ともあれ、至順年間のこととはいえ、翰林国史院が大都中心部に位置したという事実は、大都という都市のその後の発展を考える上で考慮しておかねばならないであろう。ここでは、元統元年から十一回の科挙については、大都中心部において執行されたことを指摘するに止めたい。

「至公堂」は明・清代の科挙に際し、中央と各省の貢院に設けられた空間として知られているが、これは元代になって初めて設けられた。[24] 元代の「至公堂」については、宋褧「得周子善書問京師事及賤迹以絶句十首奉答」（『燕石集』巻八）の自注にも、「至公堂は会試の所。四方の進士の南宮に来試せし者、率ね皆麗正門外に僦居す」とある。「至公堂は会試の所」であり、各地から大都で試験を受けるために集まった郷貢進士は、大都城正南の門である麗正門前に宿泊を決めたという。さらに「至公堂」については、試験の開始に際して知貢挙以下の官が集まる場所であり、受験生はその前に十人が一グループとなって整列したという（『元史』巻八一、選挙志）。大都城の中では、明清の北京城に存在した貢院に該当するものが確認できないため、元代では至公堂がその役割を果したとみなせる。

こうした制度面の側からだけではなく、実際に試験を運用する側の視点による史料も紹介しておこう。至正十一年会試の考試官であった、周伯琦「紀事二首　幷序」（『近光集』巻三）が、以下のように伝える。

至正十一年、歳辛卯、二月一日、天下貢士及び国子生京師に会試し、凡そ三百七十三人。中書詔を承けて校文し、合格者百人を取り、廷対進士に充つ。先二日、鎖院す。凡そ三試、試ごとに一日を間し、十有二日榜を掲ぐ。[25]

至正十一年の会試参加者は三百七十三人で合格者は百人、二月十二日に会試合格者の名前が掲示され、次の御試へ進むことができたという。二月一日に会試が実施されていることから、規定に沿って実施されていることが分かる。

次の段階の御試では順位を決めるだけで黜落は行われないため、これ以降は合格者のみ体験できる行事が大都城内において展開されていく。以下、節を改めて検討を加えていこう。

三　大都における御試と合格儀礼

(1) 御試

二月上旬の会試から時を経ずして行われる御試の進行についても、先掲の『三場文選』巻首「聖朝科挙進士程式」の御試をまず掲げておく。

御試

三月初一日、中書礼部において印巻す。巻背は印を用って鈐縫す。

三月初七日、黎明試に入り、拝して策題を受け、各のおの席に就き、晩に至りて、巻を進めて出づ。

三月十一日、各のおの国子監において欄帽を関す。

三月十三日、闕に赴き、聴候唱名す。[26]

この史料と併せて、御試の状況を詳細に伝える『元史』巻八一、選挙志の史料を以下に掲げよう。

三月初四日、中書省奏し准けたるに、「(三月)初七日を以て挙人を翰林国史院に御試し、定めて監試官及び諸執事を委ねしむ」と。初五日、各官(翰林国史)院に入る。初六日、策問を譔びて進呈し、上の采取を俟つ。初七日、執事の者闕を望み案を(至公)堂前に設け、策題を上に置く。挙人院に入り、捜検し訖れば、蒙古人一甲を

作し、序立し、礼生導引して堂前に至り、闕を望み両拝し、策題を賜う。又両拝し、各のおの次に就く。色目人一甲を作し、漢人・南人一甲を作すこと、前儀の如し。進士一人ごとに、蒙古宿衛士一人を差し監視せしむ。日午、膳を賜う。進士巻を納め、畢れば、出院す。監試官と読巻官とともに、対策する所を以て其の高下を第す、分かちて三甲と為し進奏す。二榜を作し、敕黄紙を用いて書し、内前紅門の左右に掲ぐ。(27)

この二つの史料から確認できることを以下に挙げていく。

後者の『元史』選挙志によると、御試は前述の翰林国史院で実施された。三月一日に問題が準備され、五日に試験官による会場の下見、六日に問題を皇帝に提出してチェックを受ける。七日に試験が実施され、進士一人ごとに蒙古宿衛士によって監視されながら、答案を作成する。この際に机を宮城に向かって置く。昼食をとり、答案を提出してから試験場を退場する。そののち採点が行われ、十三日に「唱名」すなわち名前の呼び上げが行われる。この行事についでは後に触れよう。

合格者は、右榜（蒙古・色目）と左榜（漢人・南人）に分けられ、黄色の紙に名前が記されて、「内前の紅門の左右」にそれぞれ掲げられた。大都宮城の門には「紅門」がいくつか存在する。(28)例えば皇城正北の門は厚載紅門と呼ばれた。従ってこの「内前」とは「大内前」のことであろうから、つまりは崇天門に合格者名が掲げられたのである。

（2）大都における合格者の行事

合格者発表の後の状況については、先掲の『元史』巻八一、選挙志の続きの部分を引用すれば以下の通りである。

前一日、礼部中選の進士に告諭し、次日を以て闕前に詣らしむ。所司香案を具す、侍儀舎人唱名し、謝恩、放榜す。日を択び恩栄宴を翰林国史院に賜い、押宴するに中書省の官を以てし、凡ゆる預試の官並びに宴に与る。預宴官及び進士並びに簪華して居る所に至る。日を択びて恭して殿庭に詣り、謝恩の表を上る。次日、中書省に詣

りて参見す。又日を択びて、諸進士先聖廟に詣りて舎〔釈〕菜の礼を行う、第一人祝文を具し事を行い、題名を国子監に刻石す。(29)

さらに、行事の詳細な日程については、『三場文選』巻首「聖朝科挙進士程式」の「進士受恩例」にあるので、それも合わせて以下に引用する。

四月十七日、恩栄宴を賜う、押宴・預宴官及び進士各のおの簪花す。
四月二十七日、中書省勅牒を祗受す。
四月二十九日、各のおの公服を具し、殿庭に詣りて謝恩す。
　三十日、便服もて、都堂に詣りて参謝す。
五月初二日、先聖廟に謁し、舎菜の礼を行う。(30)

まずは、こうした行事の順序を確認しておく。前掲の規定とも合わせて考えれば、

①三月十三日：唱名
②四月十七日：恩栄宴
③四月二十九日：上表謝恩
④四月三十日：中書省参謝
⑤五月二日：謁先聖廟、刻石題名

となっていることが分かる。これが実際にはどのように運用されたかについて、一例として現在も北京市の孔子廟前に立石されている「至正十一年進士題名記」を見てみよう。(31)

三月十二日、崇天門唱名、放榜。
四月十七日、授官、賜袍笏。

二十七日、宣■■一■、集賢修撰・承務郎篤列図等上表謝恩。
〔翌日、参見〕宰執于中書省。遂賜恩栄宴于翰林国史院、押宴官中書左丞〔韓〕元善。
■■（翌日?）、詣国子監、釈菜于先聖先師、題名国子監。

ここでは、①三月十二日、③四月二十七日、②・④四月二十八日、⑤四月二十九日（?）という順番であった。またのちに掲げる宋褧「登第詩五首」（『燕石集』巻六）によると、泰定元年は、①三月十三日、②四月二十六日、③五月二十一日であったとする。若干の異同も存在するが、ほぼ規定に沿って行われていたことが窺える。

史料に戻ろう。まず最初の行事が「崇天門唱名」である。崇天門は、『析津志輯佚』二頁に、

崇天門　正南して周橋に出づ。櫺星三門の外三道に分かれ、中は千歩廊街。麗正門を出でて、門三有り。正中は惟だ車駕の郊壇に行幸するときのみ則ち開く。西の一門、亦た開かず。止だ東の一門のみ、以て車馬の往来を通ぜしむ。[32]

とあるように、宮城の正南の門である。崇天門は皇帝の出入に際して利用されただけでなく、崇天門前ではクビライが帝師パクパの要請にもとづき、金輪を掲げたり[33]、また所謂「白傘蓋の仏事」の際には、大明殿の御座の上に安置された白傘蓋を、二月十五日に宝輿に載せ、崇天門から慶寿寺を経由して時計回りに皇城を一周して大明殿に戻るパレードが挙行された[34]。つまり、崇天門前の空間は、大都の中でとくに王権を実感させる場所であった。その空間で科挙に関連する一連の行事の中で最大のクライマックスともいえる、合格者の発表が行われたのである。

ついで彼らは翰林国史院において催された恩栄宴に参加する。その場には中央官庁の役人や、試験に携わった官員も参加した。そして日を改めて公服を着用し宮城に向かい、やはり崇天門前に整列して「謝恩の表」を奉じる。泰定四年（一三二七）の進士である薩都刺にも、「丁卯及第謝恩崇天門」（『雁門集』巻二）と題する詩がある。翌日は便服を着用して今度は中書省に向かい、官僚に対して謝意を表する。

最後の行事として、先聖廟（孔子廟・宣聖廟）に拝謁し、国子監で合格者の名前を石に刻むわけであるが、先聖廟と国子監の建設過程についても整理しておきたい[35]。

大都城における国子監の設置は至元二十四年に定められた。『元史』巻八一、選挙志には、「（至元）二十四年、既に北城に遷都し、国子学を国城の東に立つ。廼ち南城国子学を以て大都路学と為す」とある。しかしながら、世祖年間に工事は着手されず、実際は次の成宗・武宗時代になって完成するのである。

まず、先聖廟はすでに太祖の時代に金の中都の枢密院の跡地に建設されていた。新城大都城における先聖廟の建設についての史料が、呉澄「賈侯修廟学頌」（『国朝文類』巻一八）である。

世祖皇帝既に天下を一とし、京城を大興府の北に作る、其の祖社朝市の位、経緯塗軌の制、宏規遠謀、前代未だ有らざる所なり。至元二十四年、国子監を設け、命じて孔子廟を立たしむ。……廟は東北緯塗の南・北東経塗の東に在り。……謨を大徳三年の春に肇め、功を大徳十年の秋に訖う。時に官を設けて国子を教うること已に二十年。官舎に寄寓し其の名を正さず。丞相以為えらく未だ文教を興崇するの実を称えざるなり、乃ち国学を廟の西に営す[36]。

とあって、先聖廟は大徳三年（一二九九）から工事が開始されて、十年に完成したことを伝える。国子監に先んじて宣聖廟が建設されたわけであるが、それに対して疑義が呈せられる。『元史』巻一五〇、何瑋伝には、

（大徳）七年、御史中丞を授かり、当世の要務十条を陳し、成宗之を嘉納す。京師孔子廟成る。瑋「唐・虞・三代、国都・閭巷学有らざるは莫し。今孔廟既に成れり、宜しく国学を其の側に建つるべし」と言う。之に従う[37]。

とあり、先に先聖廟が建設されたため、次に国子監の建設に着手するように要請していたことを伝える。「既成」という言葉から、すでに大徳七年の時点で孔子廟の建物はほぼ完成していたことが分かる。その後、内装・装飾の作業に入っていき、十年に完成したとみられる。これを裏づける史料は『元史』本紀である。『元史』本紀の記載によれ

ば、大徳六年六月甲子条に「文宣王廟を京師に立つ」とあり、大徳十年八月丁巳の条に、「京師文宣王廟成り、釈奠の礼を行う」とある。つまり、三年より開始された工事は六年にはほぼ実質的に終了し、十年八月には最初の「釈奠の礼」を挙行することで、運用も開始されたことになる。

一方、国子監のほうは、右に引用した何瑋の発言からも理解されるように、大徳七年段階でいまだに建設されていないが、この発言を機に、工事は着手されたのであろう。成宗本紀には、「国子学を文宣王廟西偏に営す」（『元史』巻二一、大徳十年正月丁卯の条）とあるように、この頃に工事は着工された。しかしながら、これから二年以上を経た武宗の時代になっても、御史台の臣が「成宗朝国子監学を建つるも今に迄ぶまで未だ成らず。皇太子其の功を畢えんことを請う」（『元史』巻二二、至大元年五月丁卯の条）と上言し、時の皇太子アユルバルワダの裁可を得ている。結局は、「至大元年冬、学成る」（程鉅夫「大元国学先聖廟碑」『雪楼集』巻六）とあるように、その年の冬に校舎は完成した。完成までに紆余曲折が確認されるものの、両者とも仁宗の治世下までに完成していることは留意したい。

先聖廟に関連して、高麗出身で至正十四年（一三五四）の進士である李穡（一三二八～九六）『牧隠藁』巻一三に、先聖廟に参詣した進士たちの興味深いエピソードが残されている[38]。

新及第の進士、学官に参謝す。文廟に謁し礼畢れば争いて門を出で、状元の方に入殿上香するもの有るに至らば、諸人皆走りて出づ。後れて出づる者、宦達せず、且つ早死するが故なり。癸巳科、僕忝けなく状頭たり。諸公と議して曰く「吾輩書を読み、行已に自ら礼有り。聖人英霊頭上に在るがごとし、敢えて非礼を蹈まんや」と。諸君皆曰く「然り。惟だ命を是れ聴くのみ」と。是に於いて殿庭に入りて一双拝し、僕上殿して一双拝し、配位し礼皆畢れば、徐ろに庭に下る。東西礼を行いし者皆至り、是に於いて又一双拝す。礼畢れば退き、足跡相継ぎ敢えて妄りに一歩も動かず。門を出で馬に上り、徐ろに駆けて演福寺に至り、歯に序して礼を成す。是れより進士及第文廟に謁するものに至りては、必ず癸巳の年の事を援る[39]。

進士は孔子廟に拝礼したのち、先を争うように、廟の中から外に出る。なぜなら、これに遅れをとったものは出世が遅れるか、早世してしまうという伝説が存在したためという。

一方で受験生からすれば、たいへんな苦労を重ねて合格したわけであるから、大都における一連の行事に対する感慨はひとしおであったに違いない。これまでもたびたび登場した宋褧がその感慨を詩に残している。以下は宋褧「登第詩五首」（『燕石集』巻六）のタイトルと、そこに付された自註である。

「崇天門唱名」
「恩栄宴　四月二十六日」
「同年会　四月二十九日　海岸之万春園。」
「賜章服　自是年始。幞頭・袍帯・靴・銀・木笏皆具。笏上仍刻御賜字、金塡之。五月一日皆除書同授。」
「上表謝恩　五月二十一日、時駕已北幸。」

崇天門唱名については、この詩の本文に三月十三日と明記されているから、前述した規程通りに一連の行事が進行したことが理解される。その上でここでは、公的な規程には存在しない合格者だけの行事が記されていることに注目したい。四月二十九日に行われた「同年会」である。同年会の場所について宋褧は「海岸の万春園」と自ら注記している。「海岸」とあれば、大都において豊富な水を湛えた積水潭が即座に想起される。実際、時代を下った清の康熙十五年（一六七六）の進士である納蘭性徳（一六五四～一六八五）がこの史料を踏まえてのことなのか、『淥水亭雑識』巻一に、「元時、海子岸万春園有り。進士登第恩栄宴の後、同年を此に会せしむ。……今在る所を失う」と記している。[40]正確な場所は不明とみなすほかないものの、同期生の集まりが存在した事実を指摘できるであろう。彼らののちの交流についても、やはり宋褧に「同年小集詩序」（『燕石集』巻一二）がある。

天暦三年二月八日、同年諸生、座主蔡公を崇基〔真〕万寿宮寓所に謁す。既に退き、前太常博士藝林使王守誠の

秋水軒に小集す。坐席は歯を尚び、酉殺簡潔なるも、談詠孔治にして、探策・賦詩す。(41)
合格から六年を経た天暦三年（一三三〇）に同年の進士が集まった。世祖至元年間に蓬萊坊に建設された崇真万寿宮へ向かい、そののちやはり同期で状元の王守誠のもとで小宴が催された。年齢順に従って着席し、賦や詩を作ったという。その詩を集めたのが、この「同年小集」であった。席次を決めるにあたっては、成績順でなく年齢序列に従っているが、これは他の時代とも共通する同年生の間で維持された秩序である。同年生の絆を高めるための最初の行事がこの「同年会」であり、彼らは同期としての共時性を終生保持し続けたのであった。(42)

五月一日には、この泰定元年より始まった「賜章服」が行われた。前掲した「至正十一年進士題名記」にも記載があるため、後代にも引き継がれていったことが窺える。

そして五月二十一日、「上表謝恩」を行い皇帝に対しての謝意を表した。ところが、その時に皇帝はすでに大都に不在であったという。『元史』本紀によれば、定例となっている季節移動――両都巡幸――のため、泰定帝は四月八日に大都を出発して上都へ向かっている。つまり、皇帝不在の宮殿に向かって「上表謝恩」を行ったことになる。皇帝と対面することにより、その皇帝の下で官僚としての第一歩を踏み出す決意を新たにしたはずの進士にとって、皇帝と進士とが直接顔を合わせない場合すら存在したという事実は、元代における科挙の政治的な重要性を考える上では、極めて示唆的なものといえる。皇帝のこうした態度に少なくない違和感を覚えたからこそ、宋褧はことさらに「五月二十一日、時に駕已に北幸せり」と明記したのであろう。

この点に関連して、元代における科挙制の意義について最後に一言しておきたい。すでに指摘されているように、宋代科挙制度において合格儀礼は一部を除いて合格者と皇帝の間で取り結ばれた。(43)つまり、科挙合格者は皇帝に直接向きあうことで、自らの雇主であり、最高権力者としての皇帝を体験的に感得していたわけである。しかしながら、元代の科挙儀礼においては皇帝との面会の機会が宋代よりも少なかった可能性が高い。なぜなら、科挙の実施回数が

少なかったという単純な理由に加えて、皇帝は毎年三月から四月の間に北の上都に向かい、大都を不在にすることが多かったためである。皇帝に直接採用された官僚が、皇帝との個人的なつながりを手にし、官僚世界の階梯を昇っていくという宋代以来の科挙システムの理想は、ここでいったん形骸化したのである。ただし、こうした状況をもって、元代の科挙制が意味を持たなかったとは必ずしも言い切れまい。むしろ、複数の出仕経路があるにも拘らず、科挙制が変わらず運用されたという事実から、伝統中国社会における科挙制度の持つ強靱性が改めて示されたことにこそ、逆説的な意味で科挙の元代における意義が見出されるのである。

おわりに——科挙制の整備よりみた元の大都の開発——

本稿は大都における科挙にまつわる一連の行事を明らかにしたものに過ぎず、その作業自体はとりたてて強調されるほどのものではあるまい。ただここから得られることを二点指摘して結びに代えたい。

まず、本稿で明らかにした科挙の儀礼そのものが、宋代のものよりも明代のものに近いということである。明の隆慶二年（一五六八）の進士である于慎行（一五四五～一六〇八）は、『穀山筆麈』巻八「選挙」において官吏登用法についてまとめている。そのなかで元代については、

元時、科挙の法仁宗に至りて始めて定まる。李孟の請に従うなり。其の制三歳一開科、八月を以て郡県郷試、明年二月もて京師に会試し、中者之を廷に策し、及第・出身を賜うに差有り、即ち今制の始むる所なり。[44]

と述べる。すなわち、明の科挙制は唐・宋のそれではなく、元制にもとづくと指摘しているのである。そこに巷間指摘される不平等性などの実態や理念に関わる差異がたとえ横たわっていたとしても、明代進士の意識下に定着するほど、元代の科挙制度が明代に大きく影響を及ぼしたことを物語っている。

さらにこれは、郷試・会試・殿試という制度面における継続性という表層的な点に止まらず、北京を国都に選んだこともその理由の一つに数えられるのではなかろうか。科挙に際して北京の都市空間をどのように利用するかといった点において、端的に言ってしまえば、「どこを」通って「どこに」向かうかというルートの選定一つとっても、範とすべきは唐の長安や北宋の開封ではなく、元の大都の運用方法であったに違いない。

同様に、日程面についても考えてみたい。南宋の科挙合格者の集会については山口智哉氏がまとめている。(45)それによると、紹興十八年（一一四八）は、四月十七日「唱名」、二十九日「謝闕」、宝祐四年（一二五六）は、五月二十四日「唱名」、六月七日「謝闕」、咸淳七年（一二七一）は五月二十一日「唱名」、六月五日「朝謝」が行われている。これに対して明代の「登科録」を繙くと、(46)「唱名」と同じ「伝臚」が三月三日前後か十七・十八日前後に行われ、「謝闕」と同じ「上表謝恩」はその三日後に行われた。(47)元代においては南宋よりも早い時期、明代とほぼ同時期に行われていることに気がつく。これは季節等に左右されると考えられる行事の月日の設定についても、北京という土地を選択したことにより、必然的に明朝が元朝のそれを意識したと考えられよう。「北京における科挙」という視点から考察した際、都市空間の利用と実施日の設定という二点からみても、明代の科挙制度に元の影響を見出せるのである。

最後に述べておきたいことが、実はこうした科挙の運営状況を明らかにすることによって得られる、元代中期の大都の姿である。政治史を顧みれば、武宗、仁宗とその母ダギをめぐり、その背後に激しい政争が存在したことはすでに先行研究によって指摘されている。しかしながら、一般社会ではそうした政争とは無縁の空気が漂っていた。たとえば、『析津志輯佚』歳紀（二一六頁）において、「踏草」という大都の年中行事を説明した後に「亦た武宗・成宗・仁宗の世より盛んなること莫し」という表現が残されている。ここにはその後の天暦の内乱と称される政治・社会的な混乱が暗示されているともみなせようが、なにより、成宗・武宗・仁宗の時代は、比較的安定していた時代と同時代の人からも認識されていたと捉えられる。

このような元代中期の大都の具体的な状況は商業の活性化という点からも察せられる。道教正一教の道観として華北最大級の建築といわれる東嶽廟は、延祐六年（一三一九）より着工が開始され、至治元年（一三二一）に完成した。大都城では斉化門外に位置し、現在も同じ場所に存在する。この東嶽廟について、やはり『析津志輯佚』古蹟（一一六頁）には、

斉化門外東嶽行宮有り、此処昔日香燭酒紙最も利を為す。蓋し江南・直沽の海道、通州より来たる者、城外に居止するもの多く、趨之する者帰るが如し。又漕運歳儲、交易する所多く、居民殷実す。(48)

とある。東嶽廟は大都から東の通州に向かう道路に面して建設された。特にここは陸路を利用して大都城内に進入する商人にとっての恰好の商業空間になったという。こうした状況が大都完成直後ではなく、東嶽廟が完成した元代中期以降の出来事であることに注目したい。すなわち、武宗・仁宗・英宗時代に至っても大都の開発は続き、新たな商業空間の出現さえも窺えるのである。

大都城は金の中都の東北に建設されたという性格上、大都城南側の整備から始まったと考えられる。事実、世祖の至元年間、官庁街は皇城を中心とする南側と北側の空間に展開した。(49)一方で、本論で確認した科挙行事の実施された場所――国子監・先聖廟・翰林院・同年会の行われた万春園――を大都の地図上に落としていけば（附図参照）、皇城北側の東西線上に展開していることが分かる。こうした空間がそれまでどのように利用されてきたのかについては、現在のところ筆者にも成案はないものの、とくに重要な建築物が建設されていたとは考えにくい。孔子廟や国子監が、世祖年間に建設の計画がなされていたにも拘らず、実際は成宗・武宗期に完成し、さらには、至順年間に翰林国史院が宮城北側に移転したように、科挙に関連する行事の場所は大都の中央部で展開する。つまり大都は南から北に向かって開発されていき、元代中期に至ると、今度は宮城の北側から東西方向に向かって、大都中央部の開発が進められていくことになるのである。

【附図】大都城略図

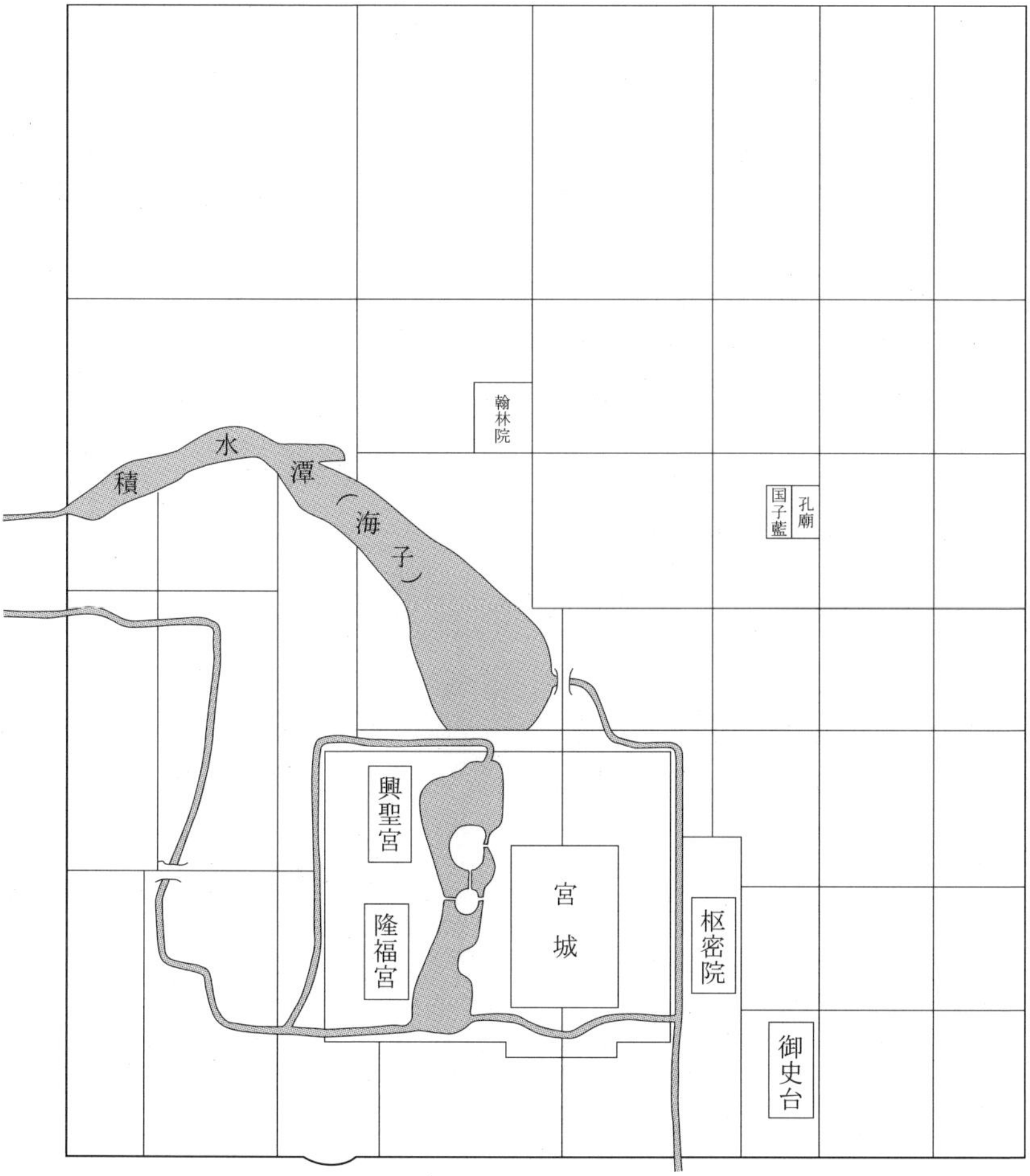

元代の科挙が仁宗期という、元代も後半期に開始された事実を踏まえると、進士の見聞した大都は、元代中期から後期にかけての大都の姿であり、初期の姿から変容した部分もあるという事実を認識しえた。今後はこうした元代中後期の大都の実像を解明していき、大都がどのようにして次の明代北京へと連なっていくかについて検討していきたい。

註

(1) 拙稿「近年の元代科挙研究について」(『集刊東洋学』九六、二〇〇六年)を参照。

(2) 劉海峰氏の「科挙学」については、「科挙学芻議」(『廈門大学学報』一九九二—四、のち『〝科挙制〟与「科挙学」』貴州教育出版社、二〇〇四年所収)を参照。その全体像については、『科挙学導論』(華中師範大学出版社、二〇〇五年)が詳しい。特に二六頁に附載されている図は、「科挙学」が内包する対象の大きさを示唆している。

(3) 妹尾達彦「唐代の科挙制度と長安の合格儀礼」(唐代史研究会〔編〕『律令制——中国朝鮮の法と国家——』汲古書院、一九八六年)を参照。

(4) 新宮学「永楽十三年乙未科について——行在北京で最初に行われた会試と殿試——」(『明代史研究会創立三十五年記念論文集』汲古書院、二〇〇三年、のち『北京遷都の研究』「第三章　北京遷都」汲古書院、二〇〇四年所収)を参照。

(5) 荒木敏一「北宋時代に於ける科挙の瓊林宴(其の一)(其の二)——唐代の曲江宴と比較して——」(『京都教育大学紀要(A)人文・社会』四五、一九七四年。四七、一九七五年)、山口智哉「宋代『同年小録』考——『書かれたもの』による共同意識の形成——」(『中国—社会と文化』一七、二〇〇二年)を参照。

(6) 鶴成久章「明代の『登科録』について」(『福岡教育大学紀要(第一分冊・文化篇)』五四、二〇〇五年)を参照。

(7) 陳高華執筆の『中国考試通史(二)』(首都師範大学出版社、二〇〇四年)三八八〜三九〇頁を参照。

(8) 本稿における元代科挙の理解については、安部健夫「元代知識人と科挙」(『史林』四二—六、一九五九年、のち『元代史の研究』創文社、一九七二年所収)、宮崎市定「元朝治下の蒙古的官職をめぐる蒙漢関係——科挙復興の意義の再検討——」

（『東洋史研究』二三―四、一九六五年、のち『宮崎市定全集　一一（宋・元）』岩波書店、一九九二年所収）、姚大力「元代科挙制度的行廃及其社会背景」（『元史及北方民族史研究集刊』六、一九八二年）、前註『中国考試通史（二）』等を参照。

（9）元代における郷試の運用状況については、李治安「元代郷試新探」（『南開学報（哲社版）』一九九九―六）、これを増補・改訂した同「元代郷試与地域文化」（北京師範大学古籍所〔編〕『元代文化研究』一、北京師範大学出版社、二〇〇一年、のち同『元代政治制度研究』人民出版社、二〇〇三年所収）がある。

（10）『礼部韻略』については、櫻井智美「『礼部韻略』与元代科挙」（『元史論叢』九、二〇〇四年）を参照。

（11）桂栖鵬「元代殿試有無黜落問題再探」（『中国史研究』二〇〇一―三）を参照。

（12）前稿の執筆時に参照できなかった論考として、沈仁国「元延祐進士再探」（『燕京学報（新）』二〇、二〇〇六年）がある。

（13）その一端として蕭啓慶氏が統計学的に分析を加えた論考がある。詳しくは前稿を参照されたい。

（14）ただし、次の会試に進み得る三百人全体でみると、江浙が四十三人、江西が三十一人、湖広が二十八人であって、大都の三十五人に匹敵する。

（15）『大元聖政国朝典章』巻三一、礼部四、儒学「科挙程試条目」に「一、別路附籍蒙古・色目・漢人、大都・上都有恒産住経年深者、従両都官司依上例推挙就試、其余去処、冒貫者治罪。」とある。

（16）その一覧については、拙稿「元大都形成過程における至元二十年九月令の意義」（『集刊東洋学』九一、二〇〇四年）九一頁を参照。

（17）宮紀子「『対策』の対策――科挙と出版――」（木田昭義〔編〕『古典学の現在』Ⅴ、二〇〇三年、のち『モンゴル時代の出版文化』名古屋大学出版会、二〇〇六年所収）では、『三場文選』に収録された「時務策」に、元代後半期を覆った天災への対応策を見出す。

（18）拙稿「元代の大都南城について」（『集刊東洋学』八二、一九九九年）を参照。

（19）至正十一年春、天下郷貢進士雲会於京師、群試於礼部。於時、江浙行省与計偕者四十有三人、前挙二人、由冑監者六人。既試、江浙之仕於朝及客於京師者、相率持金銭、具牢醴、張国西門内咸宜里之栄春堂、以燕労之。喜国家之得賢、楽郡県之多士、敦契好、昭斯文也。ただし、この一文には問題がある。なぜなら墓誌銘によれば、程端礼は至正五年に死去している

ため、「十一年」の記述というのは不可解だからである。『畏斎集』は『永楽大典』より抄出したものであるため、そこで誤写が生じた可能性もある。

(20) 『新刊類編歴挙三場文選』については、陳高華「両種『三場文選』中所見元代科挙人物名録——兼説銭大昕『元進士考』——」（『中国社会科学院歴史研究所学刊』一、二〇〇一年、のち『陳高華文集』上海辞書出版社、二〇〇五年所収）、森田憲司「元朝の科挙資料について——銭大昕の編著を中心に——」（『東方学報』七三、二〇〇一年、のち『元代知識人と地域社会』汲古書院、二〇〇四年所収）、前掲註（17）宮紀子「『対策』の対策」が詳しい。また書誌学的情報については、黄仁生『日本現蔵稀見元明文集考証与提要』（岳麓書社、二〇〇四年）四九～六〇頁を参照。

(21) この史料を最初に詳細に紹介したのが、陳高華「元朝科挙詔令文書考」（『暨南史学』一、二〇〇二年）であり、本稿の引用もそれにもとづく。ただし、筆者による静嘉堂文庫での調査の成果に依拠して文字を改めた箇所と、静嘉堂文庫蔵本では略字で記されている箇所を正字に改めた箇所がある。

(22) 会試　試院于翰林院東至公堂分設席舎。正月十五日、於中書礼部印巻　巻面用印鈐縫。正月二十八日、中書礼部榜示。二月初一日黎明、挙人入院、捜検懐挟訖、班立堂下、各再拝。知貢挙官答跪、試官以下各答拝。畢、受題、各就本席。午後相次于受巻所投而出。二月初三日早、入院、毎十人一班、揖于堂下、受題、就席、投如初一日。二月初五日、入院、班揖、受題、就席投巻如初三日。

(23) 楊寛『中国古代都城制度史研究』（上海古籍出版社、一九九二年）四八一頁を参照。

(24) 「至公」は、科挙制度の理念を象徴する言葉であり、唐代から使用されてはいるが、「至公堂」という建築物が出現するのは元代になってからという。この点については、前掲註（2）劉海峰『科挙学導論』「第十三章　科挙法規論　科場論」がまとめている。

(25) 至正十一年、歳辛卯、二月一日、天下貢士及国子生会試京師、凡三百七十三人。中書承詔校文、取合格者百人、充廷対進士。先二日、鎖院。凡三試、毎試間一日、十有二日掲榜。

(26) 御試　三月初一日、於中書礼部印巻。巻背用印鈐縫。三月初七日、黎明入試、拝受策題、各就席、至晩、進巻而出。三月十一日、各於国子監関欄帽。三月十三日、赴闕、聴候唱名。

(27) 三月初四日、中書省奏准、「以初七日御試挙人於翰林国史院、定委監試官及諸執事。」初五日、各官入院。初六日、譔策問進呈、俟上采取。初七日、執事者望闕設案於堂前、置策題於上。挙人入院、捜検訖、蒙古人作一甲、序立、礼生導引至於堂前、望闕両拝、賜策題、又両拝、各就次。色目人作一甲、漢人・南人作一甲、如前儀。毎進士一人、差蒙古宿衛士一人監視。日午、賜膳。進士納巻、畢、出院。監試官同読巻官、以所対策第其高下、分為三甲進奏。作二榜、用敕黄紙書、掲于内前紅門之左右。

(28) 『南村輟耕録』巻二一「宮闕制度」には、「凡諸宮門、金鋪朱戸丹楹、藻絵彤壁、瑠璃瓦飾簷脊」とある。

(29) 前一日、礼部告諭中選進士、以次日詣闕前。所司具香案、侍儀舎人唱名、謝恩、放榜。択日賜恩栄宴于翰林国史院、押宴以中書省官、凡預試官並預宴。預宴官及進士並簪華至所居。択日恭詣殿廷、上謝恩表。次日、詣中書省参見。又択日、諸進士詣先聖廟行舎菜礼、第一人具祝文行事、刻石題名於国子監。

(30) 四月十七日、賜恩栄宴、押宴・預宴官及進士各簪花。四月二十七日、中書省祗受勅牒。四月二十九日、各具公服、詣殿庭謝恩。三十日、便服、詣都堂参謝。五月初二日、謁先聖廟、行舎菜礼。

(31) 文字の校勘については蕭啓慶「元至正十一年進士題名記校補」(『食貨(月刊)』一六―七・八、一九八七年)を参照した。〔 〕は蕭啓慶論文で補われている文字、■は不鮮明な文字を示す。なお附言すれば、本碑が元代のものではなく、清代康熙年間に刻石されたものであることについては、邢鵬「北京国子監元代進士題名刻石調査研究――元至正十一年進士題名記刻石考弁」(『中国歴史文物』二〇〇七―五)が考証を行っている。

(32) 崇天門　正南出周橋。櫺星三門外分三道、中千歩廊街。出麗正門、門有三。正中惟車駕行幸郊壇則開。西一門、亦不開。止東一門、以通車馬往来。

(33) 『析津志輯佚』一一四頁に、「至元丁卯四年、世祖皇帝用帝師班言、置白傘蓋於御座之上、以鎮邦国。仍置金輪於崇天門之右鉄柱高数丈、以鉄縆四繫之、以表金轉輪聖王統制四天下。皆従帝師之請也。」とある。

(34) この行事については、かつて拙稿「元の大都の形成――「中国の王権と都市」によせて――」(『中国の王権と都市――比較史の観点から――』大阪市立大学大学院文学研究科都市文化研究センター、二〇〇七年)で触れた。その後、専論として、乙坂智子「元大都の游皇城　――『与民同楽』の都市祭典――」(今谷明〔編〕『王権と都市』思文閣出版、二〇〇八年)が

公刊された。

（35）国子監の建設をめぐる政治過程については、王建軍『元代国子監研究』（澳亜周刊出版有限公司、二〇〇三年）一一一～一二三頁を参照。

（36）世祖皇帝既一天下、作京城於大興府之北、其祖社朝市之位、経緯塗軌之制、宏規遠謀、前代所未有也。至元二十四年、設国子監、命立孔子廟。……廟在東北緯塗之南・北東経塗之東。……肇謨於大德三年之春、訖功於大德十年之秋。於時設官教国子已二十年矣。寄寓官舎、不正其名。丞相以為未称興崇文教之実也、乃営国学於廟之西。

（37）（大徳）七年、授御史中丞、陳当世要務十条、成宗嘉納之。京師孔子廟成。瑋言「唐・虞・三代、国都・閭巷莫不有学、今孔廟既成、宜建国学於其側。」従之。

（38）高麗出身の進士である李穡（至正十四年進士）の事績については、陳高華「『稼亭集』『牧隠稿』与元史研究」（郝時遠・羅賢佑〔主編〕『蒙元史曁民族史論集』社会科学文献出版社、二〇〇六年）が詳しい。

（39）新及第進士、参謝学官。謁文廟礼畢争出門、至有状元方入殿上香、諸人皆走出。後出者、宦不達、且早死故也。癸巳科、僕忝状頭、与諸公議曰「吾輩読書、行已自有礼。聖人英霊如在頭上、敢蹈非礼乎。」諸君皆曰「然。惟命是聴。」於是入殿庭一双拝、僕上殿一双拝、配位礼皆畢、徐下庭。東西行礼者皆至、於是又一双拝。礼畢退、足跡相継不敢妄動一歩、出門上馬、徐駆至演福寺、序歯成礼。自是進士及第至謁文廟、必援癸巳年事。

（40）『日下旧聞考』巻五四、城市（内城北城）按語には、「臣等謹按、万春園久廢、以其地考之、当近火神廟後亭云。」とある。現在の万寧橋（后門橋）の北側には火神廟の跡が残されている。

（41）天暦三年二月八日、同年諸生謁座主蔡公于崇基〔真〕万寿宮寓所。既退、小集前太常博士藝林使王守誠之秋水軒。坐席尚歯、酉殺簡潔、談詠孔洽、探策・賦詩。

（42）こうした科挙に合格した所謂「同年生」間の相互交流については、前掲註（5）山口智哉「宋代《同年小録》考」が彼らの「意識」にまで考察を深めた興味深い論考を発表している。また、同年生の交流の産物として記される同年歯録の性格やそこから得られるもの等については、大野晃嗣氏が多角的に研究を進めている。ここでは紙幅の都合上、「明代の同年歯録が語る進士とその子孫――『嘉靖丙辰同年世講録』を中心に――」（『集刊東洋学』九八、二〇〇七年）のみを挙げておく。

(43)　平田茂樹『科挙と官僚制』（山川出版社、一九九七年）を参照。

(44)　元時、科挙之法至仁宗始定。従李孟之請也。其制三歳一開科、以八月郡県郷試、明年二月会試京師、中者策之於廷、賜及第・出身有差、即今制所由始也。

(45)　前掲註（5）山口智哉「宋代『同年小録』考」を参照。

(46)　明代の登科録については、『明代登科録彙編』（台湾学生書局、一九六九年）、及び『天一閣蔵明代科挙録選刊・登科録』（寧波出版社、二〇〇六年）を参照。

(47)　陳長文「明代殿試日期的変更及其原因――兼談放榜及相関恩栄活動的日期――」（『明代科挙文献研究』山東大学出版社、二〇〇八年）は明代の科挙の合格行事の日程についてまとめる。

(48)　斉化門外有東嶽行宮、此処昔日香燭酒紙最為利。蓋江南・直沽海道、来自通州者、多於城外居止、趨之者如帰。又漕運歳儲、多所交易、居民殷実。

(49)　『秘書監志』巻三、廨宇には「京師省府有二。一在鳳池坊北、中書省治也。一在宮城南之東壁、尚書省治也。」とある。

〔付記〕本稿は、科学研究費補助金（基盤研究B、三浦秀一〔代表〕「思想史的社会史的史料としての科挙答案に関する基礎的研究」）による研究成果の一部である。

Ⅲ　近隣諸国家の観点から

契丹国（遼朝）の宰相制度と南北二元（重）官制

武田和哉

はじめに

遊牧民族と農耕民族の生活様式には根本的に異なる部分があり、そのことは当然にして双方の社会の構造や諸相全般にまで多大な差異をもたらしている。たとえば、一定の場所に住居を置いて農耕を営む社会と、季節毎に異なる牧営地を移動する遊牧の社会とでは、土地に対する概念や価値観は自ずと異なっているし、家族や社会の在り方も大きく異なっている。こうした差異の集積が、究極的には政治制度の違いとなって表面化している。

東アジア世界では、古来より中原に居する農耕民族と、北方あるいは西方などの地域に拠点がある遊牧民族の交渉を主たる軸として展開してきた、と言っても過言ではあるまい。その経過をたどる際に、双方の社会構造や政治制度は比較されることが多いが、重厚かつ複雑な社会を統治する農耕民族の国家の政治制度に比べれば、遊牧民族の政治制度とはまさに朴実・簡便という表現が当てはまるであろう。

北方・西方などより興った遊牧国家が中華に進入し、その一部を自国の領土として取り込み領域を拡大していく過程において、次第にその社会や政治制度が変質していく例はいくつか知られている。ただし、その評価は往々にして「中華化」あるいは「漢化」という言葉によって形容されることが多い。その実態は、今後より詳細に検討されなければならないが、たしかに圧倒的な人口と社会規模を持つ中華世界に踏み込めば、たとえ支配者階層として君臨すれども、多大の影響を受け容れざるを得ないことは必然である。その典型として、三世紀頃に大興安嶺付近から興起した鮮卑系の拓跋部が南下し華北に建てた北魏朝をあげることができよう。結果として、北魏朝は孝文帝の時代に採用したいわゆる「漢化」政策によって、遊牧民族の国家から農耕地域を統治する中華の国家へと変貌していく(1)。

これに対して、ひとつの国家のなかに異なる体系の統治体制を保持することで、本拠である遊牧地帯と新たに獲得

した農耕地域からなる領域双方の統治を目指したのが契丹国（遼朝）〔以下、「契丹国」と略称する〕である。契丹族と拓跋部の興起の経過などにはいくつかの共通点を見いだすことはできるが、政治制度面に着目してみると、契丹国は結果として北魏朝とは異なる統治手法を選択した。

その契丹国の統治体制すなわち南北二元（重）官制は、建国当初から存在していたのではなく、やや遅れて世宗朝の北・南枢密使制度の導入を契機に確立された。この官制導入の背景には、太宗朝以降の漢地の占領や燕雲十六州の獲得により、漢地経営に主体的に関与せざるを得なくなった事情がある。一言でいえば、当時のこの国の二大構成要素となっていた遊牧民と定住民の社会・政治制度の違いという現実を、極めて率直に直視し対応することを目指した官制であった。生活様式や社会組織が根本的に異なる民族を、ひとつの制度で画一的に統治することを目指すのではなく、双方の社会の差異という現実に立脚した統治体制の構築という点では、合理的でかつ実効性がある官制と評価できよう。こうした統治手法は、具体的な形態こそ異なるものの、その後の金朝やモンゴル帝国・元朝などにおける行省制度を活用した異民族・地域統治の手法にも通じるものがある(2)。

ところで、この契丹国の官制の内実は、現在の高等学校で用いられている世界史教科書において説明されているように、単にふたつの官制が並立したといった単純な様相ではなかったことが近年の諸研究によって明らかになりつつある。たしかに、遊牧民を統治する「北面官」と、農耕民を統治する「南面官」という二系統の官制に大別されていたが、では双方の官制が完全に対等な関係で並立していたかというと、どうやらそうではない。例えば、国家の枢機、特に軍事に関わる問題は、基本的には北面官の管掌下にあった。ここに、軍事力を大きな基礎として成立した遊牧国家としての性質の一端を垣間見ることができ、また支配者たる契丹人の地位の優位性も確認し得る。

さらに重要な点として、この南北二元（重）官制は時代の経過とともに大きく変質もしていった。遊牧民統治を担当する北面官の筆頭である北院枢密使と農耕民統治を担当する南面官のトップとみなしうる南院枢密使は、建国後

ばらく経過した世宗朝に導入され、制度発足当初よりしばらくの間は、それぞれ契丹人と漢人をして任命されていた。しかし契丹国の後半期に至っては、双方の職官ともに基本的には契丹人を以て任命する様相へと変化した(3)。

こうした官制の歴史的変質のなかで、建国当初から存在し続けた重要職官として、北・南府宰相がある。この「宰相」という名称からして、一見して中華に起源を求められるか、あるいは中華のそれを模倣または意識したと思しき印象を受けるが、まずは契丹固有の制度の色彩が濃い北面官制の中に存在した職官であることを念頭に、起源・沿革の問題も含めて考察してゆく必要があろう。建国時期より末期まで存続し、しかもその間に実態が確認される点においては、契丹国の官制の中では数少ない存在ではある。しかし、その職掌・権能が契丹国を通じて不変であったかどうかについては、検討する必要がある。

本節では、契丹国における宰相制度に関して基礎的な考察を行うとともに、他の重要朝官との関係や比較等を通じて、官制全体の時代的変質の様相に関しても視座を提示したいと考える。

一　基本史料の概観

まず、研究史を概観する前に、契丹国の宰相に関する基本的な史料について、便宜上先に列挙しておく。これらの中で、最も体系的な情報を持っているのはやはり『遼史』である。ただし『遼史』自体は、概して錯誤の多い史料であることが以前より指摘されており、実際に宰相に関する記述に限っても、『遼史』の各所との対照によりいくつかの誤りが認められることは、後段において論述する。

『遼史』以外には、『契丹国志』をはじめとして宋人の手による史料があり、『遼史』とは異なる視点からの記述を有しており、ある意味で有益であるが、概して伝聞等に基づくものもあり、しかも中華思想などに影響されたある種

の先入観や誤解があることには留意しておく必要があろう。

①『遼史』巻四十五・百官志一・総序

契丹の旧俗、事は簡にして、職は専らなり。官制は朴実にして、名を以て之を乱さず。その興るや勃《さかん》んなり。太祖神冊六年、詔して班爵を正す。太宗中国を兼制するに至り、官は南北に分かたれ、国制を以て契丹を治め、漢制を以て漢人に待せり。国制は簡朴なれど、漢制は則ち名に沿うの風にして固より存せしものなり。遼国の官制は、北・南院に分かつ。北面は宮帳・部族・属国の政を治め、南面は漢人の州県・租賦・軍馬の事を治め、俗に因りて治むるは、その宜しきを得てするなり。初め、太祖は迭剌夷離菫を分かちて北・南二王と為し、之を北・南院と謂う。宰相・枢密・宣徽・林牙より下は郎君・護衛に至るまで、皆北・南に分かつも、其の実に治める所は皆北面の事なり。遼の官制を語る者の、弁ぜざるべからざるなり。

凡そ、遼の朝官は、北枢密は兵部を視し、南枢密は吏部を視し、北南二王は戸部を視し、夷離畢は刑部を視し、宣徽は工部を視し、敵烈麻都は礼部を視し、北南府宰相は之を総べる。惕隠は宗族を治め、林牙は文告を修め、于越は坐して論議し、以て公師に象《かたど》らしむ。朝廷の上、事は簡にして、職は専らなり。此れ遼の興る所以なり。

（以下略）(4)

②『遼史』巻四十五・百官志一・北面朝官条

契丹北枢密院。兵機、武銓、羣牧の政を掌る。凡そ契丹の軍馬は皆焉《ここ》に属するなり。其の牙帳は大内帳殿の北に居るを以て、故に北院と名づけたり。元好問謂う所の「北衙は民を理せず」とは是れなり。

北院枢密使。

知北院枢密院事。

知枢密院事。

北院枢密副使。

知北院枢密副使事。

同知北院枢密使事。

簽書北枢密院事
（中略）

北枢密院中丞司。

（中略）

契丹南枢密院。文銓、部族、丁賦の政を掌る。凡そ契丹人民は皆焉に属するなり。其の牙帳は大内の南に居るを以て、故に南院と名づけたり。元好問謂う所の「南衙は兵を主《つかさど》らず」とは是れなり。

南院枢密使。

知南院枢密院事。

知枢密院事。

南院枢密副使。

知南院枢密副使事。

同知南院枢密使事。

簽書南枢密院事
（中略）

南枢密院中丞司。

（中略）

北宰相府。軍国の大政を佐理するを掌る。皇族四帳、世《よよ》に其の選に預かる。

北府左宰相。

北府右宰相。

総知軍国事。

知国事。

南宰相府。軍国の大政を佐理するを掌る。国舅五帳、世《よよ》に其の選に預かる。

南府左宰相。

南府右宰相。

総知軍国事。

知国事。

北大王院。部族、軍民の政を分掌す。

北院大王。初名は、迭剌部夷離菫にして、太祖が北・南院を分かち、太宗の会同元年、夷離菫を改めて大王と為す。

知北院大王事。

北院太師。

北院太保。

北院司徒。

北院司空。

（中略）

北院都統軍司。北院従軍の政令を掌る。

（中略）

北院詳穏司。北院部族・軍馬の政令を掌る。

（中略）

北院都部署司。北院部族・軍民の事を掌る。

南大王院。部族、軍民の政を分掌す。

南院大王。

知南院大王事。

南院太師。

南院太保。天慶七年、南院太保を省く。

南院司徒。

南院司空。

（中略）

南院都統軍司。南院従軍の政令を掌る。

（中略）

南院詳穏司。南院部族・軍馬の政令を掌る。

（中略）

南院都部署司。南院部族・軍民の事を掌る。

（以下略）(5)

③
『契丹国志』巻二十三・建官制度
他姓を賤とし、耶律・蕭氏の二姓を貴しとなす。其の官は、契丹枢密院及び行宮総管司有りて、之を北面と謂う。其れ牙帳の北に在るを以てす。以て蕃事を主る。又、漢人枢密院、中書省、行宮都総管司有りて、之を南面と謂う。其れ牙帳の南に在るを以てす。以て漢事を主る。其れ惕隠は宗正寺なり。夷離畢は参知政事なり。林牙は翰林学士なり。夷離巾は刺史なり。内外の官多くは中国の者を倣えり。其の下の吏を佐するものは則ち敞史、木古思奴古、都奴古、徒奴古有り。兵馬を分領するものは則ち統軍、侍衛、控鶴司、南王、北王、奚王府五帳分、提失哥東西都省の大師兵有り。又、国舅、鈴轄、遙輦、常袞司有り。（以下略[6]）

④
『武渓集』「契丹官儀」

胡人の官、番中の職事を領する者は、皆胡服す。之を契丹官と謂う。枢密、宰臣は則ち北枢密、北宰相と曰く。燕中の職事を領する者は、胡人と雖も亦漢服す。之を漢官と謂う。漢官の執政は、則ち南宰相、南枢密と曰く。契丹枢密使にして平章事を帯びし者は、漢宰相の上に在り。其れ使相を帯びざる、及び使相を帯びると雖も知枢密副使事たる者は、即ち宰相の下に在り。其れ漢宰相は必ず枢密使を兼ねたり。乃ち機事を聞くことに預かるを得たり。蕃官に参知政事有りて、之を夷離畢と謂う。漢官の参知政事にして使相を帯びし者は乃ち穹廬の中に坐するを得たり。（以下略[7]）

⑤
『遼史』巻三十五・兵衛志中・衆部族軍条
衆部族は、南・北府に分けて隷し、四辺を守衛す。各の司存有りて、具さには左の如し。

北府凡そ二十八部。

　宮帳に侍従す。

　　奚王府部。

南境に鎮す。
　五院部。
　六院部。
東北路招討司。
　烏隗部。（中略）
南府凡そ一十六部。
西南境に鎮駐す。
　乙室部。
西南路招討司。
　品部。
　迭剌迭達部。
　品達魯虢部。
　乙典女直部。
西北路招討司。
　楮特部。（以下略[8]）

①の前半は、契丹国の官制を概観したもので、体系的な説明がなされている部分である。『遼史』の他の部分などの記述との対照等においても、それほど大きな違和感はなく、比較的整合性のある内容と考えられる。また、契丹国の官制について重要なポイントを説明している点は見逃せない。すなわち、北面官と南面官という南北二元（重）官制の体系とは別に、北面官制の内部にはさらに北と南という名称を冠する二系列の官制体系が存在しているというこ

とである。このことは、他の史料においても往々にして誤解されていることが多く、南北二元（重）官制に関する理解の混乱の大きな原因ともなっている。そもそも『遼史』巻四十五・百官志一・北面諸帳官条によれば、

遼俗、東嚮して左を尚す。御帳は東嚮し、遙輦九帳は南嚮し、皇族三父帳は北嚮す。東西をして経と為し、南北をして緯と為す。故に御営を謂いて横帳と為すと云うなり。[9]

とみえることも併せて考えると、東向きに坐した契丹皇帝からみて左右すなわち北と南に並置された様相から発生したものと考えられ、本来は北面官内部の構造の描写である。

これに対して、後半の部分に関しては、唐の六部になぞらえて説明しているが、こちらについては必ずしも実態を反映していないことが、既に津田左右吉、島田正郎の研究で指摘されている。[10] またこの記述では、北・南府宰相は、枢密使も含めて総括するような意味にも受け取れるが、実際には北・南院枢密使制度が創設された世宗朝以降は、北・南院枢密使が北・南府宰相よりも上位であった点は否めない。[11] 事実、②の北面朝官の序列でも、北・南府宰相は北・南院枢密使の次であり、北・南院大王（旧迭剌部夷離菫＝部の長[12]）よりは前である。この序列は、『遼史』の各所における記載や、これまでの官制研究に関する成果とも併せて考察すると、契丹国の後半期以降の北面朝官内における各職官間の序列ないしは権力関係を反映した内容と考えて差し支えないであろう。

なお、これら北面官の各職官の官品などの規定については、詳細な史料が伝わらず、不明な点が多い。あるいはそもそも唐朝や宋朝のような緻密な規定そのものが存在していたのか、また存していたとしてもいつ頃から運用されていたのか、それらが後段で論じる契丹人固有の任用制度である「世選制」の中でどのように運用され機能していたのか、あるいは一定の実効性を持って安定的に運用されていたのか、といった制度の実態については、現段階では不明である。[13]

一方、③は宋代の漢人の認識が反映されたとみられる記述であるが、奇妙なことに宰相に関する記述は出てこない。

枢密使について言及している点から考えると、世宗朝以降の契丹国の官制に関する認識を記していることが判るが、いくつか誤解もある。北・南面が、牙帳すなわち契丹皇帝の居所からみてそれぞれ南北にあると説明している箇所があるが、この点に関しては前段で指摘したように、南北二元官制の問題とその北面官制の中にさらに存在する北・南の二系統の対称的官制の問題とが明確に判別・理解されないままの見解が含まれている点が見受けられる。

因みに、枢密使に関する記述については、『遼史』巻四十五・百官志一では、北面官の中に北枢密院と南枢密院の存在を伝えながら、さらに巻四十七・百官志三では、南面官の中において漢人枢密院なるものを伝え、三つの枢密院があると説明するが、実はこれは誤りである。[14]『遼史』の各所の記述を点検すれば判明するのであるが、世宗朝以降の枢密使制度の導入以降においては、北・南枢密院の二院のみが存在し、漢人枢密院なる部署の実態を確認することは困難であることを付言しておく。

次いで、④についても、同様に宋人の手によるものであるが、こちらは宰相に関する記述があるものの、枢密使とほぼ同列の扱いをしていて、しかも南宰相がいわば「南面」の事を掌ったとする記述がある。この部分に関しては、①の見解とは異なっている。また南宰相すなわち南府宰相とは、後掲の⑤にあるように、契丹人など遊牧民の部族統治を管轄する職官であるから、前述のようにこれが南面官制の中にあったとすることは誤りである。

基本的に、契丹国の北面官制の中には「枢密使」や「宰相」といった中華制度に由来する職官名が存在してはいるが、北・南という並立構造となっている点が特徴的であり、唐・五代・宋の宰相制度と比べれば、当然にして異なった様相である。

⑤は、契丹の各部族が、北府または南府に属し、諸方面の防禦を担当していたことが記されている。同様の記事が、『遼史』巻三十三・営衛志下の太祖二十部と聖宗三十四部の各条にも見られる。この北府・南府を統括していたのが宰相であった。このことは、近年出土した「蕭孝恭墓誌（大康七年）」の冒頭に「北朝大遼国南宰相府所管初魯得部」

という記述がみえ[15]、この「初魯得部」とは、『遼史』でいうところの「楮特部」であり、このことからも確認されよう。

以上が契丹国の宰相および特に北面中央官制に関する基本的な史料である。

二　研究史の総括

契丹国の官制および任用制度についての研究は、津田左右吉以来いくつかの論攷が存在しているが、宰相制度を中心に専論として扱ったものとして、姚従吾、島田正郎、李錫厚、唐統天、何天明、王滔韜などの論攷がある[16]。このうち、何天明の論考は近年まとめられ、宰相のみならず契丹国の北面官制の主要職官全般に言及したものである。宰相に関してはいくつか興味深い指摘が含まれていて注目される。しかしながら、枢密使・宰相・大王などの各職官の分析はそれぞれ個別の事例や内容の分析を実施するものの、個別の職官ごとの分析に留まり、結果として官制全体の変化を総合的に考察した内容とは評価できない。

また島田正郎は、一連の契丹国の官制研究の中で、任用制度の問題とも併せて体系的かつ詳細な考察を展開し、北面官制の特色および宰相制度について論じている[17]。島田の分析は『遼史』の各所の記述を総合した内容であり、宰相の任命等の事実より帰納的に得られるいくつかの重要な様相を把握することにはひとまず成功している。また、職掌の範囲などにも言及し、最終的に宰相制度と契丹国の北面官にみられる契丹人固有の任用制度である世選制との関連についても論じている。島田の研究は発表後四十年以上が経過しており、この間に得られた新出史料や研究成果を踏まえて再検討を要する部分があるが、世選制を通じて北面官制における契丹人の任用実態の考察を目指すという点では、おおよそ筆者と問題意識を共有している。

ここで世選制について簡略に概要を述べると、ある職官について任用されるべき人物の血統が予め指定されており、その対象の中から適宜適任者が選ばれて任命する制度と言える。事実、前掲②の『遼史』巻四十五・百官志一の記述にあるように、北府宰相は皇族の五つの血統が、また南府宰相については国舅族の四つの血統が、それぞれその対象であったと記す。ただし、この記述は錯誤しており実際は正反対であって、北府宰相は国舅族の四血統が、また南府宰相については皇族五血統が、それぞれ任官の対象とされる血統であったとみられることは既に島田の研究などにより指摘されている。さらに島田は、この記述が説明する国舅族・皇族の血統以外に、契丹人の部族社会には属していない漢人等の任用例が少なからず存在することも明らかにしている。

このようなことで、前掲史料②にあるような記述は必ずしも実態を完全に説明為果せているとは言えない。さらに、この世選制が契丹国の宰相への全ての任用を規定した唯一無二の制度であったかどうかという点からも疑問が残る。

さて、この「宰相」という名称については、島田はその論攷の冒頭において、

> 必ずしも中国王朝の官制の直写ではなく、建国以前に既に存した職官に発し、当時は可汗のもとで副貳たる役を負うものであったかと推定される。

と述べ、さらに、

> 遼史の紀・伝には、ときにたとえば「宰相・節度使云々」というよう〔ママ〕ような表現の仕方で、必ずしも上記の北面朝官たる宰相、北南面の地方官たる宰相だけではなく、上級の職官にあるもの一般を指称すると考えられる場合も認められる。

とし、

そしていうまでもなく「宰相」とは、相つまり人主を宰輔し百僚を統督して国政を総轄するものの謂いで、中国王朝の官制に発しているわけであるが、遼制における「宰相」がその直写であるかどうかには、なお検討を要す

る点が多い。むしろ私は、遼制における「宰相」を、必ずしも中国王朝の官制の直写とは解せず、建国前に存した中国語に翻訳すれば「宰相」と訳し得るようなものに発したと考えるが、この点を本章において論証することを主眼としたい。

と述べる。そして、結論としては

特に注意を要することは、これまで論者が「宰相」の名辞にこだわって、これを中国王朝の職官に由来するものと決めてかかり、その故に、多くの疑点の存在にもかかわらず、あえて問題ともしようとされなかったところをついて、「宰相」ほんらいの意味たる「人主を宰輔するもの」の謂いに遡って、当代の文献に見える「宰相」を契丹語からの意訳とする推測から出発し、考証によってこの推測を推断にまで高めた。

とした。島田の結論はさらに続き、やや長文ではあるが核心部のみを引き続き引用すると、

建国前にも「宰相」を帯びる職官名の存在をつきとめ、これに任じたものの出自に推測を加えて、特定の氏族の間から選出される首長と、これに準ずる氏族から出る「宰相」の補弼するところの政治が、遼国建国前の政治のかたちであろうと推測し、耶律阿保機の遼国建国をもって、かかる体制を打破して中国王朝風の中央集権的専制体制の樹立にありとし、そのために軍国の体制に最も適合した枢密院制を導入したが、遼帝の君主権はまだそれほど強くは成長していないので、依然として古い「宰相」制とその叙任の慣例とを採り容れて、これを制度化し、北・南両宰相府制と、北・南府宰相にそれぞれ外戚集団または血縁集団のものを任ずるという世官制とを立て、これによって外戚・血縁両集団の同調と協力とを得て、君主権の確立強化に資そうとしたものであろう。

と結論づける(18)。

最終的に島田の結論では、契丹国の宰相とは必ずしも中国官制を完全に輸入したのではなく、契丹固有の官制の中で、可汗（君長）の宰輔をしていた職官が、建国頃に中華的な「宰相」という名称を借用して呼ばれるようになった

可能性があるとする理解を提示する。この理解は、契丹官制の独自性を概観した上での考察でもあり相応の説得力はある。しかし一方では、他の中華に起源がないとみられる職官が、同様に中華的な名称へと変化していないという事実については明確な説明が用意されていない。建国当初の記録である『遼史』の太祖本紀に現れる顕官としては、北・南府宰相と、迭剌部夷離菫、于越、惕隠あたりを挙げることができる。この中で、「迭剌部夷離菫」は、のちに太祖により分割され、太宗朝に中華的に「大王」と改称されるが、于越・惕隠などの名称は契丹国の末年までそのまま使用され続ける。

もしも、「宰相」という名称が借用により充てられた中華的な名称であるのなら、他の中華的名称でない「于越」や「惕隠」といった名称も、たとえば太宗朝に「夷離菫」が「大王」と改称されたように、建国後それほど隔たらない頃の時期までに、中華的な職官名に言い換えられていたのではないかという疑問が自然に湧いてこよう。

このように、契丹国建国当初の段階において、ただひとつ「宰相」のみが中華的な職名として含まれている点については、些か不自然さを感じる点ではある。この時期の記録に「宰相」という名称が現れていることは、むしろ何らかの事由により「宰相」という名称の職官および制度の概念が既に存在していた可能性を示唆するものではある。

この点、何天明は注目すべき点を指摘している。すなわち、唐朝の羈縻支配の期間において、契丹族が唐制を学習し、その制度を自己の制度に採り入れた可能性を指摘する。(19) その主旨自体は概ね首肯できるものと考えるが、一方では宰相制度導入の時期やその分析や見解については再検討すべき課題があるように見受けられる。その諸点については、後段にて適宜指摘し詳論したい。

このほか、筆者は契丹国の後半期の道宗朝の政治状況の分析を通じて、北府宰相の問題に一部言及したことがある。後段において詳述するが、北府宰相は皇族に后妃を納れる一族であった国舅族の人物を多く任用する傾向があり、その国舅族の内部はさらにいくつかの集団にまた分かれていて、契丹国の前半から中葉にかけての時期に、北府宰相は

基本的に国舅族の中の大父房という集団の出身者を以て任用する事例が大半であったが、聖宗朝末から次代の興宗朝初期の間に突如としてこの傾向は革まり、以後は別の少父房という集団の出身者が基本的に任用される流れとなったことを確認した。そしてこの背景には興宗朝以降、皇后は大父房ではなく少父房より選ばれる様相があり、北府宰相と連動した傾向を示すことを指摘した[20]。このことから、北府宰相と時の皇后との親族関係は密接であったことが判明し、北府宰相の任用者選択における大きな要件であったと考えられる。

以上が宰相制度に関する大まかな研究状況であるが、それらを概観していくとすると、研究上大きな問題が存在していることに気付く。すなわち、契丹国の宰相制度に関しては、史料も少なく、さらには『遼史』の誤謬の多さや記述の混乱などの障壁が存在するということである。つまり宋代などとは異なり、各職官と官品の対応関係や序列の実態の詳細などを知る手掛かりが絶対的に不足しており、また任用規則等の詳細も同様に不明な状況であるので、現状の有力な検討手段としては、任命の事実から帰納的に推測する手法を基本としつつ、他の研究成果や新出の墓誌史料等を参考に問題点を明らかにして考察を進める方法が有力とならざるを得ない。

こうしたことから、島田や何天明の先行研究においても、多少の差異はあるが似たような手法を採用し分析を実施している。しかし、個別の事例に関する扱いや解釈、さらには史料の解釈等にはかなりの差があり、これらが結論の差ともなって表出しているようにも思われる。こうした事情に鑑み、本節においても既に先行研究で提示されている任用事実の確認などの基礎的作業の部分も含めて再検討の対象とせざるを得ず、本紙面において筆者の見解を反映させた内容を再提示せざるを得ない。この点は重複の煩瑣を免れ得ないが、筆者なりの最終的な結論へと至る過程において必要最低限の手続きであると考える次第である。

三　宰相の任命事例の様相と特質

契丹国の宰相の任命事例については、既に島田や何が提示しているところであるが(21)、いくつか誤りがあったり、見解が異なる点もあり、さらには事例の分類の視点等も筆者の視点とは異なっていることでもあるので、本稿にてあらためて提示する。なお、近年は墓誌が多く出土しており、それらの中には史料には見えない事例もいくつかあるが、これらについては現段階ではまだ『遼史』などの史料と同等に取り扱うことが適当かどうか、些か検討の余地があると考える。特に、同一人物でありながら、別名で表記されることなどがあり、結果として人物の同定ができない場合もあり得るためである。さらに、いくつかの墓誌に見える故人の祖先・親族の任用事例についても、蕭孝恭墓誌など一部の事例を除くと、『遼史』など他の史料などによって対照・確認ができないものが大半である。このようなことから、本表には記述の事実については記載するが、史料中に見える事例とは別に扱うこととしたい。以下が、北（府）宰相および南（府）宰相の事例の各表である。

表1　北府宰相任命表（上は『遼史』『契丹国志』記事より・下は墓誌の記事より）

皇帝	耶律氏	蕭氏（国舅族）	蕭氏（以外・不明）	契丹人・不明	漢人	摘要
太祖		蕭敵魯（大） 蕭阿古只（少）	蕭霞的 蕭実魯	迪里古 迪輦		
太宗		蕭幹（大）				
世宗		蕭塔剌葛（別）				
穆宗		蕭海璨（国）				
景宗	耶律兀里（出自不明）	蕭思温（大）	蕭留住哥		室昉ⓐ	①会同初登進士第とあるが、後晋でのことか

	聖宗	興宗	道宗	天祚	事例数	比率
					一	一・九％
	蕭浞卜（大） 蕭継先（大） 蕭排押（少） 蕭孝穆（少） 蕭朴（少） 蕭孝先（少） 蕭継遠（大）	蕭革（大） 蕭恵（少） 蕭孝忠（少） 蕭阿剌（少） 蕭孝友（少） 蕭虚列（少） 蕭朮哲（少）	蕭阿速（少） 蕭兀古匿（少） 蕭余里也（少） 蕭撻不也（少） 蕭朮者（少）	蕭乙薛（少） 蕭常哥（国）	二七	五一・九％
	蕭普古 蕭寧 蕭奥只ⓑ	蕭塔列葛（六） 蕭撒八寧 蕭八撒	蕭九哥 蕭袍里ⓓ	蕭兀納（六） 蕭徳恭	一三	二五・〇％
			陳留		三	五・八％
	劉晟 劉慎行 耶律隆運ⓒ		姚景行◎ 楊遵勗◎ 張孝傑◎ 楊績◎		八	一五・四％
	ⓑ契丹国志による ⓒ漢人・本名韓徳譲		ⓓ墓誌が出土している蕭袍魯か		計五二例	一〇〇％

凡例　（大）は国舅大父房、（少）は国舅少父房、（別）は国舅別部、（国）は国舅族で詳細不明、（六）は六院部、◎は漢人で貢挙及第者をそれぞれ示す。

表2　南府宰相任命表（上は『遼史』『契丹国志』記事より・下は墓誌の記事より）

皇帝	耶律氏（皇族）	耶律氏（以外・不明）	蕭氏	契丹人・不明	漢人	渤海人	摘要
太祖	耶律蘇（季）						
太宗		耶律欧礼斯（乙）	蕭霞頼（楮）	鶻離底 解領			
世宗	耶律善補（孟） 耶律敵烈（横）				韓延徽		
穆宗・景宗		耶律沙					
聖宗	耶律滌洌（孟） 耶律弘古（孟） 耶律瑰引（孟） 耶律奴瓜（季） 耶律狗児（二）	耶律吾剌葛 耶律合葛	蕭孝穆（国少）	解領 蕭高八	邢抱質	大康艾	
興宗	耶律高十（仲） 耶律査葛（横） 耶律貼不（横）	耶律応穏 耶律喜孫（宮分）			杜防◎ 韓知 韓滌魯ⓔ		ⓔ韓徳譲の一族
道宗	耶律燕哥（季） 耶律斡特剌（季） 耶律頗的（季） 耶律釈魯斡（季） 耶律頗徳（二）	耶律藥奴ⓕ 耶律巣哥 耶律王九	蕭唐古 蕭何葛 蕭惟信（楮） 蕭徳（楮） 蕭図古辞（楮）	塗孛特	趙徽◎ 王績 竇景庸◎ 王経 趙廷睦◎ 楊績◎ 楊遵勗◎		ⓕ惕隠に任用されているので、皇族である可能性が高い

					王棠◎		
天祚	耶律淳（横）	耶律信寧	蕭楽古		張琳 耶律儼ⓖ◎ 呉庸		ⓖ本姓は李
事例数	一七	一〇	九	四	一六	一	計五七例
比率	二八・〇五%	一九・三%	一五・八%	七・〇%	二八・〇五%	一・八%	一〇〇%

凡例　（孟）は皇族孟父房、（仲）は皇族仲父房、（季）は皇族季父房、（二）は二院皇族、（横）は横帳＝宗室、（国少）は国舅少父房、（楮）は楮特部、（宮分）は宮分人、◎は漢人で貢挙及第者　をそれぞれ示す。

表3　墓誌・哀冊に現れる北府宰相の事例

皇帝または時期	耶律氏	蕭氏（国舅族）	蕭氏（以外・不明）	契丹人・不明	漢人	摘要・典拠
聖宗朝以前	耶律某					蕭勃特本妻耶律氏曾祖父・「蕭勃特本墓誌」
聖宗～興宗期		蕭曷寧（国舅族?）				蕭排押か・秦晋国妃父・「秦晋国妃墓誌」
興宗～道宗朝		蕭某（国舅族）				蕭孝忠か・耶律弘世妃蕭氏父・「耶律弘世妃蕭氏墓誌」
興宗～道宗朝		蕭恭（国舅族）				蕭興言父・「蕭興言墓誌」
道宗朝			蕭袍魯			史料にみえる蕭袍魯と同一人物か・「蕭袍魯墓誌」
天祚期		蕭義（国舅大父房）				史料にみえる蕭常哥と同一人物か・「蕭義墓誌」

表4　墓誌・哀冊に現れる南府宰相の事例

皇帝または時期	耶律氏（皇族）	耶律氏（以外・不明）	蕭氏	契丹人・不明	漢人	渤海人	摘要・典拠
太祖期？			蕭楊寧（楮特部）				蕭孝恭五世祖・「蕭孝恭墓誌」
太祖期？			蕭蒲打寧（楮特部）				蕭楊寧弟「蕭孝恭墓誌」
景宗～聖宗期？			蕭徳順（楮特部）				蕭孝恭祖父・「蕭孝恭墓誌」
聖宗朝以前	耶律某						蕭勃特本妻耶律氏曾祖父・「蕭勃特本墓誌」
道宗期			蕭惟忠（楮特部）				蕭孝恭叔父・「蕭孝恭墓誌」

以上を概観した段階で、表面的に看取されるいくつかの特質と傾向を指摘することができる。それらについては、以下に項目ごとにまとめて指摘する。

㈠北府宰相への任命事例の概要

北府宰相については、既に『遼史』巻四十五・百官志一・北面朝官条にある、

　皇族四帳、世《よよ》に其の選に預かる。

が誤りで、実際には、

　国舅五帳、世に其の選に預かる。

が妥当であるとした島田の見解を紹介した。任命の事例を見る限り、国舅族と確認される者は半数を超え、さらに史料の不備で国舅族とは確認できないものの、そうである可能性が高い蕭姓の契丹人の例ともあわせると、全体の約四分の三を占める様相となっている。

一方で、皇族出身と確認される耶律姓の者はなく、耶律姓ながら出自不明な者の例がわずかに一例あり、あとは漢

人ながら皇族扱いを受け、耶律姓および聖宗皇帝御名と同じ字を含む「隆運」の名を賜るなど、聖宗皇帝実母の景宗皇后の恩寵により破格の待遇となった韓徳譲の例[22]、そして道宗朝に盛んに行われた漢人への耶律姓の賜姓により、史料上耶律姓で記されることがある張孝傑の例[23]があるが、まずは血統上では皇族出身者を確認することはできない。ただし、漢人の任命は散見されるところではあって、史料上より確認しうるはじめての任命事例は景宗朝の室昉[24]であり、その後の聖宗朝と道宗朝においては特に顕著である。

出自上からみると、国舅族あるいは蕭姓契丹人が大半を占め、あとは漢人という様相である。また前述の通り、国舅族から任命された例については、聖宗朝期末を境として、その出自に大きな変化が看取される[25]。

㈡南府宰相への任命事例の概要

これに対して、南府宰相の様相は、やや複雑である。前述のように、南府宰相が

皇族四帳、世《よよ》に其の選に預かる。

であるとしても、皇族出身者と明確に確認しうる事例は、可能性が高い耶律姓の不明事例を算入したとしても、半数には満たない。皇族以外の事例としては、楮特部出身者・国舅族出身者の事例や漢人の任命事例などもみえ、何天明も指摘しているようにその範囲は北府宰相に比べるとやや広いような印象がある。

漢人の任命事例は、北府宰相の概ね二倍に達する。そして、それらの多くは聖宗朝以降に集中しており、特に道宗朝が顕著であるという点では、同じ傾向を示している。また、漢人ではないが、かつての契丹国がその旧領を併合した渤海国の遺民の末裔の事例も一例ながら含まれている。なお、こちらも前述のように道宗朝末期に耶律姓を賜姓された漢人が含まれており、具体例には李儼[26]が該当する。

国舅族の事例は、現時点では確実な例は蕭孝穆の一例のみである[27]。彼は興宗皇帝の実母・欽愛皇太后の弟で、当時

強大な権勢を振るった人物である。その関係から要職を歴任し死後は大丞相を追贈されていることもあり、北府宰相における韓徳譲と同様に特別な事例と見なすこともできるであろう。

このほか、楮特部からの任命事例が散見されることについては注目される。

㈢北・南府宰相への任命傾向と特質

以上のような様相からみて、いくつかの要点が指摘できる。以下にそれらを列挙する。

A　北府宰相・南府宰相ともに、北宰相もしくは南宰相と略称されることがある。ただし、それらの差が制度等の変革などに起因するものとは明確に認められない。

B　北府・南府宰相ともに、契丹人の任用に関しては一定の出自の範囲から選択されて任用されている形跡がある。特に北府宰相と南府宰相により任用者の出身・出自などの様相は異なっている。その一方で例外もいくつか認められることから、必ずしも規則に則った安定的な運用がなされていなかった可能性がある。

C　北府・南府宰相ともに、漢人の任用が少なからずあり、契丹国の後半期において顕著となる傾向にあり、この時期に任用方針などに変更があった可能性が高い。

D　史料などから見る限りでは、北府・南府宰相ともに、複数名が同時に任用されている例を明確に確認する事例を見出すことはできない。

E　北府宰相は、聖宗朝末期頃を契機に、国舅族からの任用者の出自の傾向が大きく変化している。

F　南府宰相の場合は、楮特部からの任用事例が散見され、最近出土した墓誌からもそれが確かめうる。

G　南府宰相に占める皇族出身者の比率は三割以下であり、これに含まれる可能性がある耶律姓契丹人を算入したとしても半数に足りない。こうしたことから、『遼史』巻四十五・百官志一の記述は、過半数の様相を説明し

得ていない可能性がある。

これらの諸点に留意しつつ、次章では北府宰相・南府宰相に関して、問題ごとにさらに具体的かつ総合的な考察を行うこととしたい。

四　北府・南府宰相に関する諸問題の考察

(一)「宰相」の名称の起源と制度の確立時期

北・南（府）宰相の名が最初に見えるのは、『遼史』巻一・太祖本紀上の即位元年の年条であり、

北宰相蕭轄剌、南宰相耶律欧里思、群臣を率いて尊号を上《たてまつ》る。(28)

とある。以降は滅亡まで存続していたとみられるが、前項でも指摘したように、その表記には若干のバリエーションがあり、『遼史』では「北府宰相」・「南府宰相」が主流ではあるが、「北宰相」・「南宰相」そしてかなり事例は少ないものの「北面宰相」・「南面宰相」というものも確認しうる。

この問題に関して、島田正郎は『遼史』などに見える宰相の任用事例などから、「北宰相」と「北府宰相」、また「南宰相」と「南府宰相」という表記の差に着目した。すなわち、最終的には世官制の導入の問題とも絡めて、太祖即位後の四年（九一〇）あたりで宰相制度が確立するとして、それ以前に見える北宰相などの表記例については、後人が誤解し遡って表記を統一してしまった可能性も含め、遡及して適用した表記上の問題ではないかとも論じる。(29) また、何天明は『契丹國志』における表記例は「北宰相」・「南宰相」で統一されていることに言及し、『遼史』の表記のバリエーションは編者の不統一に起因しているとする。(30)

この問題については、「北宰相」・「南宰相」という表記の箇所は『遼史』では些か少ないが、建国当初のごく限ら

れた時期にのみ見えるという訳ではない。このことは島田自身もその論攷の中でも確認していることではある。(31) また、近年多く出土している墓誌などの表記には頻出しており、しかもその時期は契丹国の後半期にまで及んでいる。むしろ、『遼史』における「北府宰相」・「南府宰相」というような表記は、墓誌の中では少数である印象を受ける。

さらに同様に北・南を冠する職官名の使用実態例として「北院大王」・「南院大王」が、『遼史』の一部や墓誌などにおいて「北大王」・「南大王」とされている例が多々見受けられる事例があるので、このことを踏まえつつ考察するならば、島田が宰相制度の確立を反映する証左と見なしていたこれら表記の問題は、その根拠とはなりえないと判断できる。

以上の諸点を総合すると、「北府宰相」・「南府宰相」と「北宰相」・「南宰相」という名称の差異は、実は表記に関するバリエーションの問題であって、宰相制度に関する何らかの質的変化などを反映したものとは考えにくい。むしろ、「北府宰相」・「南府宰相」という表記は、『遼史』の編纂段階で統一がなされた表記である可能性がある。特に『遼史』の中に現れる各種の表記のうち、「北面宰相」・「南面宰相」の表記例は、島田や何の指摘のように編纂段階で表記統一に漏れた事例である可能性がある。一方で、「北宰相」「南宰相」の表記については、墓誌などにおける表記の実態などを考慮すると、当時の慣用的な呼称として存在していた可能性が高く、何天明が『契丹国史』で統一されていると指摘した点は、まさにこうした略式の表記が通用していたことの反映の現象であると筆者は考察する。

よって、「北府宰相」・「南府宰相」か、あるいは「北宰相」・「南宰相」であるかは、それぞれ別次元の理由が絡んでいる可能性があるが、最終的にそれが島田の主張するような内容を反映したものではないと見るのが妥当であろう。

次に、宰相という名称の起源・由来について考察したい。まず契丹国建国初期に見える顕官としては、北・南府宰相のほかには、夷離菫、惕隠、于越などの職官があることは前述の通りであるが、これらはいずれも契丹あるいは突厥などの北方遊牧民族の語彙に起源があると想定されるものばかりである。そうした中に「宰相」という中華的な名

称が入っていることは、当然にして島田が抱いたような懐疑を想起するのは無理からぬことではある。

しかし、建国以前の契丹族がたどった歴史を考察すれば、一定の理解も不可能ではない。すなわち、契丹は四世紀以来、鮮卑がかつて本拠としたシラムレン河流域を本拠として勢力を保持してきた。この地は、古来より多くの民族が拠ってきたが、周代より中原の政権とは一定の関係・交渉の痕跡があり[32]、漢人も多く入境して居住していた地域であった。その後も、いくつかの曲折を経て、六世紀頃には当時北アジア世界で強大な勢力を築いた突厥の支配下に一時的ながら入っていた。前述の「夷離菫」や「惕隠」は、突厥の官名または称号である「俟斤」や「特勤」と関係がある。例えば、突厥は当時の契丹の八部の長に「俟斤」号を与えたが[33]、それが後の契丹国における各部の長の名称である「夷離菫」に引き継がれている事実からも[34]、契丹国の統治体制に残る官名からその由来と経過がたどれる様相が確かめられるであろう。こうした官名が導入され存在していたということからすれば、当時の契丹族社会には当然相応の統治機構が存在し、当然にして君長を宰輔する官も既に存在していたものと推測される。

その後唐代に入り、太宗の貞観二（六二八）年には、この地に松漠都督府が設置され、契丹は唐朝の羈縻支配下に入り、中華世界の構成員を経験する時代となった[35]。この時期に、唐の国姓である李姓を賜姓された人物や、唐の職官名を帯びた人物の存在が、『旧唐書』や『新唐書』の契丹伝をはじめ複数の史料中において確認することができる[36]。当時の唐の周辺にあった日本や新羅をはじめとする国家・王権が唐の諸制度を模倣・吸収したように、契丹もかかる時期に中華的な価値観に接触し、その政治制度の概念や語彙を吸収・採用していった可能性は高いとみられる。やがて、貞元四（七八八）年には時の首長であった李楷落が自立して契丹王を称し[37]、以後朝貢することはあっても、以前のような唐朝の羈縻支配体制の枠内に戻ることはなかった。

本来、唐制など中華の官制において、「宰相」という名称は皇帝の補弼者の総称・通称であって、正式な職官名に付されたことはない。ただ、それは汎用的な総称であったがために、当時の中華の周縁において唐の重厚かつ複雑な

制度文化に接触した小規模な異民族勢力にとっては、むしろ概念・語彙としては導入し使用しやすい面があったのではないかとも推測する。事実、『旧唐書』や『新唐書』のいくつかの周辺民族の伝には、「宰相」や「相」という名称を使用して、異民族の君主に仕える顕官のことを表記している事例が多く見られる。唐朝においては「宰相」という名称はたしかに存在したものの、唐制の中に「宰相」という名称を直接付した職官名はない。しかしながら、周縁の諸民族内部の官名・地位を指す語として「宰相」が使用されていることを冷静に観察すれば、以下のような推察が可能となるであろう。

すなわち、ひとつには、実際にその民族の内部で「宰相」という漢語の名称がそのものが使用されていた可能性があること、そして今ひとつは、その民族の内部では独自の呼称が存在し使用されてはいたが、中華側の認識として君長を補佐する立場の者を「宰相」と見なしていて、その認識が中華側の史料の表現に反映された可能性である。

契丹に関して考察をするならば、唐代の契丹族社会において上記のいずれの様相であったかを示す直接の手掛かりはあまり存在しない。ただし、契丹国成立後の記述となってしまうが、『遼史』巻八十五「蕭塔列葛伝」には、

蕭塔列葛は、字は雄隠、五院部人なり。八世祖只魯は、遙輦氏の時嘗て虞人と為る。唐の安禄山来攻するに、只魯は黒山の陽に于いて戦い、之を敗る。功を以て北府宰相と為し、世《よよ》に其の選に預かれり。塔列葛は開泰の間に仕え、西南面招討使に累遷したり。…（中略）…世選なるを以て北府宰相と為り、卒す。(38)

という記事がみえる。この蕭塔列葛という人物の八世祖が、唐代の安禄山の時代の功績により、子孫が北府宰相を出す血統に選ばれた、ということを述べる。

ただし、こうした性質の史料については、その信憑性に関してはやはり判断が難しく取り扱いには苦慮するものではある。現代日本社会に生きる立場の身上から考えれば、想定し難い話のように判断されるであろう。しかしながら、例えばモンゴルなどの遊牧社会においては、現在でも遠い祖先の名や事績について、連綿と次世代に口授されている

ことは決して珍しいことではないから、一概に否定するのではなく検討の俎上に載せられるべき余地はある。

さて、蕭塔列葛の八世祖の血統が北府宰相の選考対象となる血統に指定された時期については、唐代の安祿山の乱後のほどない時期であるのか、あるいは契丹国の建国後にその功績が改めて顕彰された結果であるかは、史料の記述からは必ずしも明確に判断できないが、八世祖の只魯本人が「北府宰相」あるいはそれに相当する職官に就任したということを述べている点からすれば、彼の生存中すなわち乱の後のそれ程隔たらない時期に選定されていたと理解される。そして、それは前述の李楷落が契丹王を自称した頃に近い時期でもある。

また伝世史料だけでなく、近年出土した墓誌にも類似した記事が見える。すなわち、初魯得（楮特）部の蕭孝恭墓誌には、

高祖已前の六祖、世世皆南宰相を拜す。高祖は左僕射、判平州諸軍事、先ず南宰相を拜し、牙籌を親受さる。諱は楊寧。弟は南宰相、諱は蒲打寧。祖は南宰相、兼中書令、諱は徳順。（中略）烈考は南宰相、兼中書令、魏国公、諱は惟信。叔父は南宰相、同中書門下平章事、判西京留守、諱は惟忠。遠祖より今迄相を拝したる者一十一人なり。[39]

とある。ここで、ひとつ留意しておきたいことは、墓誌史料であるが故に、墓主に関する不利益な内容は書かない傾向があったり、華美な文飾の辞を重ねる傾向からは免れ得ないという点であろう。しかしながら、この蕭孝恭墓誌が注目されるのは、『遼史』に孝恭の父である惟信の伝があり[40]、一定の対照が可能であるという点である。その結果では、惟信とその父高八（墓誌では徳順）が南府宰相であったという点では一致しており、惟信の五世祖の霞頼も南府宰相であったと記す。墓誌側の記述には、五世祖の情報はみえないが、四世祖の楊寧とその弟の蒲打寧がともに南府宰相であったことを記しているので、具体的にどの人物かという問題は別としても、歴代において南府宰相に任じられてきた血統であったという点については虚飾ではない可能性が高い。ただし、墓誌中に見える南府宰相の初めて任

じられた「遠祖」とは、どの頃の時代にまで遡りうるのかという点については、手掛かりがなく不明である。

さらに、『遼史』巻七十四「蕭痕篤伝」には、

蕭痕篤は、字は兀里軫、迭剌部人なり。其の先は遙輦氏の相たり。痕篤は少くして慷慨なり。才能を以て自ら任ず。早くから太祖の帳下に隷し、数ば征討に従う。既に践祚するに、北府宰相に除さる。痕篤は事うること親孝にして、政を為すこと尚《なお》寛簡たり。[41]

と見えるように、唐代後半期に羈縻支配から脱した契丹族の政権を指すとされる「遙輦」時代において先祖が「相」であった家系であることを述べる。また、蕭痕篤自身も北府宰相に任じられている。同様な事例は『遼史』巻八十四・耶律沙伝にもあり、

耶律沙、字は安隠なり。其の先は嘗て遙輦氏の相たり。応暦の間、南府宰相に累官す。[42]

と、耶律沙自身も宰相に任用されている点も興味深い。

これらの史料から考察する限りでは、唐代の段階では当時の契丹族の政治体制の中に、「宰相」あるいは「相」という職の名称そのものであったかどうかは別として、少なくともそれに相当する職位が存在していたことはほぼ確実である。

ところで、何天明も『遼史』巻八十五・蕭塔列葛伝や、近年出土した耶律羽之墓誌などを参考としつつ、結論として遙輦時代には宰相の存在が認められるとしたが、「宰相」という名称そのもの、および北・南（府）といった後世の契丹国における制度体系の雛形のような制度が存在していたかどうか、については、さらに慎重に検討すべきであるとした。[43] その基本的な認識については、筆者とも共通するものである。

しかし、前段で指摘したように、『旧唐書』や『新唐書』のいくつかの周辺民族の伝には「宰相」や「相」という名称がみえ、そのことは史料編纂において中華側の認識を充てた可能性の一方で、当時の周辺民族の中には「宰相」

という漢語の名称がそのものが使用されていた可能性があることも述べた。

さらに、既に前項にて指摘したように、建国直後の時期の様相を記した『遼史』巻一・太祖本紀上には、当時の契丹国の中央官制の職官名として「夷離菫」・「惕隠」・「于越」など中華に起源のない職官名しか見えない状況において、この時点で既に北・南（府）宰相の名称が見えていることは、ある意味では特異な様相を示している。ここに見える「夷離菫」・「惕隠」とは、突厥の官名である「俟斤」・「特勤（特勒）」と関係があり[44]、一方「于越」については、恐らく回鶻（紇）における「頡于伽斯」に関連があるものとみられる[45]。つまり、契丹国成立直後にみえる職官のうち、中華に起源のない官名に関してはいずれも契丹が建国に至るまでに支配を受けたり大きな影響を受けていた突厥・回鶻の官名をそのまま借用して使用している様相が確認できる。

このようにみると、多くの北方遊牧民族系の名称の中に、ただひとつ「宰相」という中華的職官名が含まれているという、一見して特異に見える様相も、支配を受けた国家の官名を借用した履歴という点で共通しているという理解が可能になるようにも思われる。もしこのような考察が成立するのであれば、「宰相」の名称については、唐の支配下または影響下のある時期において、その名称のまま採用され、契丹国の成立に至っている可能性があるのではないだろうか。

以上のことを踏まえ、結論としては「宰相」あるいは「相」に相当する官位の存在自体は唐代の頃には存在が認められるものの、北・南（府）といった後世の契丹国における制度体系の雛形のようなものが、安史の乱後の時期に既に契丹人社会に存在していたかどうかは、現段階では明確に判断する根拠に恵まれないが、「宰相」という名称については契丹国成立以前から採用されていた可能性がある点については、ここで指摘しておきたい。

(二)契丹人の北府・南府宰相への任命

次いで、契丹国成立後に、これらの北・南府宰相にはどのような人物が、どのようにして選任されていたのか、という問題について検討せねばならない。この問題に関しては、前掲表のような任用の事実は各史料より確認でき、一部の例外を除くと、契丹人と漢人の事例に大まかに分別しうる。ただし、契丹人と漢人の選任制度が共通であったと考えることは困難であるので、まずは契丹人と漢人の事例を個別に分析することが必要と判断する。

その上で、まず契丹人の任用については前項で掲示した史料①と北・南府宰相の任命事例表を総合すると、北府宰相には国舅族を中心とした任命がなされていたこと、また南府宰相へは皇族などから任命される例が多かったことは述べた通りである。前掲②の『遼史』巻四十五・百官志一にある、

北宰相府。軍国の大政を佐理するを掌る。皇族四帳（実際には国舅五帳）、世《よ》に其の選に預かる。

南宰相府。軍国の大政を佐理するを掌る。国舅五帳、（実際には皇族四帳）世に其の選に預かる。

という記述は、全ての任用事例を遍く説明為果せている内容には程遠く、実際の任用事例から分析する限りでは、北府宰相では全体の半数程度、契丹人任用事例に限っても約四分の三程度を占める程度であり、南府宰相に至っては全体の三割弱程度、また契丹人任用事例に限ったとしてもその四割の事例にしか当てはまらない様相となっている。また、契丹人任用の事例においてもそれぞれの場合ともに例外が存在するが、特に南府宰相に目立ち、国舅族出身者や楮特部の事例が数例存在する。特に、楮特部の中に南府宰相を代々輩出してきた血統が存在していることは極めて注目される。

ところで、前項でも概述したが、契丹人の高官への任命は、島田が指摘しているように「世選制」と呼ばれる固有の制度が存在し、この制度に依拠した選任であることはほぼ間違いがない。既に、島田の論攷で既に論じられているので重複の言及は極力避けたいが、たとえば、『遼史』巻七十八・蕭護思伝には、

蕭護思、字は延寧なり。世《よよ》に北院吏為り。御史中丞に累遷し、群牧部籍を総典す。応暦初、左客省使に遷る。未

だ幾ばくならずして、御史大夫を拝す。時に諸王は多く事に坐して獄に繋がれり。上は護思の才幹有るを以て詔して治を窮めしむ。旨なるを称えて北院枢密使に改め、仍ち世に宰相の選に預かるを命ず。護思辞して曰く。臣が子孫の賢否は未だ知らず。一客省の使を得れば足るなりと。之に従う[46]。

とあり、本来は代々「北院吏」を務める血統の出自である蕭護思が、功によって北院枢密使に抜擢された際のやりとりとして伝えられる。すなわち、功績等により本人のみならず子孫までが候補者選定の対象範囲に加えられるということを示していよう。この史料は、世選制とは、ある職官に関して特定の指定された血統の中から候補者を選択して任用するという制度の本質を、ある意味では端的に示した史料であろう。これ以外には、『遼史』の各所には類似した記述が散見されるので、宰相や節度使などの顕官に止まらず、蕭護思の例のような「北院吏」や比較的下級の職官においても、それぞれ指定された「血統」ないしは「家系」が存在した様相であったことが確認される。さらに、この蕭護思の場合のように、顕官の「世選之家」として新たに加えられる場合は、基本的には皇帝（君主）側の意志によるものであったという点は、島田が指摘するように重要である。

　このような世選制の意義や特質については、島田が主張するように、完全な世襲型の相続制度としないことにより、家督相続をめぐる兄弟親族間での闘争発生を防止する効果が予測されるほか、広い範囲から候補者を見出して適格な人物を選定できるという利点が指摘できよう。しかしながら、他方では選定の権限を握る側の恣意的な独断人事も可能となる。実際に、道宗朝において皇帝の恩寵により権勢をふるった耶律乙辛が政権を握った時期には、親族やその与党人物に対して次々と「世官之家」の指定を濫発させ、結果として政治上の混乱を引き起こす結果へと至っている[47]点は、構造的な欠陥と評価せざるを得ない。

　世選制とは、長短所それぞれ存在するいわば「諸刃の剣」の如き性質を持つ制度ではあったが、契丹国では朝廷の顕官から各部署の官吏に至るまで、契丹人社会に根ざした固有の基本的な任用制度であって、契丹族とともに契丹国

の建国に参加した「異種同類」とされる奚族にも概ね適用されていたようである。かかる制度において、それでは、北・南府宰相職には、具体的には契丹人のどのような血統から任用されていたのかは、前掲の任用表や具体的な記述をもとに『遼史』等から拾いその傾向を再びまとめると、以下の如くである。

北府宰相

・国舅五帳（巻四十五・百官志一および任用実態より）

北府宰相に任用される契丹人は、原則として国舅族であったことは、任用実態からもほぼ確認されているが、国舅族の内部はさらにいくつかの血統に分かれており、[48]それらの出自に着目して分類すると、下記のようになる。

国舅大父房七例　国舅小父房十七例　国舅別部一例　国舅族（詳細不明）二例

・契丹人（蕭姓・その他）十三例

この中には、国舅族の者が含まれている可能性が高いが、現存史料では確認できない。

・契丹人（姓・出自不明）四例

・漢人　　八例

この結果を概観すると、北府宰相に関しては、契丹人の任用事例中では国舅族（外戚）がかなりの比率を独占している状況が浮かび上がる。加えて、興味深いのは、前項でも紹介したように、聖宗朝の末期を境にして、それ以前では国舅族の大父房出身者が大半をしめているのに対して、その以降では国舅族の少父房の出身者が大勢を占めている傾向が顕著に現れている点である。この理由については、恐らく聖宗崩御時に発生した仁徳皇后誣告事件など、一連の宮廷内権力闘争の結果が影響していることはほぼ間違いがない。この事件において、失脚した大父房出身の仁徳皇后の近親者が多く処刑される一方で、代わって皇太后となった少父房出身の欽愛（哀）皇太后の近親者が多く要職に採用されていることが確認されている。[49]このことから、むしろ北府宰相に契丹人を任用する場合は、国舅族の場合で

は特に皇后の近親者を充てていたという側面を垣間見ることができ、当然にして皇后との近親関係が大きな選択要件のひとつであったことが判明する。

なお、漢人の八例については、後段の別項にて詳論する。

南府宰相

・皇族四帳（巻四十五・百官志一および任用実態より）

皇族も、内部はいくつかの血統に分かれており[50]、それらの出自に着目して分類すると下記の通りである。

皇族孟父房四例　皇族仲父房一例　皇族季父房六例　横帳（宗室）三例

皇族（二院皇族）二例

・楮特部　蕭氏　四例
・乙室部　耶律氏　一例
・契丹人　蕭姓　不明　三例
・契丹人　耶律姓　不明　九例

この中には、皇族の者が含まれている可能性が高いが、現存史料では確認ができない。

・契丹人　宮分人　一例
・契丹人　姓・出自不明　四例
・漢人　十六例
・渤海人　一例

南府宰相の任命事例に関しては、皇族については、北府宰相における国舅族ほどに比率は高くなく、任用された者の出自が比較的多岐にわたっており、漢人の任用も多い。この点は何天明の指摘にもあるところである。

ただし、何の指摘は単に北府宰相に比べて漢人の任用数が多いことや、一例ながら渤海人の任用例があることを根拠にして、任用者の民族性の広範さを強調し、さらには漢人の任用事例数の多さを以て契丹人の特権を削る効果があったとも指摘している。しかし、その結論は見かけ上の事例数を単純に比較した結果に依拠したものであって、その根拠は極めて薄弱である。この点は後段の別項にて、異なる視点から再検討したい。

それから、皇族については、概ね各血統から任用されている様相にあり、特に顕著な特徴などは指摘しにくい。この点は、北府宰相における国舅族の内部の出自が劇的に変わっている例とは対照的であり、その意味ではその選択と任用は比較的安定的に運用されていたと評価すべきかもしれない。

なお、このほかに注目されることとしては、国舅族ではないが楮特部で蕭姓を名乗る血統が、代々南府宰相に任用されている点である。これについては、『遼史』巻二・太祖本紀下には以下のような記述がある。

〔神冊〕六年正月丙午。皇弟蘇を以て南府宰相と為す。…（中略）…南府宰相は、諸弟の乱を搆えたるより、府の名族は多く其の禍に罹り、故に其の位は久しく虚ろなり。鋤特部の轄得里、只里古これを摂る。府中数ば任を宗室より択ぶことを請うに、上は旧制の輒ち変えるべからざるを以てす。請うこと已まず。乃ち、宗廟に告げ、而る後に之を授く。宗室をして南府宰相と為すは、此れより始まれり(51)。

ここでいう「諸弟の乱」とは、太祖朝において太祖の弟が連合して反乱した事件であり、そして「鋤特部」とは、その音価からしてまず間違いなく「楮特部」の別表記であろう。つまり、建国直後の太祖諸弟の乱の後に、どのような地位であるかは不明ながら、一時鋤特（楮特）部の出身者が南府を主導する状況にあったことを記している。その後、事実かどうかは別としても、「府内の要請」によって皇族から南府宰相を任命するようになった経緯が述べられている。また前段でも挙げたが、その楮特部の蕭孝恭墓誌によれば、彼の血統では代々、契丹国の建国当初より南府宰相に任じられていることを述べ、そのことは『遼史』巻九十六の父・惟信の伝によりほぼ確認しうる。

このほか、一例ではあるが、乙室部の事例もある。この例は建国時に最初に任命された耶律欧里思の例である。乙室部は、契丹族の中では迭剌部に次いで有力な部であり、『遼史』巻四十六・百官志二では旧迭剌部や奚六部などとともに大部族に指定され、部長たる夷離菫は、のちに大王と改称された[52]。ただし、国初に発生したこの太祖諸弟の乱により、相当の被害を受けた模様であり、その後乙室部から顕官に任用される例は、『遼史』には伝えられていない。

楮特部・乙室部とも、前掲の⑤の『遼史』巻三十五・兵衛志中では、南府に属する部であることから、所管部に所属する人物を起用していたことになる。この点は、皇族・国舅族あるいは皇族の出身部である迭剌部以外の契丹人有力勢力・血統の処遇という視点から考えれば、重要な意味を持っていたのではないかと推測される。

㈢漢人の北・南府宰相への任命

次いで、北面官制の中で遊牧部族を統治する職官である北府宰相・南府宰相に漢人の任用事例が少なからず存在するという問題について更に検討を進め、官制全般についても対象に含めて考察したい。

そもそも、契丹人のような部族制社会に所属しない漢人には、世選制は本来馴染まない任用制度である。前掲の北・南府宰相の任用事例表も参照する限りでは、北・南府宰相職への漢人の任用数の総数自体は、事実としては聖宗朝より増加する傾向が看取される。

北府宰相については、概ね景宗・聖宗朝と道宗朝での任用に大別されているが、同じ漢人であっても、任用の契機は異なっている。すなわち、道宗朝の漢人はすべて貢挙及第者であるのに対して、景宗・聖宗朝の任用事例はそうでなく、また耶律隆運（韓徳譲）のように、漢人でありながら契丹国の皇族並みの待遇を得ていた一族の出身者も含まれている。

他方、南府宰相は北府宰相を大幅に超える十六例の漢人任用事例が確認される。こちらは、聖宗朝以前の事例と興

宗朝以降の事例とに大別でき、殊に興宗朝以降の事例は十四例と多く、特に道宗朝の八例という突出した事例数の多さが、結果として南府宰相への漢人の任用事例数の総数を上昇せしめている内情を見逃してはならない。そして、この道宗朝の南府宰相への漢人任用の多さは、何らかの特殊な事情に起因しているものと推測される。さらに北府宰相と同じく、興宗朝以降の任用例の大半は貢挙及第者で占められており、該当しない事例のうち、韓滌魯は前述の耶律隆運（韓徳譲）と同じ一族であるから、同様な事例として理解しうる。

北・南府宰相を通じて、漢人の宰相への任用の初出は、世宗朝における韓延徽の例であるが、この任用は当時の政権において顧問的存在であった韓延徽をして、政事省（後に中書省となる）を創設せしめることと関連があったことが判り、[53]そのための南府宰相への任用であった可能性が高い。

契丹国の前半期の段階において、複数の漢人が政治的ブレーンとして政権に加わり、時々に「政事令」や「枢密使」（北・南院枢密使とは別）などといった職名を与えられて、政治に参画してきた様相は見受けられる。しかしながら、それらの者の伝を見ると、仕官の経緯は様々である。恐らく、聖宗朝の統和七年に「貢挙」が導入されるに及んで、任用制度の整備が本格化したとみられ、[54]それ以前の漢人の任用に関しては制度の実態や規定等の手掛かりを見出すことは困難である。

それに対し、興宗朝以降の事例で経歴の情報が伝えられている人物では、貢挙及第者の占める割合は九割を超え、しかもこれらの者の伝などを検ずると、仕官以降の経歴が相応に記されていることが判る。本節の主題とはやや異なるため、ここで詳細に論じることは避けるが、任用に際してはそれなりの叙遷規定が存在した可能性が推察される。ただし、同時期の契丹人の伝においても類似した傾向が見受けられ、それらが漢人の叙遷規定の場合とどのように異なるのかなどの詳細は、今後の大きな検討課題である。そもそも、契丹国の南北二元官制という官制の骨格自体が従前の中華帝国には見られぬ特異な制度であることや、契丹固有の職官の存在、また世選制を根拠とする契丹人任用

制度との併存、さらにはそれらの歴史的変遷などの事態も想定されるので、宋朝のような一元的で緻密な制度運用とは異なっていたことを予め想定しておく必要はあろう。こうしたことから、同じ漢人の任用ながら聖宗朝以前と興宗朝以降とでは制度的には大きく変化しているとみなければならない。

それにしても、時代の経過とともに、北府宰相と南府宰相という遊牧部族統治に直接関与する職官に、漢人が任用されるようになっていったことは極めて興味深い事実である。

㈣中央官制における各顕官の任用実態の変化

他方では、漢人にとっては適性がある分野と目される南面官制の三省の顕官（中書令・政事令・同中書門下平章事など）への任用状況については、既に島田や何天明の論攷によりその様相が報告されているが、それによると『遼史』の記述による限りにおいては、世宗から末期にかけての時期を通じては契丹人・漢人ともに任用事例が認められ、意外にも契丹人の任用事例数が漢人の任用事例数を凌駕していることが知られる[55]。

島田は、北・南府宰相については任用事例数が多く確認された聖宗・興宗・道宗の各朝の時期においては、それほど任用数は多く確認されていないとし、この様相を以て、特にこれらの時期以降に三省はほとんど実態が無くなっており、権能が重複するとみられる南院枢密使に「吸収」されていたのではないかと推論した。一方、何天明は中書令について事例を整理し、やはり契丹人の任用数の多さを指摘するものの、結論としては中書令が虚設でないことを主張する[56]。

この点に関しては、近年出土の墓誌史料をいくつかみると、島田が『遼史』において任用事例が少ないとした契丹国後半期頃の人物について、三省の顕官（中書令・政事令・同中書門下平章事など）に任用された記載がある人物は相当数存在している状況がみられる[57]。墓誌内容の信憑性という問題は残るが、『遼史』の記載に漏れがあった可能性は排

除できない。もしそうであったとするなら、島田が主張するように『遼史』中に確認し得る事実数の減少傾向を以て、直ちに「三省の形骸化」という結論を導くことについては些か尚早であるかもしれない。

なお、ここで留意しておかねばならないのは、現段階で内容の知られる墓誌史料を概観する限りにおいて『遼史』の記述の傾向と同様に、契丹人・漢人の双方ともにその任用が確認でき、そのことは島田が指摘した『遼史』に見える傾向とも大きく異なる内容ではない。現状におけるこれらの諸点を総合すると、契丹国の後半期の三省の実態については墓誌史料だけでは全貌を明確にするまでには至らないものの、少なくとも任用自体はある程度は確認され、しかも南面官の範疇に属する三省の顕官名を契丹人が帯びている事例が相当数確認されている。また、その事例のうちの少なからずの事例が「兼」と見える点には注意しなければならない。

なお、中書令も含めた三省の問題については、本稿にて十分な考察を行う紙幅がないので、稿を改めて論じることとしたいが、何天明が任用事例があることを根拠に「虚設」ではないとする点については、今後制度の実態などの面からも精査と再検討が必要である。たとえば、前述のように、契丹国の前半の時期には政治顧問的立場の漢人に付与されていたのと同様である可能性があり、また聖宗朝以降の事例については、官制や任用制度の整備とともに、官品あるいは寄禄等を表すような運用実態であった可能性も含め、分析する必要があると考える[58]。

それから、中央官制の中で筆頭の立場にあったとみられる枢密使についても、その任用動向を調べてみると、やはり聖宗朝末から興宗朝にかけての時期を境に、任用の状況に大きな変化がみられる。すなわち、北院枢密使については制度創設当初より末期まで基本的には契丹人が任用される傾向にあり特に変化はないが、一方の南院枢密使については顕著な変化が発生している。聖宗朝の末年頃までは基本的には漢人が任用され続けていたが、興宗朝以降では基本的には契丹人が任用されるようになり、漢人は時偶に任用されるような状況へと様変わりしていくことが確認されている[59]。

以上概観してきたような、聖宗朝から興宗朝頃を画期とした契丹国の中央官制の各顕官ポストにおける任用様相の大きな変化については、いったいどのように理解すればいいのであろうか。

まず、中央官制の筆頭的地位である枢密使のうち、著しい変化が確認される南院枢密使の動向に着目してみよう。世宗朝から聖宗末年にかけて南院枢密使に任命された漢人のうち、『遼史』に伝があって経歴を知ることの出来る漢人はいずれも貢挙を経た任官ではない。この点は北・南府宰相に任命された漢人と同様な傾向である。前述のように貢挙の導入は聖宗朝の統和七（九八九）年であるので、制度的に整備されつつもその人材の養成がまだ展開途上にあったとみられる時期において、漢人が南院枢密使に任用されていた要因としては、燕雲十六州の統治という大きな国家的課題が存在し、漢人・漢地対策の重要性があったことは容易に推測される。この時期においては、漢地統治の経験がまだ浅い契丹国においては、漢人を南面官制の首脳的職官に任用することで、治下の漢人対策や、戦争状態が長らく継続していた宋朝との外交交渉面における利点等を期待しての漢人の起用ではなかったかと思われる。『遼史』巻六十一・刑法志上には、

太平六（一〇二六）年詔を下して曰く。朕、国家に契丹・漢人の有る故を以て、北・南二院を以て分治せしむと。(60)

と聖宗皇帝の詔にあるように、そもそも契丹国がこの南北二元（重）官制を採用した最大の理由は、契丹国の二大構成要素たる契丹人と漢人の存在とその社会習俗の違いにあったからであり、南院枢密使に漢人が任用され続けた世宗朝から聖宗朝までは、いわば「漢人をして漢人を統治せしめる」ということが基本的な統治方針であったことが確認される。ところが興宗朝以降は、南院枢密使には基本的には契丹人を以て任用される状況へと変化した。このことは当然にして、上記のような統治方針が転換されたことを意味していると判断される。となると、当然にしてその背景には官制全般や任用制度に関して重大な変化があったことが想定されるであろう。

ところで、契丹人の任用が南院枢密使にも及んだ理由としては、澶淵の盟約以降、北宋との間に和平が構築され、

当時の南院枢密使の管轄下であった燕雲十六州の経済的展開やそれに伴う統治上における重要度の上昇が背景にあると推定される。また、世宗朝の大同元（九四七）年に制度が導入されて以来およそ八十年程度を経た段階で、契丹人が漢地統治の経験・実績等を獲得したことなどもその要因としてあげられよう。

そして、『遼史』巻八十一・蕭孝忠伝には次のようなくだりがあり、注目される。

（重熙）十二（一〇四三）年、朝に入り楚王に封ぜられ、北院枢密使を拝す。国制、契丹・漢人を以て、北南院枢密に分かちて之を治めしむ。孝忠奏して曰く、一国に二枢密たるは、風俗同じからざる所以なり。若し併せて一と為せば、天下の幸甚しと。事未だ行うに及ばずして、薨ず。[61]

興宗朝の重臣であった蕭孝忠の言によれば、一国二枢密すなわち、一国二制度が仮に統一できるのであれば、大きな利益があると認識していたことが確認できる。南北二元（重）官制の一元化の模索などは、先掲の前代の聖宗皇帝の詔の内容からは微塵もうかがえぬことであり、僅か二十年にも満たない間に、時の北面官制の最高職位の人物をして斯くの如き内容の奏上が出現することの背景には、いかなる情勢変化が隠されているのであろうか。

加えて、既に北・南院枢密使の制度に関しては、これより先にひとつの動きが始まっており、聖宗朝末期の太平十（一〇三〇）年には、皇太子の宗真（のちの興宗）が北・南院枢密使を兼領することになった。この制度はその後も維持されていく。ただし、この制度が成立した後も、依然として北・南院枢密使ともに任用され続けられている事実からみて、皇位継承者の兼領とは名目的な制度である可能性は高いが[63]、皇位継承者が双方の枢密使の名目上の頂点に立つ体制が構築されたことも重要な変化として理解される。

こうした枢密使に関する諸動向が起きる一方で、北面官の北・南府宰相には漢人が任用される機会が増加するという状況がほぼ時期を同じくして発生している。このことについては、いかに理解すべきであろうか。

まずひとつには、北面官制の筆頭にある北院枢密使に厳然として契丹人が任用されていることにより、序列的には

その下位にあると目される北・南府宰相に漢人が任用されても、特に問題が発生しない状況となっていたのではないかと推測することは可能である。仮にそうであるなら、かかる様相はまさに契丹人至上主義の政治構造の中でのひとつの流れとして理解することもできよう。

しかしながら、本来部族制社会の構成員ではなく、中華的な教養や知識に富む漢人の及第者が、北面朝官の内部の各部族の統治を掌る北・南府宰相に任命されるという根本的な疑問の解消には至らないかもしれない。

この問題に関しては、現時点では明確な原因を特定し難い状況ではあるが、聖宗朝後半以降は、従来では漢人を任用していた南院枢密使にまで契丹人が進出し、中央官制の筆頭的立場を占める北・南院枢密使が双方ともに契丹人によってほぼ独占されていく流れの中で、漢人を処遇する顕官のポストが事実上減少していた側面が存在していよう。

そもそも契丹国において、人口的にも契丹人を凌駕する存在であった漢人が果たした役割は甚大なものがあり、加えて聖宗朝に成立していた貢挙の制度によって興宗朝以降では漢人官僚は安定的に輩出・養成される状況となっていく中で、漢人官僚の処遇問題は当然にして重要な課題であったものとみられる。

前段では、島田の契丹国の南面官の三省に関する見解などを紹介したが、詳細な実態は不明であり、今後の墓誌資料の出土の様相によっては見解を修正する事態も皆無ではないが、南面官制における三省の顕官に契丹人が少なからず任用されていた形跡がある。さらに枢密使についても基本的に契丹人が任用されるようになり、その他の主要な職官である于越、北院大王・南院大王、惕隠はその職掌・内容等からみて、契丹人の皇族以外の任用は基本的に困難であったとみられる。

となれば、このほかに漢人を処遇できる宰執相当以上の顕官としては、必然的に北府宰相・南府宰相が残ることとなろう。それでも、北府宰相については、主として国舅族出身者を以て任用される職官でありいわばその牙城の如き様相を呈していたことが判明しているから、最終的には南府宰相に漢人の任用が集中してゆくことは自然の帰結のよ

うにも感じられる。前段で指摘した道宗朝における突出した漢人任用数の多さは、もちろん道宗の在位年数の多さや、各職官の異動周期が聖宗朝以前に比較するとやや短縮している傾向にあるなどの要因も影響しているものの、こうした背景もひとつの要因ではないかと推察される。

視点を換えると、部族統治の中枢の職官とはいえ、これら北・南府宰相に漢人が任用できるような環境となっていったことは、任用の事情がどうであれ、この時期においては漢人が北面官制の枢要ポストに任用できる程度に官制内での体制が整備されたか、社会的環境も熟成されていたことを示しているのかもしれない。

なお、前項にて触れたが、南府宰相において漢人の任用数が多いことなどを根拠として、漢人の任用事例数の多さをして契丹人の特権を削減する意味と効果があったとする何天明の指摘は、[63]こうした分析の結果を踏まえれば当然にして成立し難い。本項にて論じたように、契丹国後半期において、中央官制における契丹人の主導体制はほぼ確立しつつあり、南府宰相への漢人の任用の多さとは、大きな流れの中のごく一部の時期にみえる一現象にしか過ぎず、契丹人の影響力を削ぐ効果があったかどうかは極めて疑問である。

以上のような任用原則の変化の背景には、当然にして官制全般において重大な変化が起きていることを想定しなければならないであろう。その様相が具体的にはどのようであったのかについては、『遼史』百官志などに経過等を詳述するくだりは見あたらず、それ以外にも具体的な動静を伝える直接資料が見あたらないため、断片的な記述を拾いつつ考察していくしか手段がないのであるが、たとえば道宗朝において観書殿学士であった王鼎なる人物によって書かれた「焚椒録」には、時の道宗皇后とその父について書かれたくだりがある。すなわち、

懿徳皇后蕭氏は、北面官南院枢密使恵の少き女にして、母は耶律氏なり。[64]

とみえ、父の蕭恵が任じられている南院枢密使が、何と北面官に属しているとする。このことは、史料の錯誤などの可能性も全く考えられぬ訳ではないか、撰者が道宗と同時代に生きた人物でしかも教養に秀でていたとされることか

らすれば、些か考えにくい。しかも、このことは前項であげた史料②の『遼史』巻四十五・百官志一の記述と照合すると、実は矛盾しない内容ではある。

この内容が事実であるとしたら、世宗朝の制度導入時には南面官のトップと目され、聖宗の詔からもそのことは確認されている南院枢密使は、少なくとも道宗朝の時期には北面官にあるという、非常に理解しにくい様相が把握される。この点については、今後の総合的な検討課題のひとつの材料として留意しておく必要があるが、本項において論じてきた聖宗朝後半期から興宗朝頃を画期とした官制の変化の中で見いだせる新たな任用傾向や皇太子兼領などの動向と密接に連動した結果であるのかもしれない。

㈤官制の歴史的変化と北府宰相・南府宰相の職掌の変質

北・南府宰相の具体的な職掌については、前掲②の『遼史』巻四十五・百官志一においては、「軍国の大政を佐理するを掌る。」とあり、まさに宰相としての職能であることが確認されるが、この内容以上に具体的な権能を示す史料は残念ながら存在しない。

ところで、北・南府宰相以外にも類似した職掌が伝えられているものがいくつかある。それは、北・南院枢密使と北・南院大王である。以前筆者は北院大王・南院大王の考察を通じて検討したが、北枢密院と南枢密院の職掌の差はある程度具体的ではあるが、全く重複がない内容とは見受けられない。ましてや北・南府宰相と北・南院大王などはより一層漠然としていて、各々表記こそ異なっていても、内容は極めて近似している。そして北・南院枢密使も含めて、いずれの職掌の末尾にも「政」という字が付いている点が、大きな共通点であって、これらの職官はいずれも恐らく中華国家の中央官制でいうところの宰相・宰執に相当しているのではないかという結論に到達した。(65)

既に述べたように、枢密使制度の導入は世宗朝であるので、建国当初より存在している宰相は、当然にして枢密使

制度の導入の際には何らかの権限縮小などの影響を蒙ったことは想像に難くない。特に、北院枢密使と北・南院大王については、軍事面において直接的な権限を有する職官であることが知られている[66]。これに対して、北・南府宰相の権能は部族統治の分掌にあり、軍事に全く関与しない立場とは断定できないが、その度合いは北院枢密使と北・南院大王に比較すれば、いささか希薄であることは否めない。もちろん明確な職務権限の線引きは困難であるが、北・南府宰相の職掌とは、その名の通りまずは皇帝を補弼して国政に参画することであったとみられ、後に軍事的な枢機を直接的に扱う職官として設置された北院枢密使や、宗室の出身母体である旧迭剌部の統治を担当しつつ、麾下に置く強大な兵力を以て南の国境に駐屯していたことが知られる北・南院大王の存在により、その職掌は次第に部族統治などの内政対応などが中心になっていったのではないかと推測される。

また、前項で論じた聖宗朝後半期以降における北・南府宰相職への漢人の任用の増加は、こうした宰相の職掌・権能の縮小が背景としてあるのかもしれない。また特に漢人の任用が目立つ道宗朝については、政治的混乱が多発した時期でもあり、その点については別次元の要因がある可能性もある。

以上のような考察が成立するのであれば、建国当初とは異なり、後半期においては北・南府宰相の権能は次第に軍事面での権限が縮小されたことになり、結果としてはやはり相対的な影響力・権限の低下を意味しているのではないかと推測される。

おわりに

以上、本稿においては契丹国の宰相制度について考察を行い、北・南府宰相をその対象として、任用の実態やその変化、そして他の北面朝官の職官との比較・検討などからその職掌について論じた。

何分、史料には恵まれず外面の現象の変化を追跡しつつ、断片的な証拠を基にした推論に留まらざるを得なかった面もあるので、今後は新出の墓誌史料などの追加などを待って再検討を要する箇所もいくつかあろう。

考察の結果として、少なくとも唐代には後の契丹国の宰相制度の先駆となるような宰輔者の存在する政治体制の存在が確実視されるが、特に安史の乱以後の段階において、後世のような北・南といった二系統の並立した政権体までが形成されていたかどうか、またその時点で「宰相」という名称そのものが使用されていたかどうかなどは明確でないが、「宰相」という名称が、具体的な時期は不明ながらも少なくとも契丹国成立以前に採用されていた可能性が高い点については指摘した。

また、契丹国の成立以降では、その任用実態を探ることで、当初は基本的には契丹人をして北・南府宰相ともに任用していたものが、聖宗朝後半から興宗朝あたりを画期として、それ以降に漢人の任用事例が増えている点を論じた。

そして、その傾向が顕著となる時期とほぼ同じくして、逆に漢人を以て任用されていた南院枢密使には契丹人が基本的に任用されるような様相となること、さらに皇位継承者による北・南院枢密使の兼領という制度が成立するという動向とも併せ、この時期において北面官・南面官ともに重大な変化が生じている可能性が高いことを指摘した。

さらに、この画期より少し前の聖宗の統和七（九八九）年より貢挙が開始され、漢人の任用制度の整備が本格化したとみられることや、貢挙出身の漢人官僚の処遇等の問題も関係している可能性があることについても考察した。

契丹国における漢地統治制度の本格整備と評価される世宗朝の北・南院枢密使制度の導入により、北面官・南面官からなる二元（重）官制が確立して以降、聖宗朝の頃までは、基本的には契丹人が契丹人などの遊牧民族を統治し、漢人などの定住民は漢人が統治するという原則であったことは、北・南院枢密使および北面官内部の北・南府宰相への任用実態より確認できる。しかし、聖宗朝後半期から興宗朝頃を画期として、北・南院枢密使には基本的には契丹人が任用され、本来部族統治の職能である北・南府宰相に漢人の任命事例が増加していく点は、単に漢人官僚の処遇

問題や、北面官は契丹人・南面官は漢人という任用原則の変化の問題だけに留まらず、統治の思想や原則が転換されたことを意味していよう。すなわち、官制において上位の枢密使の地位を契丹人が独占することによって、漢人の宰相への任用が多くなる事態も政権構造上受容可能となったのではないかと推察できる。こうした事態は、契丹人至上主義的な政治体制が名実ともに定着したことによるひとつの現象として理解できるのではないだろうか。

そして、このような変化が官制において表出するということは、当然にしてその根底にある契丹国社会における何らかの歴史的変質を想定しなければならない。その変質・変化とは具体的にはいかなるものであったか、どのような実態であったかという問題はこれからの重要な研究課題のひとつであり、今後さまざまな視点から検討がなされる必要がある。

加えて、契丹国後半期における官制の実態が、果たして「二元的」という形容をして妥当と評価できる内容であったかどうかについても、その過程において再検討をする必要があろう。これらの諸課題については、今後に稿を改めて論究する機会を持ちたいと考えている。

註

（1）北魏朝や契丹国の成立の過程について扱った近年の概説として、川本芳昭『中国史の中の諸民族』〈世界史リブレット61〉山川出版社　二〇〇四　がある。

（2）金・元朝の行省制度は、新たに領域として追加されていく地域に設置され、その内部に独自の統治官制を保持していたという点において、燕雲十六州の統治を中心に担当した契丹国の南面官制と通じるものがあると考える。なお、元朝の行省制度については前田直典「元朝行省の成立過程」『史学雑誌』56―6　一九四五、のち『元朝史の研究』東京大学出版会　一九七三　所収　を参照。

（3）武田和哉「契丹国（遼朝）の北・南院枢密使制度と南北二重官制について」『立命館東洋史学』24　二〇〇一　参照。

（4）『遼史』巻四十五・百官志一・総序
契丹旧俗、事簡職専。官制朴実、不以名乱之。其興也勃焉。太祖神冊六年、詔正班爵。于至太宗兼制中国、官分南北、以国制治契丹、以漢制待漢人。国制簡朴、漢制則沿名之風固存也。遼国官制、分北南院。北面治宮帳部族属国之政、南面治漢人州県租賦軍馬之事、因俗而治、得其宜矣。初太祖分迭剌夷離菫為北南二大王、謂之北南院。宰相枢密宣徽林牙、下至郎君護衛、皆分北南、其実所治皆北面之事。語遼官制者不可不弁。凡遼朝官、北枢密視兵部、南枢密視吏部、北南二王視戸部、夷離畢視刑部、宣徽視工部、敵烈麻都視礼部、北南府宰相総之。惕隠治宗族、林牙修文告、于越坐而論議以象公師。朝廷之上、事簡職専。此遼所以興也。

（5）『遼史』巻四十五・百官志一・北面朝官条
契丹北枢密院。掌兵機、武銓、羣牧之政。凡契丹軍馬皆属焉。以其牙帳居大内帳殿之北、故名北院。元好問所謂「北衙不理民」是也。
　北院枢密使。
　知北院枢密院事。
　知枢密院事。
　北院枢密副使。
　知北院枢密副使事。
　同知北院枢密使事。
　簽書北枢密院事（中略）
北枢密院中丞司。（中略）
契丹南枢密院。掌文銓、部族、丁賦之政。凡契丹人民皆属焉。以其牙帳居大内之南、故名南院。元好問所謂「南衙不主兵」是也。
　南院枢密使。
　知南院枢密院事。

　知枢密院事。
　南院枢密副使。
　知南院枢密副使事。
　同知南院枢密使事。
　簽書南枢密院事　（中略）
　南枢密院中丞司。（中略）
北宰相府。掌佐理軍国之大政。皇族四帳、世預其選。
　北府左宰相。
　北府右宰相。
　総知軍国事。
　知国事。
南宰相府。掌佐理軍国之大政。国舅五帳、世預其選。
　南府左宰相。
　南府右宰相。
　総知軍国事。
　知国事。
北大王院。分掌部族軍民之政。
　北院大王。初名迭剌部夷離菫、太祖分北南院、太宗会同元年、改夷離菫為大王。
　知北院大王事。
　北院太師。
　北院太保。
　北院司徒。

北院司空。　　　　　　（中略）

北院都統軍司。掌北院従軍之政令。　　（中略）

北院詳穏司。掌北院部族軍馬之政令。　（中略）

北院都部署司。掌北院部族軍民之事。

南大王院。分掌部族軍民之政。

南院大王。

知南院大王事。

南院太師。

南院太保。天慶七年、省南院太保。

南院司徒。

南院司空。　　　（中略）

南院都統軍司。掌南院従軍之政令。　　（中略）

南院詳穏司。掌南院部族軍馬之政令。　（中略）

南院都部署司。掌南院部族軍民之事。　（以下略）

（6）『契丹国志』巻二十三・建官制度

賤他姓、貴耶律蕭氏二姓。其官有契丹枢密院及行宮総管司、謂之北面。以其在牙帳北、以主蕃事。又有漢人枢密院、中書省、行宮都総管司、謂之南面。以其在牙帳之南、以主漢事。其惕隠宗正寺也。夷離畢参知政事也。林牙翰林学士也。夷離巾刺史也。内外官多倣中国者。其下佐吏則有敵史、木古思奴古、都奴古、徒奴古。分領兵馬則有統軍、侍衛、控鶴司、南王、北王、奚王府五帳分、提失哥東西都省大師兵有。又有国舅、鈐轄、遙輦、常袞司。（以下略）

（7）『武渓集』巻十八・契丹官儀

胡人之官領番中職事者、皆胡服。謂之契丹官。枢密宰臣則曰北枢密北宰相。領燕中職事者、雖胡人亦漢服。謂之漢官。漢官執政者、則曰南宰相南枢密。契丹枢密使帯平章事者、在漢宰相之上。其不帯使相及雖帯使相而知枢密副使事者、即在宰

相之下。其漢宰相必兼枢密使。乃得預聞機事。蕃官有参知政事、謂之夷離畢。漢官参知政事帯使相者乃得坐穹廬中。（以下略）

（8）『遼史』巻三十五・兵衛志中・衆部族軍条

衆部族分隷南北府、守衛四辺。各有司存、具如左。

北府凡二十八部。

侍従宮帳。

奚王府部。

鎮南境。

五院部。

六院部。

東北路招討司。

烏隗部。（中略）

南府凡一十六部。

鎮駐西南境。

乙室部。

西南路招討司。

品部。

迭剌迭達部。

品達魯虢部。

乙典女直部。

西北路招討司。

楮特部。（以下略）

（9）『遼史』巻四十五・百官志一・北面諸帳官条
遼俗、東嚮尚左。御帳東嚮、遙輦九帳南嚮、皇族三父帳北嚮。東西為経、南北為緯。故謂御営為横帳云。

（10）津田左右吉「遼の制度の二重体系」『満鮮地理歴史報告』5　一九一八　のち『津田左右吉全集』12　岩波書店　一九六四所収、島田正郎「遼朝宰相攷」『法律論叢』40―6　一九六七　のち『遼朝官制の研究』創文社　一九七八所収。

（11）前掲註（3）武田論文　参照。

（12）北院大王・南院大王については、武田和哉「遼朝の北院大王・南院大王について」『立命館史学』10　一九八九　参照。

（13）断片的史料から契丹国の階官などについて復元・考察した論攷としては、王曾瑜「遼朝官員的実職和虚銜初探」『文史』34　一九九二、遠藤和男「契丹国（遼国）品階・官制の研究――官制表の作成――」『社会科研究』40　大阪府高等学校社会科（地歴・公民）研究会　一九九八、高井康典行「遼の武臣の昇遷」『史滴』24　二〇〇二などがある。

（14）若城久治郎「遼の枢密使に就いて」『満蒙史論叢』2　一九三九　および前掲註（3）武田論文参照。なお、契丹国の枢密院の諸問題は、武田論文にて整理している。

（15）武田和哉「蕭孝恭墓誌よりみた契丹国（遼朝）の姓と婚姻」『内陸アジア史研究』20　二〇〇五、および武田和哉編『草原の王朝・契丹国（遼朝）の遺跡と文物』勉誠出版　二〇〇六　参照。

（16）前掲註（10）津田論文、姚従吾「説遼朝契丹人的世選制度」『東北史論叢』上冊　一九五九、島田正郎「遼の北面中央官制の特色」『法制史研究』12　一九六二　のち『遼朝官制の研究』創文社　一九七八所収、同「遼朝宰相攷」『法律論叢』40―6　一九六七　のち『遼朝官制の研究』創文社　一九七八　所収、唐統天「関于契丹北南宰相府的幾箇問題」『民族研究』一九八八―五　一九八八、同「遼代宰相制度的研究」『東北地方史研究』一九九二―一　一九九二、李錫厚「遼代宰相制度的演変」『民族研究』一九八七―四　一九八七、何天明「遼代北宰相府的設立及職官設置探論」『社会科学輯刊』一九九七―五　一九九七、同「遼代南宰相府探討」『黒龍江民族叢刊』一九九九―四　一九九九、同『遼代政権機構史稿』内蒙古出版社　二〇〇四、王徳忠「遼代世選制度的貴族政治特色及其影響」『東北師範大学報（哲学社会科学版）』二〇〇三―六　二〇〇三、王滔韜「遼朝南面宰相制度研究」『社会科学輯刊』二〇〇二―四　二〇〇二　などがある。

（17）前掲註（16）島田論文一九六七　参照。

(18) 前掲註(16)島田論文一九六七　参照。
(19) 前掲註(16)何天明著書・第三章第一節　参照。
(20) 武田和哉「契丹国(遼朝)道宗朝の政治史に関する一考察――慶陵出土の皇后哀冊の再検討――」『立命館大学考古学論集Ⅲ』同刊行会　二〇〇三　参照。
(21) 前掲註(16)島田論文一九六七　参照。
(22) 『遼史』巻八十二・耶律隆運伝　参照。
(23) 『遼史』巻一百十・張孝傑伝　参照。
(24) 『遼史』巻七十九・室昉伝　参照。
(25) 前掲註(20)武田論文　参照。
(26) 『遼史』巻九十八・耶律儼伝　参照。
(27) 『遼史』巻八十七・蕭孝穆伝　参照。
(28) 『遼史』巻一・太祖本紀上・元年条
北宰相蕭轄剌、南宰相耶律欧里思、率群臣上尊号。
(29) 前掲註(16)島田論文一九六七　参照。
(30) 前掲註(16)何天明著書・第三章第一節　参照。
(31) 前掲註(16)島田論文一九六七　参照。
(32) 烏恩学斯図『北方草原考古学文化研究』科学出版社　二〇〇七。
(33) 『新唐書』巻二百十九・契丹伝
契丹、本東胡種、(中略)其君大賀氏。有勝兵四万、析八部、臣于突厥、以為俟斤。
とみえ、突厥の官名である俟斤を与えられていたことが判明する。
(34) 『新唐書』巻二百一十九・契丹伝　および　武田和哉「契丹国(遼朝)の成立と中華文化圏の拡大」『北東アジアの歴史と民族』北海道大学出版会　二〇〇九刊行予定　参照。

(35)『新唐書』巻二百一十九・契丹伝　参照。
(36)『旧唐書』巻一百九十九下・契丹伝および『新唐書』巻二百一十九・契丹伝　参照。
(37)『新唐書』巻二百一十九・契丹伝および『遼史』巻六十三・世表　参照。
(38)『遼史』巻八十五・蕭塔列葛伝
蕭塔列葛、字雄隠、五院部人。八世祖只魯、遙輦氏時嘗為虞人。唐安祿山来攻、只魯戦于黒山之陽、敗之。以功為北府宰相、世預其選。塔列葛仕開泰之間、累遷西南面招討使。（中略）以世選為北府宰相、卒。
(39)「蕭孝恭墓誌（大康七年）」（前掲註（15））武田論文に録文を掲示）
高祖已前六祖、世世皆拝南宰相。高祖左僕射判平州諸軍事先拝南宰相、親受牙籌。諱楊寧。弟南宰相、諱蒲打寧。祖南宰相兼中書令、諱徳順。（中略）烈考南宰相兼中書令魏国公、諱惟信。叔父南宰相同中書門下平章事判西京留守、諱惟忠。遠祖迄今拝相者一十一人矣。
(40)『遼史』巻九十六・蕭惟信伝　参照。
(41)『遼史』巻七十四・蕭痕篤伝
蕭痕篤、字兀里軫、迭剌部人。其先相遙輦氏。痕篤少慷慨。以才能自任。早隷太祖帳下、数従征討。既践祚、除北府宰相。痕篤事親孝、為政尚寛簡。
(42)『遼史』巻八十四・耶律沙伝
耶律沙、字安隠。其先嘗相遙輦氏。応暦間、累官南府宰相。
(43)前掲註（16）何天明著書・第三章第一節　参照。
(44)「夷離菫」については、前掲註（33）参照。また、惕隠については、契丹国では宗室の政教を掌る職官として知られているが、突厥などでは可汗の近しい宗室の者に与えられる称号である。
(45)『旧唐書』巻百九十五・回紇伝や『新唐書』巻百四十二上・回鶻伝上にみえる「頡于伽斯（il-ügäsi）」は、ウイグル語において「国の栄光」と訳出され、契丹国の名誉的職官である于越との関連性が指摘できる。詳細は、武田和哉「契丹国（遼朝）の于越について」『立命館文学』608　二〇〇八　を参照。

(46)『遼史』巻七十八・蕭護思伝
蕭護思、字延寧。世為北院吏。累遷御史中丞、総典群牧部籍。応暦初、遷左客省使。未幾、拝御史大夫。時諸王多坐事繋獄。上以護思有才幹、詔窮治。称旨、改北院枢密使、仍命世預宰相選。護思辞曰。臣子孫賢否未知。得一客省使足矣。従之。

(47) 道宗朝の政治情勢については、前掲註(25)武田論文 参照。

(48) 橋口兼夫「遼代の国舅族について(上・下)」『史学雑誌』50―2・3　一九三九、愛宕松男「契丹 Kitai 部族制の研究」『東北大学文学部研究年報』3　一九五二　のち、『契丹古代史の研究』一九五九　東洋史研究会および『愛宕松男著作集』3　三一書房　一九九〇　所収、武田和哉「遼朝の蕭姓と国舅族の構造」『立命館文学』537　一九九四　を参照。なおこれらの議論の要点は武田論文においてまとめている。

(49) 前掲註(20)武田論文　参照。

(50) 島田正郎「遼の皇族帳に就いて」『歴史学研究』九―九　一九四一、のち『遼代社会史研究』三和書房　一九五二、のち巌南堂書店より復刊　一九七八、および前掲註(12)武田論文　参照。

(51)『遼史』巻二・太祖本紀下
〔神冊〕六年正月丙午。以皇弟蘇為南府宰相。(中略)南府宰相、自諸弟構乱、府之名族多罹其禍、故其位久虚。以鋤特部轄得里、只里古摂之。府中数請択任宗室、上以旧制不可輒変。請不已。乃告宗廟、而後授之。宗室為南府宰相、自此始。

(52)『遼史』巻四・太宗下・会同元年十一月条　参照。

(53)『遼史』巻五・世宗本紀・天禄四年条
春二月、(中略)是月、建政事省。
『遼史』巻七十四・韓延徽伝
世宗朝、遷南府宰相、建政事省、設張理具、称尽力吏。

(54)『遼史』巻十二・聖宗本紀三・統和六年条　参照。

(55) 島田正郎「遼朝三省攷」『東洋史研究』二七―一　一九六八、のち『遼朝官制の研究』創文社　一九七八　所収。王滔韜

「浅議遼朝的中書省職官」『重慶交通学院学報』三―三　二〇〇三。

(56) 前掲註（16）何天明著書・第三章第三節　参照。

(57) 墓誌にみえる「同中書門下平章事」等の事例については、管見の限りでは以下のものがある。

・蕭某「同政事門下平章事」〔典拠：「蕭相公墓誌（重熙十三年頃）」〕

・耶律慶嗣「同中書門下平章事」〔典拠：「耶律慶嗣墓誌（大安十年）」〕

・賈師訓「刑部尚書・中書侍郎・平章事」〔典拠：「賈師訓墓誌（寿昌三年）」〕

・梁援「中書侍郎・中書門下平章事」〔典拠：「梁援墓誌（乾統元年）」〕

・耶律（李）儼「行尚書左僕射・兼門下侍郎・同中書門下平章事」〔典拠：「道宗皇帝哀冊（乾統元年）」〕

このほかに、宗室の人物ながら耶律宗政・耶律宗愿・耶律宗允などの事例もある。

(58) 前掲註（16）王滔韜論文は南面宰相の問題を論じている。王の指摘には南面宰相（王が所論中で使用している用語であり、本稿で論じた南府宰相のことを厳密に指していない）の帯びた寄禄官と実職官について分析を行う。しかしながら、そもそも「南面宰相」と王が使用するように、契丹国の南北二元官制および南府宰相の起源と沿革を十分に理解・考慮しない立場からの分析であり、本稿とは視点や議論の前提が大きく異なっている上に、その結論内容には賛成できない。

(59) 前掲註（3）武田論文　参照。

(60) 『遼史』巻六十一・刑法志上

故太平六年下詔曰。朕以国家有契丹漢人故、以北南二院分治。

(61) 『遼史』巻八十一・蕭孝忠伝

（重熙）十二年、入朝封楚王、拝北院枢密使。国制、以契丹漢人、分北南院枢密治之。孝忠奏曰、一国二枢密、風俗所以不同。若併為一、天下幸甚。事未及行、薨。

(62) 前掲註（3）武田論文　参照。

(63) 前掲註（16）何天明著書・第三章第二節　参照。

(64) 王鼎　撰「焚椒録」

懿徳皇后蕭氏、為北面官南院枢密使恵之少女、母耶律氏。

(65) 前掲註（12）武田論文　参照。なお、『遼史』巻四十五・百官志一・北面朝官条にみえる顕官の職掌を列挙すると以下の通りである。

契丹北枢密院。兵機、武銓、羣牧の政を掌る。凡そ契丹の軍馬は皆焉に属するなり。
契丹南枢密院。文銓、部族、丁賦の政を掌る。凡そ契丹の人民は皆焉に属するなり。
北宰相府。軍国の大政を佐理するを掌る。
南宰相府。軍国の大政を佐理するを掌る。
北大王院。部族、軍民の政を分掌す。
南大王院。部族、軍民の政を分掌す。

(66) 前掲註（3）および（12）武田論文　参照。

十一世紀後半における北宋の国際的地位について
――宋麗通交再開と契丹の存在を手がかりに――

毛利英介

はじめに

本稿は、筆者が目下主に関心をもつ契丹（遼）史の立場から、北宋（以下、単に「宋」とも略称）を当時の国際関係のなかに位置づけることによって、その相対化を図るものである。

日本における東アジア国際関係史に対する認識においては、毀誉褒貶はありつつも、なお西嶋定生のいわゆる冊封

体制論によるイメージの影響が大きいのではないだろうか。[1] その全体的な当否はしばらくおき、ここでは宋代がどのように把握されているかを問題としたい。単純化するなら、唐の滅亡とともに唐を中心とする冊封体制即ち東アジア世界は一旦崩壊し、宋代には経済的な関係による交易圏が成立したとそこでは考えられる。

そのような宋代の東アジアにおける国際関係について、近年の日本では、日本対外関係史研究を基礎とする宋と日本・高麗との東シナ海域における経済文化的関係の検討が主であった感がある。[2] そして、特に海商・「宋商」等に注目した研究が進展している。[3] また、海商の果たした政治外交的役割に着目することで従前の冊封体制論の克服を図る試みも存在する。[4]

しかし、当時の東アジア方面において軍事的に最強を誇ったのは契丹であり、北宋に対しては形式的対等性と実質的優位を保った。近年では、日本対外関係史研究においても契丹の存在に留意する傾向も出てきているほか、日本仏教史の観点からも改めて契丹の存在が重要視され始めてきた。[5] そして、そもそも筆者の理解では、冊封体制論は中朝関係をその主要な拠りどころとするが、ここで問題となる高麗に対して冊封を行っていたのは、後述のとおり主には北宋ではなく契丹であった。そこで、本稿では宋と高麗の関係を手掛りに、その背後に存在する契丹を意識して、主に十一世紀の後半における東アジアの国際関係について論じたい。[6]

第一章　宋麗通交再開について

第一節　宋麗通交再開の経緯の確認

宋初において五代に引き続きその冊封をうけた高麗であったが、九九三年の契丹の攻撃を受けて以後契丹の冊封下に入った。一〇一〇年代に更なる契丹の侵入を受けた高麗では、宋の年号を行うこともあったが、一〇三〇年に宋に

入貢して以降は長期に宋との政府間の関係を途絶させ、契丹とのみ関係をもつこととなった。しかし、宋の神宗即位まもなくに高麗の使節が宋に入貢して以後、宋麗両者の使節の往来は再開された。本稿ではこれを宋麗通交再開と呼んでおく[7]。以下では、まず多くの先行研究[8]に拠りつつ、年表式に通交再開へ到る経緯の概略を述べる。

一〇六七
・正月、宋・神宗即位。
・宋の羅拯、福建提点刑獄から福建転運使に（『宋史』巻三三一本伝・淳熙『三山志』巻二十五）。
一〇六八
・羅拯の意を受けて商人の黄慎が高麗に来航し、神宗の通交再開の旨を伝達。
　宋人黄慎来見し、言えらく、「皇帝　江淮・両浙・荊湖南北路都大制置発運使羅拯を召して曰く、高麗古えに君子の国と称し、祖宗の世より輸款すること甚だ勤なるも、後に曁び阻絶すること久し。今ま其の国主賢王なりと聞けば、人を遣わして之に諭せしむべし、と。是に於いて拯　奏して慎等を遣して来たり天子の意を伝えしむ」と。王悦び、館待すること優厚なり。（『高麗史』巻八文宗二十二年七月辛巳[9]）
一〇六九
・高麗が福建（羅拯）に返信の移牒を行い、通交再開への動きを受諾。
　熙寧二年、其の国の礼賓省　福建転運使羅極［拯］に移牒して云えらく、「商人黄真（＝黄慎）・洪万来たり称すらく、運使　密旨を奉じて、招接通好せしむ、と。……今ま公状を以て真・万に附して西還せしめ、報音を得るを俟ちて、即ち礼を備えて朝貢せん」と。（『文献通考』巻三二五、四裔考二高句麗）
　……初め、黄慎の還るや、福建に移牒し、礼を備え朝貢せんことを請う。（『高麗史』巻八文宗二十五年三月庚寅[10]）

一〇七〇

・羅拯、高麗の牒を以聞

（熙寧）三年、（羅）極［拯］以聞す。時に議者亦た之と結びて以て契丹を謀るべしと謂えば、帝　焉を許し、極［拯］に命じて諭するに供擬腆厚の意を以てせしむ。（『文献通考』巻三二五、四裔考二高句麗）[11]

・羅拯、黄慎を再度高麗に派遣

宋湖南・荊湖・両浙発運使羅拯復た黄慎を遣わして来たらしむ。（『高麗史』巻八文宗二十四年八月己卯）[12]

一〇七一

・高麗、使者を宋に派遣

民官侍郎金悌を遣わして表・礼物を奉じて宋に如かしむ。（『高麗史』巻八文宗二十五年三月庚寅）[13]

・高麗の使者、宋に来着

通州言えらく、「高麗使民官侍郎金悌等入貢して海門県に至る」と。詔して集賢校理陸経をして知制誥を仮して館伴たらしめ、左蔵庫副使張誠一をして之に副たらしむ。（『続資治通鑑長編』（以下『長編』）巻二二三熙寧四年五月丙午）[14]

一〇七二

・高麗の使者帰国

金悌　宋より還る。帝　勅を附すること五道、……（『高麗史』巻九文宗二十六年六月甲戌）[15]

以上が概略であるが、ここから、当時宋において江南方面の転運・発運という経済関係を担当していた羅拯という人物が宋麗通交再開のキーパーソンであったことが分かる。そして、以下のように、高麗の文宗が宋に工人の派遣を

求めてきた時など、この後も高麗関連の事務は羅拯の担当であった。

権知高麗王徽 医・薬・画・塑の四工を求めて以て国人に教えんとす。羅拯に詔して四色人内より行を願う者を募り、各々三両人を択びて先ず闕に赴かしむ。（『長編』巻二五〇熙寧七年（一〇七四）二月癸未）

江・淮発運使羅拯言えらく、「泉州の商人傅旋 高麗礼賓省の帖を持せるに、楽藝等人を借さんことを乞う。……（『長編』巻二六一熙寧八年（一〇七五）三月丙午）[16]。

そして、これは次のように羅拯が発運使を離任するまで続く状況であったことが知られる。

又た江・淮等路発運使張頡に詔して高麗使の入貢を応接するの事を専らにせしむ。先に発運使羅拯に委せるも、拯已に罷めるが故なり。（『長編』巻二六七熙寧八年（一〇七五）八月丙申）[17]

羅拯が発運使（副）として高麗関係を担当したのは、下記のように、海商を用いて利を得ることや「外藩」を招致すべきことが述べられていることから、兼ねて市舶を管轄したこととも関連があろう。

発運司薛向・副使羅極［拯］に詔し兼ねて江淮・両浙・荊湖・福建・広南等路の銀銅鉛錫坑冶市舶等を都大提挙せしむ。従之。上 向に手詔して曰く、「東南利国の大、舶商も亦た其の一に居る。昔し銭・劉 浙・広に窃拠し、内は自から富むに足り、外は中国に抗うに足る者も、亦た海商を籠するに術を得たるに由るなり。卿宜しく創法講求し、惟だに歳ごとに厚利を獲るのみならず、兼ねて外藩をして中国に輻輳せしむれば、亦た壮観の一事なり」と。（『続資治通鑑長編拾補』巻五、熙寧二年（一〇六九）九月壬午）[18]

この後、元豊元年（一〇七八）には宋から高麗に使節が派遣されて、相互の使節派遣が回復され、北宋滅亡まで幾たびかそれぞれ対方に使節が派遣されている。

また、その間に宋では編勅における高麗への渡航禁止の解除（蘇軾『奏議集』巻八「乞禁商旅過外国状」）と、一定条件での宋の商人の高麗への渡航の合法化がなされた[19]。

一連の経過を見ると、宋で経済関連の部署が主に動いていることや「宋商」も介在していることから、すでに近藤二〇〇一でも述べられるように、経済的要請から宋が高麗との通交再開に動いた面の存在は疑いない。そして、明州が宋の対高麗の基点となることから、宋から見て同様の位置にある日本と併せて論じ、「宋麗日」三国の枠組みで把握することに妥当性があることも改めて理解できる[20]。

しかし、宋の商人の高麗渡航自体はこれ以前も活発に行われており、また神宗自身の意思も介在してことが行われていることから、現地での経済的要素のみが通交再開の決定的な要因であったとは考えられない。つまり、宋麗関係を宋麗日の海域交易圏のなかで把握することは正しいが、こと政府間レベルにおける通交再開という事態については、やはり政治的側面からの検討が欠かせないのではないだろうか。

宋麗関係史の専著である楊一九九七の二四—二七頁においては、宋麗間の交際における宋側の意図と高麗側の意図を、前者を二点・後者を三点に分けて先行研究を分析している。前者の宋側の意図は、遼金対策と文化経済的要因の二点である。一方の後者の高麗側の意図は、前者の二点に対応する北方対策・文物受容の二点と唐代からの延続とするものである。

史料上、宋麗通交再開は宋から働きかけたと考えられる。よって、ここではとりあえず前者の宋側の意図が重要となろう。そのうちで政治的原因に目を向けると、宋側の意図は契丹に対する牽制と考えられており、註（11）の『文献通考』での記述はそれに当たる。確かに、宋の神宗に契丹に対抗する願望があったことは周知であり[21]、また神宗が即位直後に自らの意思により西夏攻撃を試みていることも指摘があり[22]、契丹対策としてその両腕に位置する高麗・西夏という東西に同時に経略の手を伸ばしたとも考えられよう。しかし、実は異なる印象を与える史料が存在する。それが次節で検討する『東坡志林』の記述である。

第二節　『東坡志林』「高麗公案」の条の検討

まず、『東坡志林』巻三「高麗公案」の条を提示する。強調の意を込めて、ここでは現代語訳を施しておく。

元祐五（二）年二月十七日に、王伯虎炳之に会うと彼が言うには、「わたしが昔枢密院礼房検詳文字だったとき、高麗関係の書類を見た。それによれば、張誠一が契丹に使者として派遣され、その帳幕の中で高麗の人物と会うと、その国主が中国（宋）を慕っている旨をひそかに語った。（張誠一が）帰ってこのことを上奏して、先帝（神宗）は始めて招来の意を持った。枢密使の呂公弼はこれに迎合し、みずから劄子を書いて招致を乞うた。そして発運使の羅拯に命じて商人を派遣して招致させた、ということだ」と。世の人は羅拯を非難はするが、呂公弼の罪を問うことを知らない。張誠一などは、言うまでもないだろう。[23]

この史料では、語られる宋麗通交再開に関連する内容がいつの時点のことであるかは明記されないが、神宗の即位後で羅拯の対高麗活動開始以前とすると、一〇六七・一〇六八年頃と考えられる。

ここで注目されるのは、宋麗通交再開を高麗側から持ち掛けたと取れる点と、その場が契丹においてであったとされることであろう。これは、契丹国内では通常宋麗それぞれの使節の近辺に契丹の人員の存在があることから、契丹の意図が介在した可能性も示唆するものである。無論、契丹の人員が現実に傍にあった際にこのような会話をなすとは考えにくくもあり、すると契丹側の人間が席を外している間のことを述べるとも考えられる。ただ、蘇軾の高麗に対する不信感や高麗の背後に契丹の存在を想定する立場に照らせば、いずれにしろ高麗側の行動に契丹の息がかかっていると蘇軾が認識していると読み取るのが妥当だろう。[24]

実は、この史料は宋麗関係の史料集（張東翼二〇〇〇の一九八―二〇一頁・楊二〇〇二の六六七・六六八頁）に収録され

るなど知られていないものではないが、管見の限りでは重視されていない。これは、いかにも筆記史料らしく話ができすぎだからかと思われる。上記の史料集ではこの条に多少の注釈がつけられているが、以下ではそれらも参考にしつつ、改めてこの史料について検討を加える。なお、この時期はちょうど現行の『長編』の欠落部分に当たり、北宋でも史料的に問題がある時期であることは申し添えておく必要があろう。

まずは、『東坡志林』の史料的性質について述べる。『東坡志林』は元来著作としての意識は薄かったと考えられ[25]、その点で意図的な虚偽は少ないと思われる。また、そのような性質のもとで日時・インフォーマントが明記されているのは、実際に蘇軾と王伯虎の会話があった可能性が高い。

次に、ここでの登場人物たちについて見てみよう。

一人目は王伯虎炳之についてである。煕寧年間に王伯虎が枢密院礼房検詳文字だったことは史料上確認可能である[26]。当時宋の枢密院において、契丹関連の事務は礼房ではなく北面房が担当していたようだが[27]、『書画彙考』巻九所載の「勅王伯虎検詳枢密文字」・「勅王伯虎権判太僕寺殿中省授守太常丞」によれば、王伯虎は「編集礼房国信条貫」という契丹関係と思われる役職も兼ねていたので、契丹に関連する内容の書類を見ることは可能だったであろう。

王伯虎に関する史料は多くなく、管見の限り蘇軾と王伯虎の関係について『東坡志林』以外の情報は得られないが、蘇軾と縁の深い黄庭堅の文集には彼の名が複数回登場する[28]。よって、蘇軾と接点があっても不思議ではなく、且つ格別に王伯虎が蘇軾に虚偽を伝える理由は見当たらない。

二人目は張誠一についてである。張誠一は、仁宗朝初期の枢密使である張耆の息であり、神宗政権では枢密都承旨に至る側近の武臣である[29]。よって元祐年間以降においては悪評が高く、蘇軾にも張誠一批判の文章が存在する（『奏議集』巻三繳詞頭奏状）人物である。

まず、厳密な年代の確認は『長編』の欠落により不可能だが、張誠一が該当の時期に契丹に派遣されたことは、次の『文昌雑録』の記述から推定可能である。

余嘗て枢密都承旨張誠一に見えたるに説えらく、「昔年北虜に使し、因りて耶律蕭姓の起こる所を問えり。……

(『文昌雑録』巻五)[30]

また張誠一は、以下のように、高麗使節の実際の応対や儀式の制定という高麗関係の事務においてしばしば名前が確認される。

枢密都承旨張誠一に詔して高麗国信使・副と同に一行の儀物を詳定せしむ。(『長編』巻二八七元豊元年(一〇七八)正月壬申)

枢密直学士・工部郎中銭藻、枢密副都承旨・四方館使・舒州団練使張誠一に絹各五十を賜う。高麗入貢の儀式を編集して成るが故を以てなり。(『長編』巻二九八元豊二年(一〇七九)六月己未)[31]

このように、張誠一は、実は羅拯と並ぶ宋の神宗朝における対高麗関係上の重要人物であった[32]。よって、張誠一が登場するのは不自然ではない。場合によっては、『東坡志林』「高麗公案」の条で語られる使遼を機に高麗関係に関与していくこととなった可能性もある。

それでは、張誠一の報告は事実であったのか。この点は、使遼使節一行には皇城使が同行して情報は朝廷につつぬけであり、虚偽の報告はしがたいと考えられる[33]。張誠一は武臣ではあるが、この点は同様であろう。

三人目は呂公弼である。この人物は仁宗朝の宰相呂夷簡の息であり、『宋史』巻三一一呂夷簡伝に伝が附せられる。当該時期の一〇六七—七〇年には実際に枢密使であった。ただし、ここで指摘される劄子は、『長編』の欠落もあってか管見の限り見当たらない。なお、宋代に李公弼なる人物も実際に存在したようだが、ここでは文脈から明らかに呂公弼が正しい。この点、張東翼二〇〇〇の二〇〇頁において誤字の可能性が指摘されるのに従う。

四人目は羅拯である。羅拯と宋麗通交再開の関係については既述である。ただし、ここでも、当時羅拯は実際には発運使ではない。

なお、「崔極」と「羅拯」では字が全く異なるようでもあるが、通交再開の経緯の説明において引用した『文献通考』等で「羅極」と記されるように、それ程遠いものではない。この点、楊二〇〇二の六六七頁の訂正案に従う。

以上のように、ここで登場する人物は、それぞれに状況に相応しい人々であることが分かる。

さて、契丹において宋の官僚と高麗の官僚が話す機会はあったかという点にも考慮が必要かと思われるが、以下の史料のように機会はあり、そのために宋では事前に使節の行動について決定がなされることもあった。

枢密院に詔すらく、「陳睦に説与し、如し北界に到り、高麗の旧と曾て相い接せる或いは衹応人等を見ば、若し俯近して語言を以て相通ずべくんば、即ち問労を与えしめよ」と。（『長編』巻三四九元豊七年（一〇八四）十月甲午）[34]

一方で以下のような否定的な要素もある。

まずは、蘇軾と王伯虎の会話がもたれたという元祐二年（一〇八七）あるいは五年（一〇九〇）の状況についてである。

王伯虎は、元祐二年であれば監都進奏院として在京であったと思われ、元祐五年であれば知饒州かと思われる。[35]五年だと蘇軾は杭州に在任であり、知饒州としてやはり外任の王伯虎と会うのは辛いだろう。二年ならば二人とも在京なので会話の機会もありえるかもしれないが、稗海本は信頼性が低いとされることもあり、敢えてそう解釈するのは史料の扱いとしては恣意的となろう。

そして、素朴且つ根本的な問題だが、そもそもこのような重要事を重臣も含めて誰も知らないということがありえるかという点である。

この『東坡志林』「高麗公案」の条以外に同内容の記述が見当たらないのは、内容が事実であったとすれば不可解

である。更に、蘇軾自身ですら、公式の文書では次のように張誠一ではなく羅拯にのみ言及するのである。

……熙寧四年（一〇七一）、発運使羅拯の始めて人を遣わして高麗を招来してより、……（『奏議集』巻八「乞禁商旅過外国状」）[36]

結局、『東坡志林』「高麗公案」の条の内容が事実かは不確定であり、これを全くの事実とした上で論を展開することは不可能である。しかし、ここで重要なのは、上記検討で状況や配役が整っていたように、それが「ありそうなこと」だったことである。だからこそ、蘇軾はこれを書き留めているのであろう。そして、それは蘇軾以外にもこれを信ずる・留意するであろう者が一定数存在したことを示唆する。よって、そこから当時（特に旧法党系）の人々の認識を見出すことが出来よう。

そもそも、周知の蘇軾の高麗観による「偏向」を差し引いても、宋にとって高麗問題が相当程度契丹問題であったことは間違いない。また、『東坡志林』「高麗公案」の条は、宋麗の官僚の定期的な接近の場が契丹にしかなく、特に宋麗通交の途絶中は唯一の機会であった事実も反映している。

遼宋間では毎年使節が往還し、遼麗間でも同様であったと考えられる。それに対して宋麗間では使節の往還は通交再開後でもまばらであった。例えば、以下のような史料が存在する。

（契丹）嘗て其の西向修貢の事を詰れば、麗人表謝し、其の略に曰く、「中国、三甲子にして方めて一朝を得たり、大邦は、一周天に毎に六貢を修む」と。契丹悟り、乃ち免がるるを得。（『文献通考』巻三二五、四裔考二高句麗）[37]

この史料自体は一種の冗談のようなものだが、数十年に渉り往来が絶えた宋麗関係と毎年公式の往来がある遼麗関係の対比は、事実の反映である。そして、通交再開後でも宋麗間では往還がまばらであった結果、例えば、

太僕少卿呉安持等言えらく、「昨ごろ奉使して遼に至り、十二月に於いて館伴耶律儀に問いて、高麗使の北廷に在るを知る。儀言えらく、高麗国王徽今秋卒し、長子勲嗣位するも、六十日にして又た卒すれば、今ま徽の次子

運を立てて権知国事たらしめ、已に遣使封冊す、と」と。（『長編』巻三四三元豊七年（一〇八四）二月癸酉[38]）

とあるように、高麗において文宗に続き順宗が死去した際、宋は順宗の死去と宣宗の即位という重大情報を契丹経由で入手したのだった。

『東坡志林』「高麗公案」の条のさらに重要な点は、契丹の了解・黙認がないと宋麗関係がなりたたないという事実、あるいは宋における一定程度一般と思われる意識を反映していることである。

哲宗朝の元祐年間に蘇軾は高麗の背後に契丹の影を見ていたわけだが、高麗を招致した神宗朝の宋でも、すでに通交再開後二度目の入貢の際に、高麗の使節一行に契丹の息のかかった人物がいるのではないかと詔を下して疑いを掛けていた。

明州言えらく、「高麗入貢す」と。……又た引伴・礼賓副使王謹初等に詔して知明州李綖と進奉入貢三節人中に燕人有りや無しやを訪じて以聞せしむ。（『長編』巻二四七熙寧六年（一〇七三）十月壬辰[39]）

また、蘇軾兄弟以外にも、宋が高麗に賜与した物品が契丹に流出していることを指摘し、高麗の背後における契丹の存在に言及する人物があった。契丹の仏寺の用具が、宋の神宗が高麗に下賜したものであったことを述べる以下の史料がそれである。

契丹に一仏寺有り、甚だ壮麗にして、使者至れば、必ず焚香す。寺に大仏有り、銀鋳金鍍なり。豊稷奉使し、其の供具器皿を見れば、皆な神宗の高麗に賜えるの物なり。（『孫公談圃』中[40]）

契丹を牽制するための宋麗通交再開という第一節で言及した考えは、一〇七〇年代の遼宋・遼麗国境紛争を、宋麗接近への契丹の警告ではないかとみなす立場でもある[41]。これは、以下のように、たしかに一〇七〇年代の遼宋国境画定交渉当時に韓琦が神宗の諮問に答えた内容の一部と一致するものであり、理解できる見解ではある。

高麗　契丹に臣属し、朝廷に于いて久しく朝貢を絶てるに、向に浙路より人を遣わして招諭して来らしむ。且つ

高麗の小邦、豈に能く契丹の盛に当たらんや。来ると来らざると、国家に損益する所無く、而して契丹 之を知れば、朝廷将に以て我を図らんとすと謂わん、此れ契丹の疑なり。（『長編』巻二六二熙寧八年（一〇七五）四月丙寅）[42]

しかし、毛利二〇〇四ではこれに否定的な見解を示しておいた。それは、このような文脈で考えると、遼宋国境交渉から程ない元豊元年（一〇七八）における宋から高麗への使節の派遣が余りに契丹に対して挑発的であるからである。

しかし、対外積極策が基調の神宗朝においても、宋は契丹に対しては決して強硬一辺倒ではなかった[43]。無論、宋において、高麗との通交再開のなかに契丹への牽制の期待が存在したことは否定できないが、逆にその行動自体に遼宋協調のもとでの契丹の黙認が必要なのであり、宋にとって契丹への牽制が短期的・現実的目的とは考えにくい。また、契丹と地続きの高麗が真に宋側に与するとは宋でも考えられなかったであろう。あまつさえ、過去において宋は高麗の接近を繰返し拒否しているのである[44]。よって、宋としては、高麗との関係を一定回復することで「中国」としての装いを整えること自体に宋麗通交再開の主な政治外交的目的があったというのが筆者の考えである。やはり、背後における契丹の存在を理解したうえで、著名な『文献通考』巻三二五、四裔考二高句麗の按語に

按ずるに、高麗の中朝に臣事するや、蓋し華風を慕いて而して歳賜を利せんと欲するのみ。中国の高麗を招来するや、蓋し遠人を柔して以て大平を飾らんと欲するのみ。……[45]

とあるような、実質的な政治外交的結びつきは薄いものであったという見方が現実に近いと思われるのである。

次章では、以上のような卑見をより説得的なものとするため、その背景として、十一世紀後半当時の宋麗を取り巻く国際環境の検討を行う。

なお、ここで当然のこととして、何故契丹は宋麗通交再開を暗黙としても認めたかという疑問が惹起するであろう。これには確かな解答は持ち合わせないが、蘇軾の言うように、高麗経由で宋の文物情報が流入することに益を見出し

たのかもしれない。しかし、大枠としては、自らを「盟主」とする国際関係の安定化が達成されたなか、宋麗両国が一定接近しても大きな問題にはならないという自信があったのではないだろうか[46]。

第二章　十一世紀後半の北宋を取り巻く国際関係

第一節　十一世紀後半における各国の二国間関係

本節では、まず遼宋麗夏間のそれぞれの二国間関係について検討する。

第一項　宋麗関係と遼麗関係

改めて述べると、宋朝成立後、五代王朝に引き続きその冊封を受けた高麗であったが、契丹の軍事介入の後に契丹の冊封を受けることとなり、宋麗間の外交関係は一旦途絶する。そして、前章で検討した宋麗通交再開後も宋は契丹への配慮のもと高麗への冊封は行わず、高麗国王をあくまで「権知高麗国王事」として遇し[47]、高麗は契丹の正朔を奉じた。例えば、『宋史』には以下のようにある。

王徽より以降、通使絶えずと雖も、然れども契丹の封冊を受け、其の正朔を奉じ、朝廷に上す及び他の文書に、蓋し甲子を称する者有り。（『宋史』巻四八七高麗伝[48]）

また、前章で既述のように、遼麗間では宋麗間と対照的に毎年使節の往還が成された。つまり、十一世紀を通じて、概して高麗は宋ではなく契丹の陣営に属したということができる。

第二項　宋夏関係と遼夏関係[49]

次に、遼宋両国にとって東の高麗と並び重要な勢力である、西の西夏について述べる。

一般に、西夏は遼宋両国に両属したと説明されるが、一〇四〇年前後を境に状況はやや異なる。宋夏間の慶暦和議の内容は、

称臣して、正朔を奉ずるを約し、賜う所の勅書を改めて詔と為し而して名よばず、自から官属を置くを許す。

（『長編』巻一五三慶暦四年（一〇四四）十二月乙未）[50]

というように、名目上は宋の優位を保持しつつも変則的なものであったが、『長編』同条に

金塗銀印を賜い、方二寸一分、文は「夏国主印」と曰い、亀鈕錦綬なり。[51]

とあるように、「夏国主」が西夏王の宋からの正式な封号であった。そして、宋が西夏王を「国主」と呼ぶ一方で、『遼史』巻一一五夏国外紀によれば、契丹からの封号は「夏国王」であった。「国主」とは、「国王」に比して独立的な称号であると考えられるものであり、西夏は北宋に対しては以前よりも独立的に、契丹に対しては引き続き従属的な号を称することとなったのである。

このように、一〇四〇年前後以降、西夏は宋からはそれ以前に比して自立の方向に動き、他方で契丹とは通常の冊封および尚主を通じて一貫して名分的従属関係を保持した。慶暦の宋夏戦と和議の後、しばらくの間の遼夏関係は険悪であったが、後には再び友好関係に入った。特に、神宗朝以後の宋の新法党政権による西夏侵攻に伴い、契丹は西夏の保護者としての立場を明確にする。

第三項　遼宋関係

遼宋関係は、一〇四二年の増幣交渉の結果、宋から契丹への歳幣が以下のように名称（貢もしくは納へ）と額（三十万から五十万へ）において澶淵の盟より契丹優位の条件へ変更された。

耶律仁先 人を遣わして報ずらく、宋歳ごとに銀・絹十万両・匹を増し、文書に「貢」と称し、送りて白溝に至らしむ、と、帝喜び、群臣を昭慶殿に宴す。（『遼史』巻十九興宗本紀重熙十一年（一〇四二）閏九月癸未）[52]

これは、『長編』巻一三七慶暦二年九月乙丑所載の契丹から宋への改定版誓書のなかにも

……別に金帛の儀を納めて、用て賦税の物に代え、毎年絹一十万匹、銀一十万両を増す。……[53]

とある。そして、盟約改定の事実とその内容は高麗へも通報された（『高麗史』巻六靖宗八年（一〇四二）冬十一月辛卯）。なお、増幣交渉が名目上西夏問題を起因としたものであったことを考えると、これは西夏にも通知されたと考えるのが自然である。

このように、一〇四〇年代以降、遼宋関係はより契丹優位に傾いたということが可能である。以上の三要素の検討により、十一世紀の特に後半において、遼宋二国間関係のみならず多国間関係から契丹は宋に対し現実において優位な位置に立ったことが明らかである。註（46）で言う「盟主」とは、まさにこれ以降の情況を指すものである。

第二節　方向表現から見る国際関係

本節では、当時の国際関係の理念的部分の分析のため、方向表現で示される国際認識に着目して検討する。関係国には契丹文や西夏文等の非漢語文献も存在し、各国固有の概念についてはむしろそれらによるべきだが[54]、宋の相対化という課題から、本稿では基本的に各国の共通の言語である漢語文献に拠って述べるものである。

第一項　遼宋南北朝

まず、遼宋関係が南北朝関係であったことを確認する。

澶淵の盟以前の契丹と北宋（及び五代王朝）が相互に「北朝」・「南朝」と称呼したことは、毛利二〇〇六で述べた。そして、澶淵の盟以降においても、その実例は枚挙に暇が無い。(55)

実は、遼宋を「北」・「南」とするのは当事者の両国のみではなかった。

例えば、両国の東方の高麗において契丹を「北朝」としたことは、すでに奥村一九八四の特に三八頁において注目がある。だがそれだけではなく、『高麗史』において契丹を「北」・宋を「南」と観念する表現は、巻十一粛宗六年（一一〇一）八月乙巳の粛宗の詔に遼宋両国との交際について

詔に曰く、「朕 神器に御してより、居常小心にして、北は大遼と交わり、南は大宋に事え、……(56)

と、また巻十五仁宗四年（一一二六）三月乙未に、同辛卯に百官を集めて金に事えることを決した後のこととして、金の遼宋両国への攻撃について

李之美を遣して大廟に告げしめて金に事うるの可否を筮す。其の文に曰く、「惟れ彼の女真自から尊号を称し、南は皇宋を侵し、北は大遼を滅ぼし、人を取ること既に多く、境を拓くこと亦た広し。……(57)

とあるなどの指摘ができる。

また、『高麗史』には、巻八文宗十二年（一〇五八）八月乙巳に文宗の宋との通交再開希望に対する反対意見として

内史門下省上言すらく、「国家 北朝と結好し、辺に警急無く、民は其の生を楽しみ、……又た尚書柳参奉使せるの日、東京留守の南朝通使の事を問えるは、嫌猜有るに似たり。……(58)

と述べられ、また巻九十五朴寅亮伝（高麗・文宗朝の人）に

（朴）寅亮 文詞雅麗にして、南北朝の告奏表状は皆な其の手に出ず。(59)

とあるように、「北朝」に比して少ないものの、「北朝」と対比して宋を指す表現としての「南朝」も確認できるのである。

　このことを考慮に入れたとき、奥村氏のように高麗から見て宋を「西」と見なすことと合わせて「北朝」という用語を高麗の遼宋に対する対等関係の意思表示と見なすより、遼宋が相互に呼称とした「南朝」・「北朝」なる表現がその周辺国においても行われたと考えるほうが自然に思われる。[60]ただ、ここで引いた『高麗史』の「南朝」に関する記述は、前者は契丹が尋ねてきたというものであり、後者はその当時の記述ではなかろうことから、「北朝」が高麗において明白に公式に使用されたことに比較すると根拠としてやや弱くはある。しかし、周辺国においても「北朝」・「南朝」という表現が通用したということの仮定には傍証があり、『長編』巻四八〇元祐八年（一〇九三）正月辛卯に

　枢密院言えらく、「鄜延路経略司言えらく、保安軍 宥州の牒を得たるに、本国 北朝の札子を準けたるに、南朝の聖旨を備載して称すらく、夏国如し能く悔過上表すれば、亦た応接を許さん、と。今ま既に北朝解和し、又た朝廷素より再に表章を上するを許せば、闕に詣らしめんと欲す、と」と。[61]

とあり、西夏も遼宋両国を「北朝」・「南朝」と呼んでいたこと、そしてそれを対外文書に使用していたことが史料から窺われるのである。[62]

　そもそも、『高麗史』巻十三睿宗五年（一一一〇）六月癸未に載る宋使・王襄らの齎した徽宗の密諭に

　……聞くに、王已に北朝の冊命を受く、と。南北両朝通好百年にして、義として兄弟に同じければ、故に復た王に冊せず。但だ今ま詔を賜わすに已に権の字を去るは、即ち是れ王を寵するに真王の礼を以てするなり。且つ此の詔は乃ち皇帝の御筆親製にして、北朝に必ず此くのごとき礼数無からん。……[63]

とあるのを見ると、宋自身も契丹を直接の相手としない場合に、契丹を「北朝」と、さらに宋遼を「南北」とする表現を使用したことが知られる。

　ここで興味深い史料は、『長編』巻三五〇元豊七年（一〇八四）十一月甲辰に載る、宋の神宗の西夏攻撃後の宋夏和解への動きの一環である西夏王・李秉常の表文に

……況や夏国累ねて西蕃木征王子の人を差して齎到せる文字を得たるに、称すらく、「南朝 夏国と交戦すること歳久しく、……[64]

とあるなど、「南朝」という表現が存在することである。これを文字どおり受けとるなら、当時の「西蕃」（青海方面のチベット系勢力）の間でも宋を「南朝」と呼んでいたこととなる。また、女真が勃興間もなくから宋を「南朝」と呼称したことは『三朝北盟会編』巻四以降に明らかであるが、これも当時の遼宋両国の周辺において両国を南北朝と称することが一般的であったことを裏書するものであろう[65]。

第二項　遼宋南北朝と「東西南北」

次に、遼宋の南北両朝だけでなく、これに対応する東西も存在したことを述べる。

南北等の方向表現に関して、興味をそそる表現が契丹の「義豊県臥如院碑記」に存在する。

東韓西夏、土産を貢して誠を輸し、南宋北遼、星軺を交して好を継ぐ。

という、道宗を賛美するなかの一節がそれである[66]。ここでは、高麗・西夏・宋・契丹がセットとなり、遼宋の南北のみならず高麗・西夏の東西もあわせて東西南北の一つの組み合わせとなっている。このうちの「北遼」の表現を欠くが、やはり契丹の「秦徳昌墓誌銘」にも、その各国への出使について述べる段に

其の間出使すること三たび。東韓・南宋に于いては皆な礼に循うのみ。重熙中、興宗 西夏に問罪し、公を遣わして夏王李元昊を召さしむ。……

とあり、同様の組み合わせが見られる[67]。この世界観は、『高麗史』巻六靖宗元年（一〇三五）五月甲辰に載る契丹の来遠城から高麗興化鎮への、契丹の東京での反乱を機に停滞していた高麗の入貢の再開を促す牒の

……南夏の帝主永く義を慕いて以て通歓し、西土の諸王長く風に向かいて而して納款するも、唯だ独り東溟の域

のみ、未だ北極の尊に賓せず。……[68]

という一節の南夏（宋）・西土・東溟（高麗）・北極（契丹）という東西南北表現とも近接し、「北」から・契丹からの視点としては一般的と考えられる。[69] また、この『高麗史』巻六の史料では、「北」である契丹が「北極」とされるように、「北」が即ち中心であるという表明があることを指摘しておく。

このように契丹を「北」かつ中心として同時に高麗を「東」とする表現は、『高麗史』に以下のように同様のものが保存されている。

まず、『高麗史』巻六靖宗三年（一〇三七）十二月丁亥の契丹への朝貢再開を乞う高麗の奏文には

……但だ茲の東域、北辰を仰戴す。……

とあり、『高麗史』巻六靖宗五年（一〇三九）四月辛酉の、高麗の朝貢再開を受けての契丹からの冊文には

地として東域を控え、星として北宸を環る。……

とある。[70] これらは、靖宗五年の例は契丹から高麗への・靖宗三年の例が高麗から契丹への文書であるというように、双方向のものであることを確認しておく。

さて、以下では特に前引史料における「東韓」・「西夏」・「南宋」・「北遼」という表現に注目しつつ東西南北の組み合わせについて検討したい。

この場合の「南宋」は、当然時代的に南渡後の南宋ではなく「南」の・「南朝」としての宋であり、[71]「北遼」もまた遼代末期における天錫皇帝・耶律淳の燕京での自立政権である北遼ではなく「北」の・「北朝」としての遼である。これらは、「南朝」・「北朝」という語と同様に、遼宋両国で使用されるのみならず西夏・高麗での使用も確認できる場合がある。以下一々確認していこう。

先ず「北遼」であるが、宋での使用例としては、神宗期の対外関係研究に有用な史料として有名な龐元英の『文昌

雑録』に多くの用例が見られることを代表例として指摘しておこう。例えば巻一の

　余 北遼に奉使し、松子嶺に至る。……

というようなものである。(72) 他に宋での例としては、史愿『北遼遺事』という「北遼」の名を冠する書物の存在が挙げられよう。(73)

　次に高麗では、まず『高麗史』を見ると、巻十五仁宗三年（一一二五）三月己卯に

　制に、「義州の郎将庾清曾て北遼に虜せられ……(74)

と国内向けに使用され、また同四年（一一二六）七月丁卯に載る、対金共同行動を求める欽宗の遣わした宋使への拒絶の返答に

　答えて云えらく、「……昨ごろ被掠人 大金より還り来たり、言えらく、上朝の使臣 蕃土に到れば、礼数一に北遼に降使するの例のごとし、と。……(75)

とあり、対外的にも使用されていた。また、石刻史料としても、一一一七年の「任懿墓誌銘」における任懿が讒言を受けたものの粛宗が任懿を信頼して契丹に派遣したという記述に

　人に宿憾を以て公を誣毀する者有るも、粛宗雅だ公の醇正它無きを知れば、聴かず、遂に公に命じて嗣を北遼に告げしむ。使して還るや、朝散大夫・刑部侍郎に拝せられ、史館修撰に充てらる。

という用例が存在するほか、(76) 有名な一一二五年の金富軾奉宣撰「霊通寺大覚国師碑銘」において、義天の諸外国との交流を述べるなかに

　当時北遼の天佑帝、其の名を聞きて、大蔵及び諸宗疏鈔六千九百餘巻を送り、其の文書薬物金帛は、計うるに勝うべからざるに至る。

とあり、「北遼天佑帝」という例が確認できる。(77)

次に「南宋」であるが、上引「義豊県臥如院碑記」以外にも契丹の石刻史料における「南宋」という用例は枚挙に暇がない。概して使節の往来に関する使用が多いが、ここでは「王師儒墓誌銘」を例として指摘しておこう(78)。

また、『長編』の以下の記述によれば、西夏においても宋を指して「南宋」と呼んでいたごとくである。

　館伴所亦た難ずるに北朝の白劄子内に南宋の字有るを以てすれば、信使云えらく、「西人の語にして、本朝の称する所に非ず」と。遂に已む。（『長編』巻五〇九元符二年（一〇九九）四月辛卯(79)）

これは、宋夏元符和議に先立って行われた遼宋交渉に契丹が齎した対宋文書（白劄子）において、西夏よりの来報の引用に「南宋」という表現が存在し、宋がそれに抗議したものである。上述のように西夏が宋を「南」と見なす史料が他にも存在することから、ここでは契丹の言い分をそのまま受け取っておきたい。

次に、「東韓」・「西夏」というそれぞれの表現について、まず「西夏」について述べる。

「西夏」に関しては、現在に至るまで使用されるようにその用例にはこと欠かない。例えば『宋大詔令集』巻二三三―二三六を見れば、北宋の西夏宛の詔等においても、西夏やその地をさして「西土」「西蕃」「西陲」「西疆」「西界」とともに複数の「西夏」が使用されていることを指摘しておこう(80)。

契丹においても、上記「義豊県臥如院碑記」等や『遼史』における「西夏」という表現以外に、例えば遼寧省朝陽市出土・咸雍八年（一〇七二）記の「耶律仁先墓誌銘」においては、興宗朝における西夏攻撃を指して「（重熙）十八年（一〇四九）、大兵西挙討夏国」という一節があり（王綿厚等二〇〇〇の一九〇・一九一・二七七頁）、この表現にも西夏（夏国）が「西」であるという意識が看取できる。『遼史』でも、巻八十七蕭蒲奴伝において、西夏攻撃を指して「西征」とする表現が同様のものとして挙げられる。

このような西夏を「西」とする意識は、西夏自身では、前引の「重修護国寺感通塔碑」の漢文面に

　大夏の開国するや、西土を奄有し、涼　輔郡と為りて、亦た已に百載、塔の感応、殫ごとくは紀すべからず。

及び、宋の神宗の西夏攻撃以後の両国関係について

　頃ごろ南国の和を失せるが為め、乗輿再駕し、躬ずから薄伐を行う。

という表現があり、西夏が自らを「西」、宋を「南」とする認識が見て取れる。(81)また、宋における情報であるが、『儒林公議』には増幣交渉後の遼夏不和時のことを指して

　契丹の界の夾山部落の呆家等の族離叛して、多く元昊に附す。契丹　詞を以て責問するも、元昊辞して報ぜず、自ら西朝と称し、契丹を謂いて北辺と為す。……(82)

とあり、この西夏が自らを「西」としたうえで契丹を「北」とみなしたという記述も、「重修護国寺感通塔碑」を踏まえれば無根拠とは言えない。また、これを考慮すれば、『長編』巻一三九慶暦三年（一〇四三）二月乙卯に、慶暦の和議に際して西夏の称帝を認めてはならないという上言のなかに

　韓琦・范仲淹等言えらく、「……如し更に許すに大号を以てすれば、此の後公家の文字幷びに軍民の語言に当に西朝・西帝の称有るべく、……(83)

とある場合の「西朝」とは、宋が「南朝」・「北朝」の存在を前提に西夏における自らを「西」、即ち「西朝」とする意識に言及したものであろう。(84)

　これに関連し、西夏が宋を「南」と見なす表現として、「南界」というものが『長編』において散見される。例えば『長編』巻四四五元祐五年（一〇九〇）七月乙酉に

　夏国主（李）乾順言えらく、「……其の南界の諸路の地分官は、只だ綏州の例に依りて二十里を打量するを要し、……(85)

とあるようなものだが、これも自らを「北」ではなく「西」とした上での思考である可能性がある。そのように考えると、宋が西夏をしばしば「西界」と呼ぶことと対応する。なお『長編』では、「南界」の語は契丹側からも宋を

示す語として使用される[86]。

次に「東韓」である。これは、「韓」が当時実際に常用された国号でないことから頻見する用語ではないが、『高麗史』巻六靖宗四年（一〇三八）七月甲寅所載の、先に派遣された金元冲の齎した夏季の起居の上表に対する契丹よりの詔に

詔に曰く、「……愛戴を東韓に得、尽ごとく虔を北闕に傾け、……[87]

とあり、また契丹の聖宗期の対高麗戦に関する記述において、「趙匡禹墓誌銘」に

……是の時東韓　梗を作し、王命に遵わず。公乃ち荐に明詔を膺け、徂征を遂げしむ。……開泰八年歳次己未九月戊午朔十日を以て建州の私第に薨ず、享年六十有九。……[88]

「蕭義墓誌銘」に

……曾王父恭、聖宗朝に在りて高尚自晦、……時に東韓夷遜せず、公　討に功有り。……[89]

とあるように「東韓」が使用され、決して孤立した例ではない。これは、既述のように契丹が高麗を「東」と見なしたこととともに、契丹の高麗国王あるいは王世子に対する封号がしばしば「三韓」であるように[90]、契丹が高麗を「韓」とみなしたこととも対応するものだろう。

ただし、「東韓」という表現自体は、管見の限り当時の宋・高麗（の立場に立った）史料においては確認できない[91]。しかし、高麗が自らを「東」と任じたことは言うまでもないうえ自らを[92]「韓」ともみなしており[93]、更に宋・金への対外文書でも「韓（三韓）」が用いられた[94]。また、宋も高麗を歴代の中原王朝と同様に「東」と見なし[95]、且つ「韓（三韓）」と見なすこともあった[96]。

このように、用例が見当たらない或いはやや根拠が薄い場合も存在するものの、契丹から見た東西南北観念は、その表現とともに、関係各国で一定程度共有されたものだった。

そして、南北は異なるものの全く同じ「西夏」・「東韓」という東西の組み合わせは、『大金集礼』巻一「皇統元年冊礼」にも、金の熙宗に尊号を上る上表に

……臂もて西夏を使い、肘もて東韓に加え、北羌は産土の良を輸し、南越は祈天の請を致す、云々……

とあり、この組み合わせは時代が降った金代においても襲用されている。(97)

さて、以上の東西南北は、敢えて言えば、契丹から見た契丹優位の世界観であった。よって、これを契丹の国内体制と関連させて考えてみたい。

実は、「東韓」・「南宋」・「西夏」に対する契丹の外交窓口（時に軍事拠点）は、それぞれ東京・南京・西京であった。(98)「東」には「東」、「西」には「西」というように対応しているのである。そして、詳述はしないが、そもそも契丹の五京体制において、内地の上京・中京を除いた南辺の三京は遊牧王朝の三面体制とも関連したと考えられる。(99)つまり、当時の東アジア方面には、契丹の遊牧的三面体制とそれに対応した三王朝という構図が存在したのである。

無論、河上一九九三の五四頁において述べられるように、契丹の五京体制は当初から計画的・理念的になされたものではなく、その時々の現実に対応したものである。例えば、遼代において遼陽は長く東京とされたが、元来遼初においては南京と称された。よって、上記の対応を過度に重視は出来ない。ただし、本稿で主たる対象とする十一世紀後半においては、一〇四四年の西京設置によりすでに契丹の五京体制は成立しており、且つ遼宋間の和平関係により情勢は比較的安定した状態にあった。よって、当時の状況としては、上述のような見方にも一定の理があると考えるものである。

第三項　宋から見た東西南北

以上では、契丹からの東西南北の世界観について見てきた。最後に、一方の北宋の視点からの東西南北観念はどの

ようなものであったかを考えてみたい。

結論から言えば、常識の範囲内ではあろうが、北宋にとっての東西南北は高麗・西夏・ベトナム（李朝）・契丹であったといえよう[100]。そして、当然その際に宋自らは中央に位置づけられる。例えば、金成奎二〇〇〇Bの六一・六二頁においては、『宋史』巻一一九礼志二十二の「契丹国使入聘見辞儀」・「夏国進奉使見辞儀」に基づいて論が展開される。そこでは、宋にとって契丹が特別な存在であり、その他の蕃使の序列は夏国・高麗・交阯の順である[101]。上記のような宋からの東西南北がここから読み取れよう。

さらに、北宋前期の石介の『徂徠集』巻二古詩「観碁」の

西は元昊の頭を取りて、之を天子の庭に献じ、北は匈奴の域に入りて、戎王を縛して南行し、東は滄海の東を逾え、高麗城を射破し、南は交阯国に趨けば、蛮子櫬を輿して迎えん[102]。

という部分、神宗期について記す『文昌雑録』巻一における主客の管轄する諸国の説明として

主客の掌る所の諸番は、東方は四有り、其の一に曰く、高麗、夫餘氏に出ず。……西方は九有り、其の一に曰く、夏国、世々銀・夏・綏・宥・静五州の地を有ち、慶暦中、冊命して夏国と為す。……南方は十有五有り、其の一に曰く、交趾、本と南越の地、唐の交州総管なり。……北方は曰く、契丹、匈奴なり。別に枢密院に隷す。……[103]

とあるものや、北宋末に活躍した李綱の『梁谿集』巻一五一「論変乱生于所忽」の

……北は契丹と結びて、以て歓隣と為り、西は夏人を制し、東は高麗を招き、南は交趾を撫し、率むね皆な臣属せしむれば、夷狄の虞有るに非ざるなり。……[104]

等もすべて同様の東西南北観念であり、且つこれらから、この東西南北が北宋一代を通じたものであったと言えよう[105]。

しかし、本論で述べたように、契丹のみならず契丹側に属したと言える西夏・高麗からも、北宋は必ずしも中央とは見なされなかった。且つ、契丹に対して北宋は実質上劣位にあり、時に「南」と自認せざるをえなかった。つまり、

宋は理念とは異なり、周辺諸国にとって、さらに時には自意識としても中央ではなく「南」であり、それも「北」に劣る「南」であったといえよう[106]。

そもそも、高麗にしても西夏にしても、契丹や宋を中心とした観念のほかに、当然自国中心の観念を同時に保持した[107]。むしろ、他国を中心とした世界観の存在を意識しつつ自国中心の世界観を保有する点では、ここで述べた宋の有した観念も一面で高麗や西夏のものと同様の性格であったということが出来るのではないだろうか。

宋の神宗は、究極的には契丹を凌駕しうる「中国」としての宋を目指したであろうが、当時すでに契丹中心の秩序は固定化しており、遼宋関係も長期安定の結果として「馴れ合い」に近かった（古松二〇〇七の四九頁）。よって、その実際は、契丹の暗黙の了解の上に基づく装飾としての部分が大きかったのである。宋麗通交再開もその文脈で理解されよう。

おわりに

「はじめに」において述べたように、近年日本において、概して北宋の対外関係は経済文化的な観点から語られることが多かった。これは、「東アジア世界が崩壊して政治外交的関係から経済文化的関係に移行したから」ではなく、端的に言えば、北宋は十一世紀東アジアの政治外交的中心ではなかったことの反映である。そのような政治外交的な中心としての意味においては、当時の「中国」はむしろ契丹であった。契丹の重要性は、独り草原の覇者としてのみではないのである。よって、当時を単純に「宋代」と称することにも、実は一定の考慮が必要であろう。そして、宋や高麗の対外関係を、契丹への顧慮を抜きにして直ちに日本との関係のみに視点を限るとすれば、それは当時の実際の状況に照らして日本に引き付け過ぎの感が否めないのではないだろうか。

無論、筆者は東シナ海に関連する海域史研究・日宋関係史の研究を否定するものではない。むしろ、本稿で筆者が示した陸の世界の視点も当然全てではなく、陸の世界の実像も充分に把握したうえで海の世界の視点と組み合わされば、より当時の現実に迫ることが出来ると考えるものである。(108)

〔附記〕本稿は、二〇〇五年度洛北史学会大会及び二〇〇七年度宋代史研究会研究合宿における口頭発表に基づくものである。各会場にて貴重な意見を頂戴した諸先生には、ここに謹んで謝意を表したい。

〔補記〕本稿の初稿脱稿の後に森平雅彦「朝鮮における王朝の自尊意識と国際関係――高麗の事例を中心に――」（今西裕一郎編『九州大学21世紀COEプログラム「東アジアと日本：交流と変容」統括ワークショップ報告書』、二〇〇七）の存在を知った。本稿の論旨に反映はできなかったが、高麗のおかれた複雑な国際的情況の現実を論じた注目すべき成果と考える。

参考文献

〔日文〕
石濱純太郎一九三三、「西夏国名補正」（『龍谷学報』三〇五）
榎本渉二〇〇七、『東アジア海域と日中交流――九～一四世紀――』東京、吉川弘文館
王綿厚・王海萍主編二〇〇〇、『遼寧省博物館墓誌精粋』東京、中教出版
奥村周司一九八四、「使節迎接礼より見た高麗の外交姿勢――十一、二世紀における対中関係の一面」（『史観』一一〇）
奥村周司一九八五、「医師要請事件に見る高麗文宗朝の対日姿勢」（『朝鮮学報』一一七）
長田夏樹二〇〇六、「西夏語資料略解――涼州感通塔碑の発見と造塔縁起――」（『東洋学術研究』四五―二）
片倉穣一九七二、「ベトナム・中国の初期外交関係に関する一問題――交趾郡王・南平王・安南国王等の称号をめぐって」（『東方学』四四）
上川通夫二〇〇六、「日本中世仏教の成立」（『日本史研究』五二二）

河上洋一九九三、「遼五京の外交的機能」（『東洋史研究』五二―二）
金栄済二〇〇五、「近十年間の韓国における宋史研究動向」（『中国―社会と文化』二〇）
金成奎二〇〇〇A、『宋代の西北問題と異民族政策』東京、汲古書院
金成奎二〇〇二、「宋代における朝貢機構の編成とその性格」（『史観』一四六）
近藤一成二〇〇一、「文人官僚蘇軾の対高麗政策」（『史滴』二三）
斎藤忠二〇〇七、「開城市霊通寺跡の大覚国師碑の現状について――付　大覚国師の墓域の新発見――」（『斎藤忠著作選集』続編第一巻、東京、雄山閣、初出は『朝鮮学報』一七六・一七七、二〇〇〇）
佐伯富一九六九、「宋代の皇城司について」（『中国史研究』一、京都、東洋史研究会、初出は『東方学報』京都九、一九三八）
竺沙雅章二〇〇〇、『宋元仏教文化史研究』東京、汲古書院
朝鮮総督府編一九一九、『朝鮮金石総覧』上、京城、朝鮮総督府
東野治之二〇〇七、『遣唐使』東京、岩波書店
中嶋敏二〇〇二、「「北宋・南宋、前宋・後宋」称呼考」（『東洋史学論集』続編、東京、汲古書院、初出は『汲古』三六、一九九九）
西嶋定生二〇〇〇、『古代東アジア世界と日本』東京、岩波書店
西田龍雄一九六四、『西夏語の研究』東京、座右宝刊行会
原美和子一九九九、「宋代東アジアにおける海商の仲間関係と情報網」（『歴史評論』五九二）
原美和子二〇〇六、「宋代海商の活動に関する一試論」（小野正敏・五味文彦・萩原三雄編『中世の対外交流――場・ひと・技術――』東京、高志書院）
東一夫一九七〇、『王安石新法の研究』東京、風間書房
藤田亮策一九六三、「朝鮮の年号と記年」（『朝鮮学論考』奈良、藤田先生記念事業団、初出は『東洋学報』四一―二・三、一九五八）
藤本猛二〇〇七、「宋代の殿中省」（『東方学』一一四）
平林文雄一九七八、『参天台五臺山記　校本並に研究』東京、風間書房
藤善眞澄訳二〇〇七、『参天台五臺山記』上、大阪、関西大学出版部

古松崇志二〇〇七、「契丹・宋間の澶淵体制における国境」（『史林』九〇―一）
村井章介二〇〇六、『境界をまたぐ人びと』東京、山川出版社
毛利英介二〇〇四、「一〇七四から七六におけるキタイ（遼）・宋間の地界交渉発生の原因について――特にキタイ側の視点から――」（『東洋史研究』六二―四）
毛利英介二〇〇六、「澶淵の盟の歴史的背景――雲中の会盟から澶淵の盟へ――」（『史林』八九―三）
毛利英介二〇〇八、「一〇九九年における宋夏元符和議と遼宋事前交渉――遼宋並存期における国際秩序の研究――」（『東方学報』八二）
矢木毅二〇〇七、「朝鮮前近代における民族意識の展開――三韓から大韓帝国まで――」（夫馬進編『中国東アジア外交交流史の研究』京都、京都大学学術出版会）
山内晋次二〇〇三、『奈良平安期の日本とアジア』東京、吉川弘文館
横内裕人二〇〇六、「自己認識としての顕密体制と「東アジア」」（『日本史研究』五二三）
李成市二〇〇〇、『東アジア文化圏の形成』東京、山川出版社
〔中文〕
北京図書館金石組編一九九〇A、『北京図書館蔵中国歴代石刻拓本匯編』四五、鄭州、中州古籍出版社
北京図書館金石組編一九九〇B、『北京図書館蔵中国歴代石刻拓本匯編』四七、鄭州、中州古籍出版社
陳炳応一九八五、『西夏文物研究』銀川、寧夏人民出版社
陳楽素一九八六、「《三朝北盟会編》考」（『求是集』一、広州、広東人民出版社、初出は『国立中央研究院歴史語言研究所集刊』六―二・三、一九三五・一九三六）
陳智超二〇〇三、「四庫本《続資治通鑑長編》発覆」（『陳智超自選集』合肥、安徽大学出版社、初出は『社会科学戦線』一九八七―三）
鄧宝学・孫国平・李宇峰一九八三、「遼寧朝陽趙氏族墓」（『文物』一九八三―九）
蓋之庸編著二〇〇二、『内蒙古遼代石刻文研究』呼和浩特、内蒙古大学出版社

孔凡礼一九九八、『蘇軾年譜』北京、中華書局
劉鳳翥一九八三、「契丹小字解読再探」（『考古学報』一九八三―二）
羅福成一九三二、「重修護国寺感応塔碑銘」（『国立北平図書館館刊』四―三）
聶崇岐一九八〇、「宋遼交聘考」（『宋史叢考』北京、中華書局、初出は『燕京学報』二七、一九四〇）
陶晋生一九八四、『宋遼関係史研究』台北、聯経出版事業公司
王晶辰主編二〇〇二、『遼寧碑志』瀋陽、遼寧人民出版社
呉景山二〇〇一、『西北民族碑文』蘭州、甘粛人民出版社
向南一九九五、『遼代石刻文編』石家荘、河北教育出版社
楊渭生一九九七、『宋麗関係史研究』杭州、杭州大学出版社
楊渭生二〇〇二、『十至十四世紀中韓関係史料彙編』北京、学苑出版社
張亮采一九五八、『補遼史交聘表』北京、中華書局（国立東北大学文科研究所、一九四三初版）
朱子方一九八五、「跋法庫葉茂台出土遼蕭義墓志銘」（『中国歴史博物館館刊』一九八五）

〔韓文〕

金成奎二〇〇〇B、「高麗前期의麗宋関係――宋朝 賓礼를 중심으로 본 高麗의国際地位試論――」（『国史館論叢』九二）
金龍善編著二〇〇六、『高麗墓誌銘集成』第四版、春川、翰林大学校出版部
金在満一九九九、『契丹・高麗関係史研究』ソウル、国学資料院
金翰奎一九九四、「우리 나라의 이름「東国」과「海東」및「三韓」의 概念」（『李基白先生古稀記念韓国史学論叢』ソウル、一潮閣）
沈載錫二〇〇二、『高麗国王冊封研究』ソウル、ヘアン
張東翼二〇〇〇、『宋代麗史資料集録』ソウル、ソウル大学校出版部

本稿は、平成二十一年度科学研究費補助金（特別研究員奨励費）による研究成果の一部である。

註

(1) 西嶋の議論は西嶋二〇〇〇所収のものによった。その代表的な批判として、李二〇〇〇を挙げておく。

(2) 金成奎氏の研究（例えば金成奎二〇〇二）などは例外である。氏の韓国における研究は金栄済二〇〇五の四五七・四五八・四六五頁参照。

(3) 榎本二〇〇七参照。

(4) 山内二〇〇三第二部第三章（初出は『新しい歴史学のために』二三〇・二三一、一九九八）参照。ただし、やはり正式な使節の往来の有無は重大な違いであるというのが筆者の立場である。この点、東野二〇〇七の終章も参照。

(5) 対外史として原一九九九・原二〇〇六・村井二〇〇六の②、仏教史では上川二〇〇六を参照。無論、契丹の仏教が高麗・日本に影響したこと自体は早く周知である。比較的近くでは、例えば竺沙二〇〇〇第三章四（初出は「宋代における東アジア仏教の交流」『仏教史学研究』三一―一、一九八七）参照。

(6) ここでいう「十一世紀の後半」とは、一〇四〇年代から一一二〇年代までを含む程度の大まかな範囲である。

(7) 以上の経緯は、楊一九九七の一五〇―一五六頁参照。

(8) 関係する研究は多いが、近藤二〇〇一は必読であり、以下の叙述の多くを負っている。また、以下の「年表部分」は、原二〇〇六の一二六頁第一表・一三一頁第三表による部分が大きい。

(9) 宋人黄慎来見、言、「皇帝召江淮・両浙・荊湖南北路都大制置発運使羅拯曰、高麗古称君子之国、自祖宗之世輸款甚勤、暨後阻絶久矣。今聞其国主賢王也、可遣人諭之。於是拯奏遣慎等来伝天子之意。」王悦、館待優厚。実際には当時羅拯が発運使ではないことは、近藤二〇〇一の一一頁に指摘がある。

(10) 煕寧二年、其国礼賓省移牒福建転運使羅極云、「商人黄真・洪万来称、運使奉密旨、令招接通好。……今以公状附真・万西還、俟得報音即備礼朝貢。」（以下、引用史料中の（　）は基本的に筆者注、［　］は文字の訂正である。）……初、黄慎之還、移牒福建、請備礼朝貢。

(11) 三年、極以聞。時議者亦謂可結之以謀契丹、帝許焉、命極諭以供擬腆厚之意。

(12) 宋湖南・荊湖・両浙発運使羅拯復遣黄慎来。

(13) 遣民官侍郎金悌奉表・礼物如宋。

(14) 通州言、「高麗使民官侍郎金悌等入貢至海門県。」詔集賢校理陸経仮知制誥館伴、左蔵庫副使張誠一副之。

(15) 金悌還自宋。帝附勅五道、……

(16) 権知高麗王徽求医・薬・画・塑四工以教国人。詔羅拯於四色人内募願行者、各択三両人先令赴闕。

江・淮発運使羅拯言、「泉州商人傅旋持高麗礼賓省帖、乞借楽藝等人。……

(17) 又詔江・淮等路発運使張頡専応接高麗使入貢事。先委発運使羅拯、拯已罷故也。

以上のような宋麗通交再開における羅拯の重要性については、近藤二〇〇一の一三頁に指摘あり。

(18) 詔発運司薛向・副使羅極兼都大提挙江淮・両浙・荊湖・福建・広南等路銀銅鉛錫坑冶市舶等。従之。上手詔向曰、「東南利国之大、舶商亦居其一焉。昔銭・劉窃拠浙・広、内足自富、外足抗中国者、亦由籠海商得術也。卿宜創法講求、不惟歳獲厚利、兼使外藩輻輳中国、亦壮観一事也。」

同条の按語にあるとおり、「従之」では構文が不自然であり、誤字や脱文が存在する可能性がある。

(19) 詔、「旧明州括索自来入高麗商人財本及五千緡以上者、令明州籍其姓名、召保識、歳許出引発船二隻、往交易非違禁物、仍次年即回。其発無引船者、依盗販法。」至是、復与中国通、故立是法。（『長編』巻二九六元豊二年（一〇七九）正月丙子）

これについては、編勅の問題とともに近藤二〇〇一の二に指摘あり。

(20) 明州と東シナ海域貿易については、榎本二〇〇七第一部第一章（初出は「明州市舶司と東シナ海交易圏」『歴史学研究』七五六、二〇〇一）参照。

(21) 東一九七〇第一編第一章第二節一〇五・一〇六頁（初出は「宋神宗論」『東京学芸大学紀要』第三部門社会科学一八、一九六七）参照。

(22) 金成奎二〇〇〇A第三章一（初出は「綏州事件と王安石の対西夏国境策定策」『早稲田大学大学院文学研究科紀要』四一―一、一九九六）参照。

(23) 元祐五（二）年二月十七日、見王伯虎炳之言、「昔為枢密院礼房検詳文字、見高麗公案。始因張誠一使契丹、於虜帳中見高麗人、私語本国主向慕中国之意、帰而奏之、先帝始有招徠之意。枢密使李［呂］公弼因而迎合、親書劄子乞招致、遂命発運

使崔極［羅拯］、遣商人招之。」天下知非極［拯］、而不知罪公弼。如誠一、蓋不足道也。

引用は五巻本（涵芬楼本）を底本とする唐宋史料筆記叢刊本による。「二年」とするのは稗海本。
(24)蘇軾の高麗観については多くの研究があるが、ここではやはり近藤二〇〇一の二頁参照。
(25)中華書局標点本前言参照。
(26)『長編』巻二六七熙寧八年（一〇七五）八月丁酉・『長編』巻二九六元豊二年（一〇七九）正月壬午
王伯虎の経歴については、孔一九九八の元祐二年（一〇八七）二月十七日の条（七六六・七六七頁）に記述があり、参考にした。
(27)凡房十有二、曰北面房、掌行河北・河東路吏卒、北界辺防、国信事。（『宋史』巻一六二職官志枢密院の条）
『宋会要輯稿』職官六の四葉表（枢密院承旨司）によれば、北面房は熙寧元年（一〇六八）の時点ですでに存在する。
(28)『山谷全集』巻二「次韻王炳之恵玉板紙」・巻九「謝王炳之恵石香鼎」、『山谷別集』巻一「謝王炳之恵茶」である。恐らくは「謝王炳之恵茶」に元祐二年（一〇八七）の記年があることから、『山谷年譜』ではこれらを皆元祐二年に繫ぐ。
(29)近年では藤本二〇〇七の三八頁に言及がある。張者は『宋史』巻二九〇に立伝。
(30)余嘗見枢密都承旨張誠一説、「昔年使北虜、因問耶律蕭姓所起。……
この史料は、張亮采一九五八（一〇〇・一五六頁）に指摘があり、熙寧元年（一〇六八）八月の派遣と一応の推定がなされている。時間的な確定は不可能だが、『長編』の欠落しているこの前後数年間、つまり当該時期のことである。
(31)詔枢密都承旨張誠一与高麗国信使・副同詳定一行儀物。
賜枢密直学士・工部郎中銭藻、枢密副都承旨・四方館使・舒州団練使張誠一絹各五十。以編集高麗入貢儀式成故也。

その他、『長編』巻二二三熙寧四年五月丙午の条は註（14）で既引。
(32)張誠一は、以下のように、その他の宋の対外関係においても名前を出す人物である。
・日本　対日本関連では、成尋が入宋した時に、開封で交付された文書に張誠一と思われる名が見える。
「権枢密副承旨西上閤門副使権同管内客省四方舘公事大点醴衆観公事張」（『参天台五臺山記』第四、延久四年（一〇七二）十月廿四日、客省牒）

「権枢密副承京東上閤門副使権同管勾客省四方舘公事提点醴泉親公事張」（同第六、延久五年（一〇七三）一月廿五日、客省牒）

以上、平林一九七八の一三五・二〇三頁による。

藤善二〇〇七（四八二・四八八・四八九頁）は、前者を「権枢密副都承旨西上閤門副使権同管勾客省四方舘公事大点醴泉観公事張」と校訂し、「張」を張誠一（ただし、「張一誠」と誤植）に比定している。従うべきだが、「大点」も「提点」とすべきだろう。

その他、『長編』巻三三四元豊六年（一〇八三）三月己卯に、日本僧が神宗に引見された際に張誠一が同席していた例もある。

・契丹　対契丹では、一〇七〇年代の遼宋国境画定交渉において張誠一の名が見える。

召輔臣対資政殿、命兵部郎中天章閣待制韓縝・西城閤門使枢密副都承旨張誠一乗駅往河東及遼人会識地界、速結絶以聞。（『長編』巻二六一熙寧八年（一〇七五）三月辛丑）

(33) 佐伯一九六九の八―一〇頁参照。

(34) 詔枢密院、「説与陳睦、如到北界、見高麗旧曾相接或祗応人等、若俯近可以語言相通、即与問労。」

陳睦は、一〇七八年に高麗に派遣された人物である。『長編』巻二八八元豊元年三月辛巳参照。

(35) それぞれ『長編』巻四〇七元祐二年（一〇八七）十一月壬子、『長編』巻四〇八元祐三年（一〇八八）正月庚戌参照。

(36) ……自熙寧四年、発運使羅拯始遣人招来高麗、……

この奏は、元祐五年（一〇九〇）八月十五日の日付のものであり、『東坡志林』「高麗公案」の条に示される元祐二年もしくは五年二月十七日より後である。

(37) 嘗詰其西向修貢事、麗人表謝、其略曰、「中国、三甲子方得一朝、大邦、一周天毎修六貢。」契丹悟、乃得免。

なお、本文で引用した史料のほか、以下の史料も同様に高麗が毎年使者を派遣したと示唆するものである。

本国不論年歳、惟以八節貢献、人使各帯正官、惟称陪臣。（『契丹国志』巻二一外国貢進礼物、新羅国貢進物件）

(38) 太僕少卿呉安持等言、「昨奉使至遼、於十二月問館伴耶律儀、知高麗使在北廷。儀言、高麗国王徽今秋卒、長子勲嗣位、六

十日又卒、今立徽次子運権知国事、已遣使封冊。」

(39) 明州言「高麗入貢。」……又詔引伴・礼賓副使王謹初等与知明州李綖訪進奉入貢三節人中有無燕人以聞。「燕人」とは、契丹統治下の現在の北京方面の漢人を指すと考えられる。

(40) 契丹有一仏寺、甚壮麗、使者至、必焚香。寺有大仏、銀鋳金鍍。豊稷奉使、見其供具器皿、皆神宗賜高麗之物。

(41) 陶一九八四第七章一七五・一七六頁（初出は「宋・高麗与遼的三角外交関係（十至十一世紀）」中華民国韓国研究学会編『中韓関係史国際研討会論文集（九六〇―一九四九）』台北、中華民国韓国研究学会、一九八三）、金在満一九九九の二六六頁。

(42) 高麗臣属契丹、于朝廷久絶朝貢、向自浙路遣人招諭而来。且高麗小邦、豈能当契丹之盛。来与不来、国家無所損益、而契丹知之、謂朝廷将以図我、此契丹之疑也。

(43) 陶一九八四第六章（初出は『国立中央研究院歴史語言研究所集刊』五〇―四、一九七九）。

(44) 『長編』巻一五〇慶暦四年（一〇四四）六月戊午の富弼の上した河北守禦策の禦策の四参照。ただし、富弼の意図は、それでもなお高麗との接近は可能であるとのものである。また、両国間では、九八五・六年に共同作戦計画が功を奏さなかった実績もある。『文献通考』巻三二五、四裔考二高句麗の「(雍熙)三年出師北伐、以其国与契丹接境、常為虜所侵、遣監察御史韓国華齎詔、諭以出兵大攻。……」以下を参照。

(45) 按高麗之臣事中朝也、蓋欲慕華風而利歳賜耳。中国之招来高麗也、蓋欲柔遠人以飾大平耳。……

(46) 契丹を指しての「盟主」の語は、陶一九八四第七章一七二頁の「東亜国際秩序圏的盟主地位」なる表現による。

(47) 奥村一九八四の三五・三六頁参照。宋が高麗国王を「権知高麗国王事」とする文書の具体例は、『宋大詔令集』巻二三七に挙がる。

(48) 自王徽以降、雖通使不絶、然受契丹封冊、奉其正朔、上朝廷及他文書、蓋有称甲子者。
また、高麗が宋宛ての文書において「誤って」契丹の年号を使用することがあったことは、以下の各史料参照。
以李子威為尚書右僕射権知門下省事、兼西京留守使。初、子威以宰相監校入宋表奏、誤書遼年号。宋朝却其表。由是責罷。不数月、干謁内嬖、得拝是職。時人譏之。（『高麗史』巻十宣宗九年（一〇九二）八月乙丑）
宣宗時為少府注簿、承勅校入宋表、誤書遼大安年号、宋還其表、坐免官。（『高麗史』巻九十七金黄元伝附李軌伝）

ただし、碑刻史料を見れば高麗国内において宋の年号も使用されていたことは、藤田一九六三の二七四・二七五頁、奥村一九八五の一〇五—一〇八頁参照。

(49) 以下の「宋夏関係と遼夏関係」と「遼宋関係」については毛利二〇〇八でも述べた。特に「国主」の問題については、その注(23)に詳述。

(50) 約称臣、奉正朔、改所賜勅書為詔而不名、許自置官属。

(51) 賜金塗銀印、方二寸一分、文曰「夏国主印」、亀鈕錦綬。

(52) 耶律仁先遣人報、宋歳増銀・絹十万両・匹、文書称「貢」、送至白溝、帝喜、宴群臣于昭慶殿。

一方の宋では、「献」を拒否し「納」で合意とする(『長編』巻一三七慶暦二年九月癸亥)が、変更が加えられたとする点は共通である。

(53) ……別納金帛之儀、用代賦税之物、毎年増絹一十万匹、銀一十万両。……

(54) 劉一九八三の二五六・二五七頁によれば、契丹語における契丹の国号には「中央」が含まれるという。契丹を中心とすれば、本稿で取り上げる諸国のほかに、北は漠北の諸勢力や東は女真、西は西ウイグル等が契丹にとって重要であったこととなろう。また、西夏も周知のとおり固有語での「白上」なる国号ももつ。石浜一九三三参照。

(55) 例えば、毛利二〇〇四で詳述した一〇七〇年代の遼宋国境交渉をめぐる史料、沈括『入国別録』(『長編』巻二六五熙寧八年(一〇七五)六月壬子所引)を見られたい。そこでは、沈括と契丹の官員の間の会話において多くの「北朝」・「南朝」という用例が見られるが、例えば、

臣(沈)括答云、「南朝収得北朝照証甚多。……

という一節は、宋側(の沈括)が自国を「南朝」とした例でもある。

(56) 詔曰、「朕自御神器、居常小心、北交大遼、南事大宋、……

(57) 遣李之美告大廟筮事金可否。其文曰、「惟彼女真自称尊号、南侵皇宋、北滅大遼、取人既多、拓境亦広。……

(58) 内史門下省上言、「国家結好北朝、辺無警急、民楽其生……又尚書柳参奉使之日、東京留守問南朝通使之事、似有嫌猜。……

『高麗史』世家によれば、柳参の使遼は靖宗七年(一〇四一)のことである。

(59) 寅亮文詞雅麗、南北朝告奏表状皆出其手。

(60) ただし、一一〇一年朴浩奉宣撰の「大覚国師墓誌銘」(朝鮮総督府一九一九の二九三―二九五頁)の冒頭付近に

我大覚国師、法諱釈煦、字義天、為避西宋国諱多用爾。

と見られるように、奥村氏の挙げる例以外にも、高麗から宋を「西」とすることはあり、奥村氏の指摘も決して誤りではない。

なお、註(58)で既引の『高麗史』巻八文宗十二年(一〇五八)八月乙巳の内史門下省の上言に引く契丹の庚戌の歳(一〇一〇)の問罪書には

東結構於女真、西往来於宋国、是欲何謀。

とあり、契丹から見て、宋を高麗から「西」とする表現が見られる。

(61) 鄜延路経略司言、「保安軍得宥州牒、本国準北朝札子、備載南朝聖旨称夏国如能悔過上表、亦許応接。今既北朝解和、又朝廷素許再上表章、欲遣詣闕。」

他にも、間接的ではあるが、西夏が宋を「南朝」とした例は『長編』巻四六〇元祐六年(一〇九一)六月丙午・『長編』巻四六六元祐六年(一〇九一)九月辛亥に存在する。

(62) これに関連し、西夏の貴重な内部史料の一つである天祐民安五年(一〇九四)の夏漢合璧「重修護国寺感通塔碑」に関して、陳炳応一九八五の第三章「西夏的碑刻」の一一七・一一八頁では、漢文面の「供写南北章表張政思書幷篆額」の「南北」という表現が西夏文面での「契丹・漢」に対応することが羅一九三二の一七六頁によって指摘される。ただし、やはり羅一九三二の一六五頁及び西田一九六四の上、附録「西夏文涼州感応塔碑文解説」一六五頁によれば、西夏文面には恐らく宋を指して「東漢」と訳せる表現もあるようである。

なお、この碑文の目下最新の録文は呉二〇〇一の一―一〇頁のものと思われる。拓影は、北京図書館金石組一九九〇Bの一八五・一八六頁に載る。また、近年日本でのこの碑文に関する研究として、長田二〇〇六がある。

(63) ……聞王已受北朝冊命。南北両朝通好百年、義同兄弟、故不復冊王。但今賜詔已去権字、即是寵王以真王之礼。且此詔乃皇帝御筆親製、北朝必無如此礼数……

(64)……況夏国累得西蕃木征王子差人齎到文字、称、「南朝与夏国交戦歳久、……於七月内再有西蕃人使散巴昌郡・丹星等到夏国称、兼得南朝言語、許令夏国計会、……

『宋史』巻四八六夏国伝では、これを前年閏六月に繋ぐ。

(65)ただし、『三朝北盟会編』において、金が明確に契丹を指して「北朝」とする例は、管見の限り見当たらないようである。これは、金が契丹に代わり「北朝」となることとも関連しよう。

(66)東韓西夏、貢土産而輸誠、南宋北遼、交星軺而継好。

この碑は、大康七年（一〇八一）頃のものである。かつて現在の中国河北省唐山市に存在したが、碑石・拓本は現存せず、『永平府志』・『灤県志』に録文が伝存するのみである。ここでのテキストは、両者を校合した向一九九五の三九五・三九六頁に所載のものに依る。

(67)其間出使者三。于東韓・南宋皆循礼而已。重熙中、興宗問罪于西夏、遣公召夏王李元昊。……

この碑は遼寧省朝陽市出土で大康四年（一〇七八）紀年である。録文は王晶辰二〇〇二の三三五・三三六頁参照。

(68)……南夏帝主永慕義以通歓、西土諸王長向風而納款、唯独東溟之域、未賓北極之尊。……

「南夏」という表現は、『高麗史』巻九十六崔思諏伝の

……遼使王鼎来、思諏為館伴。聞（王）鼎毎夜独坐為文、以計取其書奏之、乃諫疏也。其疏極言遼太平日久、不修武備、又言大宋伐南夏事。……

では、宋が攻撃する対象であることから西夏を指すものと考えられ、少なくとも宋ではないが、契丹の「韓匡嗣墓誌銘」（内蒙古自治区赤峰市出土、九八五年葬、蓋二〇〇二の六一―七七頁）には

雄燕之地、皇朝所都。宗九服而表則諸侯、屯万旅而控制南夏。……

とあり、燕京の対峙する「南夏」は当然宋を指す。引用の牒では、「帝主」とあって比較的契丹と対等な扱いをしていることからも、「南夏」を宋を指すものと解すべきである。

(69)時代は下ると考えられるが、『遼史』巻三十七地理志序文の「東朝高麗、西臣夏国、南子石晋而兄弟趙宋、呉越・南唐航海輸貢。」という認識もこれと平行するものだろう。

（70）但茲東域、仰戴北辰。……
……地控東域、星環北宸。……

他にも以下のような同様の例が存在する。

『高麗史』巻三成宗十五年（九九六）三月の冊文「……惟東溟之外域、順北極以来王。……」

『高麗史』巻七文宗九年（一〇五五）五月辛酉の冊文「……実寛東顧之憂、率資北面之力……」

『高麗史』巻十三睿宗八年（一一一三）正月戊寅の契丹よりの告身「……歳重貢儀、率勤北面之力、時堅戎翰、実寛東顧之憂……」

『高麗史』巻十四睿宗十五年（一一二〇）七月甲辰の契丹の詔「……卿東陲立社、北闕称藩……」

無論、皇帝が北に位置して南面することや、全ての中心である北極星に擬えられることは時代を問わない漢文表現であり、宋麗間でも確認できることだが（例えば『宋大詔令集』巻二三七「高麗国王王治加恩制」）、ここでの意味は地理的方向概念とも対応しているという点にある。
（71）「南宋」に関しては、関連して中嶋二〇〇二がある。通常の北宋に対する南宋ではなく、金元から見て「南」の宋としての「南宋」という例の存在を指摘するものである。
（72）余奉使北遼、至松子嶺。……
龐元英は、一〇八一年に使遼している。また、その他の例を以下に掲げておく。
余奉使北遼、過順州、有黍谷坊。伴副使王仲淵指以謂副使文供備云、「観此、可知其寒也。劉向別伝曰、燕地谷美而寒、不生五穀。鄒子吹律、召温気至、五穀生、至今名黍谷。」北遼士子多燕人、故亦頗知学問也。（巻三）
四月六日、北遼賀同天節使副見、望参官起居。是日微雨、特放、唯引対北遼使者於紫宸殿、酒五行罷。（巻四）
等である。
『文昌雑録』は、乾隆以降の雅雨堂叢書本・学津討原本が足本として通常拠られ、本稿での引用も前者を底本とする中華書局本による。よって、この「北遼」という表現は、改字の可能性を想起させる。例えば「北遼」の用例として
御史中丞魚周詢答手詔所問曰、……臣聞国家和約北遼、爵命西夏、偃革止戈、踰四十載。……（『長編』巻一六三慶暦八年（一〇四八）甲寅）

というものがある。これは、西夏問題及び財政難等に関する仁宗の諮問に答えたものである。

ここでの「北遼」は、「西夏」と対照される点で今の論旨と一致するようだが、清代の輯本である現行『長編』では周知のごとく「夷狄」にまつわる表現は改字の対象となっている。そして、現行本と宋本とを比較しての陳智超二〇〇三の五九〇頁における指摘があるように、この「北遼」は「北戎」の改字の結果である。他の例においても、四庫本の「北遼」は改字の結果であることが多いようである。雅雨堂本でも、巻六に収められる「捺鉢」（契丹皇帝の季節移動の駐地）に関する条における「北人」の語は、説郛本においては「北虜」とされる。

しかし、雅雨堂本でも「北虜」・「虜母」等の語は散見され（これらは文淵閣四庫全書本では「北国」・「国母」）、少なくとも必ずしも徹底的には改字されていない。逆立ちした論理ではあるが、下述のように「北遼」の用例が他に確認できることからも、ここでの「北遼」に一定の信頼をおいていいのではないか。

(73)　この書物自体は現存しないが、『郡斎読書志』の偽史類や『宋史』巻二〇三藝文志史類に名が残り、『亡遼録』として『三朝北盟会編』に逸文が存在する。陳楽素一九八六「引用書雑考」の「亡遼録」の条（二七六・二七七頁）参照。

(74)　制、「義州郎将庾清曾被虜北遼……

(75)　答云、「…昨者被掠人自大金還来、言上朝使臣到蕃土、礼数一如降使北遼之例。……

(76)　人有以宿憾誣毀公者、粛宗雅知公醇正無他、不聴、遂命公告嗣于北遼。使還、拝朝散大夫・刑部侍郎、充史館修撰。金龍善二〇〇六の四三―四六頁による。同書図版に拓影あり。任懿は『高麗史』巻九十五に伝あり。

(77)　当時北遼天佑帝、聞其名、送大蔵及諸宗疏鈔六千九百餘巻、其文書薬物金帛、至不可勝計。なお、「天佑帝」は、契丹の道宗皇帝を指すものである。この碑文は、北朝鮮の開城霊通寺に現存する（斎藤二〇〇七）が、当該部分は欠損しており（拓影は北京の中国国家図書館のサイトの「碑帖菁華」の項目から閲覧可能）、ここでは『大覚国師外集』巻十二所収のものによる。

(78)　向一九九五の六四五―六五〇頁。この碑は北京出土で天慶四年（一一一四）記。北京図書館金石組一九九〇Aの一四二頁に拓影あり。「王師儒墓誌銘」における「南宋」の例は、「南宋正旦国信接伴」「南宋賀生辰国信接伴」「南宋祭奠副使」「南宋謝登位人使」の四例が見える。

(79) 館伴所亦難以北朝白劄子内有南宋字、信使云、「西人之語、非本朝所称。」遂已。
白劄子は『長編』巻五〇七元符二年三月壬戌所載であり、確かに「南宋」の文字が複数見える。
(80) 「西夏」の語が見えるのは、巻二三三「趙徳明進尚書令加恩制」「西平王趙徳明加恩制」「削趙元昊官爵除去属籍詔」「賜西夏詔」、巻二三四「賜夏国主令遵守藩儀詔」、巻二三五「賜夏国主不還綏州詔」「立夏国主冊」「招諭夏国勅牓」である。
(81) 大夏開国、奄有西土、涼為輔郡、亦已百載、塔之感応、不可殫紀。
頃為南国失和、乗輿再駕、躬行薄伐。

ただし、同碑には「西羌」の存在もあり、単純に西夏の自意識が「西」とも言えないことは併せ述べておく。

この碑文の数種の録文のうち、『隴右金石録』ではここでの「南国」を「南北」とするが、拓影を見れば明らかに「南国」である。なお、「南国」という表現で宋を指す例は、契丹でも前出の「王師儒墓誌銘」に存在する。
(82) 契丹界夾山部落呆家等族離叛、多附元昊。契丹以詞責問、元昊辞不報、自称西朝、謂契丹為北辺。……
(83) 韓琦・范仲淹等言、「……如更許以大号、此後公家文字幷軍民語言当有西朝・西帝之称、……
(84) その他、西夏から宋への文書でも西夏は自らを「西陲」即ち「西」と認めている。宋夏元符和議に関連する以下の史料を例として挙げる。
　夏国遣使謝罪、見于崇政殿。其表辞曰、「……念赦西陲之弊国、得反政之初、願追烈祖之前猷、賜曲全之造。……」（『長編』巻五一五元符二年（一〇九九）九月庚子）
(85) 夏国主乾順言、「……其南界諸路地分官、只要依綏州例打量二十里、……」
これは、霊武の役の後の宋夏国境画定交渉の一こまである。「綏州例」については、金成奎二〇〇〇A第三章三参照。
(86) 雄州言、「北界民戸、以差配騒擾、併有驚移、涿州乃移文言南界県官以兵馬遮約、不令応役、請速遣回。」（『長編』巻二九七元豊二年（一〇七九）三月甲午）
これは、契丹が宋から「北界」とされた例でもある。また、次の例は、宋が自らを「南界」としたものである。
　韓絳言、「北人郝景過南界榷場闇画地図、已密遣人収捕。」（『長編』巻二九四元豊元年（一〇七八）十一月乙未）
これらは、いずれも河北の遼宋国境におけるトラブルをめぐる史料である。

(87)　詔曰、「……得愛戴於東韓、尽傾虔於北闕、……
(88)　是時東韓作梗、不遵王命。公乃荐膺明詔、俾遂徂征。……以開泰八年歳次己未九月戊午朔十日薨於建州之私第、享年六十有九。……
「趙匡禹墓誌銘」は、遼寧省朝陽市出土・清寧六年（一〇六〇）建。鄧等一九八三の三四頁の拓影、向一九九五の二九九―三〇二頁の録文参照。
(89)　……曾王父恭、在聖宗朝高尚自晦、……時東韓夷弗遜、公討有功。……
「蕭義墓誌銘」は遼寧省瀋陽市出土、蕭義は天慶二年（一一一二）没。朱一九八五の六八頁の拓影、向一九九五の六二二―六二七頁の録文参照。
(90)　『遼史』巻一一五高麗外記及び沈二〇〇二の一一四・一四一頁参照。
(91)　金翰奎一九九四の一四六三頁においては、下ってモンゴル期の高麗や朝鮮王朝期における「東韓」の用例を挙げる。
(92)　奥村一九八四の三八・三九頁、金翰奎一九九四の二・三
(93)　金翰奎一九九四の四・矢木二〇〇七第二節
(94)　金翰奎一九九四の一四五七頁に『高麗史』所載の宋への牒が、一四六二頁に『東文選』所載の金富儀の金への表が挙げられる。
(95)　『宋大詔令集』巻二三七では、「東藩」の例（「高麗国王王治加恩制」「賜権知高麗国王事王徽起居回書」）が見られる。
(96)　『宋大詔令集』巻二三七では、「三韓」（「高麗国王王伷検校太傅加食邑制」「賜示諭書」「賜高麗国王詔」）「辰韓」（「王治拝官封高麗国王詔」）の例が見られる。
この他、宋が高麗を指して「新羅」と称することが多いことは、矢木二〇〇七の九七―一〇〇頁参照。
(97)　……臂使西夏、肘加東韓、北羌輸産土之良、南越致祈天之請、云々……
高麗と西夏は、『大金集礼』において巻三十九の「元日称賀儀」「曲宴儀」「人使辞見儀」に「高夏」と併称されるように、金においても東西の一対であった。
(98)　河上一九九三参照。

(99)　三面のうち、東西ではそれぞれ東京統軍司・西南面招討司という「軍管区」も重要な存在である。
(100)　本稿では行論上細かい検討はしていないが、一般にベトナムが中華本土にとって「南」であり且つベトナムが自ら中華本土に対し「南」を称したことは周知であり、宋に限ってもベトナム（交趾）が「南」であったことは、宋による王の封号（片倉一九七二参照）や『宋大詔令集』巻二三八所収の対ベトナム文書での「南」を以てベトナムを指す諸表現が参考となる。
(101)　同様の記述は『政和五礼新儀』巻一五五「夏国進奉使見辞儀」にも見られる。
(102)　西取元昊頭、献之天子庭、北入匈奴域、縛戎王南行、東逾滄海東、射破高麗城、南趨交阯国、蛮子輿櫬迎。
ここでの「匈奴」は、次註に明らかなように契丹を指す。
(103)　主客所掌諸番、東方有四、其一曰高麗、出於夫餘氏。……西方有九、其一曰夏国、世有銀・夏・綏・宥・静五州之地、慶暦中、冊命為夏国。……南方有十有五、其一曰交趾、本南越之地、唐交州総管也。……北方曰契丹、匈奴也。別隷枢密院。……
(104)　……北結契丹、以為歓隣、西制夏人、東招高麗、南撫交趾、率皆臣属、非有夷狄之虞也。……
(105)　その他、曾鞏『元豊類稿』巻十「太祖皇帝総叙」には、西をウイグル・チベットとする近似の例として
……海東之国高麗、極南交阯、西戎吐蕃・回紇、北狄契丹、皆請吏奉貢、天地所養、通途之属、莫不内附。……

というものもある。宋・太祖朝は李継遷の自立以前であるため、このような組み合わせになるのであろう。
(106)　無論、例えば「任懿墓誌銘」（先述）にも用例が存在するとおり、実際には高麗は宋をしばしば「中朝」とするほか、契丹でも、「聖宗皇帝哀冊」（内蒙古自治区赤峰市出土、太平十一年（一〇三一）葬。王綿厚等二〇〇〇の一七六・一七七・二七四頁参照。）において、東西の諸勢力と対照させつつ宋を指して「中土」と呼ぶ例がある。ただし、内蒙古自治区赤峰市の「創建静安寺碑銘」（咸雍八年（一〇七二）頃）・河北省唐山市の「景州陳宮山観鶏寺碑銘」（大安九年（一〇九三））では契丹において契丹自身を指して「中土」とする（向一九九五の三六〇・四五二頁）。前者は北京図書館金石組編一九九〇Aの四九・五〇頁に拓影あり。向一九九五所載の後者の録文は『豊潤県志』によるものである。
(107)　高麗の自国中心の観念については奥村一九八四参照。西夏も国内では帝号を行っていたことは周知である。
(108)　山内晋次氏が、日本から宋に輸出された硫黄が宋において対西夏戦で使用された可能性を重視するのは、その好例と考える。山内二〇〇三第二部第四章（初出は『日本史研究』四六四、二〇〇一）参照。

蕭妙敬と徒単太后——契丹（遼）仏教継承の一過程——

藤原崇人

はじめに

建炎三年（一一二九）、通問使として金にわたり、以後十五年ものあいだその国内に抑留された洪皓は、よく知られる通り、南宋帰国後に己が見聞せるところを『松漠紀聞』なる書に著した。彼は本書の中で金朝統治下の燕京（北京市）の状況について、

燕京に蘭若相望み、大なるもの三十有六、然して皆な律院なり。南僧至りてより、始めて四禅を立つ。太平・招

提・竹林・瑞像と曰うなり。

と述べる。京内には寺院が相い望んで林立し、大刹は全て律寺であった。ここに南僧が流入したことにより太平・招提・竹林・瑞像の四禅寺が立ったという。太平寺以下が燕京初の禅寺であったか否かはさておき、ここにいう南僧とは、旧北宋の領域に居住していた僧尼を指すと見てよく、金初において彼らが北上して燕京に赴いていた様子がよく分かる。

ところで、金国内に展開した仏教に対して、我々の抱くイメージは豊かとは言い難い。概ね、当代の宗教人として全真教開祖の王重陽とその名を二分する万松行秀と、彼に象徴された禅宗に集中していると言っても過言ではない。

唐の会昌五年（八四五）に武宗李炎（在位八四〇～四六）の詔により断行された仏教弾圧、いわゆる「会昌廃仏」は、全国の寺院四千六百余所を廃毀し、僧尼二十六万人余を還俗させるという過酷かつ大規模なものであった（『資治通鑑』巻二四八、会昌五年八月壬午条）。この廃仏により伽藍や尊像、経典や法具類が灰燼に帰した結果、以後、信仰と教学研究の拠点および手段を失った伝統的な教宗（華厳・天台・唯識・律・密教等）は衰退の一途をたどり、かわって「不立文字、以心伝心」をもってし、日常的な営みのうちに仏道修行を見出す禅宗が隆盛を迎えたという[1]。会昌廃仏を一因とする唐末から宋代に至る禅宗の盛行の事実は、上述『松漠紀聞』の記事ともども、我々の認識をして、金代仏教の構成要素ないし影響元を宋代仏教に偏重せしめる。

しかしながら、会昌廃仏から金に至るまでの仏教の流れは決して単一ではない。とくに河北およびそれ以北の地域（主に内蒙古・遼寧・吉林）に目を向けるとき、唐の反側藩鎮とくに盧龍軍節度使の領域を中心として、五代（後唐・後晋）・契丹（遼）を経由する流れが存在する。会昌廃仏に際しても一定の信仰環境を維持していた盧龍軍節度使[2]。この反側藩鎮の治所・幽州を後晋より割譲された契丹においては、先学が指摘された通り、華厳・唯識・密教といった伝統的な教宗が勢力を保って盛行している[3]。また、教宗ほどに際立つものではないが、従来等閑視されてきた禅宗の存

在も確認されている。[4]
金はこの契丹を滅ぼし、その版図の主要地域を受け継いだ国家でもある。契丹の仏教は金代の仏教の構成要素ないし影響元として不可欠の存在となるが、このことは現在に至るまで十分に認識されてきたとは言い難い。このような現状を打破すべく、本稿ではその第一歩として、金の中都方面における契丹仏教の継承について論じたい。夙に竺沙雅章氏は、契丹の燕京すなわち南京析津府方面に盛行した華厳宗が、元代にも行われ、大都地域を中心として教勢を振るったことを明らかとされた。[5]いうまでもなく金の中都は契丹の燕京の後身にして元の大都の前身であるから、契丹から元までの当該地域における華厳宗の盛行に、中都の仏教界が橋渡しを行ったことは推測に難くない。ではこの中都において契丹の仏教は如何に受け継がれたのか。この点について、当代のある尼僧の事績を記した碑刻を手掛りとして、人材の供給という観点から考察を加える。
なお本稿では契丹に展開した諸宗派を、教団・門派等の人的集団を含めて「契丹仏教」と一括的に表記する場合がある。また契丹の南京析津府と金の中都大興府および元の大都に相当する地域を「燕京」と表記するが、とくに金代に限定するときは、史料の記載に準ずる場合を除き、上京会寧府（黒龍江省阿城市）からの遷都（貞元元年 一一五三）の前後を問わず、「中都」と記す。

一　僧官人事より見た中都仏教界

まず本章では、金の中都方面における契丹仏教の影響を確認しておきたい。ここにおいては中都を管轄する僧官の任用状況に注目する。僧官とは国家が僧をもって任じ、一定地域内の僧尼・寺院を管理し、宗教事務を担当するものである。[6]金代には僧録・僧正・都綱の三司が用いられた。僧録司は五京（中都・上・東・西・北）を含む諸路の総管府

に、僧正司は節度州に、都綱司は刺史州にそれぞれ置かれている。とくに州格に応じた僧正司と都綱司の分置は、契丹の僧官制度を受け継いだもので、契丹・金両代の特徴的形態である。[7]

仏教史家として名を馳せ、自らも京師・開封府の僧官をつとめた北宋の賛寧は、『宋高僧伝』と並ぶいまひとつの代表的著作『大宋僧史略』に「立僧正」の条目を設け、僧官となる者の資格として、徳を備え衆望を有することを挙げる。[8]当然ながら、徳望の有無の判断は当事者以外の人間の客観に基づくものである。賛寧のこの認識は宋代に限定されるものではなく、通時代的な普遍性をもっていた。その証として、すでに筆者が別稿にて明らかとしたように、金代そしてこれに続く元代の僧官の選充においては、その任用地域に居住する僧たち（地方官僚を含む場合もある）の意向が重みをもち、国家は彼らの推挙・賛同を得た僧を任ずる傾向にあった。[9]つまり僧官人事は、一面において在地仏教界の輿論が具現化したものと捉えることができるのである。

さて、金の中都には、左街と右街に管轄区域を分割して、それぞれに長官の僧録と次官の僧判（僧録判官）が置かれた。貞元元年の遷都以前は「燕京管内」、遷都以後は「中都管内」の称を僧官名に冠している。

本官の任用状況については【附表】を参照いただきたい。ここでは前代との関連性に留意すべく、契丹・金両代における任用僧を提示している。重複を除くと、現段階では計二十五名の任用僧が認められる。もっとも徳麟から善定までの二十名は契丹の僧であり、金の僧としては悟銖・円因・善果・善穎・志玄の五名しか見出せない。検証対象となる事例の不足は否めないが、ともあれ僧官の任用における両代の連続性を読み取ることはできる。まずこの五人について簡単に眺めておこう。なお以下に掲げる史料の名称末尾に付した〔　〕内のアラビア数字は【附表】の通し番号に対応している。史料の所収については【附表】の対応番号の出典・所収欄を参照いただきたい。

まず悟銖は燕京馬鞍山慧聚寺（現戒台寺）の法均の門孫である。法均は契丹の道宗耶律弘基（在位一〇五五～一一〇一）の治世下に伝戒僧として名を馳せた人物で、慧聚寺を拠点とする彼の伝戒活動は、契丹国内のみならず遠く北宋や西

夏にも聞こえ、これらの地からも数多の人々が国境を越えて彼のもとを訪れ、菩薩戒を受けたという[10]。

天徳四年（一一五二）立石「伝戒大師遺行碑」〔25〕は、悟銖の法兄である悟敏の事績を記したもので、金初の文人官僚として名高い韓昉[11]の撰文にかかる。この末行に、

大金天徳四年歳次壬申四月乙巳朔丁丑日戊申時、同門□（孫？）□（前？）燕京管内右街僧録伝菩薩戒文悟大師賜紫沙門悟銖建。

と記名され、悟銖が本碑の立石者であるとともに、燕京管内右街僧録をつとめていたことが分かる。ただ記名の「燕」字の上、すなわち第二十五字に当たる不明字がおぼろげながら「前」字の様に見える。本碑の立石時点ではすでに本職を退いていたのかも知れない。

悟銖自身の事績は、現段階では『補続高僧伝』巻十七所収の悟銖伝によるほかない。これに基づくと、悟銖の俗姓は何氏、字は子平、臨潢府（契丹の上京、赤峰市巴林左旗林東鎮）の人である。七歳にして詩書を学び、十五歳で出家を願い、中京大定府（赤峰市寧城県）に赴き、天慶寺の提点であった法均門人の裕窺に師事して具足戒を受けた[12]。裕窺は天慶六年（一一一六）に示寂しているため[13]、悟銖の受具はこれ以前のこととなる。のち龍泉万笏山の仏覚禅師にまみえ、また平・灤・涿・易の諸州を教化して歩き、『円覚経』『首楞厳経』の講席を開くこと二十余次に及んだ。皇統年間（一一四一～四九）に燕京右街僧録を授かり、文悟大師号を賜与された。貞元二年（一一五四）に示寂している。俗寿と僧臘は記しておらず明らかではない。本伝末に、

尤も心を唯識に留め、毎に上生を発願して曰く、慈尊（＝弥勒菩薩）は一生の補処なり。吾はこれに従わんと欲し、法相を細窮すのみと。

とあり、悟銖は唯識（法相）を宗旨としていたようである。

次に、円因・善果・善穎の三人は、契丹の道宗朝において燕京城内に昊天寺を建立し、その初代住持をつとめた契

【附表】契丹（遼）・金代燕京・中都僧録司任用僧一覧

	僧名	僧官職名	在任確認[推定]時期	出典	所収(書名巻数：頁数)	備考
1	徳麟	左街僧判	統和五（九八七）四月以前	統和五（九八七）盤山祐唐寺刱建講堂碑銘幷序	北拓45：11	憫忠寺僧
2	瓊煦	左街僧録	重熙十一（一〇四二）四月	重熙十一（一〇四二）『大方広仏華厳経』巻十題記（豊潤天宮寺発現）	『内蒙古文物考古文集』2：531-532	
3	慧鑑	左街僧録	重熙間（一〇三二―五五）	宝集寺宗原堂記	析津：70-72	宝集寺僧
4	非濁	左街僧録	重熙末（～清寧初）	清寧九（一〇六三）奉福寺仏頂尊勝陀羅尼幢記	日下95、盤山8非濁伝	奉福寺僧
5	法均	（佐録僧務）	咸雍五（一〇六九）	大安七（一〇九一）伝菩薩戒壇主大師遺行碑銘幷序	北拓45：84、図志上：161	慧聚寺僧
6	道謙	左街僧録	咸雍六（一〇七〇）	大定二十（一一八〇）大昊天寺建寺功徳主伝菩薩戒妙行大師行状碑	北拓46：144	延寿寺僧？
7	非覚	右街僧判	大康元（一〇七五）	乾統七（一一〇七）甘泉普済寺厳慧大徳塔記銘	盤山8等偉伝	普済寺僧
8	裕方	左街僧録	大康三（一〇七七）三月以前	大康三（一〇七七）奉為故壇主伝菩薩戒大師特建法幢記	北拓45：60、図志下：58-59	慧聚寺法均門人
9	善製	左右街都僧録	大安十（一〇九四）閏四月	大安十（一〇九四）大憫忠寺観音菩薩地宮舎利函記	北拓45：93、図志下：231-232	憫忠寺僧
10	〃	左右街都僧録	大安十～寿昌初期？	憫忠寺石函題名	北拓45：99	〃
11	惟道	左右街僧録	〃	〃	〃	弘法・竹林寺提点
12	文傑	左街僧判	〃	〃	〃	憫忠寺惟脤門人
13	惟□	左街僧録	寿昌四（一〇九八）七月以前	寿昌四（一〇九八）燕京易州興国寺太子誕聖邑碑	北拓45：98	易州興国寺僧
14	文傑	左街僧判	寿昌五（一〇九九）四月	寿昌五（一〇九九）故慈智大徳仏頂尊勝大悲陀羅尼幢	北拓45：103、図志下：66-67	憫忠寺惟脤門人
15	即遵	左街僧判	寿昌（一〇九五―一一〇〇）以後？	大定二十（一一八〇）中都大昊天寺妙行大師碑銘	北拓46：143	昊天寺志智門人

16	即均	左街僧判	〃	〃	〃	〃
17	即□	右街僧判	寿昌六（一一〇〇）	大定二十（一一八〇）大昊天寺建寺功徳主伝菩薩戒妙行大師行状碑	北拓46：144	〃
18	裕窺	（預僧務）	大康元～天慶六（一〇七五—一一一六）		補続17裕窺伝（法均伝附）	慧聚寺法均門人
19	即円	左街僧録	天慶九（一一一九）五月以前	天慶九（一一一九）大遼燕京天王寺建舎利塔記	図志下：25-26	昊天寺志智門人
20	等俊	左街僧録	乾統～天慶間（一一〇一—一一二〇）？		盤山8等俊伝	普済寺非覚門人
21	正慧大師	僧録	天慶六（一一一六）以前	天慶六（一一一六）伝菩薩戒懺悔正慧大師遺行霊塔記	北拓45：146-147、図志上：228-229	永泰寺守臻門人
22	善定	右街僧録	天慶七（一一一七）	天慶七（一一一七）石経雲居寺釋迦仏舎利塔記（碑陰）	北拓45：151、図志下：22-24	永泰寺恒策門人
23	〃	〃	天慶八（一一一八）	天慶八（一一一八）涿州涿鹿山雲居寺続秘蔵石経塔記	北拓45：152	〃
24	〃	左街僧録	天慶九（一一一九）	天慶九（一一一九）大遼燕京天王寺建舎利塔記	図志下：25-26	〃
25	悟銖	右街僧録	皇統～天徳四（一一四一—五二）	天徳四（一一五二）伝戒大師遺行碑	図志上：162、補続17悟銖伝	慧聚寺法均門孫
26	円因	左街僧録	大定二十（一一八〇）以前	大定二十（一一八〇）中都大昊天寺妙行大師碑銘	北拓46：143	昊天寺志智門孫
27	善果	左街都僧録	〃	〃	〃	昊天寺志智門曾孫
28	善穎	右街都僧判	〃	〃	〃	〃
29	志玄	（統領教門）	承安間（一一九六—一二〇〇）	宝集寺宗原堂記	析津：70-72	宝集寺僧

〔書名略号〕北拓…『北京図書館蔵中国歴代石刻拓本彙編』　図志…『北京遼金史迹図志』　析津…『析津志輯佚』　日下…『日下旧聞考』
盤山…『欽定盤山志』　補続…『補続高僧伝』

出典欄の碑刻題名には一部文言を省略したものがある。

丹人僧志智の門資である。大定二十年（一一八〇）立石「中都大昊天寺妙行大師碑銘」〔15〕は、この志智の事績を記したもので、昊天寺僧の広善の撰文、志智門曾孫の善済および門玄孫の覚瓊の建立にかかる。本碑の裏面には「大昊天寺建寺功徳主伝菩薩戒妙行大師行状碑」〔6〕があり、こちらは志智門人の即満が乾統八年（一一〇八）に撰した志智の行状を刻したものである。

志智の俗姓は蕭氏、字は普済。聖宗耶律隆緒（在位九八二～一〇三一）の皇后蕭耨斤の弟にして興宗耶律宗真（在位一〇三一～五五）の皇后蕭撻里の父にあたる蕭孝穆の一族。帝室耶律氏と通婚する所謂「国舅族」の一員である。(14)「中都大昊天寺妙行大師碑銘」の第十九行以下には、本碑の刻建に携わった志智の門資の名を記しており、このなかに、

門孫故提点前管内左街僧録伝妙善徳大師賜紫沙門円因。（第二十二行二人目）
門曾孫□□□□管内左街都僧録伝戒通玄妙覚大師賜紫沙門善果。（第二十三行一人目）
門曾孫□□□前管内右街都僧録判官伝戒円通大師賜紫沙門善穎。（第二十四行一人目）

と見える。円因は志智の門孫、善果と善穎は門曾孫である。円因と善穎は僧官名に「前」字を付す通り、本碑の立石時点ではすでに僧官職を退いている。善果に関しても、善穎の記名と照らし合わせると、不明字の四字目には「前」字を刻していた可能性が高く、前職であったと思われる。残念ながら現段階では上記三人の事績を記す史料は見出せない。

最後に志玄について。この人物に関してはすでに竺沙氏が言及しているため、(15)いまはこれに拠りつつ紹介する。「宝集寺宗原堂記」〔29〕には燕京華厳宗の一大拠点・宝集寺に居した契丹から元までの僧が列記されている。契丹では統和年間（九八三～一〇一二）に講席を開いた彦珪を筆頭に、彦瓊・宗景・慧鑑の名を挙げ、金では天会年間（一一二三～一一二七）に命ぜられて経典の較試に当たった思願をはじめ、智偏・澄暉の名を掲げ、ついで、

大覚円通大宗師守司空志玄、承安の間に当たりて、教門を統領す。国朝に帰するに曁び、行業高峻にして、王侯将相、争いて下風に趨き、世に長公と称さる。

と続ける。志玄は承安年間（一一九六〜一二〇〇）において中都の教門を統領している。竺沙氏も推測されたように、彼は僧録に任ぜられたのであろう。のち中都がモンゴルの支配下に入ると、志玄は戦乱で荒廃した伽藍の修復につとめ、さらに大いに講席を開き、モンゴル支配階層の尊崇をうけた。また彼は、契丹の道宗が金泥をもって自ら書し、以後、元末に至るまで燕京の伝戒僧の間に受け継がれた『菩薩三聚戒本』の継承者の一人に数えられている。

悟銖の門派上の師である法均と、円因・善果・善穎の門派上の師たる志智には、ともに契丹帝室との関わりが確認される。まず法均は、咸雍六年（一〇七〇）十二月に道宗の要望にこたえて帝以下皇族・国舅族・臣僚たちが宿営する藕絲淀（赤峰市翁牛特旗新蘇莫蘇木東南）に赴き、ここに設けられた宮帳にて彼らに菩薩戒を授けた。その翌日、道宗は法均に崇祿大夫・守司空の官と伝菩薩戒壇主大師の号を賜与している[16]。

一方の志智は、先にも述べた通り帝室耶律氏と通婚する国舅族の一員である。志智を開山とする昊天寺は、清寧五年（一〇五九）に秦越国大長公主（聖宗第三女の槊古）が私第を施捨して彼に建立を請願したものである。道宗は銭五万緡を下賜し、さらに宣政殿学士の王行己に勅して建寺を掌らせた。また槊古の娘である道宗皇后蕭観音も銭十三万緡を施している。寺が成るや帝は自ら筆をとり「大昊天寺」と額を定め下賜した[17]。

この法均と志智の門からは、道宗朝以降に多くの燕京僧官を輩出している。【附表】に目を向けると、法均一門では法均自身をはじめとして門人の裕方と裕窺が、志智一門では門人の即遵・即均・即□・即円が、咸雍から天慶年間にかけて、それぞれ燕京左右街の僧録や僧判をつとめている。

右に挙げた諸僧のほか、興宗に重用され先に上京臨潢府の都僧録に任ぜられた奉福寺の非濁[18]や、道宗と天祚帝耶律延禧（在位一一〇一〜一一二五）の懺悔主（菩薩戒師）をつとめた永泰寺の正慧大師[19]、この正慧大師の法兄弟・恒策[20]の門人

にあたる善定などが燕京僧録に充てられている[21]。正慧大師と恒策は永泰寺守臻の門人である。守臻は『釈摩訶衍論』の注釈書たる『通賛疏』十巻・『通賛科』三巻・『通賛大科』一巻（以上『新編諸宗教蔵総録』巻三）を撰し、当時『釈摩訶衍論』に強く心を寄せていた道宗に重んぜられ[22]、帝に対して一定の発言力を有していた人物である[23]。

右に述べたことから、概ね契丹においては、ときの支配階層と繋がりをもつなどして燕京仏教界に優位を占めた高位僧とその門派から僧官が選充される傾向にあったと見てよい。そうして金の中都僧官をつとめた悟銖・円因・善果・善穎の四人は、当該の門派に連なる者たちである。中都における僧官の任用は、大勢において契丹における傾向を受け継ぎ、その延長上にあったと見ることができる。先述の如く僧官人事に在地仏教界の意向が反映されるとすれば、法均や志智の門派から僧官を選択する環境が保持されていた事実に、中都仏教界に存する契丹仏教の根強い影響の一端が窺えるのである。

二　「中都顕慶院故蕭苍厳霊塔記」の語るもの

前章の考察により、少なくとも世宗の大定年間後期頃までの中都仏教界においては、契丹仏教が重きをなしていたことが確認できたと思う。このような状況の背後には如何なる事象が認められるのか。本章では、この点について、あるひとつの碑刻史料を手掛かりとして考察してみたい。

（一）　華厳尼僧・妙敬とその周辺

天会三年（一一二五）十二月、金は盟約により北宋に割譲していた燕京方面を奪い返し、翌四年十一月、北宋の都・開封（河南省開封市）を陥落させ、事実上これを滅ぼして、その版図の淮水以北の地を得た（『金史』巻三、太宗紀 他）[24]。

この結果、燕京すなわち中都と淮水以北の旧北宋領は、金の統治下において有機的に結合し、双方を結ぶ人と有形無形のモノの活発な流れを生み出すに至る。

仏教もその例外ではない。「はじめに」でも言及したように、洪皓『松漠紀聞』には、旧北宋の領域に居た僧が北上して燕京に足を踏み入れていたことが記されている。

個別事例をひとつ挙げると、第四代の海陵王完顔亮（在位一一四九～六一）により杖刑に処された磁州（河北省磁県）僧の法宝がいる。(25) 朝政を与る重臣の張浩と張暉より帰依をうけ、それゆえに海陵王の不興を買い、朝堂にて杖されたこの法宝は、皇統末（一一四九）頃に華北禅宗の拠点たる霊巌寺の第十一代住持をつとめた大明法宝その人である。(26)万松行秀や、モンゴルの憲宗モンケ（在位一二五一～五九）の頃に華北仏教界を統べた雪庭福裕(27)はこの大明法宝の法統に連なる。法宝は霊巌寺の住持をつとめた後、天徳二年（一一五〇）に張浩の疏をうけて、青州希弁の示寂により空席となっていた中都の仰山棲隠禅寺の住持となった。(28) 磁州というかつての北宋の領域より中都に僧が流入していた様子が確認される。

右の如き仏僧の移動はなにも旧北宋領と中都に限ったものではない。かつて契丹の治下に、契丹人（近族の奚人を含む）の原住圏を中心とする北方主要領域――内蒙古東南部・遼西・吉林方面、以下便宜的に「契丹本領」と表記――と燕京方面は密接に結ばれていた。いま金が契丹本領を併呑し、さらに燕京を奪還したことにより、両地域の再結合が促される。結果、契丹本領と中都にも同様の現象があらわれる。このことを窺わせる史料が、本章の主題としてとりあげる「中都顕慶院故蕭苍厳霊塔記」（以下「霊塔記」と略記）である。

「霊塔記」は北京市豊台区の達円寺に旧存した大定二十七年（一一八七）の記年を持つ経幢に刻されている。本経幢は漢白玉質の八角幢で、高さ八六センチ、各面幅六三センチとそれほど大きなものではない。第一面から第四面には漢文「仏頂尊勝陀羅尼」を、第五面には漢・梵合璧「智矩如来心破地獄陀羅尼」「毘盧遮那仏大灌頂光陀羅尼」「観自

在菩薩甘露陀羅尼」を刻している。第六面から第八面にかけて「霊塔記」を載せる。本碑記の行数は二十行、行毎字数は三十七字である。撰者は良郷進士許珪、書者は昊天寺比丘覚恕、刻者は仏巖山比丘円周、立石者は門資尼広恵とある。

現在、本経幢は豊台区文物管理所に移管されているようで実物を目にすることはできないが、拓影が『北拓』第四十六冊、一八四〜一八五頁および『図志』上巻、二二六頁に収められており、その刻記内容を確認することができる。また范軍「北京金代碑刻叙録」[29]が著録しており、ここに内容のあらましが述べられている。

「霊塔記」は中都大興府に在る顕慶院の住持をつとめた尼僧・妙敬の事績を記したものである。本節では本碑記の記載を追い、まず妙敬とその周辺について掘り下げておきたい。以下に「霊塔記」本文を掲げておく。稿末に録文を付しているので、こちらも併せて参照いただきたい。

中都顕慶院故蕭苍厳霊塔記

良郷進士許珪撰。大昊天寺比丘覚恕書。

師、諱は妙敬、其の姓は蕭氏、本貫は上京済州の人なり。年七歳より本州祥周院の張座主に礼して師と為す。此れ乃ち其の名を訓ずるなり。後、皇統元年、上京楞厳院に就き、再び弘遠戒師に礼して師と為す。其の当年、恩に遇いて得度受戒するに、頭壇弟一の引たり。皇統二年歳次壬戌に至り、以て其の戒を具し、却りて廼ち済州西尼院に復す。衆の住持と義学に向じ、花厳経を開演し、方に其の名を成し、乃ち蕭苍厳と号す。後、正隆元年に至り、以て太后・霊聖の車に随い、中都に来たる。以て右巡院長清坊の顕慶院に就きて、衆の住持と為り、以て今に至る。窃かに以うに、師の父は曾て武義将軍を授かり、吏部令史に充てらる。後、出職離班の日、退身を告げて閑居し見を切つ。何ぞ龐公の作すが若きや。温柔立性、徳行著名にして、乃ち名を後世に伝うべし。親母の太郡、継母の董氏、共に継嗣六人有り。唯だ師を長と為す。今、具弟五人、最大の者は曾て武功将軍・行沢州沁

水県主簿を授かる。名は老哥。次・三は係《こ》是れ曹王府背也山謀克の所管たり。弟の二は長寿。弟の三は僧の覚恕、昊天寺に居す。弟の四は福寿。最小の者は添寿なり。伏して師は苍厳の真経を演べ、玄談の妙議を講じ、并びに義学に及びては、擢でて上と為る。曷ぞ以て五蘊の真空を釈し、清風を侶にし其れを万叡に投じ、三乗の奥義を演べ、皓月の如く千潯を照らさざらん。内に禅律を持すこと、秋に霜して冬に雪ふるが若く、外に尊慈を奉ずること、夏に雨ふり春に風ふくが如し。また廼ち三冬に龍盂匪掌し、九夏に虎錫常閑す。唯だ香燈を以って念と為し、性は皓玉に同じくして塵無く、疏論を情に留め、心は寒冰の似くして何をか異ならん。噫、寒暑は天の常なり、生死は人の常なり。嗚呼、生・老・病・死・苦は、則ち釈氏の当流なり。仁・義・礼・智・信、則ち儒家立つ所と何ぞ異なる。人の生は皆な地水火風に憑り、人の死は豈に春秋冬夏を論ぜん。時に大定廿七年歳次丁未四月二十日酉時、微かに小疾有り、其れ師而ち逝す。寿六十有七、戒臘四十有六。門徒三人を度す。具戒せる者は広恵なり。沙彌二人、一名は燕児、一名は福厳なり。其の弟子広恵三人等、師の念を思い、師の恩を憶う。師の念を思わば、則ち哀哀として慟く有り。師の恩を憶わば、則ち惨惨として容れる莫し。故に廼ち功に命じて其の幢銘を刊するなり。又云う、生の事とすべきは、孝を尽くし忠を尽くし、死の遷すべきは、心を尽くし節を尽くすと。以て幢銘を立て、以て百代の堅と就すべきのみ。仏巖山比丘円周刻。

大定二十七年五月十八日門資尼広恵立石。

妙敬、上京路済州（長春市農安県）の人。俗姓は蕭氏。碑末に記された示寂年次と寿齢より逆算して生誕は天輔五年（一一二一）である。七歳（天会五年、一一二七）で済州祥周院の張座主に礼し、皇統元年（一一四一）に上京会寧府にある楞厳院の弘遠戒師に師事、その年に「恩に遇」い得度・受戒（十戒）して沙彌尼となった(30)。このとき妙敬は二十一歳である。翌皇統二年（一一四二）、具足戒を受け比丘尼となると再び済州に戻り、西尼院に居した。本院の住持と共に義学を修め、華厳経を開演するなかで、その名が知られるようになり、蕭苍厳と号している。

海陵王の治世も半ばを過ぎた正隆元年（一一五六）、妙敬は「太后・霊聖の車」に随行して中都に入り、顕慶院の住持となった。ときに三十六歳である。太后とは海陵王の父宗幹の正室である徒単氏を指す。海陵王にとっては義母にあたる女性である。霊聖とは太祖阿骨打と太宗呉乞買の梓宮をいう。

貞元元年（一一五三）三月、海陵王は詔を発して上京会寧府から燕京に都を遷し、ここを中都大興府と改めた。この遷都において海陵王は以前より含むところのあった徒単太后の随行を認めず、暫く上京に留めおいた(31)。その二年後の貞元三年（一一五五）に至り、上京山陵の中都への奉遷と、これにともなう徒単太后の奉迎が決せられ、ここにおいてようやく太后の入都が許された。十月二日にまず太后が、その三日後に太祖・太宗の両梓宮が中都に到着している（『金史』巻五、海陵紀、貞元三年十月条）。妙敬は太后に従って中都に入っているため、「霊塔記」に明文はないものの、これ以前に彼女は済州西尼院から再び上京会寧府の某寺院に移っていたようである。

徒単太后が妙敬を随行させた事実は、両者の交わりを示唆する。そもそも金帝室の女性の中には仏教を尊崇していた者が少なくない。たとえば第三代の熙宗完顔亶（在位一一三五～四九）の皇后裴満氏は、皇太子済安の生誕を祝して上京会寧府の宮側に建立した大儲慶寺の住持・清慧禅師に対して、夫帝ともども頂礼をとっている(32)。また世宗完顔雍（在位一一六一～八九）の生母李氏（睿宗貞懿皇后）は夫の宗輔が亡くなると出家して尼となり、東京遼陽府（遼寧省遼陽市）に大清安禅寺を建立し、さらに別に尼院を建ててここに居している(33)。徒単太后もこれらの女性たちと同じ仏教信者であり、次節に改めて述べるが、天徳三年（一一五一）には裕超なる僧を上京興王寺の住持に任じて経講させるなど熱心な信仰を示している。

妙敬の中都における住寺・顕慶院の存在を他の史料に見出すことはできない。本寺は中都の「右巡院長清坊」にあったという。右巡院とは中都右警巡院のことである。金代には諸京に警巡院が置かれ、長たる警巡院使は正六品、京内の獄訟の処理と警察のことを掌り、院事を総判する（『金史』巻五七、百官志、諸京警巡院）。

「霊塔記」を刻した経幢が、仮に建立よりこのかた同一地域にあったとすれば、現在の達円寺を顕慶院の旧在地とみなすことができる。達円寺は豊台区の中心からやや東寄りの于家胡同にある。この場所を中都に当てはめると、北の崇智門と南の景風門を結ぶ縦路の景風門よりの地域、すなわち城の南北正中線からやや東によった南端近域に相当する。[34]「霊塔記」が記す如く顕慶院の所在たる長清坊は中都右警巡院に属しており、当該官司の管轄区域は中都城内の東域にまで食い込んでいたことになる。元代にも旧城（中都）内に左右警巡院が置かれ、左警巡院には城内東南・東北隅の二十坊が、右警巡院には城内西南・西北隅の四十二坊が属していた（『元一統志』巻一、大都路条）。右警巡院に所属する坊数は左警巡院の倍あり、その管轄区域が金代と同様に城内東域に及んでいたことを示唆する。これよりみるに元代における中都左右警巡院の管轄区域は金代のそれを踏襲していた可能性が高い。

『元一統志』大都路条に掲げる中都六十二坊のなかに長清坊の名は確認されないが、本坊と同じく右警巡院に属する坊として常清坊が見出せる。この常清坊と長清坊は音も近く、同一の坊ではなかろうか。「霊塔記」の誤刻、あるいは後に「長清」の語義と音が近似した「常清」に改めたことも考えられる。

さて妙敬には五人の弟がいた。このなかで長弟の老哥に注目したい。彼は武功将軍を帯び行沢州沁水県主簿をつとめ、つづく二任・三任は「曹王府背也山謀克の所管」であったという。曹王とは世宗第三子の永功（宋葛）を指し、彼は大定十一年（一一七一）に曹王に封ぜられている（『金史』巻八五、永功伝）。老哥は曹王永功の親王府において背也山謀克の管理・監督に当たる職に遷ったとみなせるが、その具体的な官職名を提示していない。

金代の親王府については、『金史』巻五七、百官志、親王府属官条に、

傅、正四品。師範輔導を掌り、可否を参議し、若し親王外に在らば、また本京の節鎮同知を兼ぬ。

府尉、従四品。本府長史、従五品。明昌三年改む。警厳侍従を掌り、兼ねて本府の事を総統す。

司馬、従六品。同じく門禁を検校し、府事を総統す。

文学二人、従七品。賛導礼義を掌り、学問を資広す。記室参軍、正八品。表牋書啓の事を掌る。大定七年八月始めて置く。二十年、専除せず、文学をしてこれを兼ねしむ。

として属官の職掌を掲げている。親王所領（猛安謀克）の管理は「府事」の範疇に包括されていたのか、これを専らとする官職はここに認められない。現段階では親王府属官の職掌の詳細を窺わせる史料は見出せず、不本意ながら老哥の遷転先についてはひとまず措く。

老哥は、その名のもつ特異なひびきから判断して漢人とは考え難い。「霊塔記」冒頭に記載された姉の妙敬の俗姓が示す通り、老哥の家は蕭姓である。蕭姓を名乗る非漢人として先ず思い浮かぶのが契丹人（近族の奚人を含む）である。契丹人に「耶律」と「蕭」の二姓があったことは周知の事柄に属し、改めて説明を加える必要はなかろう。もちろん「蕭」は漢人姓としても認められるが、名の「老哥」は漢人名として似つかわしくない。夙に愛新覚羅烏拉熙春氏が契丹人の命名について考察を加えており、これに基づくと漢文史料に確認される契丹人名のなかでは「休哥」「常哥」「留哥」「燕哥」など音訳漢字の二字目に「哥」を当てるものが最も多く現れるとされる[35]。「老哥」は正しくこの契丹人名の漢字表記の傾向に沿うものである。

右より老哥およびその姉弟の妙敬・長寿・覚恕・福寿・添寿は契丹人とみてよかろう。すなわち「霊塔記」は契丹人尼僧の事績を記したものであり、現段階において、この種の内容を持つ碑刻は他に見出せず、この点でも本碑の持つ史料的価値は極めて高いものと言える。

（二）　妙敬と徒単太后

妙敬たちの本貫である済州は、もともと渤海の扶余府に当たる。契丹の太祖耶律阿保機（在位九〇七〜二六）が渤海

を滅ぼした後、この地において崩御すると、その際に黄龍が顕現したといい、黄龍府と改められた[36]。契丹における黄龍府は領域東方のおさえとなる重要な拠点都市であり、南は東京遼陽府に、西は契丹の本拠たる上京臨潢府と中京大定府に、北は春捺鉢の宿営地たる混同江上流域に、それぞれ通ずる交通の要衝であった[37]。

この地は契丹の統治下にある頃より仏教が盛行している。かつての黄龍府の治所たる農安県城の黄龍路と宝塔街の交差域には、契丹聖宗朝の建立とされる八角十三層の密檐式塼塔（通称「農安遼塔」）が現存しており、契丹東方の仏教信仰の拠点として機能していた当時をしのばせる[38]。

一九五三年に赤峰市巴林左旗豊水山郷洞山より乾統十年（一一一〇）の記年をもつ仏頂尊勝陀羅尼経幢が発現しており、ここに以下の題記が認められる[39]。

仏説仏頂尊勝陀羅尼。維れ乾統十年龍集庚寅三月己亥朔十七日己卯水巽の時に建つ。……提点前黄龍府録通法大師賜紫沙門興得。山主見三学寺提点円慧大師沙門悟性。寺主講経沙門道景。平頂山雲門寺宗伯講経律論伝法梵学沙門顕瑛書。

本題記に記された諸僧は平頂山（洞山）雲門寺に居住する高位僧たちである。本寺提点として記名された興得の肩書には「前黄龍府録」と見える。「地名（京府名）＋録」をもって僧の肩書を示す事例は珍しい。誤刻あるいは先行録文の誤録の可能性もあるが、明らかに「府」と「録」の間には「僧」字が補える。興得は前任の「黄龍府僧録」と見なせる。契丹の僧録司は燕京（南京析津府）をはじめ上京臨潢府・中京大定府・東京遼陽府・西京大同府の五京に置かれている[40]。これらの都市に加えて黄龍府が僧録司の設置対象地であったことは、本府が仏教信仰の拠点都市として五京に比肩し、その信仰環境——仏徒・寺院の所在数など——がこれらに劣らないものであったことを示唆する。

右を裏付ける事例を示すと、咸雍三年（一〇六七）、燕京に滞在していた道宗は、当時『釈摩訶衍論』研究の大家として契丹国内に名を馳せていた守臻の推薦せる鮮演を、上京開龍寺の講主に充てると共に黄龍府講主を兼ねしめてい[41]

る（註（23）所掲「鮮演墓誌」）。鮮演はこの前年に秦（宋）楚国大長公主すなわち聖宗第二女の巖母菫の請願をうけ、彼女が清寧八年（一〇六二）に私第を施して建立した竹林寺[42]の講主となっていた。道宗の「おば」巖母菫の外護する竹林寺の講主をつとめ、かつ契丹屈指の学僧にして帝と交わりを持つ守臻の推薦を得た鮮演が、開龍寺という帝都大刹の講主に任用されたことは適格な処遇といえる[43]。黄龍府がこのような人物の講主兼任対象地として選択されたところに、仏教信仰の拠点都市としての本府の格と、ここにおける信仰環境の水準が察せられるのである。

鮮演には『花厳経玄談決択記』なる全六巻の書があり、現在も目にすることができる[44]。すでに木村清孝氏は本書の内容の検討を通じて、鮮演の思想的基盤が唐・澄観の華厳教学にあったことを明らかとされた[45]。「鮮演墓誌」によると、鮮演は他にも『仁王護国経融通疏』『唯識論掇奇提異鈔』『摩訶衍論顕正疏』『菩薩戒纂要疏』『菩提心戒』『三宝六師外護文』『楞厳鈔文』および諸経の戒本を撰している。密教や唯識、道宗が重んじた『釈摩訶衍論』、さらに当時の契丹社会に授受が盛行した菩薩戒など、それぞれに関わる著作であり、鮮演は、華厳を軸として、契丹に展開せる主要な宗派・思想をその身に消化した学僧であったといえる。この鮮演が黄龍府の講主をつとめた事実から、本府内に盛行していた仏教の色彩が推測されよう。

ここで再び「霊塔記」に目を転ずると、妙敬は「花厳経を開演し、方に其の名を成し、乃ち蕭苍厳と号」し、また「苍厳の真経を演べ、玄談の妙議を講じ」たと記す通り、華厳を宗旨とする尼僧であった。とりわけ彼女が「玄談」を講義していた点には留意すべきである。玄談とは経典の随文解釈に先立ち、経題の意味や経文の概要、撰者の略伝など綱要を論ずること（もの）をいう。華厳宗において玄談という場合、唐の澄観が八十巻本『華厳経』（八十華厳）に復注した『華厳経随疏演義鈔』の対応部分を指す。

すでに竺沙氏が言及された通り、契丹ではこの『演義鈔』が少なくとも二度——聖宗朝と道宗朝——刊行されたほか、前掲の鮮演『花厳経玄談決択記』六巻をはじめ、道弼『演義集玄記』六巻・『演義逐難科』一巻、思孝『玄談鈔

逐難科』一巻、思積『随疏演義鈔玄鏡記』（巻数不明）など『演義鈔』の研究書が多く撰述されており、当時の華厳宗は主として『演義鈔』に具現化した澄観教学を基盤としていた(46)。

『華厳経』と共に『演義鈔』の綱要を講じていた妙敬は、典型的な契丹華厳宗の継承者であったと言える。彼女は済州西尼院に居していた頃に華厳尼僧として名を馳せ「蕭苍厳」と号しているのであるから、当然ながらその信仰的志向は、この西尼院時代（二十二歳〜三十五歳）を含め、七歳から二十歳まで居した祥周院と二十一歳の得度時に居していた楞厳院での修行時代において形成されたことになる。とりわけ居住期間の長い祥周院と西尼院時代が占めた比重は大きかろう。当該二寺院の所在地である済州において、契丹以来の華厳宗が通行していたことはまず間違いない。

なお妙敬が楞厳院時代を過ごした上京会寧府にも、時期はやや下るが契丹仏教の展開が確認される。このことを示す史料が大定二十八年（一一八八）立石「上京宝勝寺前管内都僧録宝厳大師塔銘誌(47)」である。本碑は、前節において徒単太后の招聘僧として名を挙げた裕超の塔銘である。以下に行論に関わる本碑前半部の書き下しを掲げておく。ここにおいては原則として不明字を原文の文字配列に基づき後続字の前にそのまま記しているが、一部文意に沿う形に改めた箇所もある。註（47）に掲げた録文も併せて参照いただきたい。

師はもと臨潢府保和県の人なり。俗姓は于氏。天慶年に生まる。幼小にして童蒙に異なり、十一歳に至り、父母、出家を許放し、尋いで礼して本府興円寺講律沙門覚宗に到りて師と為し、名を裕超と訓ず。其の智慧は利を疎み、挙止は俗ならず、乃ち人に異なるなり。皇統元年に至り、試経し大戒を受具す。常に法華経を誦して、昼夕替む無く、孜孜として香火し、未だ嘗て懈り有らず。後に方所を歴し、高徳に親しみ、大華厳経を聴習し、妙解して深く宗趣を極む。天徳三年に至り、上京に居するを得、伏して東宮太后の旨を蒙り、請われ興王寺に住し、大華厳経講を開演す。聚徒二百余人、みな精鋭博学にしてこれを慕うなり。貞元二年に至り、宝勝寺臨壇宣戒大徳智彦等、本寺に住し摂持せんことを堅請す。正隆元年四月に至り、□在京仕庶豪貴の人等、礼して復た大華厳経講

を開かんことを請い、徒三百に満つ。其の□声名、已に京華に播き、自後、諸師挙薦して□□□□に附す。正隆三年に至り、□（＝在？）京諸師の保もて、本京の臨壇を賜り、□□大徳を受く。（以下省略）

裕超の俗姓は于氏、本貫は契丹の上京すなわち臨潢府の保和県である。天慶元年（一一一一）に生まれ、十一歳（保大元年、一一二一）で父母の許しを得て出家、臨潢府興円寺の講律沙門覚宗に師事し、このときに裕超の法諱を授かっている。ちなみに、この前年の天慶十年（金の天輔四年）五月、臨潢府は太祖阿骨打の親率する金軍の猛攻をうけて陥落している。(48) 当時十歳であった裕超の眼にこの戦いがどのように映ったのか知る術はないが、これが彼に仏道を志し出家に導く契機となったのであろうか。

皇統元年（一一四一）、裕超は試経得度してさらに具足戒を受け（三十一歳）、そののち諸所の高僧を訪ねて華厳経の根本の義を極めたという。天徳三年（一一五一）、すでに彼は著名な存在となっていたようで、「東宮太后(49)」すなわち徒単太后の請願をうけて上京会寧府の興王寺に住持し、ここに華厳経講を開いた（四十一歳）。興王寺は他の史料にその名を見出せないが、金帝室ゆかりの寺院であることは寺名からも推測できる。この三年後の貞元二年（一一五四）には宝勝寺の臨壇宣戒大徳智彦らに請われて当寺の住持に遷り（四十四歳）、正隆元年（一一五六）四月には在京仕庶の請願により再び華厳経講を開いた（四十六歳）。これらのことから裕超は華厳を宗旨としていたと見られる。また裕超は正隆三年（一一五八）、四十八歳のときに、諸師の保明のもと、会寧府に設置された戒壇において授戒を掌る臨壇大徳に充てられており、戒律にも通暁していたようである。これは裕超が最初に師事した講律沙門覚宗に負うところが大きかったのかも知れない。

徒単太后が裕超を興王寺に住持せしめたことは、契丹本領に育まれた華厳僧の上京会寧府への来入を示すものである。同様のことは上京会寧府にかわって帝都となった中都にも当てはまる。

貞元三年十月、妙敬は徒単太后に随行して中都に入り、年の明けた正隆元年に顕慶院の住持となった。済州にて名

を馳せた妙敬とはいえ、縁の薄い中都に入るや直ちに在都寺院の住持に就任することが出来たのは、太后の引きがあってのことと見るべきであろう。妙敬の顕慶院入住は、徒単太后の関わりのもと、中都の一隅・長清坊に契丹以来の伝統的な華厳を宗旨とする信仰拠点が構築されていたことを知らしめるのである。

妙敬の弟の覚恕もまた中都における契丹仏教の継承を支えた人物である。「霊塔記」本文は「弟の三は僧の覚恕、昊天寺に居す」と記し、また碑題に続く記名に「大昊天寺比丘覚恕書」とある。彼は契丹以来の伝統を有する昊天寺の僧であり、「霊塔記」の書者をつとめている。覚恕が中都に入った経緯としては、姉の妙敬に伴われて徒単太后に随行したか、あるいは後に彼女をたよって単身この地を訪れたか、いずれにせよ妙敬の入都に関わってのことと見てよかろう。

覚恕の入寺した昊天寺は、前章に述べた建寺の経緯からも明らかなように契丹帝室の外護をうけた寺院である。金代においても女真帝室と繋がりを有していたようで、『仏祖歴代通載』巻二十に次のように見える。

金の大定二十四年二月、大長公主、銭三百万を降して昊天寺を建て、田百頃を給い、毎歳僧尼十八（人？）を度す。

既述の如く昊天寺は契丹の清寧五年（一〇五九）に聖宗第三女の秦越国大長公主が志智に請うて建立したものである。大定二十四年（一一八四）に昊天寺を「建て」たとするのは、『通載』撰者の念常が、記事中の大長公主（誰を指すのかは不明）をこの秦越国大長公主と混同したことによる誤記と見られる。とはいえ大定二十四年二月という具体的な時期を提示し、かつ三百万という施財額や本寺における毎歳の度僧など、「中都大昊天寺妙行大師碑銘」と「大昊天寺建寺功徳主伝菩薩戒妙行大師行状碑」に所載の秦越国大長公主の事績には確認されない事柄を記している。このときに記事中の「大長公主」に該当する金帝室の女性が昊天寺に恩恵を施したことは一応事実と見てよかろう。その上で右の記事に意味を持たせるならば、これは昊天寺の「創建」ではなく「重建」を述べたものと考えられる。

金が滅び元に至るも、ときの支配階層の昊天寺に対する処遇は変わっていない。世祖クビライは中統三年（一二六二）十二月に昊天寺において七昼夜にわたり仏事を執り行い、銀一万五千両を下賜しており（『元史』巻五、世祖紀）、また武宗カイシャンは至大元年（一三〇八）十一月に銀七五〇〇両、鈔二千二百錠、幣帛三百匹を本寺に施して水陸大会を開催している（同書巻二十二、武宗紀）。

その創建以来、ときの支配階層と関わりを持ち続ける中都屈指の大刹・昊天寺。本寺への覚恕の入寺には、姉の妙敬の場合と同じく徒単太后の存在が透けて見えるのである。

前掲「中都大昊天寺妙行大師碑銘」に再び目を転ずると、本碑の最終行に立石者の一人として「玄孫講経沙門覚瓊」という人物が認められる。この覚瓊と覚恕は共に法諱の第一字に「覚」を持つ。一般的に門資は世代毎に法諱の第一字を共有するため、覚恕は覚瓊と同じく志智の門玄孫であったことが分かる。覚恕は昊天寺に入り、志智の門資――世代的に見て門孫ないし門曾孫か――のひとりに師事して業を修めたことになる。志智個人は華厳を宗旨としていたと思しい[50]。門資の宗旨が師のそれと一致しない場合も皆無ではないが、覚恕は契丹の華厳宗が維持された済州に育ち、ここにおいて姉の妙敬が華厳を志向したことを踏まえれば、彼もまた姉や志智と宗旨を同じくした可能性が高い。覚恕は志智の法統を受け継ぎ、その門派の存続を担う貴重な人材となったのである。

以上の考察において、徒単太后という帝室女性が、金国社会における契丹仏教の展開に絡むひとりのキーマンとして浮上する。そもそも仏教は出世間の法であるが、在俗者も含めた利他を重視する大乗仏教が盛行した社会においては、必然的に世俗界と密接な繋がりを持つことになる。往々にして、仏教界は教法の振興や教団の維持を目的に世俗権力に近づき、権力者の側も個人的信仰や政治的必要性（臣民の教化・安撫など）からこれを保護し、法的・経済的援助を与えるのである。

天徳三年（一一五一）、徒単太后は、裕超を上京興王寺の住持として招聘し、彼に華厳経講を開催させ、その四年後

の貞元三年（一一五五）、太后は尼僧の妙敬を随行させて中都へと南下した。妙敬や裕超はともに華厳を宗旨とする僧尼であり、この両人と関わりをもつ太后は、どうやら華厳に信仰の比重を置いていたようである。太后のとった上記の行動は、その居住地（上京会寧府・中都）の仏教界において、己が信仰的志向に沿う宗派の振興を図ったものと言える。

ところで、徒単太后が中都に赴く際に伴った僧尼は、妙敬ただひとり（覚恕も随伴していれば姉弟二人）だけであったのだろうか。

裕超の例を引くまでもなく、徒単太后は上京会寧府に在りし時より、在京僧尼と少なからず交わりをもっていたと見られる。妙敬はそのなかのひとりであるが、ここで問題とすべきは、太后と妙敬の交わりの度合いである。妙敬が、太后を取り巻く諸僧尼を押しのけて重用され、中都移住に際してとくに選ばれ、ただ一人随行が許されたと見るには、移住後の中都仏教界における彼女の立場は凡庸に過ぎる。すなわち妙敬は正隆元年（一一五六）に三十六歳で中都顕慶院の住持となり、以後、大定二十七年（一一八七）に六十七歳で示寂するまで、三十余年の長きにわたって本院をまもり続けた。そのなかで彼女の門資となった者は、史料上に広恵・燕児・福厳のわずか三人、しかも具足戒を受けて正式の尼僧となった者は広恵しかいない。この事実に注目すると、妙敬の門派は決して大きなものとは言えず、その修行と居住の場である顕慶院も大刹とは認め難い。『元一統志』巻一、大都路古蹟条や『析津志輯佚』寺観条に列挙する所在尼院のなかに顕慶院の名が見えないことも、このひとつの裏づけとなろう。妙敬一門とその住寺は、当時の中都に数多く存した零細ないし小規模な門派・寺院のひとつと考えるべきである。

右より徒単太后と妙敬の交わりを過大に評価することは難しい。勿論、妙敬の顕慶院住持への就任に際して太后が便宜を図ったとすれば、そこに一定の親密度を認めるべきであるが、それでも本院の規模を踏まえると格別の優遇とまでは言えない。むしろ平凡な処遇である。しかしこの事実こそ注目すべきものであり、徒単太后の妙敬に対する扱

いが群を抜いたものでないことが、逆に群中の一員である妙敬の姿を浮き彫りとし、同様の処遇を受けた他者の存在を想起させるのである。許珪が「霊塔記」を撰文するなかで、妙敬が太后に随行して中都に入ったことを麗々しく言葉を飾って強調することもなく、ただ「太后・霊聖の車に随い、中都に来たる」と事実のみを簡潔に記すにとどめたことも、妙敬の随行が決して特別視される類の行動でなかったことを示唆する。妙敬は上京会寧府において徒単太后を取り巻き、その中都入りに随行した諸僧尼のひとりと見ることが適切であろう。徒単太后自身の信仰的志向を考慮すると、太后の中都入りに従った諸僧尼は、その多くが契丹仏教とくに華厳を宗旨とする者であったと考えられる。

契丹仏教を受容した僧尼が上京会寧府から中都へと南下する。この現象を主体的に現出せしめた要因のひとつとして、徒単太后という帝室女性の存在に留意しておく必要がある。

おわりに

金の中都には契丹本領を出身とする僧が少なからず活躍している。大定府出身の慧聚寺悟閑[51]や、潭柘寺の第九代住持をつとめた義州弘政県（錦州市義県東北）出身の了公[52]がそうであり、また第一章において言及した悟銖も当て嵌まる。慧聚寺法均の門孫である悟銖は、契丹の帝都・臨潢府を出身とする。契丹の末期に平・灤・涿・易の諸州を巡りつつ南下し、熙宗の皇統年間には燕京右街僧録に充てられた。おそらく金初には燕京方面に達し、居を定めていたのであろう。これより先、悟銖に具足戒を授けた裕窺は、天慶寺提点として中京大定府に居していた。中京大定府は契丹五京のひとつに数えられ、城址内外に現存する三座の仏塔（大塔・小塔・半截塔[53]）の存在からも察せられるように中京道方面における仏教信仰の拠点都市でもあった。ここでは金代に至るまで契丹仏教が保持されている。大定十九年（一一七九）立石「中都竹林禅寺第七代奇公和尚塔銘」（『図志』上巻、二五一頁）に、

禅師、名は了奇、姓は潘。白霫富庶県の人。年十三にして、初めて醫閭（＝医巫閭山）に上り、興教寺宣茗校勘僧円暁に礼して落髪し、年を踰え、また北京円宗寺に詣り、前論主都録伝戒善行大師慧柔に事えて師と為す。年十六にして試経得度し、華厳を以て業と為す。洞奥を窮玄すと雖も、第一義に非ずして、乃ち首を叢席に回す。

とある。本碑の主人公の了奇も、先の悟閑・了公・悟銖と同じく契丹本領の人間である。後に中都に入り、竹林寺の住持となった。

白霫すなわち中京大定府出身の了奇は、十三歳（天会十年、一一三二）[54]で医巫閭山興教寺の円暁のもとに落髪し、翌年、故郷の大定府にもどり[55]、円宗寺の慧柔に師事、十六歳（天会十三年、一一三五）で試経得度した。了奇はのちに禅に転向するが、得度後しばらくは華厳を本業としており、その信仰的志向が円暁・慧柔の両師――とくには師事年数の長い慧柔であろう――によって形成されたことは明らかである。ここに、金の太宗朝末期から熙宗朝初期にかけての大定府方面において、華厳宗が勢力を保っていた状況を読み取ることができる。かかる状況が契丹時代の延長線上に位置することは言を俟たず、悟銖は契丹末期にこのような信仰環境にある中京大定府に身を置き、裕窺のもとで修道・受具したのである。

本稿の主人公たる妙敬（と弟の覚恕）を含め、契丹本領に生まれ育ち、ここに行われた宗派・思想を受容した僧尼が南下して中都方面に至る。中都の仏教は、契丹本領に育まれた人材によってその存在を保たれていた側面が認められるのである。かく見るとき、貞元元年に海陵王の断行した遷都は、結果的に世俗権力（徒単太后）の主導のもとに、中都方面へと契丹仏教の人材の移動を促した点で、金代仏教史上にも注目すべき事象と言えよう。

註

（1）　西尾賢隆「円仁の見聞した会昌廃仏」（『中国近世における国家と禅宗』思文閣出版、二〇〇六年、初出は省略〔以下同〕）

七八～七九頁。

（2）円仁『入唐求法巡礼行記』巻四、会昌五年十一月三日条に「唯黄河已北、鎮・幽・魏・路等四節度、元来敬重仏法、不拆（寺）舎、不条流僧尼。仏法之事、一切不動之。頻有敕使勘罰、云、天子自来毀拆焚焼、即可然矣。臣等不能作此事也。」とあり、成徳（鎮州）・盧龍（幽州）・天雄（魏州）の河朔三鎮に昭義（潞州）を加えた四藩鎮では廃仏に際しても仏法を尊重して保全につとめたという。誇張もあろうし鵜呑みにはできないが、当該四藩鎮が廃仏に対して消極的であったことは確かと言えよう。とくに盧龍軍節度使の管内について、『通鑑』巻二四八、会昌五年八月条に「壬午、詔陳釈教之弊、宣告中外。凡天下所毀寺四千六百余区、帰俗僧尼二十六万五百人、大秦穆護・祆僧二千余人、毀招提・蘭若四万余区。……五台僧多亡奔幽州。」とあり廃仏を避けるべく五台山の僧が多く幽州に逃避しており、当該地域においては一定の信仰環境が維持されていたことが察せられる。

（3）野上俊静「遼代に於ける仏教研究」（『遼金の仏教』平楽寺書店、一九五三年）、鎌田茂雄『中国華厳思想史の研究』（東京大学出版会、一九六五年）六〇四～六一八頁参照。

（4）古松崇志「法均と燕京馬鞍山の菩薩戒壇——契丹（遼）における大乗菩薩戒の流行——」（『東洋史研究』六五—三、二〇〇六年）一六頁参照。

（5）竺沙雅章「燕京・大都の華厳宗——宝集寺と崇国寺の僧たち——」（『宋元仏教文化史研究』汲古書院、二〇〇〇年）

（6）金代僧官の職掌は史料的制約から不明な点が多いが、教団管理に不可欠となる中核的職掌については、国家の枠を超えた時代的普遍性を持つと考えられるため、金と並立した宋の僧官より推し量ることが許されよう。夙に高雄義堅氏は「宋代の僧官制度」（『宋代仏教史の研究』百華苑、一九七五年）五一～五二頁において宋代僧官の職掌として、①童行の試経得度希望者の保明、②沙弥の受戒希望者の保明、③紫衣および師号賜与対象者の推挙、④住持選挙の主管と寺格変更の調査、⑤遊行希望者の保明、⑥寺額下賜の中継、の六点を提示する。さらに金代僧官には、契丹の制度を継承して罪を犯した僧尼に対する科罰権が付与されており、これは宋制には確認されないものである（拙稿「遼代興宗朝における慶州僧録司設置の背景」『仏教史学研究』四六—二、二〇〇三年、七～八頁）。

（7）前掲拙稿五～九頁参照。

（8）『大宋僧史略』巻中、立僧正条「所言僧正者何。正政也。自正正人、克敷政令故云也。蓋以比丘無法、如馬無轡勒、牛無貫縄。漸染俗風、将乖雅則。故設有徳望者、以法而縄之、令帰于正。故曰僧正也。」

（9）拙稿「元代華北における僧官の設置形態」（『内陸アジア史研究』二〇、二〇〇五年）三七～三九頁。参考までに一例を挙げておく。貞元元年（一一五三）立石「真定府十方定林禅院第四代伝法住持賜紫通法大師塔銘」（『八瓊室金石補正』巻一二三）「真禅師僧録秩満、当選代者、府僚曁諸僧尼皆曰、非師（＝通法大師）不可。衆集挙請累日勉、従奏。」

（10）法均の事績については古松前掲論文参照。

（11）『金史』巻一二五に立伝。韓昉（一〇八二～一一四九）。字は公美、燕京の人。天慶二年（一一一二）進士及第。高麗国信使をつとめ、昭文館直学士、翰林学士、礼部尚書、済南尹、参知政事、汴京留守等を歴任。属文を善くし、最も詔冊に長じていたという。

（12）悟銖伝には「因礼白霫太尉伝戒大師、執弟子之役、受具戒。」と記すのみで裕窺の名は載せないが、同じく『補続高僧伝』巻十七、法均伝附裕窺伝に「仍襲伝戒大師、賜崇禄大夫簡較（検校）太尉、提点天慶寺。」とあり、師号と官銜が一致することから「太尉伝戒大師」が裕窺を指すことが分かる。裕窺が提点した天慶寺は中京大定府の所在寺院であり（神尾弌春『契丹仏教文化史考』第一書房、一九八二年、初版は満州文化協会、一九三七年、三四頁）、悟銖伝の「白霫」（中京大定府の通称）がこれに対応していることは明らかである。

（13）「伝戒大師遺行碑」に「久之太尉窺師（＝裕窺）順世、遺命以戒本授師（＝悟敏）。有司上聞、□（詔？）可其奏。明年、選住天慶寺。又二年、賜紫服錫号伝戒。寔有遼天慶九年也。」とあり、裕窺の示寂が、悟敏に紫衣と伝戒大師号が賜与された天慶九年（一一一九）の三年前であることが分かる。

（14）志智と昊天寺については古松崇志「考古・石刻資料よりみた契丹（遼）の仏教」（『日本史研究』五二二、二〇〇六年）四七～五〇頁参照。

（15）竺沙前掲論文二一六～二二〇頁。

（16）「伝菩薩戒壇主大師遺行碑銘幷序」〔5〕に「越明年（咸雍六年）、師道愈尊、上心渴見、爰命邇臣、敦勉就道。因詣闕、再伝仏制、以石投水、如火得薪、其志交孚、非喩可及。……翌日特授崇祿大夫守司空、加賜為今号。」とある。法均が守司空を

授与されたことは、『遼史』巻二一、道宗紀、咸雍六年十二月条に見える「戊午、加円釈・法鈞二僧並守司空。」との記事が裏付ける。これにより法均が道宗の宮帳に伝戒した時期が咸雍六年十二月であったことが分かる。なお契丹において皇帝は都城に常住せず、皇族や国舅族、臣僚たちを伴い季節毎に定まった地域に移動して宿営する。これを捺鉢という。聖宗朝以降、春季は混同江（松花江）流域、とくに魚児濼（月亮泡）に、夏・秋季は慶州（赤峰市巴林右旗索博日嘎蘇木）近域諸山に、冬季は藕絲淀に宿営することが一般的であった。捺鉢については傅楽煥「遼代四時捺鉢考五篇」（『遼史叢考』中華書局、一九八四年）を参照。

(17) 「中都大昊天寺妙行大師碑銘」「清寧五年十月初旬、車駕幸燕。有大長公主以宅為施。後懿徳皇后為母酬□□施銭十参万緡。道宗皇帝又助賜銭五万緡。敕令宣政殿学士王行己、相与建寺而提控之。師又造金銅刹竿。蒙御書寺額。」

(18) 「奉福寺仏頂尊勝陀羅尼幢記」〔4〕「（重熙）八年冬、有詔赴闕、興宗皇帝賜以紫衣。十八年、勅授上京管内都僧録。秩満、授燕京管内左街僧録。」

(19) 「伝菩薩戒懺悔正慧大師遺行霊塔記」〔21〕「未久之間、奉勅為燕京□□僧録。可謂人天眼目、昏夜慈燈。為三界之導師、作八方之化主。普設義壇、所度之衆、数過凡百余万、遍済貧人、約二十余億□□。両朝懺主、二帝仁師、名震四方、徳彰八表。」

(20) 恒策（一〇四九〜一〇九八）。俗姓は王氏、字は開玄。七歳のときに宝峰寺の崇謹のもとで得度、二十三歳のときに守臻の門人となった。道宗より紫衣と通理大師号を賜与され、大安九年（一〇九三）から翌十年にかけて房山石経の続刻に携わっている。のち道宗より内殿懺悔主に任ぜられた。彼の事績を記したものとして天慶五年（一一一五）立石「大遼燕京西大安山延福寺蓮花峪更改通円通理旧庵為観音堂記并諸師実行録」（『図志』上巻、一五一頁）がある。

(21) 「涿州涿鹿山雲居寺続秘蔵石経塔記」〔23〕「至大安九年正月一日、（恒策）遂於茲寺（＝雲居寺）開放戒壇、仕庶道俗、入山受戒。……方盡暮春、始得終罷。所獲施銭、乃万余鏹、付門人見右街僧録通慧円照大師善定、校勘刻石、石類印板、背面倶用、鐫経両紙。」

(22) 志福『釈摩訶衍論通玄鈔』（続蔵一―七三―二）道宗御製引文に「朕聴政之余、留心釈典、故於茲論（＝釈摩訶衍論）、尤切探賾。」とあり、道宗の『釈摩訶衍論』に対する強い志向がうかがえる。

(23) 天慶八年（一一一八）立石「鮮演墓誌」（唐彩蘭編『遼上京文物擷英』遠方出版社、二〇〇五年、一五三頁に拓影載録）に

「有秦楚国大長公主、謂師曰、願為善友、請入竹林寺、永為講主。周載之余、声聞于上、特賜紫衣・慈恵徳号。自爾名馳、独歩振于京師。（咸雍三年）偶遇道宗幸燕、有通賛疏主（＝守臻）、特具薦揚、復承聖渥、改充大開龍寺暨黄龍府講主。」と見える。守臻は、竹林寺講主をつとめていた鮮演を道宗に推薦し、これをうけた帝は鮮演を上京臨潢府の開龍寺と黄龍府（長春市農安県）の兼任講主に充てており、帝に対する守臻の発言力が読み取れる。

(24) 山東・河南・陝西方面は天会十五年（一一三七）十一月まで金の傀儡国である斉の領域に組みこまれていた。

(25) 『金史』巻八三、張通古伝「会磁州僧法宝欲去、張浩・張暉欲留之不可得。朝官又有欲留之者。海陵聞其事、詔三品以上官上殿、責之曰、聞卿等毎到寺、僧法宝正坐、卿等皆坐其側、朕甚不取。仏者本一小国王子、能軽舎富貴、自苦修行、由是成仏、今人崇敬。以希福利、皆妄也。況僧者、往往不第秀才、市井游食、生計不足、乃去為僧。較其貴賤、未可与簿尉抗礼。閭閻老婦、迫於死期、多帰信之。卿等位為宰輔、乃復效此、失大臣体。張司徒（＝張通古）老成旧人、三教該通、足為儀表、何不師之。召法宝謂之曰、汝既為僧、去住在己、何乃使人知之。法宝戦懼、不知所為。海陵曰、汝為長老、当有定力、今乃畏死耶。遂於朝堂杖之二百、張浩・張暉杖二十。」

(26) 桂華淳祥編「金元代石刻史料集——霊巌寺碑刻——」（『真宗総合研究所紀要』二三、二〇〇五年）一五～二一一頁（加藤一寧氏担当執筆）参照。法宝（一一一四～一一七三）。俗姓は武氏、磁州の人。磁州寂照庵の祖栄のもとで臨済を学び、のち青州希弁につき曹洞に転向。皇統末頃に霊巌寺第十一代住持となり、天徳二年（一一五〇）、張浩の請に応じて燕京の仰山棲隠禅寺の住持に遷る。事績は大定十四年（一一七四）立石「済南府長清県霊巌十方禅寺第十一代宝公禅師塔銘并序」（『北拓』第四十六冊、一一七頁）に詳しい。『五燈会元続略』『続燈存稾』に基づき法宝の法統を示すと「青州希弁—大明法宝—王山覚体—霊巌満—万松行秀—雪庭福裕—足庵浄粛……」となる。

(27) 福裕（一二〇三～一二七五）。俗姓は張氏、太原の人。雪庭と号す。憲宗モンケより都僧省に命ぜられて華北の僧尼・寺院を統領し、また三度にわたる道仏論争においては仏教側の代表を務めた。その事績は「嵩山少林寺裕和尚碑」（『雪楼集』巻八）および「少林開山光宗正法大禅師裕公之碑」（鷲尾順敬『菩提達磨嵩山史蹟大観』三宝書院、一九八一年、図版三三～三六）に詳しい。

(28) 前掲「済南府長清県霊巌十方禅寺第十一代宝公禅師塔銘并序」「天徳庚午歳、青州示寂仰山。太師尚書令南陽郡王張公浩遣

使齎疏、命師住持仰山棲隠禅寺。」棲隠禅寺は『元一統志』巻一、大都路、古蹟条に著録される。大明法宝の先代の青州希弁は天会六年（一一二八）に住持となっている。

(29) 北京遼金城垣博物館編『北京遼金文物研究』（北京燕山出版社、二〇〇五年）二六二頁。

(30) 『仏祖歴代通載』巻二十に「(壬戌〔皇統二年〕) 金国、英悼太子（＝済安）生日、詔海恵大師于上京宮側剏造大儲慶寺、普度僧尼百万、大赦天下。」とあり、『松漠紀聞』に「金主以生子肆赦、令燕雲汴三台普度。」とある。妙敬のうけた遇恩得度は、当時の皇帝熙宗が皇太子済安の生誕を祝して行った普度を指すものか。ただ済安の生誕は皇統二年二月のことであり（『金史』巻八十、済安伝）、「霊塔記」の示す年次とは一年のずれがある。

(31) 『金史』巻六三、海陵嫡母徒単氏伝「及弑熙宗、徒単与太祖妃蕭氏聞之、相顧愕然曰、帝雖失道、人臣豈可至此。徒単入宮見海陵、不曾賀、海陵銜之。……徒単太后生日、酒酣、大氏（＝海陵生母）起為寿。徒単方与坐客語、大氏跽者久之。海陵怒而出。明日、召諸公主・宗婦与太后語者、皆杖之。大氏以為不可。海陵曰、今日之事、豈能尚如前日邪。自是嫌隙愈深。天徳四年、海陵遷中都、独留徒単於上京。徒単常憂懼、毎中使至、必易衣以俟命。」

(32) 『大明高僧伝』巻七、上京大儲慶寺沙門釈海慧伝附清慧伝「次年（皇統六年）正月、詔清慧禅師住持儲慶、賜号仏智護国大師、命登国師座。特賜金縷僧伽梨衣幷珍異瓶罏宝器、金主后妃太子頂礼双足奉服法衣。其震丹国王致敬沙門、古所未若於是時也。」

(33) 『金史』巻六四、睿宗貞懿皇后伝「天会十三年、睿宗（＝宗輔）薨。……旧俗、婦女寡居、宗族接続之。后乃祝髪為比丘尼、号通慧円明大師、賜紫衣。帰遼陽、営建清安禅寺、別為尼院居之。」李氏の事績を記すものとしては、上掲の『金史』本伝のほか、正隆六年（一一六一）立石「通慧円明大師塔銘」（王晶辰主編『遼寧碑誌』遼寧人民出版社、二〇〇二年、三九～四〇頁）がある。

(34) 于傑・于光度『金中都』（北京出版社、一九八九年）附「金中都城図」による。

(35) 愛新覚羅烏拉熙春『契丹文墓誌より見た遼史』（松香堂書店、二〇〇六年）二五九頁。

(36) 『遼史』巻三八、地理志、龍州黄龍府条。黄龍府の沿革については日野開三郎「渤海の夫余府と契丹の龍州・黄龍府」（『日野開三郎東洋史学論集』十五、東北アジア民族史〔中〕、三一書房、一九九一年）に詳しい。

（37）呉廷燮『遼方鎮年表』によると、太平元年（一〇二一）から天慶四年（一一一四）までに大康乂・黄翩・耶律欧里斯・耶律仙童・耶律阿里只・蕭図古辞・浦延・耶律特麼・蕭兀納・耶律寧の計十人の知黄龍府事が確認される。このうち大康乂（太平元〜同二年）・黄翩（太平五〜同九年）・浦延（咸雍五〜同九年）の三人を除き、他は全て契丹人である。黄龍府長官のこのような任官状況に、契丹政府の本府に対する重視姿勢が窺える。

（38）現在の農安遼塔は一九五三年と一九八二年の二度にわたる修復を経たものである。前次の修復時に塔内第十層の塼室より銅製釈迦坐像・銅製観音菩薩坐像・舎利盒・白瓷香炉などが見つかっている（国家文物局主編『中国文物地図集・吉林分冊』中国地図出版社、一九九三年、一四四頁）。

（39）政協巴林左旗委員会編『臨潢史蹟』（内蒙古人民出版社、一九九九年）八六頁および蓋之庸『内蒙古遼代石刻文研究』（内蒙古大学出版社、二〇〇二年）四二〇頁に録文を載録。後書は「黄龍府録」を「皇龍府録」とする。

（40）興宗朝以降は五京のほか慶州にも僧録司を置いたが、これは特例である。詳細は前掲拙稿「遼代興宗朝における慶州僧録司設置の背景」参照。

（41）講主の冠名に地名を用いる事例は他に見出せない。黄龍府講主としての鮮演のつとめは、彼の住寺を含めた本府内諸寺院の僧尼を対象とする経典講義であろうか。

（42）『元一統志』巻一、大都路条「竹林寺、始於遼道宗清寧八年、宋楚国大長公主以左街顕忠坊之賜第為仏寺、賜名竹林。大定七年太常丞蔡珪作記。」

（43）開龍寺は文献史料にもその存在が確認され、『遼史』巻十一、聖宗紀、統和四年七月条に「辛巳、以捷告天地。以宋帰命者二百四十人、分賜従臣。又以殺敵多、詔上京開龍寺建仏事一月、飯僧万人。」とある。統和四年（九八六）三月、河北・山西に侵攻してきた北宋軍を、聖宗とその母の承天皇太后（景宗睿智皇后蕭燕燕）の率いる契丹軍が大いに破った。同年七月、この戦役において多くの北宋将兵を殺したことを理由に、聖宗は詔して上京臨潢府の開龍寺において一ヶ月にわたって法会を執り行い、僧一万人に飯を施している。本寺はこのような大規模な仏教行事の開催を可能とする大刹であり、かつ契丹帝室とも繋がりを有する寺院であったことが分かる。

（44）巻一は『金沢文庫資料全書』仏典二、華厳篇に、巻二から巻六は続蔵一―十一―五に収める。金沢文庫本および続蔵本は

書名を『華厳経談玄決択』とするが、これは誤りで、「鮮演墓誌」所載の書名『花厳経玄談決択記』が本来のものと見られる。

(45) 木村清孝「鮮演の思想史的位置」（仏教史学会編『仏教の歴史と文化』同朋舎、一九八〇年）参照。

(46) 竺沙雅章「遼代華厳宗の一考察――主に、新出華厳宗典籍の文献学的研究――」（前掲『宋元仏教文化史研究』）参照。

(47) 本碑は一九〇九年に白鳥庫吉が上京会寧府城址西北において発見したものである。高さ九二センチ、花崗岩質の六角石幢である。今のところ拓影は確認されないが、東洋文庫が拓本（Ⅱ―16―C―162）を所蔵しており、本稿ではこれを参照した。録文は『満州金石志』巻三や園田一亀『満州金石志稿』（南満州鉄道株式会社、一九三六年）一二四～一二五頁ほかに載録する。以下に東洋文庫所蔵拓本に基づき作成した録文を提示しておく。なお一部の不明字は『満州金石志』所載録文から補っている。（／は改行　□は不明字）

〔第一面〕

上京宝勝寺前管内都僧録宝厳大師塔銘誌／師本臨潢府保和県人也。俗姓于氏。天慶年生。幼小／異於童蒙、至十一歳、父母許放出家、尋礼到本府興／円寺講律沙門覚宗為師、訓名裕超。其智慧疎利、挙／止不俗、乃異於人也。至皇統元年、試経受具大戒。常／誦法華経、昼夕無替、孜孜香火、未嘗有懈。後歴方所、／親高徳者、聴習大華厳経、妙解深極於宗趣矣。至天／

〔第二面〕

徳三年、得居上京、伏蒙／東宮太后旨、請住興王寺、開演大華厳経講。聚徒二／百餘人。皆精鋭博学者慕之。至貞元二年、宝勝寺臨／壇宣戒大徳智彦等、堅請住本寺摂持。至正隆元年／四月、□在京仕庶豪貴人等、礼請復開大華厳経講／徒満三百。其□声名、已播京華、自後諸師挙薦附於／□□□□。至正隆三年、□京諸師保、賜本京臨壇受／

〔第三面〕

□□大徳。至定三年、勅賜紫衣・詮円大徳。至定四年、／栄遷本京都僧録判官、受伝妙大徳。至大定七年、改／受都僧録・宝厳大師。其於救度利生、□雲雨之会、豈／限数、而以□□。至大定十五年六月二十五日午時、／願縁而逝。俗寿六十五、僧夏三十五。択日荼毘訖。／師之福慧、如山之高水之深、師之因縁、如龍之雲虎／之風。非□然者也。善乎歌者、使人継其韻、善乎教者、／

〔第四面〕

使人継其風。其諸門人、皆孔翠羽毛棠棣之輩而已。／其諸弟子、孝悌之深、択日葬之、命工匠建塔既畢、堅／告作銘勒而書之。乃為銘曰、／示生非生、示滅非滅、雲散長空、一輪孤月。／名実無当、身世何常、聚散会別、夢覚電光。／西楼秀出、金源栄昌、累遷名職、道徳声香。／性海湛寂、教風揄揚、坦然无住、悲恋感恪。／

〔第五面〕

造塔畢工、霊骨石槨、層層聳然、雲霞長幕、／永庇子孫、声光輝爍。／維大金大定二十八年歳次戊申庚辰月丙午日壬／辰時門人沙門志敏等謹建。／法孫沙門恵英／門人沙門（以下欠）／門人沙門（以下欠）

〔第六面〕

門人臨壇宣密大徳講経沙門性貞／供奉班祇候清河鎬書／光林寺西堂老人広明撰／刻石匠弘農士才」

(48)『金史』巻二、太祖紀、天輔四年五月条「上京人恃禦備儲蓄為固守計。甲寅、亟命進攻。……上（＝太祖）親臨城、督将士諸軍鼓譟而進。自旦及巳、闍母以麾下先登、克其外城、留守撻不野以城降。」

(49)『金史』巻六三、海陵嫡母徒単氏伝に「天徳二年正月、徒単与大氏倶尊為皇太后。徒単居東宮、号永寿宮、大氏居西宮、号永寧宮。」とあり、「宝厳大師塔銘誌」にいう「東宮太后」が東宮（永寿宮）に住む徒単太后を指すことが明らかである。

(50)「中都大昊天寺妙行大師碑銘」と「大昊天寺建寺功徳主伝菩薩戒妙行大師行状碑」の両碑には志智の宗旨を明記していない。ただ前碑に志智が昊天寺内に高さ二百尺の八角六檐の宝塔を建てたことを記し、「其禎祥昭著、故非凡情之所測度。此蓋聖力之所加被、弁阿僧祇之供養、成不可説之荘厳、足以紹僧伽而継澄観也。」と続ける。末に「以って僧伽を紹ぎ、澄観を継ぐに足る」と述べる点に注目すれば、志智は澄観同様に華厳教学に通じていたことが推測される。志智は華厳を宗旨としていた可能性が高い。

(51)貞元元年（一一五三）立石「大金故慧聚寺厳行大徳闕公塔銘」（『図志』上巻、二三四〜二三五頁）

(52)泰和四年（一二〇四）立石「第九代了公禅師塔銘」（『図志』上巻、二五四〜二五五頁）

(53)大塔（八角十三層密檐塼式）は中京外城址の中央から東寄りの地に、小塔（同上）は外城址の中央から西寄りの地に、半截塔（八角密檐塼式、初層のみ存）は城址南壁外西部にそれぞれ立つ。各塔の正確な位置は中国歴史博物館遙感与航空摂影

考古中心・内蒙古自治区文物考古研究所編『内蒙古東南部航空摂影考古報告』（科学出版社、二〇〇二年）所収の中京城址航空写真（図版二六～二九）を参照。なお小塔は金代に建立されたとする説が有力である。

(54) 碑末に了奇の示寂年を大定十年（一一七〇）二月七日、寿齢を五十一と記しており、これより逆算した。

(55) 「奇公和尚塔銘」は「北京」と記す。中京大定府は海陵王の遷都に伴い貞元元年（一一五三）に京名を北京に改められた（『金史』巻二四、地理志、北京路大定府）。了奇が本府に戻った天会十一年（一一三三）当時はまだ北京と改称されていないが、本碑の立石が京号改称後の大定十九年であり、撰者（聖安寺広善）が混同して記したのであろう。

1 中都顯慶院故蕭苍嚴靈塔記
2 　良鄉進士　許珪　撰　　大昊天寺比丘　覺恕　書
3 師諱妙敬、其姓蕭氏、本貫上京濟州人也。自年七歳、禮本州祥周院張座主爲師。此乃訓其名也。
4 後皇統元年、就於上京楞嚴院、再禮弘遠戒師爲師。其當年、遇恩得度受戒、頭壇弟一引也。至皇
5 統二年歳次壬戌、以具其戒、却廼復於濟州西尼院。與衆住持向義學、開演花嚴經、方成其名、乃
6 號蕭苍嚴也。後至正隆元年、以隨＊＊＊太后・靈聖之車、來於＊中都。以就右巡院長清坊顯慶
7 院、爲衆住持、以至于今。竊以師之父者、曾授武義將軍、充吏部令史。後出職離班之日、告退身而
8 閑居切見。何若龐公之作也。溫柔立性、德行著名、可乃傳名後世也。親母太郡、繼母董氏、共有繼
9 嗣六人。唯師者爲長。今具弟五人、最大者、曾授武功將軍・行澤州沁水縣主簿。名老哥。次三係是
10 曹王府背也山謀克所管。弟二者長壽。弟三者僧覺恕、居昊天寺。弟四者福壽。最小者添壽也。伏
11 師者演苍嚴眞經、講玄談妙議、幷及義學、擢爲上也。曷以釋五蘊之眞空、侶淸風投其萬竅、演三
12 乘之奥義、如皓月照於千潯。內持禪律、若秋霜而冬雪、外奉尊慈、如夏雨而春風。又廼三冬兮、龍
13 盂匪掌、九夏兮、虎錫常閑。唯以香燈爲念、性同皓玉而無塵、疏論留情、心似寒冰而何異。噫、寒暑
14 者天之常也、生死者人之常也。嗚呼、生老病死苦、則釋氏當流。仁義禮智信、則儒家所立何異。人
15 之生者、皆憑於地水火風、人之死者、豈論乎春秋冬夏。旹大定廿七年歳次丁未四月二十日酉

16 時、微有小疾、其師而逝。壽六十有七、戒臘四十有六。度門徒三人。具戒者廣惠。沙彌二人、一名燕
17 兒、一名福嚴。其弟子廣惠三人等、思師之念、憶師之恩。思師之念、則哀哀而有慟、憶師之恩、則惨
18 惨而莫容。故廼命功刊其幢銘也。又云、生之可事也、盡孝而盡忠、死之可遷也、盡心而盡節。可以
19 立於幢銘、以就百代之堅爾。　　佛巖山比丘　圓周　刻
20 　大定二十七年五月十八　日門資尼　廣惠　立石

（＊は空格を示す）

※本稿中に使用した書名略号は以下の通り。
『北拓』…北京図書館金石組編『北京図書館蔵中国歴代石刻拓本彙編』（中州古籍出版社、一九九〇年）
『図志』…梅寧華主編『北京遼金史迹図志』（北京燕山出版社、二〇〇三―二〇〇四年）

〔付記〕　本稿は第三十三回宋代史研究会合宿（二〇〇七年八月二十三日　於富山県氷見市九殿山温泉ひみのはな）における同題の口頭報告に基づくものである。本報告においては参加の諸氏より貴重な御意見を賜った。この場をかりて厚く御礼申し上げたい。

高麗の宴会儀礼と宋の大宴

豊島悠果

はじめに

高麗王朝が諸制度の整備にあたって中国の制度を参考にしたことはよく知られており、高麗史料と中国史料の比較検討を通じて、中国の影響と高麗の独自性を読み取るという研究作業は、高麗史研究において必要不可欠なものとして蓄積されてきた。礼制に関しても、後発的ながらこうした研究が進められてきており、高麗における円丘祭祀の意

義を明らかにした研究[1]、『高麗史』礼志五礼の特徴や、高麗における経学理解の状況を検討した研究[2]、高麗の后妃冊立儀礼の特徴や成立時期・政治的背景を考察した研究[3]等々が行われてきている。ただし、高麗儀礼研究の基本史料である『高麗史』礼志、および礼志編纂時の最重要資料であった『詳定古今礼』の性格についても未だ不明な部分が多く、高麗時代の儀礼文化の把握には遠く及ばない状況である。『高麗史』は朝鮮王朝の一四五一（文宗元）年に完成した史書であるが、礼志に載せられた儀式次第の大部分は、高麗毅宗代（一一四六～七〇）に成立した『詳定古今礼』にもとづいたものであることが知られている[4]。しかし『詳定古今礼』は伝存しておらず、また『高麗史』礼志の記載内容は高麗王朝の国家儀礼を網羅的に伝えたものとはいえず、記述にもかなりの省略がみられる。そのため、高麗王朝においてどのような礼典がどのようにして編纂されたか、そして当時の礼制の全容は如何なるものであったかを理解するには、一つ一つの儀礼について他の高麗史料や中国史料をあわせた総合的な検討を重ねていくことが肝要である。

本稿では、高麗王朝で王が臣下に賜った宴会儀礼の一つである大宴を題材として取り上げ、中国、特に宋朝の儀礼との関係を視野に入れつつ考察する。こうした君主が主催する宴会儀礼は、君主と臣下の交歓の場であるのみならず、参加者や席次、およびその場で行われる行為に政治的・社会的意味が包含されていることは言うまでもない。またそこで繰り広げられる光景は、いうなれば王朝文化の髄とでも呼びうるものであって、どのような宴会儀礼が行われていたのかを把握しておくことは、絵画史料などもあまり残されていない同時代の研究上、資するところがあると考える。ここで着目する大宴は、高麗で王の生日や王太后・王太子の冊立、郊祀などに際して催行された宴会儀礼である。よって年に一度以上、例年行われるものであり、かつ国に重要な慶事が起こった際の一連の儀式の一部を構成した。また予め述べておくと、この儀礼は宋でも催行されていたものであり、Ⅰ章1節で明らかにするように、宋朝草創期に行われるようになって儀式次第が作成され、その後高麗に導入されたものであった。さらに、高麗に受容された大宴は、高麗の他の宴会儀礼の儀式次第にも影響を与えたとみられる。本稿ではこのような大宴という宴会儀礼を取り

上げ考察することによって、高麗における中国儀礼文化の受容の様相の一端を明らかにし、本論文集のテーマ〝宋代中国の相対化〟を考究するための糸口を提供したい。

Ⅰ　高麗と宋の大宴

1．高麗の大宴

高麗王朝において、大宴とはどのような時に行われる、どのような位置づけの宴会儀礼であったろうか。高麗の大宴の儀式次第として現在参照できるものは、『高麗史』礼志に「大観殿宴群臣儀」として載録されているものである。大観殿は、高麗王都開京の本闕にある常用の正衙殿で、朝会や百官の進賀・賜宴などが行われ、正式の視朝の際には王がここに出御した。[5]一一三八（仁宗十六）年に宮闕再建にともなってこの名に改称される以前は、乾徳殿と称されていた宮殿である。この「大観殿宴群臣儀」中では、侍宴者の代表が奏上する辞について、次のように記されている。

大宴。其日、……太子跪奏称、臣某等伏値某節日、聖節日則云某節日、冊太后則云聖上尊奉慈闈封崇礼畢、郊天則云郊祀礼畢、冊太子則班首云冊立儲位、臣等不勝大慶、謹上千万歳寿酒、伏候聖旨。（『高麗史』巻六八礼志一〇嘉礼　大観殿宴群臣儀）

儀式の冒頭で、王太子が「臣某等伏して某節日に値たり……」と跪奏するが、この部分は、聖節[6]にあたって行われる大宴であれば「某節日に値たり」、王太后の冊立に際して行われる大宴であれば「聖上が慈闈を尊奉し封崇する礼畢わりて」、郊天礼に際して行われるものであれば「郊祀の礼畢わりて」、王太子の冊立に際して行われるものであれば王太子ではなく班首が「儲位を冊立して」と称し、続けて「臣等大慶に勝えず、謹んで千万歳の寿酒を上りたく、伏して聖旨を候つ。」と奏称する、という。つまり「大観殿宴群臣儀」は、少なくともこれら王の誕生日や王太后・王

太子等の冊立、および郊祀に際して行われたのである。(7)

郊祀の場合、王が円丘壇において親祭した後（『高麗史』巻五九礼志一吉礼　円丘）、斎宮において王太子以下扈従した群官の賀を受け（『同』巻六七礼志九嘉礼　親祀円丘後斎宮受賀儀）、宮闕に還御して儀鳳門において赦が行われ（『同』巻六八礼志一〇嘉礼　親祀円丘後肆赦儀）、その後に大観殿において大宴が行われたのであり、聖節の場合は、大観殿における朝賀礼（『同』巻六七礼志九嘉礼　元正冬至節日朝賀儀）の後に行われた。王太后冊立の一連の儀式を載せる『同』巻六五礼志七「冊太后儀」には、麗正宮における冊使発遣、大観殿における王太后への上冊の後に、同殿で行われる宴会儀礼の次第が載せられている。この次第は幾分簡略であるが、礼志一〇「大観殿宴群臣儀」に相当するものである。また王太子冊立に際して行われる大宴についても、『同』巻六六礼志八「冊王太子儀」の最後の項目である「王会群臣」がこれにあたる。「王会群臣」には上寿の辞のみで儀式次第は記されていないが、「大観殿宴群臣儀」を参照せよということであろう。ちなみに、大宴が世家の記事に表れる場合は概して次のような簡単な記述である。

（正月）戊寅、母柳氏を尊び王太后と為す。翌日、諸王・宰輔・文武常参官以上賀を進る。群臣に宴を賜う。（『同』巻一二世家一二睿宗三年（一一〇八））

また、左の一一七〇（毅宗二十四）年の記事のように、寿星の出現によって大観殿で受賀し、常参官以上に賜宴が行われたという場合も、大宴が行われたと見るべきであろう。後に儀式次第で確認するが、大宴の侍宴者は文武常参官以上であるから、賜宴の対象と会場からしてこの場合も大宴が行われたとみられる。

（閏五月）丁亥、王還宮す。寿星の再見するを以て、将に賀を受けんとするなり。庚寅、大観殿に御して朝賀を受け、仍文武常参官以上を宴す。（『高麗史』巻一九世家一九毅宗二十四年）

すなわち大宴は、王の生日・郊祀・王太后等の冊立のほか、寿星の出現など国に重要な慶事があった場合に催されたのである。

そしてその儀式は次のように進行された。「大観殿宴群臣儀」によって、表1の左半分に儀式次第を、図1に殿上の座次と殿庭における位次を示した。表1を簡略化して儀式の流れを記すと次のようになる。


Ⅰ文武常参官以上の群官が入庭してまず聞辞位につき、王が座につくと、拝位につく。

Ⅱ太子が祝詞を申し上げ、太子と上公が昇殿して王に酒盞を献ずる。

Ⅲ群官が各々の座につき、王・群官の酒食を行う。教坊が致語、口号を呈する。(8)

Ⅳ三盞に至ると、王と太子以下群官は退席し、休会する。この間、王と群官が花を簪す。

Ⅴ［二部］王が座につき、再び枢密以上が昇殿して王に酒盞を献じ、回賜の盞を受ける。

Ⅵ太子以下群官が座につき、王・群官の酒食が行われる。文武三品官あるいは三品官・侍臣が王に酒盞を献ずる。王が便次に入り、群官も退出する。

Ⅶ［三部］再び王太子以下群官が入庭し、王が着座する。枢密以上が王に酒盞を献じ、王と群官の酒食が行われた後、群官が殿庭におりて再拝舞蹈再拝し、退出する。


右の［二部］［三部］というのは、王以下参加者がいったん退座して休会し、しばらく後に再び着座して宴を再開することを、便宜上表現したものである。

なお王は大宴に際し、元旦・冬至・節日の朝賀や宣赦、八関会や燃灯会大会等の場合と同じく、赭黄袍という君主としての服を着して臨んだ。

毅宗朝詳定す。凡そ正至・節日朝賀、大観殿大宴、儀鳳門宣赦、奉恩寺謁祖真、八関会、燃灯大会、祈穀円丘出宮、王太子納妃醮戒、冊王妃・王太子臨軒発冊は、赭黄袍を服し、燃灯小会は則ち梔黄衣を服す。（『高麗史』巻七二輿服志一冠服　視朝之服）

では、そもそも高麗において聖節・郊祀・王太后等の冊礼など、重要な慶事に際して右のような宴会儀礼が行われ

《図1　高麗大宴：大観殿》

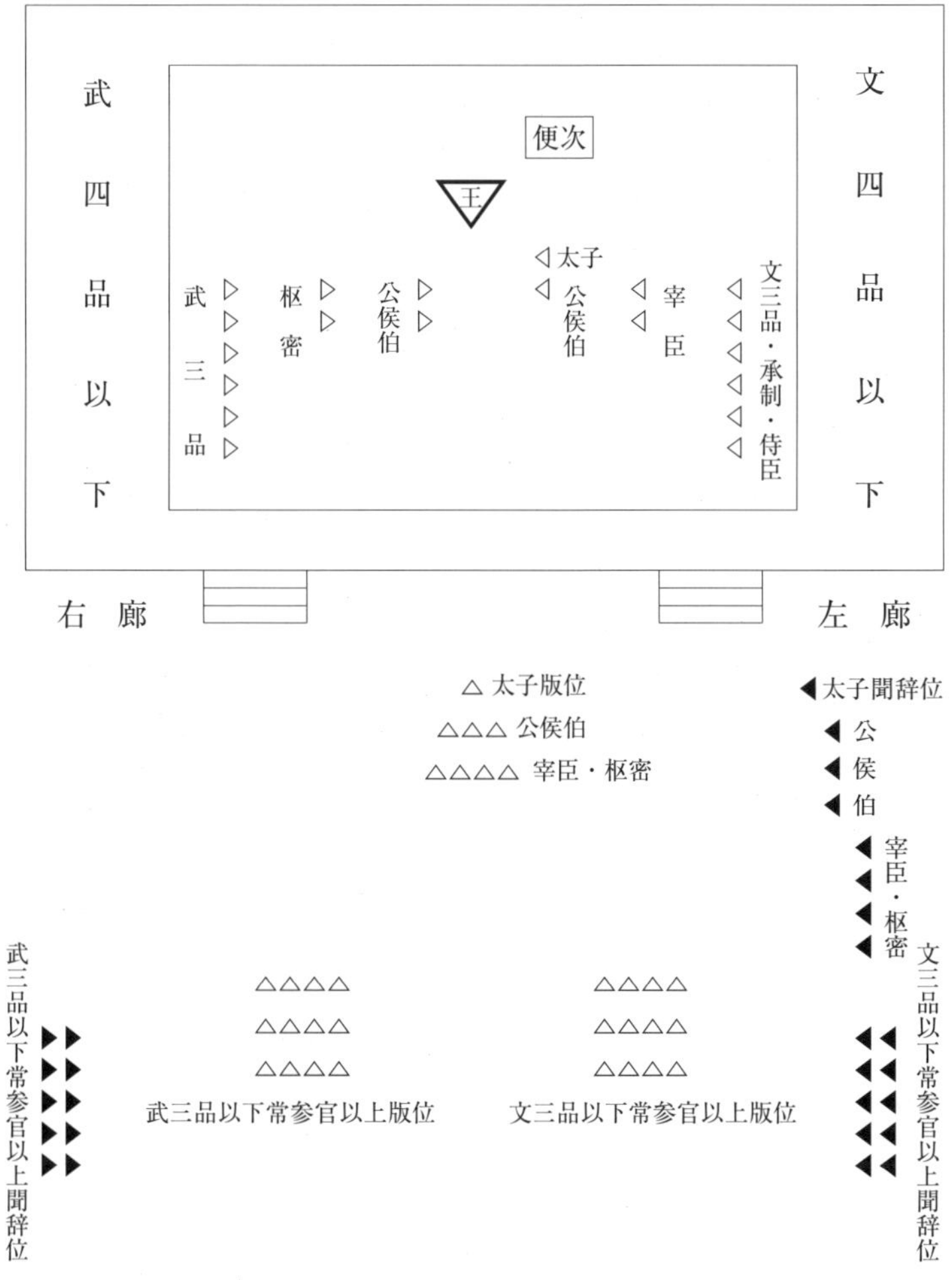

便次
王
太子
公侯伯
宰臣
文三品・承制・侍臣
枢密
公侯伯
武三品
武四品以下
文四品以下
右廊
左廊
太子版位
公侯伯
宰臣・枢密
太子閤辞位
公侯伯
宰臣・枢密
武三品以下常参官以上版位
文三品以下常参官以上版位
武三品以下常参官以上閤辞位
文三品以下常参官以上閤辞位

〈表１〉

『高麗史』礼志　大観殿宴群臣儀	『五礼新儀』　春秋集英殿大宴儀
①太子・公侯伯・宰臣・枢密・文武常参官以上が聞辞位につく。	①文武官僚が集英殿庭に東西向かい合って列立する。
②王が大観殿に出御する。	②皇帝が需雲殿に出御し、閤門・内侍・管軍等の起居の後、集英殿に出御する。
③太子・公侯伯・宰臣・枢密・文武群官が拝位につく。太子が致詞する。	③群官が北向して横並びに列立する。班首が進み出て致詞する。
④太子と上公が昇殿して殿上の拝位につき、太子が「(節日の場合) 臣某等伏して某節日に値い、臣等大慶に勝えず、謹んで千万歳の寿酒を上りたく、伏して聖旨を候つ。」と跪奏する。	④群官が昇殿し、集英殿の本殿・東西朶殿・廊の各々の席次につき、東西に向かい合って立つ。 ⑤殿侍が酹酒し、東上閤門官が班首以下が酒をたてまつることを奏す。殿上の臣僚が北向して横並びに列立する。
⑤太子と上公が洗所で手を洗う。酹酒（※）の後、殿中監が盞、近侍官が注子を捧げ持って先に昇殿し、太子・上公は王座の東南にいたって跪き、太子が盞、上公が注子を捧げ持って酒を酌み、奉る。王が挙盞する。太子が挙盞を受け近侍官に渡す。太子・上公が殿を降りて殿庭の拝位につき、太子以下文武群官が再拝舞蹈再拝する。	⑥班首が進み出て、御座の東に北向きに立って盤・琖を受け取り、殿中少監が琖に酒を注ぐと、酒琖を捧げ持って御座の前にいたり、躬進する。皇帝が挙酒した後、班首が進み出て御座の前にいたり、虚琖をいただき、殿上の位に戻る。群官再拝する。
⑥太子・公侯伯・宰臣・枢密・文武三品と諸侍臣は殿上、両班四品以下は左右廊（文東、武西）の座につく。太子以下群官に茶、次に酒を賜う。王・群官の食を設ける。	⑦群官の酒を行う。その際、先に宰臣、次に百官が酒を受ける。 ⑧皇帝が二盞目を挙酒し、次に群官に酒を賜う。三盞の後、皇帝・群官の食を設ける。
⑦殿中監が王に酒を進め、王が挙盞する。次に群官の酒を賜い、順に王の酒・食を進め、群官の酒・食を設ける。教坊が致語、口号を呈す。	⑨四盞の後、楽工が致語する。五盞の後、楽工が殿上で演奏する。庭中の舞隊が致詞する。演奏の後、舞隊は退出する。
⑧三盞に至ると、王が便次に入り戴花する。太子・公侯伯・宰臣・枢密は各々の控えの幕次で、両班三品以下常参以上は殿門外で戴花する。群官が入庭し殿庭の拝位につく。	⑩東上閤門官が再開の時刻を奏し、皇帝が入御し、群官が退出する。参加者に花を賜う。宴再開の二刻前、戴花して、殿庭に北向横並びに列立する。
〈二部〉	〈二部〉
⑨しばらくして王が再び座につくと、枢密以上は昇殿して殿上の拝位につき、太	⑪皇帝が出御する。群官・軍官・教坊等が賜花を謝す。

子が酒盞を献ずることを跪奏する。＊枢密以上が洗所で手を洗い王座の東南にいたり、太子は盞、公侯伯・宰臣・枢密は順に注子を捧げ持って跪いて酒を酌む。王が挙盞する。太子・公侯伯・宰臣・枢密が殿庭の拝位につき、群臣が再拝舞蹈再拝する。 ⑩別盞の回賜が伝宣され、枢密以上が昇殿し、太子が王座の左に跪く。承制が注子、近侍官が盞を奉じて酒を酌み、太子は盞を受け、殿上東壁の太子飲位に立つ。公侯伯・宰臣・枢密も順に盞を受け、王座に向かって揖し、飲む。 ⑪太子以下群官が座につくと、群官に酒盞を賜う。また侍立員将・両部楽官に花・酒、把門軍人に酒・果を賜う。王の酒・食を進め、群官の酒・食を設ける。以後、三品あるいは三品・侍臣が⑨の＊以下のように王に酒盞を献ずる。 ⑫王旨があれば、近侍官が王に湯薬を進め、群官に薬を賜う。おわると王は便次に入り、太子・公侯伯・宰臣・枢密も各出て幕次につき、群官も退出する。 〈三部〉 ⑬しばらく後、太子・公侯伯・宰臣・枢密と群官が入庭し、殿庭位につく。王が再び座につく。太子・公侯伯・宰臣・枢密が昇殿し、酒盞を奉ることを請う。王旨があれば近侍官が酒を進める。 ⑭太子・公侯伯・宰臣・枢密・群官が殿庭の拝位につき、太子が致辞し、太子以下群官が再拝舞蹈再拝する。王が入御し、太子以下の文武群官は順に退出する。	⑫群官が昇殿し各々の席次につく。 ⑬皇帝が挙盞し、楽工・舞隊の演奏が行われる。四盞行う。 ⑭班首以下群官が殿を降り、北向して横並びに列立し、再拝舞蹈再拝して退出する。東上閤門官が宴の終了を奏し、皇帝が座を降りる。

（※）酒礼のはじめに酒を地面に垂らすこと

ることになった、その起源はどこに求められるであろうか。また先述のように『高麗史』礼志所載の「大観殿宴群臣儀」の内容は、一二世紀半ば頃に成立した『詳定古今礼』に依拠したものと考えられるが、それ以前から大宴とみられる記事は『高麗史』世家中に散見する。高麗でこの宴会儀礼が行われるようになったのはいつ頃なのであろうか。こうした疑問を解いていくためには、まず中国の関連儀礼を把握しておかなければなるまい。節を改めて検討することにしたい。

2・宋の大宴

はじめにも述べたように、大宴は宋朝で行われていた。左の『宋史』の記事では大宴の開催機会について端的に説明している。

> 宋制、嘗て春秋の季仲及び聖節、郊祀・籍田礼畢わりて巡幸還京するを以て、凡そ国に大慶有らば皆大宴す。大災・大札に遇わば則ち罷む。天聖の後、大宴は率て集英殿に於いてし、次宴は紫宸殿、小宴は垂拱殿においてす。若し特に旨あらば則ち常制に拘らず。（『宋史』巻一一三礼志一六嘉礼四宴饗）

宋制では、春秋の季仲月と聖節[9]、郊祀や籍田の礼を終えて還京した際など、国に大きな慶事があれば大宴を行うことになっていたという。また、天聖年間（一〇二三〜三二）以降は集英殿で催されたとある。

宋の大宴の儀注で現在参照できるものとしては次のようなものがある。まず北宋初期と考えられる年代を記さない簡略なもの一件があり、また一一〇九（大観三）年に儀礼局によって春秋季仲月の大宴の儀注が「集英殿春秋大宴儀」として上奏され、『宋史』に抄録されている（『宋史』巻一一三礼志一六嘉礼四宴饗）。そして一一〇九年の「集英殿春秋大宴儀」を参考に礼官が整理したものが、一一一三（政和三）年に成立した『政和五礼新儀』巻一九九に同名でおさめられている[10]。さらに南宋に入り、一一四三（紹興十三）年に若干の修正を加えられた儀注が『宋会要輯稿』礼四五

に存する。また官製の儀注とは性格が異なるが、『東京夢華録』巻九には徽宗の誕生日（天寧節）に際して行われた大宴について記され、より生き生きとした描写がなされており、また『夢粱録』他にも関連史料がある。

以下ではこれらの儀注と関連史料を用い、宋朝で挙行された大宴がどのようなものであったのか、またいつ頃成立したのか検討していくが、そこでまず取り上げたいのが左の宋建国期の記事である。これらの記事によれば、大宴という形式の宴会儀礼が行われるようになり、儀式次第が定められたのは北宋のごく初期の段階であるとみられる。それは一つには、春秋・聖節および郊祀後の大宴が、全てこの時期に始められていることが確認されるからである。『続資治通鑑長編』の記事によってみてみよう。

（二月）辛卯、広徳殿に大宴す。凡そ誕節の後、日を択びて大宴すること、此より始む。

（八月丙戌）広政殿に大宴す。是より大宴は皆此殿に就く。上、長春節二月に在る故を以て、毎歳止だ秋宴を設く。

（『続資治通鑑長編』巻一太祖 建隆元年、傍線は筆者による。以下同様。）

九六〇（建隆元）年二月、太祖の生日に際し広徳殿において大宴が行われ、この時から誕節後に大宴を行うことが始められた。そして同年八月に広政殿[11]において秋の大宴が行われ、これ以降大宴はみな同殿で行われたという。春の季仲月（二・三月）に行う春宴は、太祖の誕生日である長春節の大宴と時期が重なるため太祖代には行われず、太宗の九七八（太平興国三）年三月になってはじめて行われている。[12]さらに左のように、九六三（乾徳元）年十一月には、南郊で祭祀が行われた後に広徳殿において大宴が行われ、これは飲福宴と呼ばれて、以後恒例とされた。

（十一月）壬申、南郊礼成るを以て、広徳殿に大宴す。号して曰く飲福宴、是より例と為す。（『続資治通鑑長編』巻四 乾徳元年）

このように、聖節と（春）秋、郊祀後の大宴は、宋朝草創期の九六〇年および九六三年にはじめられ、恒例とされているのである。

また、さきほど述べた北宋初期と考えられる簡略な儀注も、大宴の成立を考える上で重要である。これは『文献通考』巻一〇七王礼考二・『宋朝事実』巻一二儀注二・『宋史』巻一一三礼志一六嘉礼四宴饗に載録されているもので、『文献通考』の記事をもってその大体を示すと次のようである。

御賜宴の儀。宋朝、常に春秋の季仲月及び誕聖節を以て日を択び、（ア）群臣を広徳殿に大宴す。（イ）有司は預め殿庭に山楼を設け……茶酒器を殿の東北の楹間、群官の盞斝を殿下の幕屋に設く。（ウ）宰相・使相・三師・三公・参知政事……の坐を殿上、文武四品以上……の坐を朶殿に分設す……。（エ）其日、枢密使以下先に起居し訖わり、当に侍立すべき者は升殿し、宰相は百官を率いて入る。宣徽・閤門通喚す。致詞訖わりて、宰相升殿して酒を進り、各坐に就く。……中飲に更衣し、花を賜うこと差有り。宴訖わりて、舞蹈拝謝して出づ。（『文献通考』巻一〇七王礼考二）

内容は、（ア）広徳殿で大宴を行うこと（イ）山楼や酒器などの陳設（ウ）参加者の座次（エ）当日の儀式次第、で構成されている。『宋朝事実』は（ア）（ウ）（エ）、『宋史』は（イ）（ウ）（エ）の部分のみを収録しており、『宋史』の記述は他の二つと若干異同がある。ここで注目されるのが、（ア）「群臣を広徳殿に大宴す」という部分である。というのも、広徳殿は九六四（乾徳二）年十月に崇政殿と改称されるから[14]、右の儀注は九六〇年から九六四年の間に作られたものと考えられるのである。聖節の大宴が九六〇年二月、（春）秋の大宴が同年八月、郊祀後の大宴が九六三年にはじめられているのであるから、この儀注は九六〇～六四年の間に行われた聖節・秋宴・郊祀後のいずれかの大宴に際して作成されたものであることは疑いない。さらに一歩進んで、宋朝大宴の嚆矢である九六〇年二月の太祖生日の大宴にあたって儀式次第が定められ、こうして伝存したものであろうと推測することも可能であろうと思う。

このように宋建国期に儀注が作成され恒例化した大宴は、どのような儀式であったろうか。右の儀注は簡略なもので儀式次第の詳細を追うには適さず、また一一〇九年以降の儀注は比較しうる限りあまり変化がみられないため、最

も内容の豊富な『五礼新儀』巻一九九「集英殿春秋大宴儀」の次第を用いて検討してみよう。高麗の大宴の場合と同様、表1の右側に儀式次第を、図2に殿上の座次を示した。儀式の流れを簡略に記すと次のようになる。

ⅰ群官が集英殿庭の東西に分かれ向かい合って列立する。皇帝が集英殿に出御すると、北向き・横並びに列立する。

ⅱ班首が祝詞を申し上げた後、群官は昇殿してそれぞれの席次について立つ。班首が皇帝に酒盞を献ずる。

ⅲ皇帝・群官の酒食を行う。楽工・舞隊の致語、演奏が行われる。

ⅳ五盞の後、皇帝が入御し、群官が退出する。参加者に花を賜う。各々花を簪す。

ⅴ［二部］皇帝が出御し、群官が各々の座について宴が再開され、四盞まで行った後、群官が殿庭に降りて再拝舞蹈再拝し、退出する。

こうして宋の大宴の儀式次第や参加者の座次等を見れば、一見して前節でみた高麗の大宴との類似性が目に付く。が、両者を対照させる前に、右のⅳにみられる簪花について本節で確認しておきたい。これは高麗の大宴の次第Ⅳにもあるが、先行研究[15]ですでに論究されている元会のような宴会儀礼では見られないものであり、どのような花を賜い、簪したのか、紹介しておく必要があろう。この簪花は、大宴の光景を想像する際には外せない要素である。

関連する史料として次のものが参考になる。まず『宋史』輿服志には、

簪戴。幞頭の簪花、之を簪戴と謂う。中興、郊祀・明堂礼畢わりて回鑾すれば、臣僚及び扈従は並びに花を簪す、恭謝の日も亦た之の如し。大羅花は紅・黄・銀紅三色を以てし、欒枝は雑色の羅を以てし、大絹花は紅・銀紅二色を以てす。羅花は以て百官に賜い、欒枝は卿監以上之有り、絹花は以て将校以下に賜う。太上両宮の上寿畢わりて、及び聖節、及び錫宴、及び新進士に聞喜宴を賜うに、並びに之の如し。（『宋史』巻一五三輿服志五諸臣服下）

中興、すなわち南宋になってから、郊祀や明堂の儀礼を終えて還御する際には、臣僚・扈従者は幞頭に花を簪したと述べられている。そしてその花について、大羅花は紅・黄・銀紅の三色の羅（うすぎぬ）、欒枝[16]は様々な色の羅、大絹

《図2　宋大宴：集英殿》

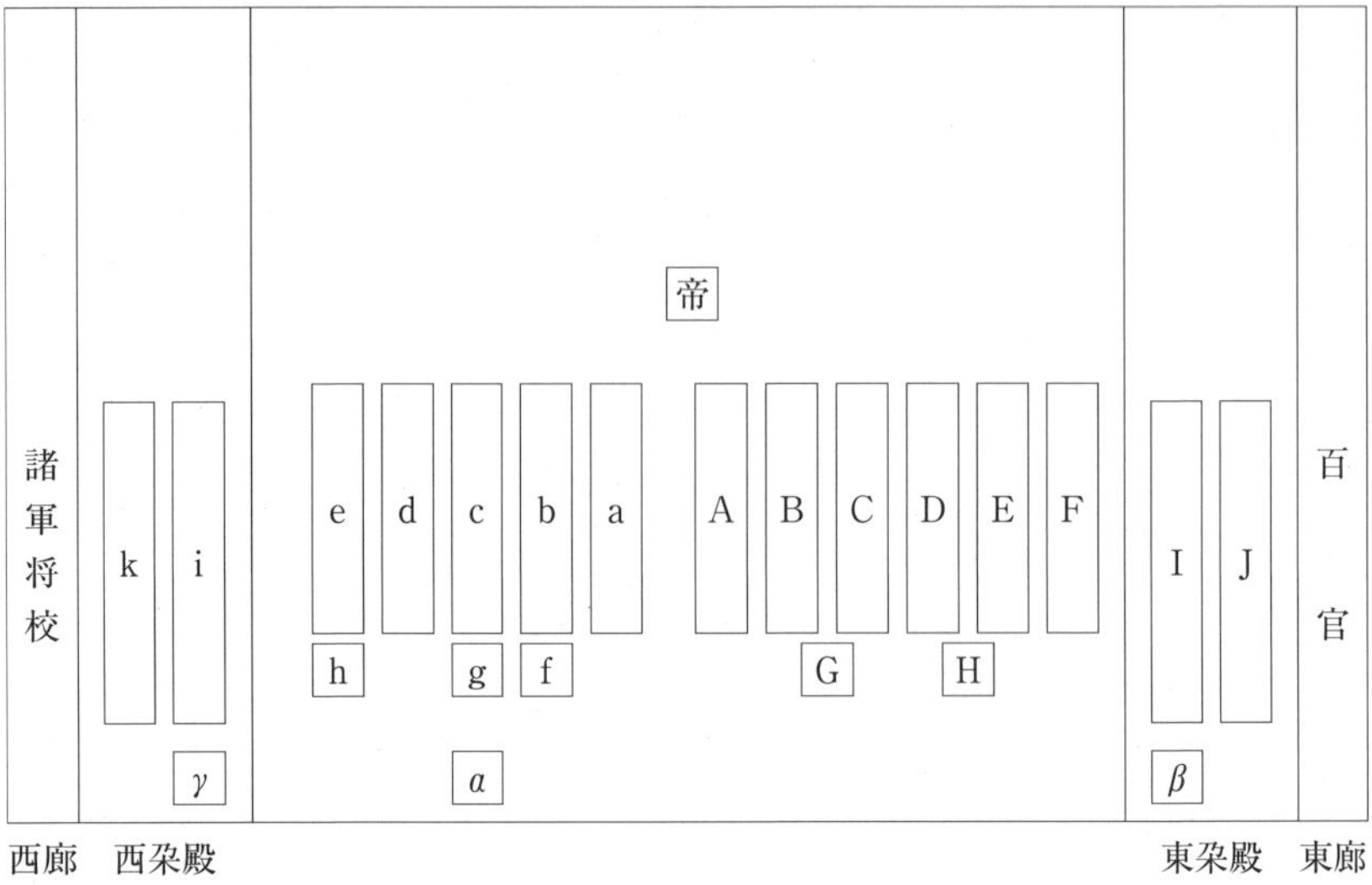

A　三公・三少・左輔・右弼　太宰・少宰
B　門下中書侍郎・尚書左右丞
C　特進・観文殿大学士・太子三少・観文殿学士・資政殿学士・六曹尚書・金紫銀青光禄大夫・光禄大夫・翰林学士承旨・翰林学士・資政殿学士・端明殿学士・左右散騎常侍
D　開封尹・六層侍郎・直学士
E　宣奉・正奉・正議・通奉大夫・大司成・太子賓客・詹事・給事中・中書舎人・通議大夫・左右諫議大夫・待御太中大夫・太常卿・大司楽・宗正卿
F　廂都指揮使・軍都指揮使
G　太子三師
H　中丞
I　秘書監以下
J　都虞候

a　親王・使相
b　枢密
c　節度使
d　節度観察使・留後観察使
e　廂都指揮使・軍都指揮使
f　太尉
g　左右金吾衛・左右衛・諸衛上将軍
h　防禦使・団練使・刺使
i　宗室・遙都団練使以上・外官大将軍以下
k　都虞候

α　大遼使
β　夏国使
γ　高麗・交州使

花は紅・銀紅二色の絹で作り、羅花は百官、欒枝は卿監以上、絹花は将校以下に賜ったとある。またこれは皇帝が太上皇帝・皇太后に長寿の賀を申し上げる礼や、聖節、賜宴、および新及第進士に賜う聞喜宴の際にも同様であったとしているから、大宴において賜う花は右のようなものであったと解してよかろう。ただし、「南宋になってから、郊祀や明堂の儀礼がおわって還御する際には、臣僚・扈従者は幞頭に花を簪した。」とあるものの、北宋期からこうした例は見えているので、[17]必ずしも南宋以降というわけではない。

もう一つ、やや長いが『夢粱録』には次のような関連記事がある。

> 毎歳孟冬の例。上旬に孟冬の礼を行い、明禋に遇たれば恭謝礼を行う。……景霊宮に詣り、恭謝礼を行う。礼成りて、西斎殿に就き、平章・執政・親王・百官に宴を賜う。盞次・食品は並びに朝会・聖節の如し。……伝宣して群臣以下に簪花を賜う。従駕の衛士・起居官・把路軍士等の人、並びに花を賜う。……且た臣寮の花朶は、各官序に依りて之を賜う。宰臣・枢密使は合に大花十八朶・欒枝花十朶を賜うべし。枢密使・同簽書枢密院事は大花十四朶・欒枝花八朶を賜う。敷文閣学士は大花十二朶・欒枝花六朶を賜う。知閤官・係正任承宣・観察使は大花十朶・欒枝花八朶を賜う。正任防禦使より刺史に至るは各大花八朶・欒枝花四朶を賜う。横行使・副は大花六朶・欒枝花二朶を賜う。待制官は大花六朶・欒枝花二朶。横行正使は大花八朶・欒枝花四朶を賜う。武功大夫より武翼に至るは大花六朶を賜う。正使は皆欒枝花二朶、遙郡を帯びれば大花八朶・欒枝花二朶を賜う。閤門宣賛舎人は大花六朶、簿書官は欒枝花二朶を加う。閤門祇候は大花六朶・欒枝花二朶。枢密院諸房・逐房副使・承旨は大花六朶。大使臣は大花四朶。諸色祇応人等は各大花二朶を賜う。訓武郎より以下・武翼郎以下幷びに帯職人は並びに官序に依りて花を賜い、簪す。（『夢粱録』巻六十月孟冬行朝饗礼遇明禋歳行恭謝礼）

孟冬十月の上旬には毎年景霊宮で朝饗礼が行われるが、明堂祀の年にあたれば恭謝礼を行い、この恭謝の礼が終わった後に西斎殿において百官に宴を賜る。傍線部ではこの恭謝礼後の宴において百官に賜う花の本数について詳しく記

している。恭謝礼後の宴の酒盃の次第や料理はみな聖節の大宴と同じであったとあるから、賜花の本数なども共通していたと思われる。傍線部をみると、宰臣・枢密使は大花一八本と欒枝花一〇本、枢密（副）使・同簽書枢密院事は大花一四本と欒枝花八本、敷文閣学士は大花一二本と欒枝花六本……という具合に、官職によって花の本数が決められていたことがわかる[18]。『宋史』輿服志では大羅花と大絹花の別が記されていたのに対し、こちらではただ大花となっており区別がよくわからないが、要するに、羅・絹製の造花を大量に作り、官職に応じて本数に差等をつけて賜い、それを幞頭に簪したのである。

紅や黄など色とりどりの花を簪し百官が集った様子は、非常に華やかで壮観であったに違いない。このような賜花が行われる宴会を、当時、花宴と呼んでいる[19]。ここで再び、先ほど『文献通考』から引用した北宋初期の儀注を振返ってみると、（エ）の大宴当日の儀式次第を記した部分に「花を賜うこと差有り」とある。創成期の大宴からすでに参加者への賜花が行われていたことが確認できる。

3．宋の大宴を通してみた高麗の大宴

1・2節では、大宴という宴会儀礼の起源を明らかにしつつ、高麗と宋の大宴についてそれぞれ『高麗史』礼志「大観殿宴群臣儀」と『政和五礼新儀』「集英殿春秋大宴儀」の記述を中心に儀式を復元、概観してきた。これまでの検討からも高麗が宋の大宴を導入したことは明らかであり、双方の儀式はよく似通っているということができよう。しかし全く同じというわけではなく、次のような相違点も見られる。以下、前掲の表1および図1・2を適宜ご参照いただきたい。

ア・宋の大宴では、皇帝に対する献盞ははじめに班首（＝宰相[20]）が一度行うのみであるのに比べ（表1右⑥）、高麗では、はじめに王太子が献盞を行った後（表1左⑤）、［二部］において王太子・公侯伯・宰臣・枢密（表1左⑨）、さ

らに文武三品あるいは侍臣以上による献盞があり（表1左⑪）、宰枢以上には酒盞が回賜される（表1左⑩）。

イ・宋の大宴では、群官が昇殿して座次に就いた（表1右④）後に、班首が献盞する（表1右⑤⑥）のに対し、高麗の大宴では、王太子・上公が献盞した（表1左④⑤）後に、群官が昇殿して座次に就く（表1左⑥）。すなわち宋では群官が昇殿した状態で班首が皇帝に献盞し、おわると殿上で再拝するのに対し、高麗では群官が殿庭に列立した状態で太子・上公が昇殿して献盞し、殿庭におりて再拝舞蹈再拝することになっている。

ウ・儀式次第の構成はほとんど共通しているが、宋の大宴では五盞の後に一度休会し、しばらく後に宴を再開してさらに四盞を行って終了するのに対し、高麗の大宴は三盞の後に一度休会し、宴を再開してさらに五盞を行った後、もう一度休会をはさんで、都合［三部］まで行って終了となる。

ア・に挙げたように、高麗では［二部］において王太子以下宰枢、さらに両班三品あるいは侍臣以上の者に王座前にすすみ献盞する機会がもうけられており、かつ宰枢以上は王の座前で近侍官を介し酒盞の回賜を受けた。これは宋の大宴では行われず、高麗で付加されたものということになるが、王太子以下両班三品あるいは侍臣以上と王との紐帯を強化、顕示するものであると同時に、宰枢以上の特権性が表現されているとみることができよう。また高麗では王に献盞をする際、献盞者は事前に洗所におもむき洗手することになっているが（表1左⑤⑨）、こうした行為は宋の宴会儀礼で皇帝に献盞を行う際には行われないものである。

イ・ウ・の相違点については現時点でその意義を追及することはできないが、ウ・のような違いが見られることは、高麗における中国儀礼の導入姿勢を考える上で興味深い。何盞の後に休会するか、何回休会するか、などということは、宋の何らかの儀注を参照したにしろ、使臣等の見聞によって儀式の次第が伝えられたにしろ、それほど誤伝しようのないことであろう。[21] にもかかわらずこのようにオリジナルである宋の儀式次第を改変した意義がどこにあるのか、俄かには見出しがたい。あるいは、高麗において必ずしもこの宴会儀礼の忠実な模写を目指して注意を払っていたわ

けではないことを示しているのかもしれない。この事例のみをもって推論できることはないが、高麗人の中国儀礼導入に対する意識を考察しうる一事象として指摘しておきたい。

宋と比較すれば、参加者の数や儀場の面において、高麗の方がはるかに小規模であったことはいうまでもない。しかしそうした当然の相違のほかにも、右のように、高麗は宋の大宴を土台としながら部分的にアレンジを加えて儀式次第を作成し、催行していた。ところで、このように高麗に導入された大宴は、高麗における他の宴会儀礼の次第にも影響を及ぼしたようである。『高麗史』礼志には、大宴と類似した儀式次第をもつ宴会儀礼が存在している。それが燃灯会・八関会に際して宮中で行われる宴会儀礼であるが、次節ではその分析を通して、大宴という宋の宴会儀礼が高麗儀礼に及ぼした影響についてより具体的な考察を試みたい。

Ⅱ　高麗の宴会儀礼における大宴の影響

4・燃灯・八関会の宴会儀礼と大宴の関係

燃灯会と八関会は高麗最大の俗節であり、成宗代（九八一～九七）に中国礼制の積極的な導入が図られた際に一時廃止され一〇一〇（顕宗元）年に復活するまでの間を除いては、ほぼ高麗時代を通じて行われた国家的年中行事である。燃灯会の期日は基本的に二月十五日[22]、都開城の八関会は十一月十五日であった[23]。その思想的根拠に関しては、九四三（太祖二十六）年のこととして記録されている所謂太祖訓要十条[24]の第六項に

夏四月、内殿に御し、大臣朴述希を召して訓要を親授して曰く……其六に曰く、朕の至願する所は燃灯・八関に在り。燃灯は仏に事うる所以、八関は天霊及び五岳・名山・大川・竜神に事うる所以なり。（『高麗史』巻二世家二太祖二十六年）

とあり、これによると、燃灯会は仏教、八関会は天霊や各地の神・竜神等を祀る土俗的信仰によるものであるという。ただし、例えば八関会について仏教が思想的根拠として述べられることもあれば[25]、元々は新羅以来の仙風を反映したものであると言及されることもあるように[26]、あくまで融合的な信仰に基くものであろう。八関会を民族的収穫祭と表現した三品彰英氏の理解は的を射ていると思われる[27]。また奥村周司氏は、『高麗史』礼志所載の燃灯会・八関会の儀式次第中、祭祀的な要素としては王による太祖像や太祖真影への拝謁が記されているのみであって、太祖信仰がその要となっていることを指摘している[28]。融合的な信仰を背景とした民族的俗節である燃灯・八関会に際して国王が支配層を対象に催行した儀礼は、太祖崇拝を中核にすえたものであった、と理解できる。

燃灯会と八関会に際し国王が主体となって行う儀礼の儀式次第は、『高麗史』巻六九礼志一一嘉礼雑儀に「上元燃灯会儀」「仲冬八関会儀」として収録されている。「上元燃灯会儀」によると、まず小会の日（十四日）、庭に灯籠や彩山などを設けた康安殿の便次に王が出御して、承制・閤門員、宿衛官や殿中省・六尚局員らといった行事官や近侍・護衛の官の拝礼を受け、百戯雑伎や教坊楽等を観賞する（＝便殿の礼）。その後、王は太子・公侯伯・宰臣・枢密・侍臣の拝礼を受け、輦に乗って奉恩寺に向かう。泰定門にいたると文武群官が拝礼して扈従し、奉恩寺に到着すると、太祖真殿において太祖像[29]に拝礼・酌献を行い、康安殿に還御する。そして翌日大会の日には、前日と同じく便殿の礼を行った後、康安殿において宴会儀礼が行われる。この燃灯会大会の宴会が、本節で大宴の儀式次第との関連を考察する宴会儀礼である。会場となった康安殿は王が起居する常用の便殿であった[30]。

「仲冬八関会儀」も燃灯会の場合と同じく小会（十四日）と翌日の大会から成り、小会の日には宮居の正門である儀鳳門の楼において王が太祖の真影に拝礼、酌献し、その後王太子以下群官の朝賀と献寿を受け、酒食・楽等を賜う宴会儀礼が行われる。翌日の大会の日も王が儀鳳楼に出御し、酌献・行香を行った後に、太子以下群官の起居・献寿、宋商人や耽羅人らの朝賀を受け、酒食・楽等を賜う宴会儀礼が行われる。小会の日と大会の日の宴会儀礼は、小会で

は群官の朝賀が行われるが大会では起居が行われること、大会では外国人の朝賀が行われること、大会では献花・賜花が行われることを除いて、ほとんど同じ儀式が行われる。ここでは燃灯会とともに大会の日の宴会儀礼について、儀式次第を表2に、座次と位次をそれぞれ図3・4に作成した。

燃灯会では康安殿、八関会では儀鳳門東殿の前に浮階（臨時に設置される桟敷のようなものであろう）が設けられ、ここには主に枢密・侍臣の座が置かれる。八関会の図4aは会場となった儀鳳門前の毬庭の全体図であり、このうち儀鳳門東殿とその前の沙墀の部分を拡大し、東殿・浮階の座次と、沙墀の聞辞位・拝位、および浮階上の拝位を描き入れたものが図4bである。

この表2および図3・4から、次のような燃灯会大会と八関会大会の宴会儀礼の関係が看取される。図3・4を見比べても明らかに燃灯会宴会の方が小規模であるが、儀式次第によって、侍衛の官や行事執事官といった人々を除いた主な侍宴者をみてみると、燃灯会の宴会儀礼では王太子・公侯伯・枢密・侍臣、八関会では王太子以下群官および外国人等である。その座の配置をみると、燃灯会宴会（図3）の参加者の座は、八関会（図4b）の殿上および浮階の上・中階の部分に相当し、ちょうど八関会（図4a）で同楽亭・左右廊に座す宰臣と文武三品官以下が燃灯会には参加していないことがわかる。さらに表2で儀式次第を比較すると、右側の八関会大会の儀式次第から、③外国人朝賀と⑩の中の宰臣と文武三品官以下への賜花酒という燃灯会大会には参加しない人々に関する部分、および［四部］で再度行われる太子・公侯伯・宰臣・枢密の献花酒と王からの回賜を除くと、そのまま燃灯会宴会の儀式次第に相当する。つまり、礼志所載の燃灯会大会と八関会大会の宴会の儀式次第の構成は基本的に共通するものであり、燃灯・八関自体の起源や思想的根拠は不明な点もあり同一とは看做されないが、その期日に宮中行事として国王が主催する宴会儀礼は、右のようないうなれば相似的関係にあった。

右のことをふまえ、次に表2右・図4によって八関会大会の宴会儀礼を確認しながら高麗の大宴（表1・図1を参照）

〈表２〉

燃灯会大会の宴会儀礼	八関会大会の宴会儀礼
①太子・公侯伯・枢密・侍臣が入庭し、拝位につく。太子が致辞謝喚した後、順に昇殿して席につく。近侍官が王に茶を進め、また酒・食をたてまつる。次に太子以下侍臣に茶を賜い、次に酒・食を設ける。 ②太子・公侯伯・枢密・侍臣が拝位につき、「臣某等伏して上元盛会に値い、大慶に勝えず、謹んで千万歳の寿酒を上りたく、伏して聖旨を候つ」と跪奏する。 ③太子と上公が洗所で手を洗う。酹酒の後、近侍官が注子・盞を捧げ持って先に昇殿し、太子と上公が王座の左にいたり西向に跪いて、太子が盞、上公が注子を捧げ持って酒を酌み、奉る。王が挙盞する。太子が挙盞を受け近侍官に渡す。太子・上公が殿を降りて拝位につき、太子以下侍臣が再拝舞蹈再拝する。 ④太子以下侍臣に酒を賜う。太子以下が再拝して盞をとり、飲む。次に近侍官が王に酒・食を進める。 ⑤三盞の後、太子・公侯伯・枢密・侍臣が拝位につき、千万歳の寿酒を上ることを請い、太子・公侯伯・枢密が手を洗う。王が便次に入る。 〈二部〉 ⑥しばらくして王が再び座につくと、花の入った函、盞・注子を持った近侍官が先に昇殿し、ついで太子以下枢密以上が昇殿する。太子が王座の左にいたり西向に跪くと、承制員が花一枝をとって太子に授け、太子が跪いて王に奉る。同様にもう一枝跪進する。王が戴花すると、太子はやや退き、続いて公侯伯・枢密が花を進献する。御花は一二枝を奉り、献寿員（太子以下枢密以上）の人数によって二～四枝ずつ分献する。	①（王が儀鳳楼に出御して太祖真に酌献・行香を行った後、）太子・公侯伯・宰臣・枢密・侍臣・文武群官が沙墀の閤辞位に立つ。王が座につくと、太子以下群官は拝位につき、太子が寿詞を奏上する。 ②太子と上公が洗所で手を洗う。酹酒の後、近侍官が注子・盞を捧げ持って先に昇殿し、太子と上公が王座の左にいたり西向に跪いて、太子が盞、上公が注子を捧げ持って酒を酌み、奉る。王が挙盞する。太子が挙盞を受けて殿中監に渡し、太子・上公は殿を降り沙墀の拝位につく。太子以下群官は再拝舞蹈再拝した後、各座につく。 ③宋綱首等が閤辞位につく。閤門員が宋都綱等が朝賀に伺候したことを奏すると、拝位について物状を跪進し、拝礼を行い、幕次につく。次に東西蕃子、次に耽羅人が同様に朝賀を行う。 ④近侍官が王の茶・食を進め、次に太子以下侍臣の茶・食を設け、太子以下侍臣が座につき、受食する。 ⑤太子以下侍臣が寿酒をたてまつることを請う。太子・公侯伯・枢密は洗所にいたり、手を洗う。王が便次に入る。 〈二部〉 ⑥しばらくして王が再び座につくと、花の入った函、盞・注子を捧げ持った近侍官が先に昇り、ついで太子以下枢密以上が昇殿する。太子が王座の左に西向に跪くと、承制員が花一枝を取って太子に授け、太子が跪いて王に奉る。同様にもう一枝跪進する。王が戴花すると、太子がやや退き、続いて公侯伯・枢密が同様に花を進献する。献寿員の人数によって、二枝、あるいは三・四枝ずつ御花を分献する。

⑦太子が王座の左にいたり、盞を捧げ持って跪き、公侯伯・枢密が位次によって注子を捧げ持って酒を酌んで奉る。王が挙盞し、太子が虚盞を受け近侍官に渡す。太子以下が殿を降り、拝位について太子以下侍臣が再拝舞蹈再拝する。	⑦太子が王座の左にいたり、盞を捧げ持って跪き、公侯伯・枢密が注子を捧げ持ち、酒を酌んで奉る。王が挙盞すると、太子が虚盞を受け近侍官に渡す。太子以下は殿を降りて上階の拝位につき、太子以下両階の侍臣が再拝舞蹈再拝する。献花・酒の礼は、以下同様。
⑧別盞の回賜が伝宣され、近侍官二人が回賜の花と封薬・宣果・注子・盞の函を捧げ持って先に昇殿する。太子が王座の左に跪き、承制が花をとり、王が太子に賜う。太子が花を挿して退き、公侯伯・枢密も同様に花を受ける。	⑧別盞の回賜が伝宣され、近侍官が回賜の花・注子・盞の函を捧げ持って先に昇り、枢密以上が昇殿して王座の左にいたる。承制が花をとり、王が太子に賜うと、太子が頭に挿す。公侯伯・枢密も同様に花を受ける。
⑨太子が王座の左に跪き、承制が封薬を取り、王が太子に賜う。次に承制が注子、近侍官が盞を捧げ持って酒を酌み、太子は盞と宣果を受け、殿上東壁の太子飲位に立つ。公侯伯・枢密も順に同様に回賜を受け、太子以下は王座に向かって揖して飲み、おわると殿を降り、拝位について再拝舞蹈再拝する。	⑨太子が王座の左に跪き、承制が注子、近侍官が盞を捧げ持って酒を酌み、太子が盞を受け、殿上東壁の太子飲位に立つ。公侯伯・枢密も順に同様に盞を受ける。太子以下は王座に向かって揖して飲んだ後、殿を降りて上階の拝位につき、再拝舞蹈再拝する。
⑩執礼官が侍臣に宣賜の花・酒を伝授する。侍臣が戴花して盞をとり飲む。次に侍立員将、次に両部楽官と山台楽人に花・酒を伝授し、侍奉軍人に酒・果を伝授する。	⑩次に侍臣に花・酒を賜う。次に侍立員将・両部楽官に花・酒を、侍奉軍人に酒・果を賜う。また承制一人と中階の左右侍臣各一人を左右同楽亭の宰臣幕と文武三品官幕に分遣して、別宣の花・酒と宣果を賜い、閤門二人を文武四品以下の幕に派遣して花・酒を賜う。太子以下侍臣は座に戻り、酒・食を賜う。＊
⑪執礼官が宴坐を賜ることを伝え、太子以下侍臣が座につく。王の酒・食を進め、太子以下侍臣の酒・食を設ける。王が便次に入る。	⑪侍臣が寿酒を上ることを請い手を洗う。王が便次に入る。
〈三部〉	〈三部〉
⑫しばらくして王が座につくと、近侍官が注子・盞を捧げ持って先に昇殿し、侍臣が昇殿して順に酒盞を献じ、王が挙酒する。おわると侍臣は殿を降り拝位につき、再拝舞蹈再拝する。	⑫しばらくして王が座につくと、侍臣が昇殿して順に盞を献じ、王が挙酒する。おわると侍臣が殿を降り、上階の拝位について再拝舞蹈再拝する。
⑬別盞の回賜が伝宣され、近侍官が封薬・宣果と盞・注子の函を捧げ持ち、昇殿する。侍臣が昇殿して王座の左に跪き、承	⑬別盞の回賜が伝宣され、近侍官が封薬・宣果と盞・注子の函を捧げ持ち、昇殿する。侍臣が昇殿して王座の左に跪き、承制が封薬をとり、王が侍臣に賜う。次に

制が封薬をとり、王が侍臣に賜う。次に近侍官が酒盞、宣果を侍臣に授ける。侍臣は順に酒と封薬・宣果を受け、飲位について飲み、殿を降りて拝位につき再拝舞蹈再拝する。次に侍立員将・両部楽官・侍奉軍人に酒・果が伝授される。 ⑭近侍官が王に酒・食を進め、太子以下侍臣に酒・食を設ける。おわると王は便次に入り、太子以下が（謝礼免除の王旨があれば揖のみして）退出する。	近侍官が酒盞、宣果を侍臣に授ける。侍臣は順に酒・封薬・宣果を受け、飲位について飲み、殿を降りて上階の拝位につき、再拝舞蹈再拝する。王が便次に入る。〈四部〉 ⑭一刻ほどして王が座につくと、宰臣が上階の拝位につき、班首が致辞・謝喚する。枢密と宰臣が昇殿する。太子・公侯伯が王座の東北にいたって西上南向に立ち、宰臣・枢密が王座の東に北上西向に立つ。 ⑮楽官が口号を奏す。おわると太子・公侯伯・宰臣・枢密は殿を下り、上階の侍臣とともに拝位につく。中階の侍臣は中階に立つ。王太子が寿酒をたてまつることを請う。太子以下宰臣・枢密が手を洗って昇殿し、王座の左に跪いて順に花・酒を献ずる。王が挙酒すると太子以下は殿を降りて上階の拝位につき、再拝舞蹈再拝する。 ⑯別盞の回賜が伝宣され、太子以下宰臣・枢密が昇殿し、回賜の花・酒と封薬・宣果を受ける。おわると殿を降りて上階の拝位において再拝舞蹈再拝し、太子・公侯伯は殿上、宰臣は左同楽亭の座につく。次に侍臣に別盞の宣賜が伝せられ、上・中階の侍臣が再拝して飲む。次に文武三品官が昇殿し、酒盞を献じ、回賜を受ける。次に侍立員将・両部楽官・侍奉軍人に酒・果を宣賜することを伝す。 ⑰太子以下枢密・左右侍臣が階を降り、宰臣以下文武群官とともに沙墀の位につく。太子が致辞、謝宴する。王が殿を降りて平兜輦に乗り、泰定門を通って大観殿に入る。王が輦を下りて上殿すると、枢密以下侍臣は揖して退出する。

《図３　燃灯会大会宴会：康安殿》

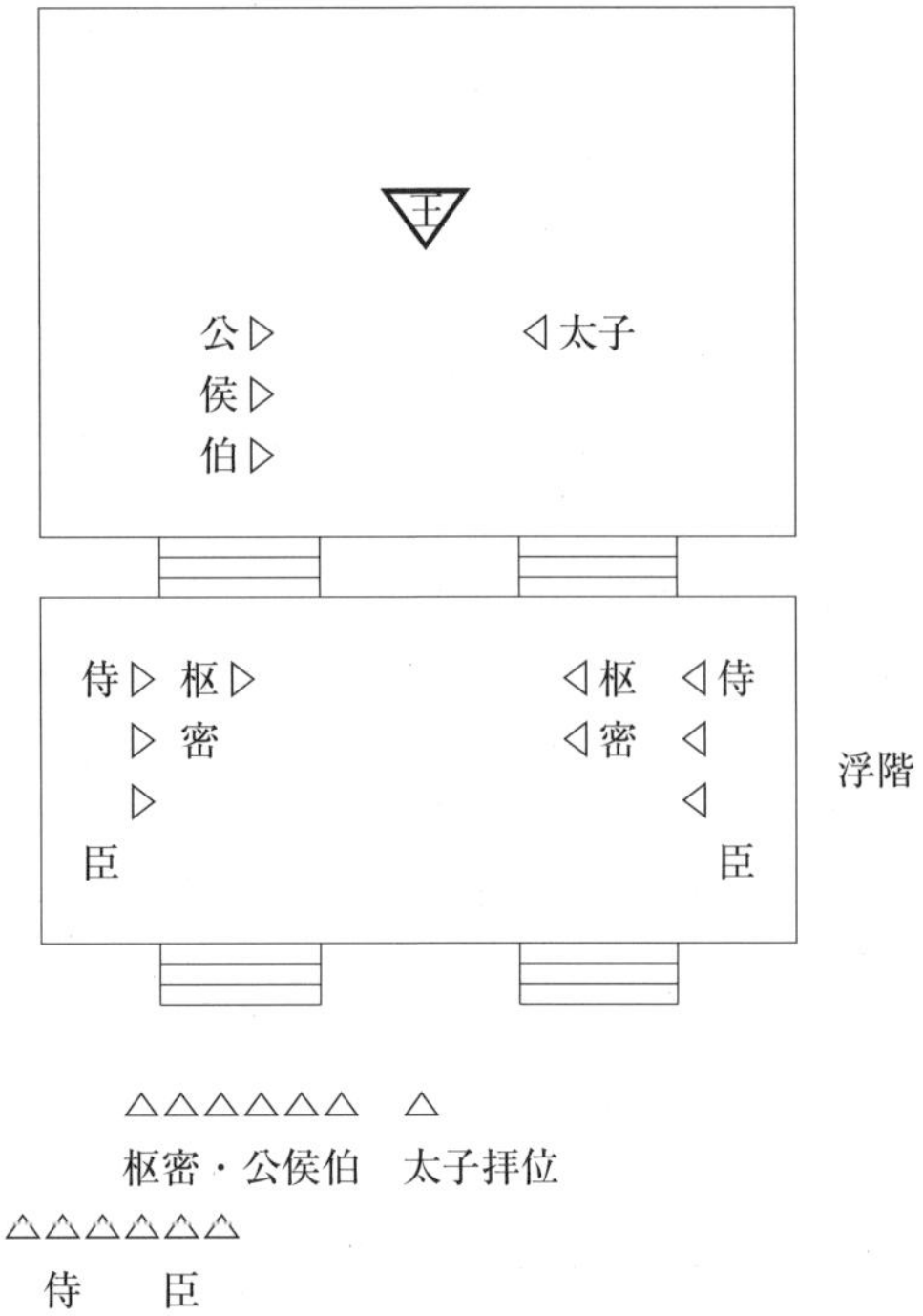

《図４ａ　八関会大会宴会：毬庭》

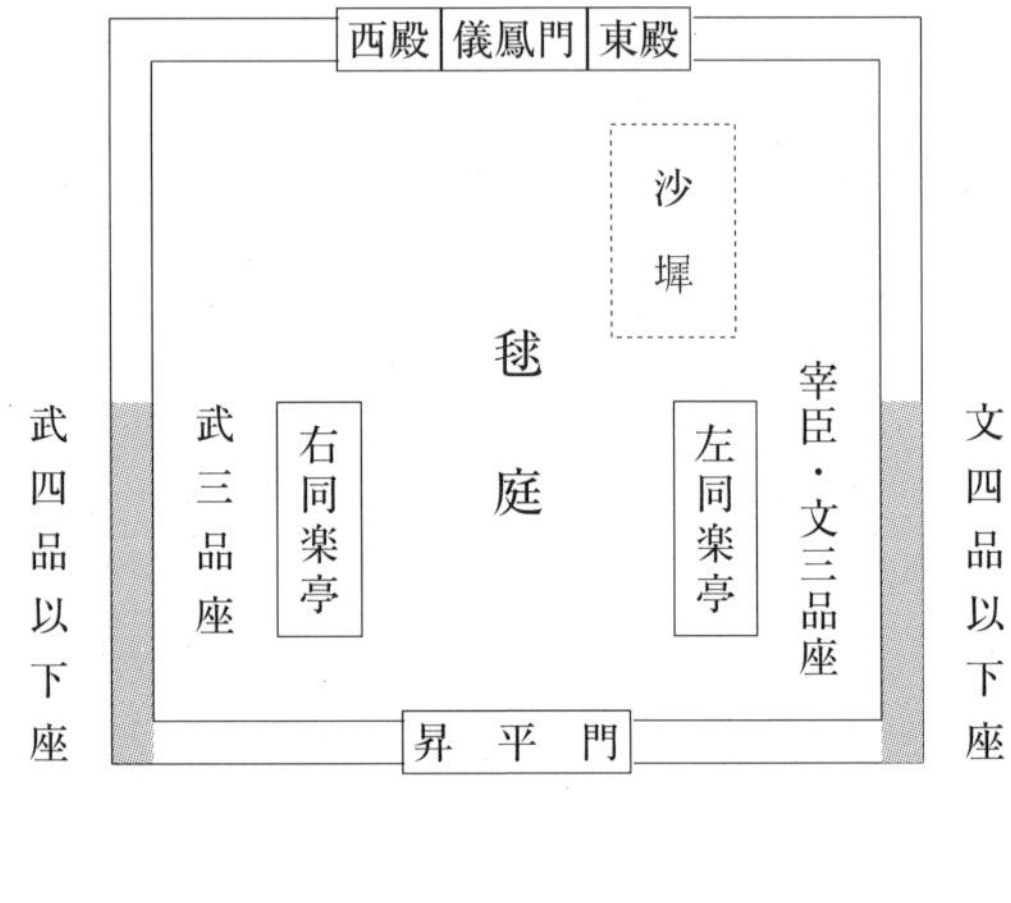

《図４ｂ　八関会大会宴会：儀鳳門東殿・浮階・沙墀》

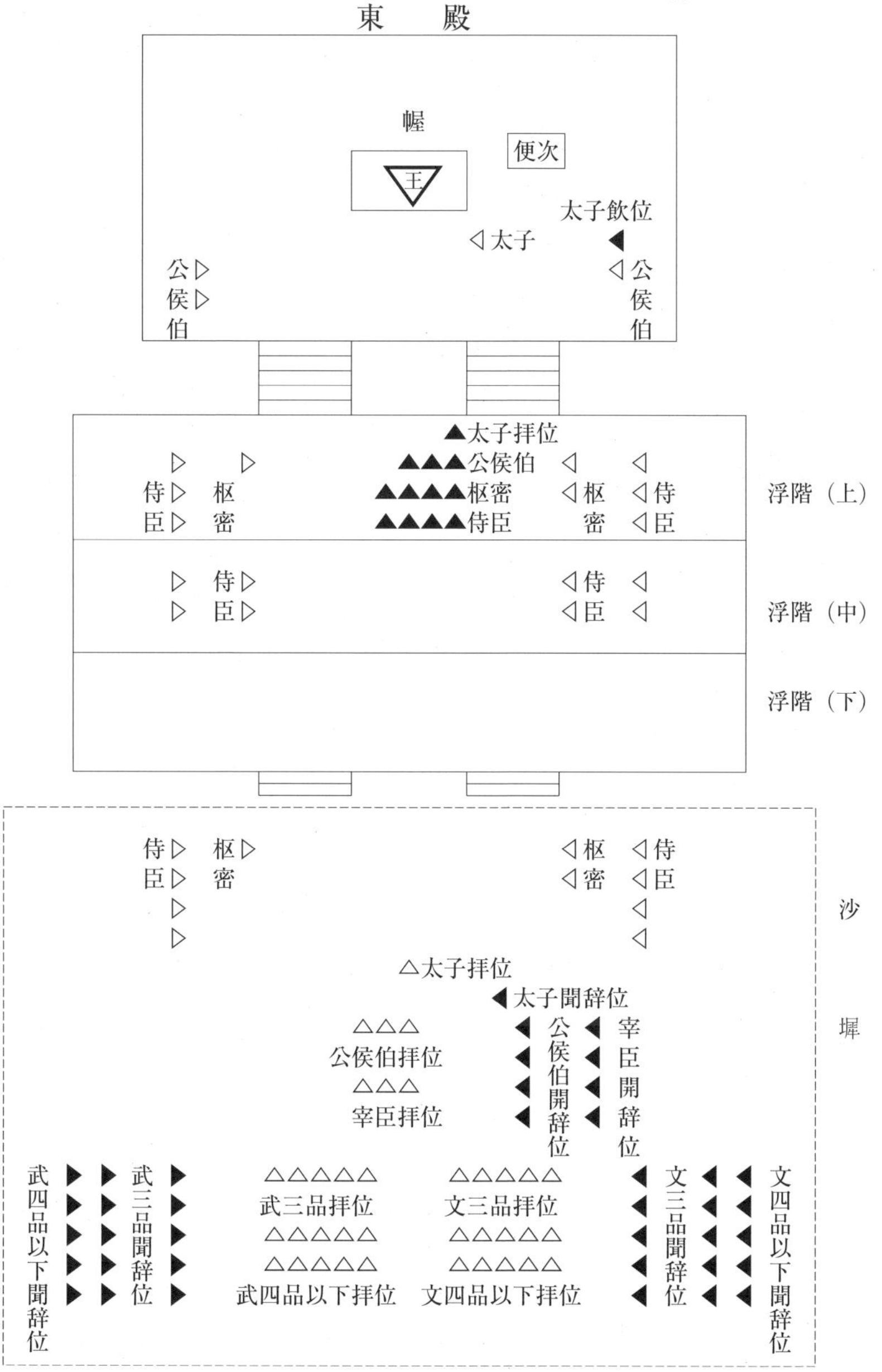

と対照してみると、次第を左の⑴〜⑽のように整理することができる。（各項末尾の（八①／大①）は、表2右八関会の①、表1左高麗大宴の①に相当することを示す。）

⑴王が出御し、侍宴者が拝位につく。王太子が祝詞を奏上し、寿酒を献ずることを請う。（八①／大②③④）

⑵太子・上公が手を洗い、王に献盞する。（八②／大⑤）

⑶宋商等の外国人朝賀が行われる（八③）※大宴では行われない。

⑷王と侍宴者の酒食を設ける。（八④／大⑥⑦）

⑸王が便次に入り休会する。宴再開の後に太子・公侯伯・枢密が花・酒を献ずる。（八⑤⑥⑦）／※大宴では、休会の間に各々花を簪し、再開後、太子・公侯伯・宰臣・枢密が王に酒盞を献ずる。（大⑧⑨）

⑹太子・公侯伯・枢密に王から花・酒・薬・果が回賜される。（八⑧⑨）／※大宴では太子・公侯伯・宰臣・枢密に酒盞が回賜される。（大⑩）

⑺侍臣、および同楽亭の宰臣以下文武官に花・酒を賜い、侍立員将・両部楽官に花・酒、軍人に酒・果を賜う。（八⑩）／※大宴では群官に酒を賜い、侍立員将・両部楽官、軍人には八関会と同様。（大⑪）

⑻侍臣が献盞を請い、休会の後に献盞して酒盞・薬・果の回賜を受ける。王が便次に入り休会する。（八⑪⑫⑬）／※大宴では文武三品官あるいは三品官・侍臣が王に酒盞を献じ、王が便次に入る。（大⑪⑫）

⑼楽官が口号を奏した後に、太子以下宰枢が王に花・酒を献じ、花・酒・薬・果の回賜を受ける。（八⑭⑮⑯）／※大宴では、太子以下宰枢が王に酒盞を献ずる。（大⑬）

⑽王が入御し、侍宴者は退出する。（八⑰／大⑭）

八関会大会の宴会儀礼の次第を追ってみると、⑶外国人朝賀をのぞいて、大宴の次第とほとんど対応しており、儀式の流れとしてはほぼ同じである。※を付して記したのが、八関会宴会と大宴で異なっている内容であるが、これらの

相違点は、以下の三点に集約される。

・八関会宴会では、大宴のように休会中に花を簪すのではなく、儀式中で酒盞とともに花を賜い簪すことになっている。なお、枢密以上は直接王に献花し、賜花を受ける。

・八関会宴会では宰臣および文武三品以下の座が殿から離れており、(4)(5)で枢密以上が王に花酒を献じ回賜を受ける際に、宰臣は行わない。

・八関会宴会の方が回賜が多い。

一つ目に挙げたように、八関会大会の宴会儀礼では群官への賜花を儀式の中で行い（表2右⑩）、かつ王太子以下枢密以上は王座の前に伺候して直接花を献じ（表2右⑤⑮）、花を受ける（表2右⑧⑯）。このように儀式の中で酒盞とともに花が献賜され、王との紐帯および王の賜恩を示す象徴物となっていることが注目される。

また二つ目で指摘したように、同じ宰相である枢密が王座近くに坐すのに比べ宰臣は同楽亭に坐し、儀式における行動も枢密と異なるのであるが、前述のように燃灯会宴会の儀式次第においても侍宴者は王太子・公侯伯・枢密・侍臣であり宰臣が記されていない。この点については官僚制度の視点から次のように解釈できる。高麗において宰臣と枢密はともに官僚の最上層部たる宰相であるが、中書門下省の宰相（宰臣）と枢密院の宰相（枢密）では、史料に明記されてはいないものの職掌に違いがあったとみられる。すなわち、矢木毅氏が論じたように「国王の正規の行政意思である制勅の発令に際して、その未発の段階で国王の意思決定に参与していくのが宰臣であり、枢密は、国王の個人的意思の発現としての宣（宣旨）の発令に際して、その未発の段階で国王の意思決定に参与する」[32]ものであったならば、二つの官職は異なる性質を有していたとみなければなるまい。明宗代（一一七〇～九七）の人物宋有仁が「枢密は侍従の官である」といっているように[33]、枢密は宰臣と異なり国王の近侍としての性格が強く、それがこうした儀式に反映されたのであろう。燃灯会宴会の儀式次第には王太子以下王族や枢密・侍臣といった近親・近侍者が侍宴者と

して記されていたのであり、(34)八関会宴会は群官参加であったが、やはり王族・枢密・侍臣が王座の近くに坐し、宰臣は三品以下の官人達をひきいて同楽亭に坐したのである。これは、大宴では宰臣と枢密が特に区別されず、座次もほぼ官品に従って並べられていることと比較して、職掌上の王との近侍関係がより明確に反映されていることになろう。

右のように、八関会に際して王が宮中で主催した宴会儀礼と、王の生日や郊祀、慶事などに際して群官に賜った大宴を対照すると、両宴会儀礼の関係、および八関会宴会の儀式次第の成り立ちについて、次のようなことが指摘できる。両宴会儀礼の次第の流れはほぼ共通し、献盞・賜盞の手順（表1左⑤⑨⑩／表2右②⑦⑨）なども逐一同じである。ただし八関会大会の宴会儀礼には王と直接花をやり取りする献花・賜花の次第があり、王との近侍関係が座次・儀式次第上に明確に示されている。両儀礼の次第を分析するかぎり、礼志所載の八関会宴会の儀式次第は、大宴の次第と無関係には成立しえないと考えられる。また、3節で宋の大宴と比較しながら高麗の大宴の特徴ア・イ・ウを指摘したが、これらの特徴は八関会宴会の次第でも確認できる。よって八関会宴会の儀式次第は、高麗に宋の大宴が導入された後、高麗の大宴の儀式次第を土台として、献花・賜花の次第や侍宴者・会場による変更事項を加味して作られたものと考えるのが妥当であろう。このことは、八関会の宴会儀礼と共通した構成を有する燃灯会宴会の儀式次第の成り立ちに関しても同様に考えられる。燃灯会・八関会自体は、仏教や土俗信仰、新羅から継承した仙風などを背景とした民族的俗節であるが、その際に宮中の行事として国王が主催する宴会は、このように宋の宴会儀礼の影響を受けたものだったのである。

ところで2節の末尾において、宋の大宴では羅・絹製の造花を官職に応じて本数に差等をつけて賜ったことを述べたが、高麗のこれらの宴会儀礼ではどうであったろうか。用いられた花の詳細についてはよくわからないが、陰暦一一月半ばの八関会の時期に群官に賜花するとなれば、やはり造花であったのではないかと思われる。また、献花・賜花の本数については次のような史料がある。まず燃灯会宴会の次第によると、王太子以下枢密以上が王に献ずる花は

一二本（表2左⑥）であった。さらに一三世紀前半に活躍した文臣李奎報の文集に載せられた燃灯会宴会に関する詩、および『高麗史』礼志所載の「老人賜設儀」の催行記事によれば、高麗の宴会儀礼において賜花が行われる場合、宰臣・枢密は八本、侍臣・三品官には六本を賜ったようである。李奎報は、友人兪升旦の燃灯宴会初参加を賀して詩を送り、それに対する升旦からの答詩に〈　〉内のような注をつけている。

他年侍宴綴枢班、礼絶今時同列客、宣花剩挿八枝春、〈宰枢八挿、侍臣六挿。〉（『東国李相国集』巻一六古律詩「兪君見和復答之」）

「いつか枢密として侍宴し、礼遇は今回同列であった客に格差をつけて、宣花八枝を挿したいものだ〈宰臣・枢密は八本、侍臣は六本を挿す〉」。また「老人賜設儀」とは、宰枢・三品官や八〇歳以上の老人（女性含む）、孝子や重病者などを対象に賜宴・賜物を行うものであるが、一二〇八（熙宗四）年に挙行された際、賜物の一部として宰枢に花八本、三品員に花六本、宰枢の母・妻及び節婦、三品員の母・妻に花六本を賜ったことが確認できる。[35]宋の賜花と本数は異なるが、高麗においても、官職による序列が花の本数として可視的に示されていたことがわかる。

5・高麗における大宴の導入

以上の考察をもとに、本節で宋の大宴の導入時期および導入方法について検討を加えておきたい。高麗において、王の誕生日や郊祀・冊礼、また寿星の出現のような重要な慶事に際して大宴が行われるようになったのはいつからであろうか。郊祀および王の生日にともなう賜宴の初例をあげるならば、次の九八三年（成宗二）の記事になる。

正月辛未、王、円丘に祈穀し、配するに太祖を以てす。乙亥、籍田を躬耕して神農を祀り、配するに后稷を以てす。祈穀・籍田の礼、此に始む。丁丑、群臣を天徳殿に宴し、物を賜うこと差有り。（『高麗史』巻三世家三成宗二

年）

十二月、千春節を以て改めて千秋節と為し、群臣に宴を賜う。（『高麗史』巻三世家三成宗二年）

成宗代に中国礼制が積極的に導入され礼制が整備される過程で、同王二年に円丘・籍田祀が始められ、その際群臣に天徳殿で宴を賜った。[36] また王の生日に名を付けて節日とすることは、高麗では成宗元年に千春節を定めたのがはじめであり、[37] 翌年に千秋節と改め群臣に賜宴している。ただしどのような宴会が行われたのかは不明であり、円丘・籍田の初行や節日の改名を賀して賜宴が行われた可能性も考えられるため、これらの賜宴記事が郊祀後・聖節の大宴に該当するものと断定することはできない。

王太子・王太后冊礼に伴う大宴が行われたとみられる、最も古い記事は次のものである。

二月癸卯、勲を冊して王太子と為す、其冊に曰く……。丙午、神鳳楼に御して大赦し、凡そ有職者に一級を加う。癸丑、宗廟・山陵に饗す。群臣を乾徳殿に宴し、幣を賜うこと差有り。（『高麗史』巻七世家七文宗八年）

（二月）丙寅、王、冊を王太后に上り、乾徳殿に御して中外の賀を受け、群臣に宴を賜う。（『高麗史』巻一〇宣宗三年）

一〇五四（文宗八）年には、王子勲の王太子冊立に際して乾徳殿において群臣に宴を賜い、一〇八六（宣宗三）年には、王母李氏の王太后冊立にあたって同じく乾徳殿において受賀・賜宴が行われている。[38] 乾徳殿は前述のように後の大観殿にあたる宮殿である。また高麗の大宴の対象は常参官以上であったが、大宴の次第を記した「大観殿宴群臣儀」のタイトル自体に「群臣」という表現が用いられているから、右の記事中の「群臣」も官人全体でなく常参官以上をさすものとみることが可能である。よってここから一〇五四年までには大宴が導入され、挙行されていたとみられる。

さらに、左の一〇五一（文宗五）年の燃灯会大会の賜宴記事も、大宴の導入時期を考える上で有用である。

（二月）乙未、燃灯、王、奉恩寺に如く。翼日、命じて花宴を肆い、近侍を召して宴を同にす。（『高麗史』巻七世

家七文宗五年）

小会の日に奉恩寺へ行幸し、翌日大会の日に「命じて花宴を肆い、近侍を召して宴を同に」したとある。4節で述べたように、儀式次第によれば燃灯会大会の宴会儀礼の侍宴者は近親・近侍者であり、かつ宴中で花を献上・下賜し、簪すことになっていた。これは「花宴」という表現と符号するものであり、一〇五一年の燃灯大会日の宴会は礼志所載の儀式次第と概ね同じ形式で行われたと推測される。とすると、前節で検討したように、燃灯会大会の宴会の儀式次第は高麗の大宴を前提に作られたとみられるから、大宴は遅くとも一〇五一年までには高麗に導入されていたと考えられる。成宗代に円丘・籍田や聖節の制度が導入された当初から催行されていた可能性もあるが、大宴を導入した時期として確実に指摘できるのは、宋で大宴が行われるようになった九六〇年以降、一〇五一年以前ということになろう。

では、高麗王朝は大宴という宋の宴会儀礼をどのように導入したのであろうか。まず考えられるのは、宋の礼典を参照することであろう。一一世紀前半以前に宋朝で編纂された礼典として、『宋史』巻九八礼志一序言や『太常因革礼』序では、宋初の九七一（開宝四）年に成立した『開宝通礼』、天聖年間（一〇二三～三二）に編纂された『礼閣新編』や一〇四四（慶暦四）年成立の『太常新礼』に言及している。ただし『開宝通礼』『礼閣新編』『太常新礼』はみな逸書である。『開宝通礼』は基本的に『開元礼』を踏襲していると言われているため[39]大宴に関する記述はなかった可能性も高いが、成立年代から考えれば宋初の礼制を反映してその儀式次第などを載せていた可能性もある。また左のように、高麗では一〇九八（粛宗三）年に礼部に『開宝通礼』が下賜されており、この書が高麗に将来されたことを確認できる。

（十二月）丙申、礼部に宋朝の開宝正礼一部を賜う。（『高麗史』巻一一世家一一粛宗三年）

しかしながら、次の『宋史』高麗伝の記事から一〇八五（元豊八）年に入宋した高麗使が『開宝通礼』の市買を求め、

許されなかったことがうかがわれるから、この書は一〇八五～九八年の間に高麗にもたらされたと考えるのが自然であり、大宴の導入の媒体となったとは考えにくい。

（元豊八年）哲宗立つ。使金上琦を遣して奉慰せしめ、林曁をして致賀せしむ。刑法の書・太平御覧・開宝通礼・文苑英華を市することを請う。詔して惟だ文苑英華一書を賜う。（『宋史』巻四八七外国伝三高麗）

『礼閣新編』『太常新礼』に関しては、高麗および朝鮮初期の関連史料には管見の限り書名が見えず、高麗への将来が確認できない。しかし当然のことながら、これら三書の他にも宋で礼典が編纂された可能性はあるし、『礼閣新編』『太常新礼』を含めたそれらの書物が高麗に渡り、礼制整備に利用された可能性はある。

ただ、一方で本稿の作業として大宴に関連する史料を通見してきたところによれば、入宋した使節等の見聞によって導入された可能性も積極的に考慮すべきと思われる。というのも、宋の大宴に高麗使が参加していることが確認されるからである。例えば2節でとりあげた宋の大宴の儀式次第『政和五礼新儀』巻一九九「春秋集英殿大宴儀」中には「高麗・交州使副は西朶殿に在り」とあり、陳設規定によれば図2のγが高麗の正使・副使の座である。また、徽宗の生日である天寧節を祝賀した大宴について記す『東京夢華録』巻九「宰執・親王・宗室・百官入内上寿」中でも「大遼・高麗・夏国使副は殿上に坐す」というように高麗使が登場する。これらはいずれも一二世紀初の状況を反映した記述とみられるが、それ以前から高麗使は一〇三〇～七一年の間を除きかなりの頻度で入朝しており[40]、宴会に参席している。左の記事によれば、九七八（太平興国三）年十月、乾明節（太宗の生日）に大宴を行わなかったため、宰相・親王以下及び契丹・高麗使等に賜宴し、以後外国使への賜宴が恒例となったという。

（太平興国三年）十月十六日、宰相・親王以下及び契丹使・高麗使・諸州進奉使を崇徳殿に宴す。乾明節に大宴を罷むる故を以てなり。是後、外国使を宴すること常と為す。（『宋史』巻一一九礼志二二賓礼　外国君長来朝）

とすれば、これ以降高麗使節の滞在中に大宴が行われればそれに参加したと考えるのが自然であろうし、また恒例と

はなっておらずとも九七八年以前に行われた大宴にも高麗使が参加した可能性はあろう。このように、北宋初期から高麗使が大宴に参加していたとすると、入宋使節等の見聞によってこの宴会儀礼が導入された可能性も大いに考慮しておく必要がある。儀礼の導入方法という問題は一事例のみをもって判断できるものではなく、今後、他の諸儀礼に関する論究が重ねられていくことによって解明されようが、大宴の導入に関する状況を整理すると以上のようである。

おわりに

本稿では、高麗における中国儀礼文化受容の様相の一端を明らかにするという観点から、大宴という形式の宴会儀礼を取り上げ、次第を復元しながら、宋朝におけるその成立と、高麗における同儀礼の導入、および燃灯・八関会の宴会儀礼への影響を考察してきた。

大宴は、宋朝の建国期に太祖の生日を祝して行われて以来、春秋の季仲月や郊祀・籍田礼の終了後、また国の大慶事などに際して催行されてきた。宴中には各官職に応じた種類・本数の造花が群官に下賜され、それぞれが簪して侍宴するという華やかな宴会儀礼であった。高麗王朝はこれを導入し、聖節・郊祀・王太后等の冊礼・その他重要な慶事に際して催行したが、その儀式次第は宋の大宴を土台とし部分的にアレンジを加えたものであった。九八二、三年に円丘・籍田や聖節の制度が導入された当初から一連の儀式の一部として大宴が挙行されていた可能性もあるが、導入時期として確実に指摘できるのは九六〇～一〇五一年の間である。

高麗に導入された大宴は、燃灯・八関会の宴会儀礼の儀式次第にも影響を及ぼした。燃灯会・八関会自体は仏教や土俗信仰、新羅以来の仙風などを思想的背景とした民族的俗節であると考えられるが、これに際し宮中行事として王が催行した宴会儀礼は、民族的・土俗的な宴会ではなく、高麗の大宴の儀式次第を前提として、献花・賜花の次第や、

侍宴者・会場による変更事項を加味して作られたものと考えられる。ただし燃灯会や八関会の宮中行事から、いわゆる民族的な要素が全く排除されていたわけではない。礼志「上元燃灯会」や「仲冬八関会」中にも記されているように、燃灯会小会・大会両日には宴会儀礼が行われる前に康安殿において「百戯」が上演され、また八関会小会の日の宴会儀礼においても「百戯」が行われることになっていた。この「百戯」は、竜・鳳・象・馬や車・船、人などの偶像をならべ、歌舞するものであったらしいが[41]、中国礼制を積極的に導入した成宗の即位年（九八一）に「不経」すなわち儒教の経義に合わないとして一旦廃止されたものである[42]。つまり礼志所載の燃灯・八関会の宴会の儀式次第は、全体的な次第は大宴を土台とし、部分的に「百戯」においていわゆる民族的要素を残したものであったと理解することができよう。とすれば、このような形式の儀式次第が整備されたのは、少なくとも燃灯会・八関会が成宗代の廃止を経て一〇一〇年に復活された時以降であると考えられる。

本稿ではまた、高麗が宋の大宴をどのような方法によって導入したのか、という問題に言及し、宋の礼典を参照した可能性、および使節等の見聞によった可能性について考察を加えた。この過程で筆者は、儀礼の導入方法を考える上での基本的な問題として、中国あるいは高麗において儀式次第というものがどの範囲の人々の間でどのような形で共有されていたのか、という課題を認識するに至った。このことは儀礼文化の伝播の様相を具体的に明らかにするために考究されるべき論点の一つであり、かつ国家儀礼と社会の関わりを考える上でも有意義な視角となるのではないかと思われる。今後の課題としたい。

注

（1）奥村周司「高麗の圜丘祀天礼について」（『早実研究紀要』二一、一九八七年）、「高麗の圜丘祀天礼と世界観」（武田幸男編『朝鮮社会の史的展開と東アジア』山川出版社、一九九七年）。桑野栄治「高麗から李朝初期における円丘壇祭祀の受容と変

容――祈雨祭としての機能を中心に」（『朝鮮学報』一六一、一九九六年）。

（2）李範稷『韓国中世礼思想研究』一潮閣、一九九一年、ソウル。金海栄『朝鮮初期祭祀典礼研究』集文堂、二〇〇三年、ソウル。

（3）豊島悠果「高麗前期の冊立儀礼と后妃」（『史学雑誌』一一四―一〇、二〇〇五年）

（4）最近出された研究としては、金澈雄「『詳定古今礼』의 편찬 시기와 내용」（『東洋学』三三、二〇〇三年、ソウル。同氏著『한국중세의 吉礼와 雑祀』景仁文化社、二〇〇七年、ソウルに収録）があり、『詳定古今礼』の成立を一一六一（毅宗十五）年と推定している。

（5）前間恭作「開京宮殿簿」（『朝鮮学報』二六、一九六三年、一〇頁）

（6）聖節とは、ここでは高麗王の誕生日を指すと考えられる。高麗では九八二（成宗元）年に王の生日に節名を付け節日とすることが始められ（『高麗史』巻三世家三成宗元年是歳）、一三〇七（忠烈王三十三）年、元との関係上僭擬にあたるとしてただ誕日と称することになるまで継続された（『同』巻六七礼志九嘉礼　王太子節日受宮官賀幷会儀）。また王太后の誕生日についても、睿宗代にその母柳氏、毅宗代に母任氏の生日がそれぞれ至元節、坤寧節とされていることが確認できるが、これに際して大宴が行われたかどうかは不明である。一〇八六（宣宗三）年には王太后の生日に内外官の表賀を行うことが定められているが（『同』巻一〇世家一〇宣宗三年十月甲辰）、宴会儀礼が行われたことを示す記述は見当たらないため、王太后の生日に関しては一応除いておく。また王太子の生日も節日とされたが、これには王太子と東宮官の間で行われる別の表賀・宴会儀礼が規定されており（『同』巻六七礼志九嘉礼　王太子節日受宮官賀幷会儀）大宴を行う聖節には該当しない。

（7）「大観殿宴群臣儀」中では、王妃の冊立の際に行われるとは記されていないが、礼志七「冊王妃儀」では一連の儀式の最後の項目として「王会群臣」があり、その儀式次第に関しては「群臣宴儀の如し」としている。この「群臣宴儀」が「大観殿宴群臣儀」を指しているのか否か判然としないが、「冊王妃儀」は「冊王太子儀」と全体的によく似通っており、王妃冊立の際にも大宴が行われた可能性は高い。

（8）口号は本来即興で吟じられる詩のことであるが、このような儀礼の場合にはあらかじめ翰林院などで作成したものを用いる。睿宗の咸寧節の大宴のために韓安仁が作成した口号などが残っている。（『東文選』巻一〇四咸寧節御宴致語）

（9）宋朝では、皇帝の誕生日の他に皇太后の誕生日も聖節とされており、その初例は仁宗代の皇太后劉氏の長寧節である。皇太后の誕生日に際しても大宴が催行されていることが確認できる。（『宋史』巻一一二礼志一五嘉礼三聖節など）

（10）郊祀の後に催される大宴の次第も『五礼新儀』巻二〇〇に「集英殿飲福大宴儀」として収録されたが、欠巻のため現在その内容を確認することはできない。ただし『宋史』巻一一三礼志一六嘉礼四宴饗に「集英殿飲福大宴の儀。初め、大礼畢われば、皇帝逐に頓きて飲福し、餘酒は封し内に進入して、宴日に降出す。酒三行を既くせば、預坐の臣僚に飲福酒各一盞を泛賜す。……並びに春秋大宴の儀の如し。」とあって、その次第が春秋大宴とほぼ同じであったと記されている。

（11）『長編』では「広政殿」であるが、この件について『事物紀原』巻一秋宴には「建隆元年八月、大宴広徳殿、太祖朝長春節二月、故止設秋宴、此蓋其始也。」と記されている。またこの四年後である九六四年の飲福宴の記事（本文参照）には広徳殿で大宴を行ったとあるから、『長編』の「広政殿」は「広徳殿」の誤りの可能性がある。

（12）『事物紀原』巻一春宴。ただし太宗の生日である乾明節が十月にあったため太宗代には秋宴が行われず、春・秋宴がそろって行われるのは次の真宗代になってからであった。

（13）『文献通考』では「宣徽・閤門」でなく「宣徽門」となっているが、『宋史』『宋朝事実』では「宣徽・閤門」であり、意味の上でも「宣徽・閤門が通喚し」と読むのが適切なので改めた。

（14）『長編』巻五　乾徳二年十月戊申条に「広徳殿を改めて崇政殿と為す。」とある。

（15）渡辺信一郎『天空の玉座』柏書房、一九九六年。金子由紀「北宋の大朝会儀礼」（『上智史学』四七、二〇〇二年）、「南宋の大朝会儀礼――高宗紹興一五年の元会を中心として――」（『紀尾井史学』四八、二〇〇三年）。

（16）梅原郁氏は『夢粱録』巻六十月孟冬行朝饗礼遇明禋歳行恭謝礼の注の中で本条を引き、「欒枝花の欒は攣に通じ、双子の、二つに枝分かれした、の意味であろう。」としている（呉自牧著・梅原郁訳註『夢粱録（一）』平凡社、二〇〇〇年、二七九頁）。

（17）左の記事をみても、一〇五〇（皇祐二）年の時点ですでに郊祀後の賜花は定例化されており、明堂祀の後にも「旧例に準じて」郊祀の時の三分の二の数量の花を作って賜うことが決定されている。

> （皇祐二年六月）六日、入内内侍省言う、郊例に準じて、畢われば諸班直及び軍校皆賜花せん、今、明堂礼畢わるも未だ

賜花の与否を審らかにせず、と。詔す、旧例に準じ、三分して一を省きて造作し以て賜え、と。（『宋会要』礼二四―一八）

(18)　この記事には問題もあり、すでに梅原郁氏が「枢密と武官が極めて低位の官も花朶をもらっているのに、文官はかなり上のところで途絶えていたり、また一部文章に混乱や誤りも予測され」ると指摘しているが（前掲注（16）梅原郁訳注書二七九頁）、賜花の本数・種類や官職による差等を大略把握することはできる。

(19)　例えば、『夢粱録』には皇太后聖節の大宴の情景を詠んだ次のような詩がある。

玉帯黄袍坐正衙、再頒花宴侈恩華、近臣拝舞瞻竜表、絳蕊高籠圧帽紗。（『夢粱録』巻三宰執親王南班百官入内上寿賜宴）

訳すと、「皇帝が正衙にお出ましになり、再び花宴を頒つ偉大な御恩の華やかなことよ、近臣が拝舞して竜表を仰ぎ見、あかい花と高籠が帽子に重みを加える（その誇らしいことよ）。」

(20)　本文中に掲げた北宋初期の儀注にも「宰相升殿して酒を進り」と明記されているように、宋の大宴で皇帝に対して致詞・献盞を行う「班首」は宰相であったとみられる。他にも「元豊七年（一〇八四）三月、集英殿に大宴す……宰相王珪等、百官を率いて賀を廷す。」（『宋史』巻一一三礼志一六嘉礼四宴饗）といった記事があり、宰相が致詞していることが確認される。一方高麗では、王太子が群官を率いて致詞・献盞することになっている。こうした差異が生じた背景は儀礼関係史料の分析からだけではわからないが、高麗と宋では王（皇）太子や宰相の立場・権能に違いがあった可能性も視野に入れておく必要があろう。

(21)　宋朝の大宴が実際には『政和五礼新儀』の次第通りに挙行されておらず、その実際の挙行事例を高麗人が参照した可能性も考慮すべきかもしれない。しかし、先に五頁で挙げた一一四三年の儀注や『東京夢華録』『夢粱録』の記述を見てもウ・の点に関しては『政和五礼新儀』の次第と同様であり、宋での挙行においてこの点が変更されていたとは考えにくい。

(22)　『高麗史』礼志には「上元燃灯会」として項目が立てられているが、高麗初期、および父仁宗の忌月である二月を避けて正月に移した毅宗・明宗・神宗代以外は基本的に二月望日を期日としている（二宮啓任「高麗朝の上元燃灯会について」、『朝鮮学報』一二、一九五八年、一一九～一二一頁）。礼志で上元（正月十五日）の燃灯会と題しているのは、依拠した『詳定古今礼』が毅宗代に成立したためであろう。

(23)『高麗史』巻八四刑法志一公式 官吏給暇に「八関〈十一月十五日前後幷わせて三日〉」(〈 〉内は細字)とある。西京(平壌)では十月に行われた。

(24) 太祖訓要については、太祖の作ではなく顕宗末年に崔沆等によって偽作されたものであるという説がある。(今西龍「高麗太祖訓要十条に就きて」、『東洋学報』八—三、一九一八年、および同氏「新羅僧道詵に就きて」、『東洋学報』二—二、一九一二年)いずれにせよ、燃灯会や八関会の思想的根拠に対する高麗人の認識が反映されているという点ではかわりがない。

(25)『高麗史節要』巻一太祖元年十一月

(26)『高麗史』巻一八世家一八毅宗二十二年三月戊子

(27) 三品彰英『古代祭政と穀霊信仰』第二章第三節「高麗王位と収穫祭」、平凡社、一九七三年。燃灯会・八関会に関する研究は比較的多く、他にこの問題と関連するものとして二宮啓任「高麗の八関会について」(『朝鮮学報』九、一九五六年)、および同氏前掲注(22)論文。奥村周司「高麗における八関会的秩序と国際環境」(『朝鮮史研究会論文集』一六、一九七九年)。都珖淳「八関会와 風流道」(『韓国学報』七九、一九九五年、ソウル)。안지원『고려의 국가 불교의례와 문화』第二章第一節「연등행사의 기원과 중국의 상원연등회」第二節「고려 연등회의 의례 내용」第三章第一節「팔관회 기원과 중국의 팔관재회」第二節「고려 팔관회의 의례 내용」、서울대학교출판부、二〇〇五年、ソウル。

(28)「高麗における謁祖真儀と王権の再生」(『早実研究紀要』三七、二〇〇三年)

(29) 現在のところ、一九九二年に開城の西北にある高麗太祖王建の陵(顕陵)から出土した太祖銅像がこれと考えられる。二〇〇六年に北朝鮮の協力を得て韓国国立中央博物館において展示され、特別展示図録『북녘의 문화유산』(国立中央博物館編、二〇〇六年、ソウル)の五二高麗太祖像に写真が掲載されている。像の造形および来歴に関しては、同図録所収の盧明鎬「고려 태조 왕건 동 상의 황제관복과 조형상징」、および同氏「高麗太祖 王建 銅像의 流転과 문화적 배경」(『韓国史論』五〇、二〇〇四年、ソウル)を参照。

(30) 前間恭作注(5)論文一六頁。一一三八年以前の称は重光殿。

(31) ちなみにここで賜った果は橘であった。『牧隠詩稿』巻二〇に収録された八関会大会を題材にした詩「大会日夜帰」の一節に次のようにある。「更向八関親献寿、白頭風彩満毬庭、懐橘簪花賜飯庁、従知徳沢酌生霊」すなわち「橘を懐きて花を簪し

飯を庁に賜う」。同様に、燃灯会大会の宴会でも「宣果」として橘を賜ったことが『東国李相国集』巻一六「灯夕与劉大諫冲祺聯行侍宴有作」からわかる。

(32) 「高麗睿宗朝における意思決定の構造」(『史林』七六―二、一九九三年、一〇八～一一六頁)。

(33) 『高麗史節要』巻一二明宗八年十一月。宋有仁は「枢密は侍従の官であるから、長く勤めても意味がない」と言っている。矢木氏が指摘するように(前掲注(32))、宋有仁がこのように語っているのは武臣政権期に入ってから枢密の権能が低下したためであろうが、枢密が侍従的性質をもつ官であったということはここに端的に示されている。

(34) ただしこれはあくまで『高麗史』礼志所載の儀式次第に記された規定である。燃灯会大会宴会の侍宴者をうかがうことのできる記事が『高麗史』世家中にいくつか残されており、それらをみると、左に掲げた一〇七〇(文宗二十四)年の例以前の三例(この例の他に巻七世家七文宗元年二月己未・五年二月乙未)では王の近親・近侍者が侍宴しているが、

(二月)壬申、燃灯、王、奉恩寺に如く。癸酉、大会、王、太子・諸王・侍臣とともに重光殿に宴す。(『高麗史』巻八世家八文宗二十四年)

次の一〇七三(文宗二十七)年の記事では、宰臣の参加がみられる。

(二月)丁酉、王、奉恩寺に如き、燃灯会を特設して、新造の仏像を慶讃す。……戊戌、殿に御して観灯し、置酒す。太子及び宰枢・台省侍臣・知制誥、侍宴す。夜分乃ち罷む。(『同』巻九世家九文宗二十七年)

この後も、宰臣の参加が確認される例(『同』巻一三世家一三睿宗四年(一一〇九)二月己丑)、あるいは「群臣を宴す」と記す例(『同』巻一八世家一八毅宗二十二年(一一六八)正月戊寅・巻二〇世家二〇明宗十一年(一一八一)正月辛酉)などがみられ、時によって参加者が礼志の儀式次第の規定とは異なっていた可能性が高い。

(35) 『高麗史』巻六八礼志一〇嘉礼　老人賜設儀

(36) 天徳殿については、奥村氏が国内群臣や外国からの使客を迎接する宮殿であったと推定している。(前掲注(1)奥村周司一九九七年論考三二四頁)天徳殿の名称がみえるのは九八三年の本条が最後であり、顕宗初年に契丹の侵入で宮闕が灰燼に帰した後、一〇一四(顕宗五)年に再建された新宮闕にはなかったとみられる。名称や用途から、天徳殿の機能は新宮闕の乾徳殿に引き継がれたのではないかとも推測される。

（37）　前掲注（6）参照。
（38）　この一〇八六年の冊礼は、史料上、高麗における王太后冊立儀礼の初見であり、太后李氏の冊立にあたって宋の皇太后冊立儀礼が参照され、儀式が整備された（前掲注（1）拙稿第二章）。
（39）　『太常因革礼』序・『政和五礼新儀』巻首・『宋史』巻九八礼志一序文・『朱子語類』などによる。
（40）　宋南遷以降、高麗使の派遣は激減、途絶するが、試みに北宋期の年数を史料にみえる高麗使派遣の回数で割ってみると、その頻度は平均して約三年に一度となる。なお麗宋間を往来した使者については、早くに丸亀金作氏によって一覧表が作成されている（「高麗と宋との通行問題（一）」、『朝鮮学報』一七、一九六〇年、一一〜五頁）。
（41）　太祖元年十一月……遂に毬庭に輪灯一座を置き、香灯を四旁に列し、又二綵棚の各高五丈余なるを結し、百戯歌舞を前に呈す。其四仙楽部、竜鳳象馬車船は、皆新羅の故事なり。（『高麗史』巻六九礼志一一嘉礼雑儀　仲冬八関会（十月）辛巳、八関会を設け、王、雑戯を観るに、国初の功臣金楽・申崇謙の偶像有り。王、感歎して詩を賦す。（『高麗史』巻一四世家一四睿宗十五年（一一二〇））
（42）　（十一月）是月、王、八関会雑技の不経且つ煩擾なるを以て、悉く之を罷む。（『高麗史』巻三世家三成宗即位年）

付記　なお、本稿脱稿後、「一一一六年の入宋高麗使節の体験――外交・文化交流の現場――」（『朝鮮学報』二一〇、二〇〇九年一月）を執筆した。外交使節の体験という面から、高麗への宋文化の伝播についても考察しており、本稿の内容と深く関わる。ご一読いただけたら幸いである。

遼朝における士人層の動向——武定軍を中心として——

高井康典行

はじめに

これまで遼朝の士人[1]の研究は、大別すると（1）概括的・初歩的な考察[2]、（2）大族の研究[3]、（3）遼朝政権におけ

る漢人官僚の地位についての考察[4]、（4）科挙についての研究[5]、といった方向から検討され、一定の成果をあげてきた。しかし、所謂「唐宋変革」のなかで指摘された新興士人層の成長との関連から遼の士人を論じるという視点はあまりかえりみられてこなかった。そうした中で、蕭啓慶氏が唐代の、飯山知保氏が金代の士人と遼代のそれを関連づけた研究を発表したことが注目される。

蕭啓慶氏は遼代の漢人大族の分析を通じて、それが唐代の門閥貴族に比肩しうる存在であり、彼らの出現の背景には契丹族支配者層との密接な関係（婚姻関係など）があったとする。そして、かかる状況は、唐宋期における門閥貴族の衰退に逆行する現象であり、その点で遼においては唐宋変革が挫折したとする。これは、征服王朝における異文化接触が、双方の社会の発展を阻害するという Wittfogel の議論を裏付けることとなる、と論じる[6]。

他方、飯山知保氏は、金初の科挙と華北の士人層を論じるにあたり、先行する遼代における士人層の存在を指摘している[7]。また、王明蓀氏も科挙制度確立後に遼において新興士人層の成長が在ったと論じており[8]、蕭啓慶氏とは見解を異にしている。

両者の見解に相違が見られるのは、前者が大族・世族と称される一部の有力家系の考察を中心に行われ、後者が科挙開始後に官僚を輩出するようになった士人の家系について言及するという方向性の違いによるものと考えられる。そこで、両者の見解を検討し遼代の士人層の全体像を明らかにするためには、遼代の士人層が如何なる形で出現するのか、そして大族とそれ以外の一族との間に如何なる差異が見られるのかについて考察する必要があろう。

そこで、本稿では通時代的にも同時代的にも、そして大族およびそれ以外の士人の家系についても比較的まとまった史料のある武定軍節度使の領域（奉聖州・帰化州・可汗州・儒州）における地方の士人層の動向を、その入仕経路を中心に考察し、遼代の間に起きた彼らの在り方の変化について論じる。その際に、遼の士人層を遼朝史の枠内のみではなく、広く唐末五代・宋・遼・金の歴史の中に如何に位置づけられるのかについて併せて検討していく。

一　武定軍の地理

遼代の武定軍節度使は会府の奉聖州（現在の河北省張家口市涿鹿県）、および巡属の儒州（北京市延慶県）・可汗州（河北省張家口市懐来県）・帰化州（河北省張家口市宣化県）によって構成され、現在の張家口市の領域にほぼ相当する。これら諸州のうち、奉聖州・儒州・帰化州の三州の設置は比較的新しく、唐末であったようである。奉聖州・帰化州は遼に割譲される以前はそれぞれ、新州・武州と称していたが、この両州の設置について乾隆『宣化府志』巻二、地理志は、

唐初復た北燕州を置く、後嬀州嬀川郡に改む。末に武州文徳県、新州永興県を分置す。（中略）案ずるに、唐書地理志。武州、闕、県一を領す、文徳。新州、闕、県四を領す、永興、礬山、龍門、懐安。其の闕なる者、資治通鑑注の所謂史其の建置の始を失う是なり。然れども唐書の紀伝を考うるに、武徳以後武、新二州の名無し。昭宗龍紀の後に至り、李克用地を掠すに始めて新武二州を見ゆ、則ち新、武当に此時に置くべし。若し宣、僖以前なれば、則ち惟だ嬀州有り。唐書北狄伝に拠るに、奚冷陘に徙る、嬀州の西北に直る、後別部内対し、嬀州の北山を保ち、西奚と為す。武州嬀州の北に在るを要知す。若し宣僖以前に武州有らば、則ち応に武州に直ると曰うべし。乃ち武を言わずして嬀を言うは、則ち其の時第だ嬀州有りて、武州無し。馬貴与唐末武州を置くと謂うは、良や拠有るを知るべきのみ。（後略）(9)

と考証して、唐の昭宗期に設置されたものとしている。『読史方輿紀要』は僖宗の光啓年間（八八五―八八七）として、若干時期を遡らせているが、唐末に建置されたと考える点では大きな違いはない。

ところが、『宣府鎮志』巻一、制置考は、

表1　幽州および武定軍領域の人口増加（『新唐書』巻39地理志2、『遼史』巻40・41　地理志4・5）

	幽州（幽州、涿州、通州）	増加率	武定軍・嬀州（奉聖州、帰化州、可汗州、儒州）	増加率
唐（天宝年間）	67,242戸		2,263戸	
遼	136,000戸	202.3％	31,000戸	1369.7％
金（大定年間）	229191戸	168.5％	113011戸	364.5％

玄宗天宝二載、嬀州を改めて嬀川郡と為し、山後諸県を以て属せしむ。刺史を罷め守を置く。其れ武州仍お文徳を領県す。穆宗長慶二年、嬀川郡を改め、復た嬀州と為す、県一を領す、懐戎。（中略）涿鹿を改めて新州と為し、県四を領す。（中略）永興、礬山、龍門、懐安。広寧を改めて儒州と為す、県一を領す、縉山。（中略）倶に刺史を置き、盧龍道に属す、尋いで改めて河東道に属す。[10]

として、唐中期の長慶二年（八二二）建置説をとる。これについては乾隆『宣化府志』巻四三、訂誤志が「長慶の説、拠る所を知らず」と評しているように、その根拠が明らかでない。無論、『宣府鎮志』が根拠もなく記述したとは考えられないが、乾元二年（七五九）に行われた州郡の名称の変更を長慶二年としているように、記事に混乱が見られる。また、天宝年間にすでに武州が設置されていたかに記述しているが、新旧両『唐書』の地理志や同時代史料である『通典』州郡典などには天宝年間における武州の存在は確認できない。これらのことを考えると『宣府鎮志』の記述は信憑性が低いと考えざるをえない。したがって、可汗州（嬀州）以外の諸州は唐末に設置されたと見るべきであろう。

ところで、新州などが設置された唐末の時期は、幽州（盧龍）藩鎮と河東の李克用が対立していた時期であった。両者の直接の対立は光啓元年（八八五）にはじまる。『資治通鑑』巻二五六、唐紀七二、光啓元年二月己巳の条に、

盧龍節度使李可挙、成徳節度使王鎔李克用の強きを悪む、而して義武節度使王処存克用と親善し、姪鄴の為に克用の女を娶る。又た、河北の諸鎮、惟だ義武尚お朝廷に属す、可挙等其の山東を窺伺するを恐れ、終に己が患と

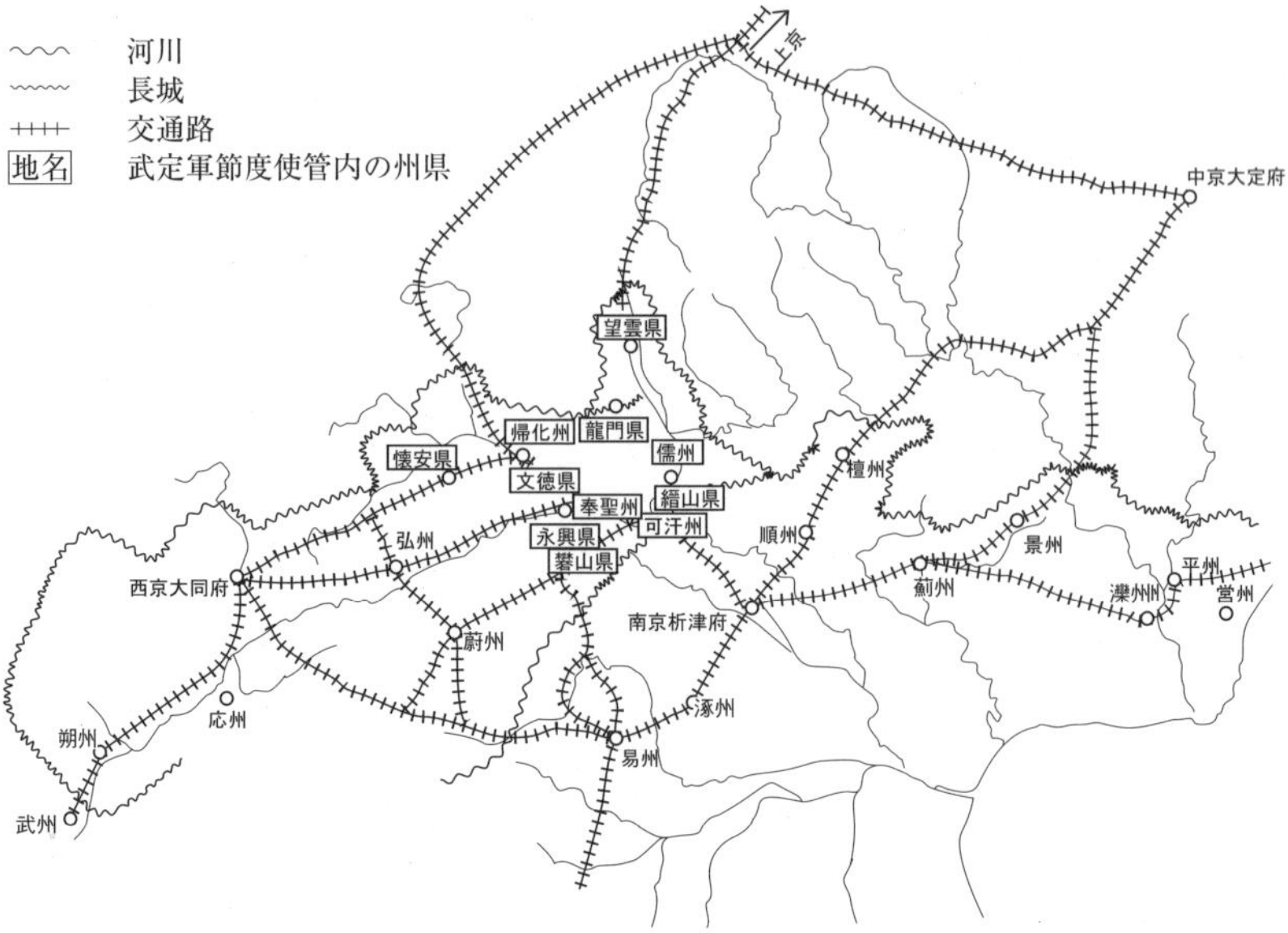

図１　関係地図

> 為し、乃ち相ともに謀りて曰く、易、定は燕、趙の餘なり、と。共に処存を滅し其の地を分かつことを約す、又た雲中節度使赫連鐸に説き克用の背を攻めしむ。可挙其の将李全忠を遣わし兵六万を将いて易州を攻めしめ、鎔将を遣わし兵を将いて無極を攻めしむ。処存急を克用に告げ、克用其の将康君立等を遣わし兵を将いて之を救わしむ。[11]

とみえ、李克用・義武（易定）軍節使度と幽州・成徳・大同藩鎮が対立していたことがうかがえる。これ以後、長期にわたり河東の李氏政権と幽州藩鎮が抗争を続けるが、武定軍の領域は丁度両者の間にあり、南隣の蔚州とともに争奪の対象となっていた。図１は唐代のこの地域の交通路を示したものであるが、武州は幽州と大同を結ぶ交通路上に、また新州は大同・幽州を結ぶ二つの交通路の合流点であり、このうち桑乾河沿いの道は途中で分かれて蔚州にも通じている。[12]こうしてみると、新州、武州は交通の要衝の統治・防衛強化のために、おもに軍事目的で設置されたものと考えるのが妥当である。

以上の考察により、武定軍節度使の領域は唐末の戦乱期に軍事的な要求から州が新設され、それを契機に発展してきた地域といえる。したがって、同地域は軍事色が強く「燕薊文士多し」[13]と称された同時代の幽州・薊州と比較すると、当初は士人が輩出しにくい地域であったと考えられる。しかし、表1に見えるように、唐から遼金代にかけて武定軍の地域は急速に人口が増加しており、その背景に、この地域の経済的な発展を見ることもできよう。かかる状況の中で、武定軍において士人層がどのような活動を行っていたのか以下に検討していこう。

二　遼朝前半期における武定軍と士人

1　統和十年前後の武定軍の人的構成

近年発見された石刻等の史料により、統和十年（九九二）前後の武定軍の人的構成をある程度復元できる。

節度使

韓徳冲（韓徳崇）　武定軍節度使　統和十二年（九九四）　『遼史』巻一三、聖宗紀四

幕職官

姜守正　摂武定軍節度巡官　統和十二年（九九四）　「姜承義墓誌」

王延敏　摂武定軍節度巡官　統和十二年（九九四）　同上

□□□　摂武定軍節度推官　統和十二年（九九四）　同上

姜守瓊　摂帰化州軍事衙推　統和十二年（九九四）　同上

劉文秀　摂武定軍節度巡官　統和十年（九九二）　「清水院仏頂尊勝陀羅尼幢題記[14]」

馬在貞　摂武定軍節度観察巡官　統和十年（九九二）　同上

州県官

姜守栄　摂武定軍節度別駕　統和十二年（九九四）　「姜承義墓誌」
劉元貴　摂武定軍司馬　「清水院仏頂尊勝陀羅尼幢題記」
臧守鵬　奉聖州永興県主簿　統和六年（九八八）　「臧知進墓誌」
張琪　帰化州文徳県主簿、奉聖州永興県主簿　統和六～九年頃　「張琪墓誌」
李匡賛　儒州縉山県令　統和六年（九八八）頃　「李熙墓誌」

衙前

姜守規　武定軍節度義軍軍使、銀青崇禄大夫　統和十二年（九九四）　「姜承義墓誌」
焦直密　武定軍教練　統和十年（九九二）　「清水院仏頂尊勝陀羅尼幢題記」
臧守禹　武定軍節度兵馬前行　統和六年（九八八）　「臧知進墓誌」
王某　義軍軍使、銀青崇禄大夫　統和四年（九八六）　「遼北宰相府左都押衙王徳進等刻石」
王進□　義軍副兵馬使　統和四年（九八六）　同上

これをみると、官名に「摂」字を冠した摂官の多さが際立っている。摂官とは、節度使をはじめとした官衙の長官による辟召を受けて職を得たが、未だ朝廷からの正式な承認を経ていない状態にある官のことである。五代の時期には『五代会要』巻一七、試摂官、後唐天成元年（九二六）十月十六日の条に、

先朝選門既に無きを以て、摂官尤も多し、近年以来、銓注幾無し、遂に諸道州県、悉く是れ摂官なるに至る、既に考課の規無し、豈に廉勤の節を守らんや。(15)

とあるように、摂官が乱発される傾向にあったことが指摘されている。無論、州県官がことごとく摂官であるというのはいささか誇張に過ぎる嫌いはあるが、『旧五代史』巻一一八、周書九、世宗紀五、顕徳五年（九五八）正月戊子の条に、

詔すらく、諸道の幕職州県官、並びに三周年を以て考限と為す、閏月其の内に在らず、州府摂官を差して正官に替えるを得ず、と。(16)

と五代末に至っても摂官が問題にされていること（ちなみにこの詔は後唐同光二年三月に定められた規定(17)を再確認しているに過ぎない）からすると、五代を通じて摂官が問題視されていたとみてよかろう。

ひるがえって、統和十年前後の武定軍において、多くの摂官が存在していることは、幕職官および一部の州県官は藩帥による辟召が一般的であったことをうかがわせる。また、幕職官の事例が全て摂官であることを考えると、記録が残された時に偶然、彼らが朝廷の正式な承認を得ていなかったのではなく、むしろ摂官であることが常態であったと見るべきかもしれない。つまり、摂官が乱発される傾向にあった可能性が高いのである。これをふまえて、個々の人物について具体的に検討を加えていこう。

2 在地有力者と武定軍

（1）臧氏

臧守鵬・臧守禹およびその一族については「臧知進墓誌」により、あとづけることができる。(18) 墓誌では臧氏一族は魯の孝公の後と称する東莞臧氏に連なる家系としているが、おそらくは仮託であろう。一族の祖について、墓誌は臧

守鵬・臧守禹の曾祖父から具体的な記述をはじめているようである。欠落が多いために詳細は不明であるが、曾祖父について触れられていると推測される部分は「襲□□知□□先娶張氏」であり、その諱を述べる程度の余裕しかない。おそらく曾祖父はとくに官職を持たない人物であったと見られる。

その経歴などが詳細に分かるのは、次の世代からである。長子の臧知福は、武定軍馬軍使となり、次子の臧知進（すなわち臧守鵬・臧守禹の祖父）は会同九年（九四六）には武定軍内の職に就き、応暦元年（九五一）には摂奉聖州別駕の官を得、保寧元年（九六九）に七十余歳で没している。[19]州の別駕は元来、諸州の佐官であったが、唐後半期以降は名目的な官となり、左遷に用いられるか、長年勤めあげてきた下級の官吏に対して優遇の意を表すための官となっていた。臧知進はそれ以前に高位の官職と得ていたとは考えにくく、また、就任が五十歳を越えていること、摂官であることから考えて、左遷ではなく、後者の意味での別駕就任であったと見るべきであろう。臧知進について、墓誌は「真儒を好めば、則ち早に片文を善くす」とあって、頌徳文としての誇張はあるにしても多少なりとも儒士としての素養があったようである。

臧知進には少なくとも六子がおり、それぞれ武定軍内で職を得ている。

長子は武定軍衙隊軍使から後に節度押衙衛士に遷っている。衙隊は藩鎮会府の部隊で、藩帥の親衛部隊として位置づけられ、また衛士に転じていることからみると、彼は武定軍節度使内の軍職を転任していたものと思われる。

次子は使院前行から後行に転じた。さらに支計、観察、節度の各衙に関する職についたようであるが、誌文に欠落が多く詳細は不明である。前行・後行はともに吏職の号であり、また財務をあつかう支計[20]にかかわっていることから見ると、かれは兄とは異なり、刀筆の吏として生涯を送ったといえる。

第三子は礬山県鎮遏使から管内都麹院使、節度押衙、随使押衙、軍城馬軍使、随使都孔目官左都押衙を歴任した。鎮遏使、孔目官はともに唐・五代の藩鎮の支配機構の中でも重要な役職であった。鎮遏使（鎮将とも称される）は、本

来は鎮に駐屯する軍隊の指揮官であったが、唐末・五代の頃には管内の徴税・司法・警察の業務を行うようになり県の行政を圧迫していたといわれる。また、鎮遏使の出自は土地の有力者によって組織された義軍の統率者、ないしは藩鎮の衙前からの任命に大別される[21]。遼における鎮遏使の在り方については、史料不足のため、詳細は不明であるが、臧知進の第三子の事例から、藩鎮の関係者の中から鎮遏使が任命されていたことがうかがえよう。孔目官は藩鎮内の事務全般をつかさどり、その地位は幕職官の末端、吏職の最上位にあたり、その職務の重要性から、しばしば藩帥の側近となる人物もあらわれた[22]。誌文中にも、

俄に宣徽劉公至り武定を領するに値り、既に□□識□□□□補せられて軍城馬歩使に至る、後□□令鎮を代わるを以て、□所治を聴知し、復た補厥□□任著於節□□□事□□□□□張史君□臨特会□□□随使都孔目官左都押衙に充てらる[23]。

と、藩帥との関係を繰り返し述べていることも、藩鎮内の要職を歴任したことに対する自負がうかがえる。

第四子は武定軍節度押衙から教練使に転じている。押衙も教練使もともにこの当時までに位階・加官に用いられる称号となっており、したがって、かれの具体的な職務は不明である。あるいは称号を得ただけで実職にはつかなかったのかもしれない。

第五子の何人かの子は出仕しなかったか、あるいは夭折したようである。また、末子は某州の司馬（他の兄弟はみな武定軍で職を得ているので、彼もまた奉聖州の司馬となったと考えられる）となっている。司馬は別駕と同様、州の佐官であったが、この時期までには閑職化していた。

つぎに、臧守鵬・臧守禹の世代について検討してみよう。

臧守禹は武定軍内で使院後行から節度兵馬使、節度同押衙、兵馬使前行へと転じている。誌文は臧守禹について「吏術に明らか」と述べており、武定軍の衙前の職員を歴任したことが知られる。

臧守鵬は誌文中に「嫡孫」とあり、この世代の中心となる人物であったと考えられる。その初任は、武定軍節度衙推、将仕郎、試秘書省校書郎であった。節度衙推は唐・五代において下級の幕職官として位置づけられ、吏職に近い存在であった。[24] また、幕職官であるので、おそらく辟召による就任であったと考えられる。ここで注目されるのは「将仕郎、試秘書省校書郎」の官である。将仕郎は散官号、試秘書省校書郎は階官に相当し、[25] ここから臧守鵬が官僚としての地位を得たことがうかがえる。墓誌全体を見渡した時、臧守鵬のみ散官以下の官を記録しているのは、彼が一族の中で突出した存在であることをうかがわせる。臧知進やその末子は別駕や司馬といった州の佐官の号を持ってはいるが、散官以下の官は記録されていない、とくに臧知進は摂官であることから考えて、正規の官とは認められなかったのではなかろうか。このように考えて大過なければ、これまで武定軍の衙前を輩出してきた臧氏は守鵬に至って官としての地位を獲得したということができる。

臧守鵬はその後、永興県主簿に転じている。永興県は奉聖州の附郭県であり、これは臧守鵬がこの時点では武定軍内の官に留まっていることを示すものである。臧守鵬の全官歴が明らかではないので、これが単なる偶然なのか、それとも一貫して武定軍内部の官を歴任し続けたのか断定は困難である。これについては後段で改めて検討する。

以上に見たように、臧氏は臧知福、臧知進の世代の時に武定軍節度使との関係を持つようになり、以後累代にわたり武定軍の衙前の職員を輩出しつつ、武定軍内の有力者としての地位を築いてきた。つまり、臧氏は藩鎮の権力を利用することで繁栄した一族といえよう。

（2）姜氏

姜氏もまた、臧氏と同様、武定軍の有力者の家族が藩鎮の権力を通じて、自己の地位を築いた一族である。「姜承義墓誌[26]」は姜氏について「家は本と帰化の人なり（家本帰化人也）」と記し、累代にわたり帰化州に住む一族であるこ

とを伝える。姜承義は墓誌を見る限りでは終生庶民の地位にあったが、「家業を豊饒にす」と見えることからある程度財産を持った有力な家であったと考えられる。彼の六人の息子たちは武定軍内で職を得ている。そのうち、次子の姜守栄が摂武定軍節度別駕に、第三子の姜守瓊が摂帰化州軍事衙推、第四子の姜守正が摂武定軍節度巡官に、それぞれ摂官によって職を得ている。これは、彼らが藩帥によって辟署されたことを物語っている。また、長子の姜守規について墓誌では「武定軍節度義軍指揮使、銀青崇禄大夫、検校国子祭酒、□□御史、武騎尉」と述べているが、「銀青崇禄大夫」以下の称号を持つことは、彼が官としての地位を獲得したことを示す[27]。そして、姜守規の実職は武定軍義軍軍使と、武定軍の軍官であることを考えると、彼の任官もやはり藩鎮権力を介してのものであったとみるべきであろう。

同墓誌はまた姜承義の娘が摂武定軍節度巡官の王延敏および摂武定軍節度推官の某に嫁いだこと伝える。彼らはやはり摂官を持つことから、姜氏と同様の地位にある家系出身と考えられるが、後述するように、摂官を持つものが常にその土地の出身者とは限らないので、武定軍内の出身であるかは不明といわざるをえない。

（3）王氏

義軍軍使王某や義軍副兵馬使王進□を輩出している王氏も、累代にわたり武定軍節度使との関係を築いてきた一族である。

「遼北宰相府左都押衙王徳進等刻石[28]」は截寇関鎮使王某以下、四世代について記録するが、刻石中には「五世在此」とあるので截寇関鎮使王某の父の世代に武定軍に移住してきた一族であることがうかがえる。截寇関鎮使王某は統和元年（九八三）に九十六歳で没しているので、逆算すると生年は光化元年（八九八）となる。これは、前述した新州（奉聖州）・武州（帰化州）の設置時期に相当し、王氏は州の新設にともない移住してきた一族とみることができる。こ

こで、王某の職が截寇関鎮使すなわち鎮将であったことに注意を払わねばなるまい。前述の通り鎮将は義軍の統率者ないしは藩鎮衙前からの任命の二系統の出自が考えられる。王氏の場合、州の新設にともなって移住してきたのであるから、移住後すぐに在地を結集することができたとは考えがたい。また、武州・新州の新設は前節で考察したように軍事目的によるものである。とすれば、藩鎮配下の軍人として当地に駐屯したのが王氏の移住の契機となったとみるべきであろう。したがって、王氏の鎮将就任は藩鎮との密接な関係によるものであったといえる。

截寇関鎮使王某の三人の子のうち二人は王某と王進□はそれぞれ義軍軍使、義軍副兵馬使の職を得ている。義軍は在地で組織した義勇軍を起源とするものであるから、二人が任じられたのは武定軍の義軍と考えてよく、彼らはその父と同様に武定軍との関係を保持していたと言えよう。また、義軍軍使王某は銀青崇□□□、兼監察御史、武騎……祭酒（欠落個所を補えば銀青崇禄大夫、兼監察御史、武騎尉、検校国子祭酒と考えられる）と一応官僚としての地位を得ている。もう一人の子である王進徳は北宰相府左都押衙の職を得ている。北宰相府は部族の行政を統括する機関で、長官の北府宰相は蕭氏（后族）の世選ポストである。[29] 就任の具体的経緯は不明であるが、王徳進の世代になると、武定軍の範囲を超えて后族、さらには中央との関係を持ちはじめたことがうかがえる。

「遼北宰相府左都押衙王徳進等刻石」はまた、王氏の所有地に関して「家荘地土約壹伯余頃、水澆地貳拾余頃、旱土捌拾余頃、東至成家荘、西至□司堝、南北至山」と記述している。これにより王氏が百余頃におよぶ大土地所有者であったことがうかがえる。上述の王氏一族の事跡を考えると、藩鎮との関わりにより、在地有力者として資産を増やしたとみることができよう。王氏は厳密には士人とは見なしがたいが、武定軍における有力者の形成過程（すなわち藩鎮への出仕を契機として大土地所有・在地有力者化する）を示す事例として注目される。

本項で検討した臧氏・姜氏・王氏の事例は、唐末五代から宋にかけて、藩鎮権力との関係を通じて自己の勢力を伸

ばしてきた新興官僚層のあり方[30]と相通じるものがある。しかし、その一方で武定軍の官の中には彼らとは異なる経歴を持つ人物も存在する。これについては項を改めて検討しよう。

3　武定軍における他地域出身官僚

（1）張琪

「張琪墓誌」[31]は張琪の官歴について次のように記している。

> 府君資廕を承け、幽都府文学を授かり、容城、文徳、永興、薊北県主簿、平州録事参軍、幽都府倉曹参軍、龍門、文徳県令を歴す。僅か三十年、八たび転官し五たび遷階す。（中略）統和三十年七月九日を以て、燕京の私邸に易簀す、享年六十有一[32]。

統和三十年（一〇一二）の時点で三十年間の官僚生活を送っていたとあるので、張琪は統和元年（九八三）に入仕したことになる。また、三十年間に九つの官に就いたとすれば、それぞれ三〜四年在職していた計算になる。これにもとづき、彼の武定軍における在任期間を勘案すると、文徳県（帰化州の附郭）主簿が統和六年前後、永興県主簿が統和十年前後、龍門県（奉聖州の属県）令が統和二十四年前後、文徳県令が統和三十年以前となろう。

さて、張琪は四次にわたり武定軍管内の官に就き、官歴の大半を当地で過ごしてはいるが、その一方で他地域の官にも任じられている。すなわち、幽都府は南京（この当時は盧龍軍節度使の軍額を持つ[33]）、容城県は南京の巡属である易州の属県、薊北県は南京の附郭県、平州は遼興軍節度使の会府である。また、墓誌には「葬於幽都府幽都県礼賢郷北彭里之先塋」とあることから、張琪の郷里が南京であることが知られる。これらのことから、張琪は臧氏や姜氏一族とは異なる経歴をもつ人物であることが確認されよう。

そして、張琪の経歴の中でとくに注目すべきは、「資廕を承け」た、すなわち恩蔭によって入仕したことである。

張琪の家系について墓誌は、

張の姓たるや、春秋より秦漢を歴て、賢者間ま出ず、代よ人に乏しからず。官閥婚媾、已に先大卿の墓銘に具う、此に復が書かず。府君即ち大卿の仲子、枢密使、左丞相、兼政事令、魯国公、監修国史、倹の季父なり[34]。

と、詳細を記していないが、幸い甥の張倹の墓誌が残されており、張琪の家系を復元することが可能である。「張倹墓誌[35]」によれば張倹の父は左賛膳大夫の張雍で、張琪が張倹の「季父」であることから考えて張雍は張琪の兄に当たる人物である。そして、張雍・張琪の父が太中大夫、検校尚書左僕射、守太僕卿、贈太子少師の張正、祖父が左散騎常侍の張礼と記録されている。遼の文階は北宋のそれとほぼ同一の構造を持っているので[36]、そこから類推すると、張礼、張正は宰執よりややランクの劣る高級官僚（ただし、張礼の官である散騎常侍が検校官ならば、員外郎より若干劣る中級官僚となる[37]）、そして、張雍は北宋の文階における朝官に相当する比較的下位の官僚とみなすことができる。つまり、張琪の一族は累代にわたり中高位の文官を輩出する家系であったといえる。

ところで、在地有力者層の幕職官就任については、渡辺孝氏による論考がある。それによれば、門閥としての背景を持たない在地の有力者たちは、唐後半期の藩鎮体制下において下級の幕職官（これはしばしば下級の州県官や軍職、衙前などにも通底していたものとしている）に就任していた。唐代において、貴族官僚の勢力が依然として保持されており、彼らがその地位から上昇することは基本的には無かったが、唐末五代の動乱期になると彼らの階層の中から新たに政権の中枢の担い手（例として馮道などが挙げられている）が出現するに至ったと論じている[38]。

武定軍管下の臧氏、姜氏に関していえば、彼らは下級州県官、軍職、衙前を歴任するにとどまっており、そこから政権中枢へと上昇していくという形跡は見られない。五代においては、たとえば李崧が深州の参軍をかわきりに、李継岌、任圜、范延光の幕下で順次昇進していき、范延光の枢密使就任にともない枢密直学士となり、その後は中央官

を歴任して宰相に登りつめたように、下級の州県官などから幕府に入り、藩帥の影響力を足がかりとして昇進をしていく事例がよく見られる。しかし、臧知進の第三子は前述のように鎮遏使や孔目官といった藩鎮内の要職を歴任していながら、藩帥が劉某から張某へと交代しても、とくに前任者にしたがって他州へ転出するわけでもなく、相変わらず州にとどまっている。これは、彼らの在地性の現れと見るべきであろう。ここから類推すれば、前述の臧守鵬の武定軍内で転任は臧氏のもつ在地性の現れとしてとらえることができそうである。

他方、張琪の事例のように累代にわたり官僚を出す家系に由来する人物は、地域を越えて地方官を歴任していく。これは、一見すると唐代以来の門閥貴族と地方有力者層との関係が遼前半期において維持されているかの如くであり、異民族支配によって新たな門閥貴族層が形成され、その身分が固定化されてしまったことにより唐宋変革が遼においては挫折したとする、前述の蕭啓慶氏の議論を支持するかに見える。しかし、次に挙げる李匡賛の事例は、この見解に対する反証となろう。

（2）李匡賛

李匡賛の一族については、その父の墓誌である「李熙墓誌」[39]に記録が残されている。それによると、高祖李文真は行左散騎常侍、曾祖父李徳恭は沙河の守将から後に文資に転じ[40]、祖父李琮は盧龍軍節度押衙に任じられた。このうち、李文真の左散騎常侍は子孫の経歴（軍職・衙前）から考えると実職ではなく、唐後半期から五代にかけて藩鎮の軍職や幕職官に広汎に与えられた検校官とみるべきであろう[41]。李匡賛の祖先は累世にわたり藩鎮との関係を持っていたといえよう。

父の李熙は枢密院令史より枢密院吏房主事、のち官位を得て「枢密院副都承旨・殿中少監・検校国子祭酒」となり、以後、枢密院都承旨、都峯銀治副部署、燕京軍巡使、平営等州塩鉄制置使、大同軍節度副使、涿州板築使、平州銭帛

都監、新興鉄冶都部署、営州刺史を歴任。統和六年（九八八）に六十八歳で没する。李熙の経歴は、吏職である令史から始まって、墓誌に「正官自殿中少監、改左威衛将軍、右驍衛大将軍、至営州刺史」とみえるように、文資である殿中少監を得た後、さらに左威衛将軍の階官を得るに至り武資に転じるという、複雑なものになっている。李熙の官歴は中央官と目される枢密院[42]の属官から始まっているので、一見すると藩鎮とは無関係に見える。しかし、李熙が仕官した当時の枢密院は藩鎮と無関係ではなかった。墓誌に「自筮仕迨捐館、其間僅五十年矣」とあるので、李熙が仕官したのは会同元年（九三八）前後となる。この時期の遼の枢密院については不明な点が多いが、『資治通鑑』巻二一八、後晋紀二、天福二年十二月戊申の条に、

是歳、契丹会同と改元し、国号を大遼とす、公卿庶官皆な中国に倣い、中国の人を参用し、趙延寿を以て枢密使と為し、尋いで政事令を兼ぬ。[43]

とあり、会同初年の枢密使が趙延寿であったと伝えている。また、『遼史』巻七六、趙延寿伝は、

明年（会同元年）徳鈞卒す、延寿を以て幽州節度使と為し、燕王に封ず。幽州を改め南京と為すに及び、留守に遷り、山南の事を総ぶ。[44]

と、同時期に趙延寿が幽州節度使＝南京留守であったとしている。両史料に誤りがないとすれば、李熙が仕官した当時、南京留守趙延寿が枢密使を兼ねていたと考えられる。つまり、李熙の入仕、昇進は藩鎮との関係による可能性が高いのである。

李熙の子の世代、すなわち李匡賛の世代になると、それ以前とは状況が異なってくる。李匡賛は既述の通り統和六年（九八八）前後に守儒州縉山県主簿となっている。儒州は武定軍節度の巡属であるから、父祖の世代が幽州盧龍軍節度使との関係により任官していったのとは明らかに違いがある。具体的な任官の方法について墓誌は記載していないが、張琪の事例との類似から考えると、恩蔭によるものと見てよかろう。次弟李匡弼は守秘書省校書郎の階官を得

ているが、これも恩蔭によるものといえそうである。末弟李匡一は摂遼興軍節度推官であったと記録されているので藩鎮の辟召による任官と認められる。しかし、ここでも辟召したのは平州遼興軍節度使であり、地域を越えた任官となり、父祖の世代とは状況が変化している。このことから、李氏は李熙からその子供の世代にかけて、奉聖州の臧氏・帰化州の張氏のような在地性の強い有力者から、張琪の一族（宛平張氏）のような地域の枠を越えた有力官人層へと変化を遂げたということができよう。

李氏の事例は、藩鎮の軍職・衙職・下級幕職官からはじまって次第に官僚を輩出するようになっていった典型的な五代・宋初の官僚の家系の在り方と相似している。つまり、李氏のような累代にわたり官僚を輩出し、なおかつ地域を越えて官職を歴任する家系と、臧氏や張氏のような武定軍の在地有力者の家系は、九世紀末から十世紀初めにかけての時期において同一の社会階層に属していた可能性が高いのである。したがって、遼代において両者の間に強固な身分障壁（漢人の家系に限っての話だが）があったと想定するのは難しいのではなかろうか。この問題について、他の官僚家系について、その出自・経歴を分析することにより、さらに考察を進めよう。

三　遼朝前半期の官僚の家系——大族および文官を中心に——

1　大族

（1）劉景

唐の盧龍軍節度使劉怦の四世孫。父の劉守敬は南京副留守。学問を好み文章を能くし、会同年間（九三八～九四七）に南京留守趙延寿により幽都府文学に辟せられ、翰林学士、宣政殿学士、南京副留守、戸部使、武定軍節度使、開遠軍節度使などを歴任し、統和六年に致仕した。子の劉慎行は膳部員外郎から累遷して北府宰相監修国史に至る。以後、

子孫は遼金時代を通じて顕官を輩出し、宋との重幣交渉にあたった劉六符や金初に華北経営の中心的役割をになった人物のひとりである劉彦宗などの名が知られる(45)。劉景は臧守鵬や姜承義の子たちと同様、藩帥の辟召によって入仕したのであるが、顕官に達している。

劉氏の事例は、唐・五代以来の藩帥の家系、つまり幽州＝南京における有力家系がその勢力を維持して遼代の有力家系となったものと見なしうる。しかし、これが全ての漢人大族について言えるわけではない。

（2）韓延徽

幽州（南京）安次県の人。父夢殷は薊、儒、順三州の刺史を歴任した。唐末、劉仁恭に辟され幽都府文学となり、平州録事参軍、幽州観察度支使を歴任、のち遼太祖に仕え崇文館大学士、政事令、南京三司使などを歴任し、建国期の内政の整備に大きな影響を与えた。その子、韓徳樞は武臣系統の官を歴任し南院宣徽使に至った。以後、子孫は顕官を輩出し(46)、さらに後述の李継成の一族などをはじめとした南京出身官僚の家系と累代にわたり婚姻関係を結び（図2）、前述の劉景の一族などと並んで、遼金時代を通じて有力な家系であり続けた。『遼史』では韓延徽の父夢殷について、刺史を歴任したことを記すのみで、唐末五代期の武人を連想させるのであるが、『宣府鎮志』巻四三、名宦伝はこれとは異なる韓夢殷像を呈示している。

韓夢殷なる者、幽州安次の人なり、少くして文学を以て名を知らる。州別駕王演之を薦め、李全忠の門下掾と為る。全忠甚だ喜び、凡そ推奨する所採録せざる無し。全忠死し、子の匡威嗣ぎ、署して行軍長史と為す。匡威其の弟匡籌の簒を被るに及ぶや、燕人甚だ匡籌に服さず、是において李克用始めて兵を以て来り、燕薊を攻め、夢殷を得て之を任ず、乾寧元年克用既に武、新を陥とし、又た李嗣源、李嗣昭をして並びに飛狐を出で山後を定めしめ、嬀、儒州を取る。遂に夢殷を以て嬀、儒州刺史と為す（後略）(47)。

《図2　安次韓氏系図》

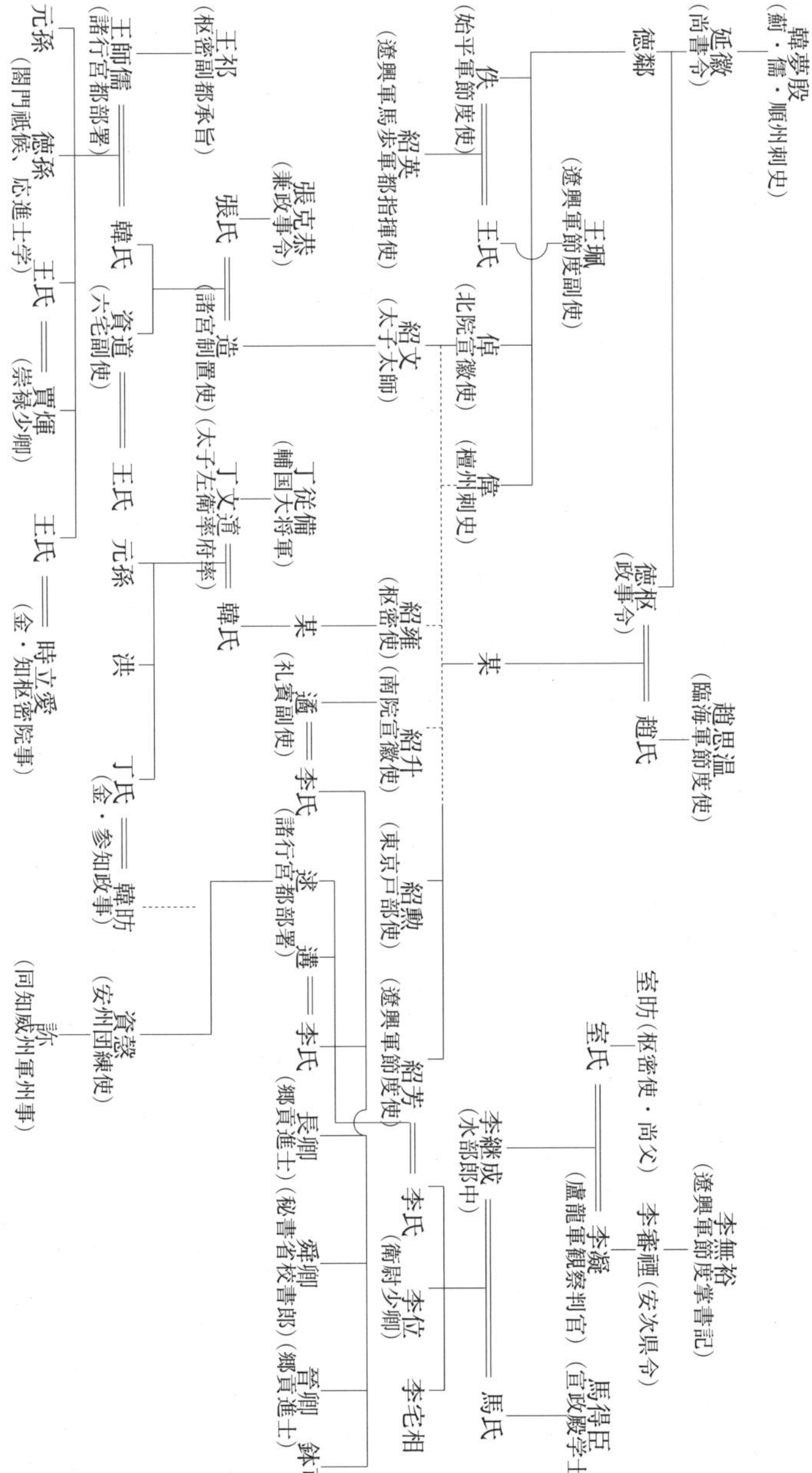
韓夢殷（薊・儒・順州刺史）
延徽（尚書令）
徳鄴
徳枢（政事令）
趙思温（臨海軍節度使）
趙氏
佚（始平軍節度使）
王氏
王珮（遼興軍節度副使）
倬（北院宣徽使）
偉（檀州刺史）
某
紹英（遼興軍馬歩軍都指揮使）
紹文（太子太師）
紹雍（枢密使）
紹升（南院宣徽使）
紹勲（東京戸部使）
紹芳（遼興軍節度使）
室昉（枢密使・尚父）
室氏
李継成（水部郎中）
李無裕（遼興軍節度掌書記）
李審礼（安次県令）
李凝（盧龍軍観察判官）
馬得臣（宣政殿学士）
馬氏
李氏（衛尉少卿）
李位
李宅相
張克恭（兼政事令）
張氏
造（諸宮制置使）
丁従備（輔国大将軍）
丁文道（太子左衛率府率）
韓氏
某
遹（礼賓副使）
李氏
滌（諸行宮都部署）
遘
李氏
長卿（郷貢進士）
舜卿（秘書省校書郎）
晋卿（郷貢進士）
鉢可
王祁（枢密副都承旨）
王師儒（諸行宮都部署）
韓氏
資道（六宅副使）
王氏
元孫
洪
丁氏（金・参知政事）
韓昉
資瑴（安州団練使）
訢（同知威州軍州事）
元孫
徳孫（閤門祗候、応進士学）
王氏
賈傭（崇禄少卿）
王氏
時立愛（金・知枢密院事）

《図3　宛平張氏系図》

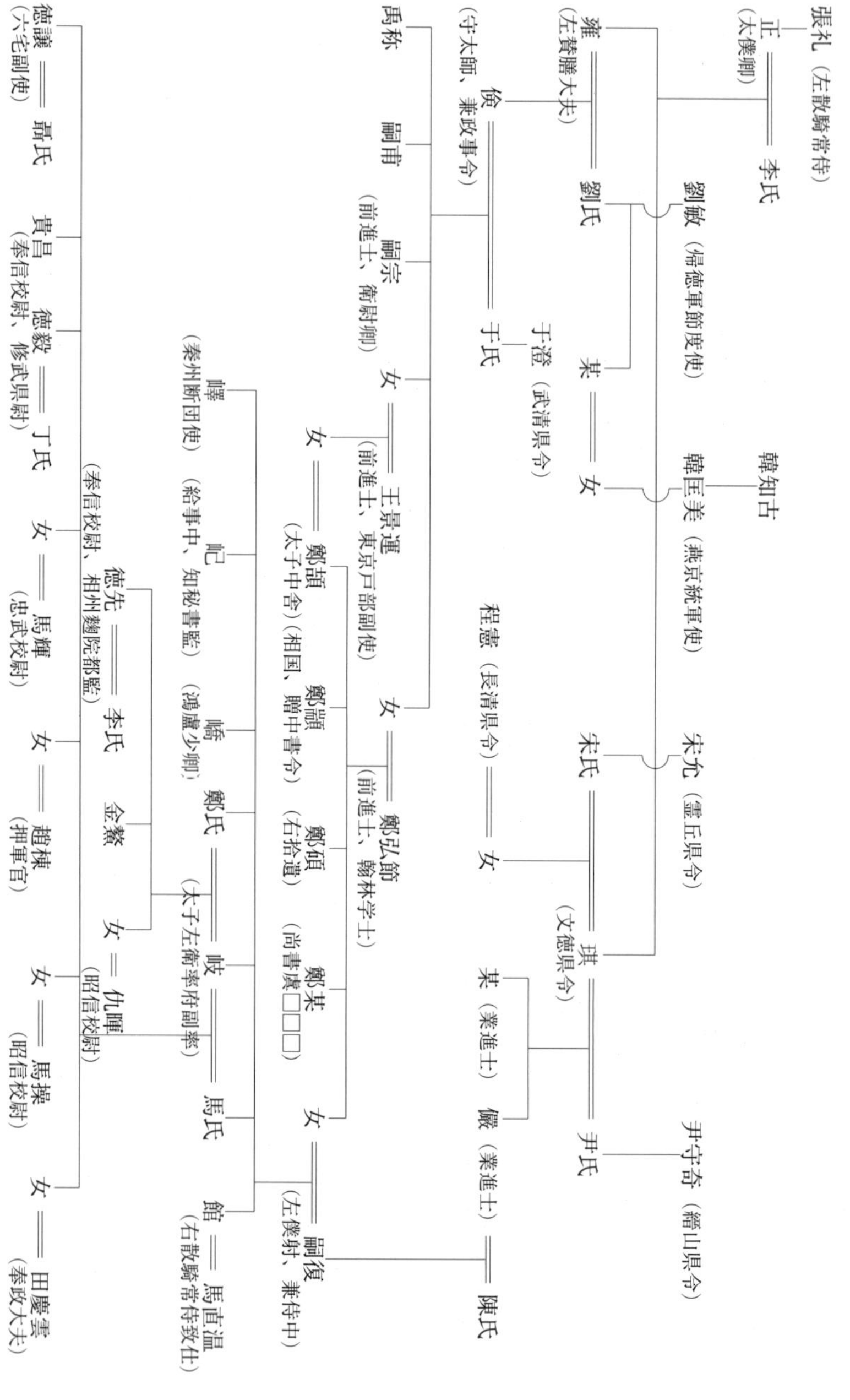
張礼（左散騎常侍）
正（太僕卿）＝李氏
韓知古
尹守奇（淄山県令）
劉敏（帰徳軍節度使）
韓匡美（燕京統軍使）
宋允（霊丘県令）
雍（左賛膳大夫）＝劉氏
某＝女
宋氏＝琪（文徳県令）＝尹氏
于澄（武清県令）
倹（守太師、兼政事令）＝于氏
程憲（長清県令）＝女
某（業進士）
儼（業進士）＝陳氏
禹称
嗣甫
嗣宗（前進士、衛尉卿）
女＝王景運（前進士、東京戸部副使）
女＝鄭弘節（前進士、翰林学士）
女＝鄭頡（太子中舎）
鄭韻（相国、贈中書令）
鄭碩（右拾遺）
鄭某（尚書虞□□□）
女＝嗣復（左僕射、兼侍中）
嶧（秦州断団使）
屺（給事中、知秘書監）
嶠（鴻臚少卿）
鄭氏＝岐（太子左衛率府副率）＝馬氏
館＝馬直温（右散騎常侍致仕）
徳先（奉信校尉、相州麴院都監）＝李氏
金鰲
女＝仇暉（昭信校尉）
徳譲（六宅副使）＝聶氏
貴昌（奉信校尉）
徳穀（修武県尉）＝丁氏
女＝馬輝（忠武校尉）
女＝趙棟（押事官）
女＝馬操（昭信校尉）
女＝田慶雲（奉政大夫）

この記述を信じるならば、韓夢殷は文学の才があり、門下掾からその官歴を始めたことになる。門下掾は具体的な職名ではなく諸曹参軍の謂であろう。これは「其先為農為儒、不恒其業」であった馮道が幽州掾からその官歴を始めたことを想起させる。[48]また、少し時期は早いが、唐の大中二年（八四八）に六十九歳で没した王公淑という人物は、下級の幕職官である幽州節度要籍から盧龍軍節度巡官、幽州節度判官と幕職官を昇遷し、盧龍軍節度留後、嬀、平刺史に至るという、韓夢殷と類似の経歴をたどっている。王公淑の祖父もまた盧龍節度要籍であったと記録されており、[49]新興の士人と見なすことができる。とすれば、韓夢殷も同じような階層に属していた可能性は十分にあろう。

また、文官ではないが、臧氏などと同等と見なしうる階層出身で、累代官僚を出すに至った有力家系の事例がある。

（3）韓知古

韓知古の一族は遼代におけるもっとも有力な家系であり、子孫たちは皇族・后族と累代にわたる婚姻関係を結び、さらには皇族に準ずる待遇を受けるに至ったほどである。[50]前述の武定軍節度使韓徳冲は韓知古の孫にあたる人物である。韓知古の先世について韓知古の子である匡嗣の墓誌「韓匡嗣墓誌」[51]は「曾祖諱懿、不仕。王父諱融、任薊州司馬」と記している。韓知古は太祖朝に活躍したので、その父の時代は唐末に相当する。ここで注目すべきは、韓知古の父韓融が薊州司馬だったことである。さらに祖父の韓懿が無官の庶民であったとすれば、韓知古の一族も元来は臧氏と同一の位相にあったと見ることができよう。

上記の三つの大族の家系の事例をみると、これらの家系と前節で検討した武定軍の臧氏や張氏とは、唐末五代の段階において決定的な社会階層上の相違が見られないことがうかがえる。それでも、遼代前半期において両者の官途に

違いが見られるのは如何なる事情によるのであろうか。さらに、他の文官の家系の事例を見ることで、この問題について考察を加えよう。

2 文官の家系

(1) 劉存規

順州密雲県の人。詳細な経歴および出身は不明。官は積慶宮提轄使、金紫崇祿大夫、検校司空、兼御史大夫、上柱国に至り、応暦五年(九五五)に没している。劉存規自身は武臣系統の官であるが、長子の劉継階は摂順義軍(朔州)節度衙推、第四子の劉継倫は定遠軍(景州、ただし遼の領域ではない)節度衙推と下級幕職官となっている。[52] この事例により、摂節度衙推は必ずしも在地の者にのみ授けられるものでないことがうかがえる。

(2) 室昉と李継成

室昉は南京の人。その父祖の事跡は不明である。会同初年の科挙に合格し、盧龍巡捕官から知制誥、南京留守判官、翰林学士、南京副留守、枢密副使、参知政事などを経て保寧年間(九六九—九七九)に枢密使兼北府宰相となり、以後統和十二年(九九四)までその地位に留まった。[53] 李継成はその母が室昉の娘で、室昉の外孫にあたる人物である。曾祖父の李無裕は遼興軍節度掌書記、祖父の李審禋は南京安次県令、父の李凝は盧龍軍観察判官、左補闕と累代中下級官僚をだす家系であることが知られる。李継成は早くに父を亡くし、室昉の教育を受けて成長した。そして、統和五年(九八七)に十六歳で恩蔭により崇文閣(館)校書郎で起家し、以後、監都塩院、幽都府潞県令、長盈倉都監、宣徽判官、幽都府薊北県令などを歴任し階官は尚書水部郎中に至り、統和二十三年(一〇〇五)に三十四歳で没している。[54] また、李継成は宣政殿学士、同政事門下平章事馬得臣の娘を娶り、彼の娘は尚書左僕射、中書門下平章事、兼侍

中韓紹芳（前述の韓延徽の孫）に嫁ぐなど有力な官僚たちとの婚姻関係を結んでいる[55]。ここから、婚姻関係を通じて自己の勢力を維持していこうとする姿がうかがえる。

（3）王守謙

曾祖父の王確は唐の緇州別駕、父の王鍔は唐の左散騎常侍、父の王延広は客省使。薊州軍事衙推より起家し、監永豊庫、薊北県令などを歴任し、階官は考功郎中に至り、保寧六年（九七四）に没している。妻は南院宣徽使張某の娘。長子の王徳純は崇義軍節度巡官となり、長女は茶床使趙匡翊に嫁いでいる[56]。宣徽使は皇帝の信任の厚い官僚が任じられるとされる官職であり、茶床使も詳細は不明であるが、おそらくは諸司使副に連なる中高級武官のひとつで、多くの場合、恩蔭により武階を授けられた官僚の子弟が昇進する過程で得る官と考えられる。つまり、ここでも上記の李継成の事例と同様、有力官僚との婚姻を通じて勢力の維持をはかろうとする動きが見られる。王守謙の家系で注目すべきは、曾祖父の王確が州の別駕であったことである。前述の臧知進は奉聖州別駕であり、王確もこれと同じ位相にあった可能性をうかがわせる。

上記の事例はいずれも南京管内の出身者のものである。また、前述の大族や前節で分析した張琪や李匡賛の事例もやはり南京管内出身者のものである。ここから、南京管内出身者が他地域（少なくとも武定軍管内）に比べて官途において有利な立場であった可能性が想定できる。そこで、他地域出身者の状況を見ておこう。

（4）常遵化

覇州（のちの興中府）の人。父の常賓嗣は覇州観察判官で、若くして没している。「常遵化墓誌[57]」には「登場得第」

とあるのでこの時期は臨時的に行われていた科挙に合格したと考えられる。そして、応暦十年（九六〇）に覇州文学参軍で起家してより、覇州帰化県令、覇州観察判官と覇州の官を歴任し、乾亨五年（九八三）に至って乾州観察判官に転じている。つまり、常遵化は二十年以上にわたり覇州の官に留まり続けたのである。さらに、乾亨五年以降も統和五年（九八七）から九年（九九一）に崇徳宮漢児都部署判官であった期間をはさんで、乾州観察判官、広徳軍（乾州）節度副使を歴任し、統和十九年まで乾州の官にとどまっている。[58] ちなみに、乾州は景宗の奉陵州として乾亨四年（九八二）十一月に設置されたものである。[59] したがって、常遵化の乾州への異動は州の新設という特殊な事態によってもたらされたに過ぎない。そして、彼の父も覇州の官であること、常遵化が死後覇州に葬られていること、常氏の婚姻関係が覇州、乾州に関係する人物が中心で、彼の妻のひとりは彰武軍節度使の娘であり、また長女は広徳軍（乾州）節度山河使耿阮に嫁ぎ、次女は彰武軍節度都軍使安信に嫁いでいることなどを考えると、常遵化の一族は臧氏や姜氏と同様、特定の地域内で活動する士人と見ることができる。

注目すべきは、常遵化は科挙に合格していたことである。つまり、この時期において科挙に合格することが、必ずしも地位上昇に直結していなかったのである。[60] ここに、彼のような地域内に留まる官僚と累代中高位の官僚を輩出する者の間に存在する一定の障壁を垣間見ることができよう。これを、常遵化の出身地である覇州と南京の格差と見ることも、可能である。しかし、常遵化はその後さらに、上京軍巡使、朔州権場都官、遼西州刺史と覇州・乾州とは無関係の官に転じている。これは、彼の留まらざるを得なかった障壁が取り除かれた、あるいはその障壁自体が絶対的なものではなかったことを示唆する。

（5）李内貞

李内貞は嬀汭の人。後唐荘宗の時、秀才に挙げられ、代州雁門県主簿、蔚州興唐県主簿、嬀州懐来県丞を歴任し、

嬀州懐来県丞の時、遼に降り南京の中門使や薊州刺史といった武臣系統の官に就き、銀青崇禄大夫、検校司空、行太子左衛率府率、兼御史中丞、上柱国という中級の武階でその官歴を終え、保寧十年（九七八）に没している。彼の息子の内、第四子の李玿が遼興軍節度推官、将仕郎、試秘書省校書郎を、第五子の李璟は摂宜州観察判官となっている。[61]

李内貞の出身地については、考証が必要である。向南氏は『元和郡県志図志』巻一二、河中府の条で河東県に嬀汭の地名がみえることから、彼の出身地を河中府河東県に比定する。[62] しかし、嬀汭を称する地名はもうひとつある。それは、他でもない武定軍管下の可汗州（嬀州）である。前出の「王公淑墓誌」は王公淑の嬀州刺史就任を「転牧嬀汭」と表現しており、「嬀汭」が嬀州の別称であったことが判る。このように、李内貞の出身地は二通り考えられるが、彼の経歴から考えると、後者の方が、より蓋然性が高い。墓誌の記述によれば彼は後唐荘宗のときに入仕し、のちに「大聖皇帝」、すなわち遼太祖の兵に降っている。太祖の没年は九二六年（遼天顕元年、後唐同光四年・天成元年）七月なので、李内貞の入遼時期はそれ以前と考えねばなるまい。また、李内貞は後唐から三つの差遣を授けられているので、最低でも二任分の年数である六年を越えて仕えていると見るべきであり、そうすると九二〇年の夏以前には後唐に仕えていることになる。李内貞の出身地と見なしうる場所のうち、河中府は九二〇年（後唐天祐十七年、後梁貞明六年）の夏から秋にかけての時期に、ようやく後唐の支配下に入るのに対し、[63] 嬀州は九一三年（後唐天祐十年、後梁乾化三年）に、すでにその支配下に入っている。[64] したがって、李内貞が河中府出身と考えるのは、全く不可能ということではないが、いささか無理がある。

上のように考えて大過ないとすれば、李内貞の一族は、武定軍出身の士人の事例に加えることができる。しかし、前節で検討した臧氏などとは異なり、李内貞の一族は、遼朝において、はやくから武定軍以外の官を歴任している。これは、燕雲十六州割譲以前に遼に降ったため、武定軍内における在地の基盤を失ったことに起因すると考えられる。これは、彼が南京の私邸で没し、また南京に葬られていることからも裏づけられよう。[65] ただし、遼軍に降る以前から、

すでに武定軍管内を離れていることにも注意すべきである。これは、武定軍の士人たちも機会があれば中央との結びつきを求めており、その実現が可能な状況にあったことを意味する。つまり、出身地域が士人たちの遼朝における社会的地位に決定的な格差を生み出すとは言いきれないのである。

これまで見たように、確かに遼前半期においては、累代にわたり官僚を出す家系が存在し、互いに婚姻関係を結ぶことなどにより（図2、3）、その勢力を維持している一方で、臧氏・姜氏・常氏などのような在地に留まり、なかなか中央に進出できない者たちが存在していた。しかし、両者は唐末においてはほぼ同じ階層、すなわち州県官・幕職官や藩鎮衙前に出仕する新興の士人層に属するものが多かったと思われ[66]、両者に決定的な差異があったわけではなかった。さらにいえば、これらの人々は、いわゆる唐宋変革期に新たに台頭してきた新興の士人層と同じ階層でもあった。

王明蓀氏は漢人官僚の大官への叙任事例の分析から、遼代前半期は一部の大族が政権の中枢（といっても漢人が担いうる限りにおいてであるが）を占めていたが、遼後半期には科挙の導入により、それを通じて新興士人層が台頭したと論じている[67]。王氏の議論はおおむね首肯しうるものであるが、かかる事態の背景には大族と新興層との間に元来は大きな差がなく、また大族が新たな門閥貴族として地位を確立するには未だ十分な時間を経ていなかったという事情があったと言うことができよう。

四　遼朝後半期の武定軍の士人

上述のように、王明蓀氏は遼後半期には科挙出身の新興士人層の台頭があったと論じている。しかし、実際に墓誌等の史料を検討してみると、出自の明らかな科挙官僚のなかに占める、以前から官僚を輩出している家系出身者の比

率は比較的高いことがうかがえる[68]。それでも、それまで官僚を出さなかった家系からの科挙合格者の事例も少ないながら確認される。例えば、太平十一年（一〇三一）の進士である張積は清河張氏を称しているが、父、祖父、曾祖父ともに「不仕」と記されており、おそらく新興の士人とみられる[69]。また、重熙十五年（一〇四六）の進士である孫克構も「金勅葬平章政事崇国公致仕孫即康墳祭之（附遼故啓聖軍節度使儀坤州管内観察処置等使金紫崇□富春県開国伯食邑七伯戸孫公（克構）墓誌銘[70]）」に、

世よ燕人たり。高祖諱は庭誼、祖諱は守素、皆な□□公の二世顕ならず。其の王父に迨り、奮翼独啓し、公、子と為り襲ぎて益ます大なり。是に由り華車□□其の業成る。重熙十五載、進士に挙げられ、高選に中るを果たす[71]。

とあり、それまで「不顕」であった彼の家系が祖父の代に至り挙業を志したことを伝えている。あるいは、遼末金初の有力政治家として知られる時立愛も父・祖父・曾祖父は任官していない。彼の事例で注目されるのは、大康九年（一〇八三）に進士となって任官した後、有力官僚である王師儒の娘を娶り、それにより安次韓氏を中心とした婚姻ネットワーク（図2）に組み込まれたことである[72]。ここから、累代官僚を出す家系と、新興士人層の間に絶対的な身分障壁はなかったとみなしうる。

そして、武定軍においても科挙に及第した、あるいは受験した新興の士人層の存在が確認できる。そこで本節ではそれらの人物たちについて考察し、前半期のそれとどのような変化が見られたのかについて検討しよう。

（1）孟初

孟初は遼末の翰林学士で、天慶四年（一一一四）に金との戦闘で戦死した人物である。「孟初墓誌[73]」はその出自について、

世よ上谷龍門の人たり。皇曾祖彬、仕えず。皇祖克忠、仕えず。父載、故開遠軍節度副使、官将作少監に至る、

時聞の人たり。公生まれて七歳、善く文を属し、書を読むに目を経れば便ち誦う。（中略）大康九年、進士の第に登り、秘書省校書郎を授かる。[74]

と記す。上谷は武定軍の領域の旧郡名で、龍門は奉聖州の属県であるから、孟初の一族が武定軍の領域出身であることが分かる。また、曾祖父、祖父については「不仕」とあるので父の時代に至って官僚を出した新興の士人であると考えられる。父孟載の官である将作少監は文階であり、またその先世に官僚がいないことから考えると、科挙に合格したと推察される。

（2）史洵直

史洵直は儒州縉山県の人で、清寧八年（一〇六二）に進士となり、官は諫議大夫に至り、乾統四年（一一〇四）に没している。[75]高祖継隆は儒州刺史であったが、曾祖父旻、祖父延賛、父翊は仕官していない。母の戦氏について、墓誌は洛陽郡太君を追贈されたことを記すのみである。これは、史洵直の妻邢氏が安州防禦使邢英の娘・吏部尚書邢古の妹、娘婿は将作少監牛温教に嫁ぐなど高級官僚との婚姻関係を結んでいたり、息子や孫が官位を得たり科挙を受験したりしているのとは対照的である。したがって、史氏は遼前半期において継続的に官僚を輩出する家系ではなく、前述の時立愛の事例同様、史洵直が科挙に登第するに至り状況が変化したということができよう。また、この事例は、遼初に中高級官僚を出したとしても、必ずしも有力な官僚の家系として存続しえなかったことも示唆する。

（3）帰化州張氏

帰化州の張氏については近年一族の墓地の発掘が進み、出土した墓誌などから多くの情報を得ることができる。[76]その家系は景宗朝から聖宗朝にかけての人物と考えられる張若拙まで遡れ、また金の明昌元年（一一九〇）に没した張

子行の事跡までその家系を追うことができる。張氏の中で初めて科挙に合格したのは張若拙の玄孫にあたる張輔で、金朝の天会二年（一一二四）のことであった[77]。しかし張若拙から張輔に至るまでの間、張氏が仕官について興味を示さなかったというわけではない。この点について各世代の状況を考察していこう。

張氏の家系で事跡のうかがえる最初の世代は張若拙の長子匡正である。もっとも、行いを慎み法華経や金剛経を読むのを好んだことを記すのみで、あまり具体的なことは分からない[78]。ただ、子供たちの婚姻について「皆豪族富戚」と述べている。三女が「武定軍隴西李奇に適」すと、隣の奉聖州の家族との州境を越えた婚姻が伝えられていることから考えると、帰化州における有力家系の一つと認識されていたと考えられる。

張匡正の子で成人した男子は文紀、文震、文藻である。「張匡正墓誌」によると文紀は帰化州の州衙孔目、院前行に充てられており、この世代にいたって官衙との関係を持つようになった。これは、臧氏が藩鎮の衙前の職員となったことを想起させるものである。

張匡正の孫の世代に至り、官僚の地位を獲得するものが現れる。張文震の長子の張正卿である。張正卿は重熙十一年（一〇四二）に生まれ、道宗の大安年間（一〇八五―一〇九四）に納粟補官により下級の武階である右班殿直を授けられた。彼の墓誌である「張正卿墓誌[79]」は彼の事跡について、納粟補官により官位を得たこと、および資金を募って仏寺を建立するなどして、熱心に仏教を信奉したことなどをもっぱら記述している。しかし、彼はもう一つ注目すべきことを行っている。「張文藻墓誌[80]」に張文藻没後のこととして、

猶子右班殿直正卿、其の事を追念し、諸同気と私第に議して曰く、室家の事已に修まり、而れども祖考の塋未だ広増を遂げず、と。大安九年歳次癸酉四月丁巳朔十五日辛酉乙時に至り、州北の隅に改葬し、以て孝敬を示す[81]。

と記している。ここで張正卿はまず「祖考之塋」について述べている。「張匡正墓誌」にも墓所を拡張し大安九年（一〇九三）に匡正を改葬したことが記されており、このとき一族全体の墓を拡張したと考えられる。また、墓所の拡

張と同時に、「室家之事」について述べている。「室家」には「家の建物」「夫婦」「妻子」「家庭・家族」などといった意味があるが、ここでは諸同気を集めての席上での発言なので、張正卿個人の家庭に関する事ではなく、恐らく張氏一族のことであろう。とすれば墓所の拡張も含めて考えれば、官としての地位を獲得したのを契機に、張正卿が中心となって一族の結合を何らかの形で強めようと働き掛けていたと考えることができる。

これまで指摘されていないが、張正卿の世代には科挙に応試した者がいたようである。「張匡正墓誌」に、

大安九年歳次癸酉四月丁巳朔十五日辛酉時に至り、雄武本郡の西北、増広の塋所に改葬す。僝庸を弃てる無し、記録を為すを請う。切に昭回を以てし、乃ち玄郷の曲、宗派の間の一寒士に添えるなり。少くして文墨を習い、進士の業に挙げられ、辞翰の場、頻りに戦うも利あらず、三たび御殿に赴くと雖も、猶お未だ甲乙に捷たず、郷人之を視るに、寔に厚顔たり。即日孫男右班殿直正卿と、心を以て相い友たり、翁殊にし母別なると雖も、其の相い待するに同気と異なる無し、而れども義を分かつ。是に由り行従の中に於て、歯列季孫世裔の上に在り、故に予に命ずるに辞を以てす(82)。

と、墓誌執筆の事情が記されている。一見して墓誌の撰者が科挙受験に失敗したことがうかがえる。また、撰者は自身について「宗派間一寒士」と述べることから、張氏に連なる人物であることがうかがえ、さらに「雖翁殊母別、其相待与同気無異」の一句から、恐らく張正卿と撰者が従兄弟に相当することがうかがえるのである。彼がその後及第したのかは定かではないが、前述のごとく次の世代の張輔（張文紀の孫にあたる）に至り、進士を出すことができたのである。

（4）　韓師訓

張氏一族の墓と同時に発掘された韓氏の墓の中から韓師訓という人物の墓誌が出土している。そこに記録された韓

氏の一族も、張氏同様に挙業を行うものがいたことを示している。

韓師訓は商才に富み、数十年のうちに財産を築いた人物である。韓師訓自身は「韓師訓墓誌(83)」に「不深習翰墨」と見えるように士人を志すことは無かったようである。しかし、子供たちは官との関係を指向しており、長子の韓文坦は州の衙門に仕え州の客都となり、次子の韓文詢は「志慕儒術、好窮経史、備進士挙業」と科挙受験を目指していたことがうかがえる。

張氏や韓氏の事例から、世代を重ねてある程度経済的に余裕がでてくれば、有力者の子弟は科挙の受験を目指すという行動形態が、遼末のこの地域にも広がっていたということができよう。あるいは、科挙によらず、張正卿のように別の手段で官の地位を獲得しようとするものもいたであろう。かかる遼末の状況を前半期の臧氏や姜氏の事例と比較したとき、大きく異なる点がある。それは、前半期には在地の有力者層や士人たちは藩鎮を介在して官と結びついていたのに対し、遼末においては科挙にしても納粟補官にしても直接朝廷と関係を持つことで官としての地位を獲得するようになるのである。これは、科挙の普及が、新興士人の台頭を促進したというだけではなく、人事において、藩鎮のような中間的な権力の存在を排除して、中央が直接地方の士人たちを把握するという側面を持っていたことを示すものととらえることができる。そしてこれは、遼朝領域内の諸地域の統合の促進を意味するものといえよう。

おわりに

本稿で論じたことをまとめると、次のようになろう。遼前半期の武定軍においては在地の有力者層・士人は藩鎮権力を介して自己の勢力の維持拡大、あるいは官位の獲得を行っていた。その一方で、それとは別に、累代官僚を輩出

し、また有力な官僚の一族と婚姻関係を結ぶなどすることにより自己の地位を維持する、地域の範囲を超えて行動する官僚の家系も存在していた。両者の関係は一見すると、唐後半期の貴族と新興層のそれを想起させる。しかし、両者の出自を比較すると根本的な差異は無く、ともに唐後半期に新たに台頭した新興層に属す者たちが多かったとみられる。後半期になると、科挙の整備・普及により、前半期に在地に留まっていた士人層の台頭が見られるようになる。その結果、前半期に見られた藩鎮権力と在地有力者との関係が希薄になり、中央による地方士人の把握が促進されていくこととなる。

以上の現象は過去の唐宋変革研究において明らかにされてきた唐末から北宋にかけての状況と合致している。これはすなわち契丹族の統治の下においても、唐朝の統治システムの影響下にあった人々の内部で生じていた唐後半期以来の社会的変化は阻害されることなく継続していたことを示す。そして、かかる社会的変化によって台頭してきた新興士人層を科挙の導入によって遼朝が把握したことは、遼朝においても（契丹人の応挙が公式には認められていなかったので全面的ではないが）科挙による国内統合のシステムが宋朝と同時並行的に形成されたことを意味しよう[84]。続く金朝においても科挙による国内統合システムの継承・発展が見られる。このような展開を考えると、遼朝における士人層の形成は、中国社会における科挙システムをより強固なものにする契機となったと考えることができよう。

註

（1）「士人」は一般に官僚層を示す語であるが、本稿では官僚も含めた広い意味での読書人層と定義する。「士人」の概念については高橋芳郎「宋代の士人身分について」（『史林』六九―三、一九八六）を参照。

（2）王明蓀「略論遼代漢人集団」（『宋遼金史論文稿』明文書局、一九八一年）、孟古托力「遼朝漢族儒士群体的形成及歴史地位弁析」（『学術与探索』一九九一―四）王善軍『世家大族与遼代社会』（人民出版社、二〇〇八年）などを参照。

（3）寺地遵「遼朝治下の漢人大姓――玉田韓氏の場合――（鴛淵教授蒐集満蒙史関係拓本解題之一）」（『広島大学東洋史研究室報告』一〇、一九八八年）、李錫厚「試論遼代玉田韓氏家族的歴史地位」（『臨潢集』河北出版社、二〇〇一年、初出一九八五年）、蕭啓慶「漢人世家与辺族政権」（『元代的族群文化与科挙』連経出版、二〇〇八年、初出一九九三年）、巴林左旗『大遼韓知古家族』（内蒙古人民出版社、二〇〇一年）などを参照。

（4）崔益柱「遼景宗・聖宗代의漢人官僚의成長과 그存在形態」（『人文研究』一〇―一、一九八八年）、劉春玲「論漢人官僚集団在遼政権中的作用」（『陰山学刊』一五―二、二〇〇二年）などを参照。

（5）松田光次「遼朝科挙制度攷」（『龍谷史壇』七七、一九七九年）、朱子方・黄鳳岐「遼代科挙制度述略」（陳述主編『遼金史論集』三、書目文献出版社、一九八七年）、都興知「有関遼代科挙的幾個問題」（『遼金史研究』人民出版社二〇〇四年）、飯山知保「金初華北における科挙と士人層」（『中国―社会と文化』一九、二〇〇四年）などを参照。

（6）蕭啓慶前掲「漢人世家与辺族政権」を参照。また、Wittfogel の議論については Wittfogel, Karl A. & Feng Chia-Sheng *History of Chinese Society Liao (907-1125)*, Macmillan Co., New York, 1949を参照。

（7）飯山知保前掲「金初華北における科挙と士人層」を参照。

（8）王明蓀前掲「略論遼代漢人集団」を参照。

（9）「唐初復置北燕州、後改嬀州嬀川郡。末分置武州文徳県、新州永興県。（中略）案、唐書地理志。武州、闕、領県一、文徳。新州、闕、領県四、永興、礬山、龍門、懐安。其闕者、資治通鑑注所謂史失其建置之始是也。然考唐書紀伝、武徳以後無武新二州之名。至昭宗龍紀後、李克用掠地始見新武二州、則新武当置於此時。若宣僖以前、則惟有嬀州。拠唐書北狄伝、奚徙冷陘、直嬀州西北、後別部内対、保嬀州北山、為西奚。要知武州在嬀州之北。若宣僖以前有武州、則応曰直武州矣。乃不言武而言嬀、則其時第有嬀州、無武州。可知馬貴与謂唐末置武州、良有拠耳。（後略）」

（10）「玄宗天宝二載、改嬀州為嬀川郡、以山後諸県属。罷刺史置守。其武州仍領県文徳。穆宗長慶二年、改嬀川郡、復為嬀州、領県一、懐戎。（中略）改涿鹿為新州、領県四、永興、礬山、龍門、懐安。（中略）改広寧為儒州、領県一、縉山（中略）。倶置刺史、属盧龍道、尋改属河東」

（11）「盧龍節度使李可挙、成徳節度使王鎔悪李克用之強、而義武節度使王処存與克用親善、為姪鄴娶克用女。又、河北諸鎮、惟

義武尚属朝廷、可挙等恐其窺伺山東、終為己患、乃相与謀曰、易、定、燕、趙之余也。約共滅処存而分其地。又説雲中節度使赫連鐸使攻克用之背。可挙遣其将李全忠将兵六万攻易州、鎔遣将将兵攻無極。処存告急於克用、克用遣其将康君立等将兵救之」

(12) 厳耕望『唐代公通図考第五巻河東河北区』（一九八六年、中央研究院歴史語言研究所）篇三七、太原北塞交通諸道を参照。

(13) 『旧五代史』巻六〇、王緘伝

緘博学善属文。燕薊多文士、緘後生未知名。及在太原、名位驟達。燕人馬郁、有盛名於郷里、而緘素以吏職事郁。及郁在太原、謂緘曰、公在此作文士、所謂避風之鳥、受賜於魯人也。毎於公宴、但呼王緘已而。

(14) 包世軒「遼統和十年清水院経幢題記」（宋徳金等編『遼金西夏史研究』一九九七年、天津古籍出版社）二七三―二七七頁、北京市文物局編『北京遼金史迹図志（上）』（北京燕山出版社、二〇〇三年）一九一頁。なお、本稿での各種石刻書からの石刻の引用は、拓影の掲載されている場合はその頁を掲げ、また各石刻の題名は各石刻について最初に挙げた石刻書の表記を用いる。

(15) 「先朝以選門既無、摂官尤多、近年以来、銓注無幾、遂至諸道州県、悉是摂官、既無考課之規、豈守廉勤之節」

(16) 「詔、諸道幕職州県官、並以三周年為考限、閏月不在其内、州府不得差摂官替正官」

(17) 『旧五代史』巻三二、唐書七、荘宗紀五、同光二年三月庚戌の条に「中書門下上言、州県官在任考満、即具関申送吏部格式、本道不得差摂官替正官」とみえる。また、『冊府元亀』巻六三二、銓選部、条制四、および『五代会要』巻一九、刺史もこの規定について述べている。

(18) 張家口地区文管所・涿鹿県文管所「河北省涿鹿県譚荘遼　咸知進墓」（『文物春秋』一九九〇年第三期）に録文があるが、釈読に誤りが多い。涿鹿県文管所所長の陳信氏らの好意により、二〇〇四年二月に筆者は原石を親しく実見し、多くの新知見を得ることができた。なお、調査にあたっては、北京大学歴史系教授の劉浦江氏、北京師範大学教授の游彪氏に便宜を図っていただいた。また、早稲田大学助教の飯山知保氏には諸氏との連絡の労を取っていただいた（諸氏の所属は二〇〇九年四月現在）。この場を借りて諸氏に感謝の意を表す。また、筆者による全文の釈文は本稿末尾の［補注］を参照。

(19) 「臧知進墓誌」「会同九□□□馬衙百成□恒超五馬之門、応暦元年改摂奉聖州別駕」

(20)『資治通鑑』巻二四六、天復三年十一月乙亥の条の胡三省注には「支計官、蓋唐世節度支度判官之属、唐末藩鎮変其名称耳」とあり、支計を藩鎮の財政をつかさどる支度判官の略称としている。

(21)周藤吉之「五代藩鎮の支配体制」（『宋代経済史研究』、東京大学出版会、一九六二年、初出一九五二年）、日野開三郎「五代鎮将考」（『日野開三郎東洋史学論集』二、三一書房、一九八〇年、初出一九三八年）を参照。

(22)孔目官については前掲周藤吉之「五代藩鎮の支配体制」、渡辺孝「唐代藩鎮における下級幕職官について」（『中国史学』一一、二〇〇一年）八九—九二頁を参照。

(23)「俄値至宣徽劉公領武安、既□□識□□□補至軍城馬歩使、後□□令以代鎮、□聴知所治復補厥□□任著於節□□□事□□□□□張史君□臨特会□□□充随使都孔目官左都押衙」

(24)渡辺孝前掲「唐代藩鎮における下級幕職官について」を参照。

(25)試秘書省校書郎については拙稿「遼の武臣の昇遷」（『史滴』二四、二〇〇四年）および頼瑞和『唐代基層文官』（連経出版、二〇〇四年）五五—六五頁を参照。

(26)向南編『遼代石刻文編』（河北教育出版社、一九九五年）七四八—七四九頁。

(27)検校官が少なくとも遼の前半期において武階としての機能を果たしていたことについては拙稿前掲「遼の武臣の昇遷」を参照。

(28)中国文物研究所・石刻芸術博物館（編）『新中国出土墓誌　河北（壹）』上（二〇〇五年、文物出版社）一五六頁。河北省張家口市懐安県西湾保郷南辛荘村出土。懐安県について『遼史』巻四一地理志五、西京大同府の条は「懐安県。（中略）高勲鎮燕、奏分帰化州文徳県置。初隷奉聖州、後来属（後略）」として、はじめ帰化州、奉聖州に属し、後に西京大同府に移管されたことを伝える。移管の時期は不明であるが、高勲が南京留守であったのは保寧年間（九六九〜九七九）であるので、それからさほど年月を経ていない『遼北宰相府左都押衙王徳進等刻石』が撰せられた当時、懐安県は武定軍の領域内にあったと考えられる。

(29)北府宰相についての研究は多数あるが、代表的なものとして、島田正郎「宰相府」（『遼朝官制の研究』創文社一九七八年、初出一九六七年）を挙げておく。

(30) 愛宕元「五代宋初の新興官僚——臨淄の麻氏を中心として——」(『唐代地域社会史研究』一九九七年、同朋舎。初出、一九七四年)などを参照。
(31) 北京図書館金石組編『北京図書館蔵中国歴代石刻拓本滙編(四五)遼 附西遼 附斉』(中州古籍出版社、一九九〇年)二三頁、北京市文物局編『北京遼金史迹図志(下)』(北京燕山出版社、二〇〇四年)一三六頁、『遼代石刻文編』一七三—一七四頁。
(32) 「府君承資廕、授幽都府文学、歴容城、文徳、永興、薊北県主簿、平州録事参軍、幽都府倉曹参軍、龍門、文徳県令。僅三十年、八転官而五遷階。(中略)以統和三十年七月九日、易簀於燕京之私邸、享年六十有二」
(33) 『遼史』巻四〇、地理志四、南京道、南京析津府の条に「府曰幽都府、軍号盧龍。開泰元年、落軍額」とあり、開泰元年までは南京は盧龍軍節度使の名を継承していた。
(34) 「張之為姓也、自春秋歴秦漢、賢者間出、代不乏人。官閥婚媾、已具先大卿之墓銘、此不復書。府君即大卿之仲子、枢密使、左丞相、兼政事令、魯国公、監修国史、倹之季父也」
(35) 北京市文物研究所編『北京市文物研究所所蔵墓誌拓片』(北京燕山出版社、二〇〇三年)五〇頁、『北京遼金史迹図志(下)』一四六—一四七頁、『遼代石刻文編』二六五—二七〇頁。
(36) 遼の階官については、拙稿前掲「遼の武臣の昇遷」、および王曾瑜「遼朝官員実職和虚銜初探」(『文史』三四、一九九二年)を参照。また、北宋の文階については梅原郁『宋代官僚制度研究』(同朋舎、一九八五年)を参照。なお、宋制との相違点は遼制では選人寄祿階の概念が確立されていないことである。
(37) 『宋会要』兵一七—三、宣和五年八月十七日の条に掲げる遼の文階のなかで、検校散騎常侍は員外郎の下位に位置づけられている。
(38) 渡辺孝前掲「唐代藩鎮における下級幕職官について」を参照。
(39) 北京市文物研究所編『北京市文物研究所所蔵墓誌拓片』四六頁。
(40) 「李熙墓誌」は「祖諱徳恭、守沙河□□、学古入官、以従政」と記す。「守沙河□□」は沙河の守備にあたっていたことを示すと思われる。また、「学古入官、以従政」は行政官に転じたことを示しており、州県官ないしは幕職官、衙官となったと

考えられる。

(41)　検校官の官資としての機能については、礪波護「唐代使院の僚佐と辟召制」(『唐代政治社会史研究』同朋舎、一九八六年)、松浦典弘「唐代後半期の人事における幕職官の位置」(『古代文化』五〇―二、一九九八年)、渡辺孝「中晩唐期における官人の幕職官入仕とその背景」(『中唐文学の視角』創文社、一九九八)、同前掲「唐代藩鎮における下級幕職官について」、および拙稿前掲「遼の武臣の昇遷」などを参照。

(42)　枢密院については若城久次郎「遼朝の枢密院に就いて」(『満蒙史論叢』二、一九三九年)、武田和哉「契丹国(遼朝)の北・南枢密院制度と南北二重官制について」(『立命館東洋史学』二四、二〇〇一年)、何天明「枢密院制度」(『遼代政権機構史研究』内蒙古大学出版社、二〇〇四年)などを参照。

(43)　「是歳、契丹改元会同、国号大遼、公卿庶官皆倣中国、参用中国人、以趙延寿為枢密使、尋兼政事令。」

(44)　「明年徳鈞卒、以延寿為幽州節度使、封燕王。及改幽州為南京、遷留守、総山南事。」

(45)　『遼史』巻八六、劉景伝・劉六符伝および『金史』巻七八、劉彦宗伝を参照。

(46)　『遼史』巻七四、韓延徽伝を参照。

(47)　「韓夢殷者、幽州安次人也、少以文学知名。州別駕王演薦之、為李全忠門下掾。全忠甚喜、凡所推奨無不採録。全忠死、子匡威嗣、署為行軍長史。及匡威被其弟匡籌簒也、燕人甚不服匡籌、於是李克用始以兵来、攻燕薊、得夢殷任之、乾寧元年克用既陥武、新、又使李嗣源、李嗣昭並出飛狐定山後、取嬀、儒州。遂以夢殷為嬀、儒州刺史(後略)」

(48)　『旧五代史』巻一二六、周書一七、馮道伝を参照。

(49)　「唐故幽州節度判官兼殿中侍御史銀青光祿大夫検校太子賓客盧龍軍節度留後営府都督柳城軍使平州諸軍使平嬀等州刺史上柱国太原王府君(公淑)墓銘」(『新中国出土墓誌　北京』文物出版社、二〇〇三年、以下「王公淑墓誌」と略称)を参照。

(50)　韓知古一族については、李錫厚前掲「試論遼代玉田韓氏家族的歴史地位」、寺地遵前掲「遼朝治下の漢人大姓――玉田韓氏の場合――(鴛淵教授蒐集満蒙史関係拓本解題之一)」、崔益柱「遼景宗・聖宗代외漢人官僚의成長과그 存在形態」(『人文研究』一〇―一、一九八八年)、政協巴林左旗委員会編前掲『大遼韓知古家族』などの専論がある。

(51)　蓋之庸『内蒙古遼代石刻文編』(内蒙古大学出版社、二〇〇二年)六二一頁。

(52)「劉存規墓誌」(『遼代石文編』九頁)を参照。
(53)『遼史』巻七九、室昉伝を参照。
(54)王清林・王朱・周宇「豊台路口南出土遼墓整理簡報」(『北京文博』二〇〇二―二)所収の『李継成暨妻馬氏墓誌』、および周峰「遼代『李継成暨妻馬氏墓誌銘』考釈」(『北京文博』二〇〇二―三)を参照。
(55)馬得臣については『遼史』巻八〇、馬得臣伝、韓紹芳については『遼史』巻七四、韓紹芳伝を参照。
(56)「王守謙墓誌」(『新中国出土墓誌　北京(壹)』上、四四頁、『北京遼金史迹図志(下)』一二七頁)を参照。
(57)『遼代石文編』一二七―一二九頁。
(58)崇徳宮漢児都部署判官は一見すると覇州・乾州とは無関係な官であるが、乾州は崇徳宮所属の斡魯朶所属州という位置づけにあった。これについては拙稿「オルド(斡魯朶)と藩鎮」(『東洋史研究』六一―二、二〇〇二年)を参照。
(59)『遼史』巻一〇、聖宗紀一、乾享四年十一月甲午の条に「置乾州」とある。
(60)このことについては拙稿「遼朝科挙与辟召」(『史学集刊』二〇〇九―一)を参照。
(61)「李内貞墓誌」(『遼代石刻文編』五三―五四頁)を参照。
(62)『遼代石刻文編』五四頁を参照。
(63)『旧五代史』巻二九唐書五荘宗紀三、天祐十七年七月の条、『資治通鑑』巻二七一、貞明六年四月己酉の条などを参照。
(64)『旧五代史』巻二九唐書四荘宗紀二、天祐十年三月乙丑の条、同三月丙寅の条、『資治通鑑』巻二六八、乾化三年四月戊申の条などを参照。
(65)「李内貞墓誌」には「保寧十年六月一日、薨於盧龍坊私第、享年八十。以当年八月八日、葬於京東燕下郷海王村」とみえる。
(66)唐後半期の幽州において新興の士人層は比較的早い時期から上級幕職官に進出していた点に留意しなければならない。この点については別稿で論じる予定である。
(67)王明蓀前掲「略論遼代漢人集団」を参照。
(68)都興知「有関遼代科挙的幾個問題」(『遼金史研究』、人民出版社、二〇〇四年。初出一九九一年)王善軍「世家大族的仕官与政治地位」(前掲『世家大族与遼代社会』所収)を参照。

(69)「張積墓誌」(『遼代石刻文編』三一三―三一五頁)を参照。
(70)『新中国出土墓誌　北京(壹)』上、六〇頁。
(71)「世為燕人。高祖諱庭誼、祖諱守素、皆□□公二世不顕。迨其王父、奮翼独啓、公為子襲而益大。由是華車□□成其業。重熙十五載、挙進士、果中高選」
(72)「故崇進栄国公致仕謚忠厚時公神道碑幷序」〈民国『新城県志』巻一五所収〉、「時立愛墓誌」(河北省文化局文物工作隊「河北新城県北場村金時立愛和時豊墓発掘記」『考古』一九六二―一二)を参照。
(73)『北京遼金史迹図志(上)』二八一頁、『新中国出土墓誌　北京(壹)』下、四九頁。
(74)「世為上谷龍門人。皇曾祖彬、不仕。皇祖克忠、不仕。父載、故開遠軍節度副使、官至将作少監、為時聞人。公生七歳、善属文、読書経目便誦。(中略)大康九年、登進士第、授秘書省校書郎」
(75)「史洵直墓誌」(『北京図書館蔵中国歴代石刻拓本滙編(四五)遼　附西遼　附斉』一四三頁、『北京遼金史迹図志(下)』一七二頁、『遼代石刻文編』六五一―六五二頁)。
(76)その発掘報告は河北省文物研究所『宣化遼墓―一九七三～一九九三年考古発掘報告』上・下(文物出版社、二〇〇一年。以下『宣化遼墓』と略称す)としてまとめられている。
(77)張輔の応試と及第に関して、飯山知保氏は「新王朝の体制に順応しようとする在地有力者層と、新附の州県の在地有力者層を掌握しようとする金朝の思惑が存在したと思われる」とされている。飯山知保前掲「金初華北における科挙と士人層」一四一―一四二頁を参照。
(78)「張匡正墓誌」(『宣化遼墓』六七頁)。
(79)『宣化遼墓』二三六頁、『遼代石刻文編』六五五―六五六頁。
(80)『宣化遼墓』一二五頁。
(81)「猶子右班殿直正卿、追念其事、与諸同気議于私第曰、雖室家之事已修、而祖考之塋未遂広増。至大安九年歳次癸酉四月丁巳朔十五日辛酉乙時、改葬于州北之隅、以示孝敬」
(82)「至大安九年歳次癸酉四月丁巳朔十五日辛酉時、改葬于雄武本郡之西北、増広塋所。無弃俘庸、請為記録。切以昭回、乃玄

郷之曲、添宗派間一寒士也。少習文墨、挙進士業、辞翰之場、頻戦不利、雖三赴御殿、猶未捷于甲乙、郷人視之、寔厚顔矣。即日与孫男右班殿直正卿、以心相友、雖翁殊母別、其相待与同気無異、而分義。由是於行従之中、歯列在季孫世裔之上、故命予以辞」

（83）『宣化遼墓』三〇五—三〇六頁。

（84）宋代における科挙による統合システムについては、平田茂樹『世界史リブレット九　科挙と官僚社会』（山川出版社、一九九七年）、近藤一成「宋代士大夫政治の特色」（『岩波講座世界歴史九　中華の分裂と再生』岩波書店、一九九九年）などを参照。

〔補注〕『臧知進墓誌』釈文および校勘

01　故東苑郡臧府君墓誌銘　幷序
02　府君諱知進字窺機東苑郡人歴其先□□□之間□孝公字臧厥後以字而立氏冠冕襲榮者
03　前代迹絶□□祖□不迎者襲□知□□□先娶張氏□度第二子而生□府君兄諱知福武定軍
04　馬軍軍使□□□□之□□陣有縱擒□娶李氏□□而亡府君威而不猛剛而有柔好眞儒
05　則早善片文□□□則□□事會同九□□馬自衙百成□恆超五馬之門應曆元年改攝奉
06　聖州別駕□□□□之香□□馥□□負志□之勢足績貞姿不□高祿位於當時樹門風於後世
07　□嘆浮生有阻□□□□□來□縱無徵隨壽□□而□□寧元年十二月二十八日卒享年七十有
08　□□年□□十二月□□□□□八年十月六日亡□□□葬□□義郷新塋也先娶王氏爲室生
09　□□□□王氏亡□□後娶□□爲室生男□□□妻亡武定軍衙隊軍使後補節度押衙衞士
10　□□□□□二日□□後成人使□任路□使院後行傳□易前行節度□官支計觀察節度三
11　□□□□□□□□□□□□□□□□□□之命□充礬山縣鎭遏使入爲管内都麴院使

後補節度□衙□□□□□□君□□□亡矣娶呂氏爲室曰恕方當長立迴識變通自從案
而已轉前□□□□使而選爲□□使□□□□□隨使押衙□□未期薨亡俄値至　宣徽
劉公領武定旣□□識□□□□補至軍城馬步使後□□令以代鎭□聽知所治復補厥□□任
著於節□□事□□□□□□張史君□臨特會□□□充隨使都孔目官左都押衙先娶魏氏爲
□□□□□□爲□四日□□衙使事轅門充武定軍節度□衙後補教練使娶程氏爲室其次
□□□□□尊普□矣□□□多役□之□未歷官資娶劉氏爲室亡□次八日裔情懷溫雅□和
□□□□州司馬娶□氏爲□□□□出嫁衞郎婦趙郎婦張郎婦孫男廿一人其嫡曰守鵬訓□□
□□□□來折都說□□依□□□□□定軍節度衙推將仕郎試祕書省校書郎後改授守奉聖州永興
□簿不絕政聲隆間□□□□□□□□□□□□□□正巳惟兩佐於□□□塾逞永實久奄□□□
□□守瑀翊明吏術長事□□□□□□□□□爲名父之子於使院後行補節度兵馬使節度同押衙兵
馬□行節度押衙□□方□□□□□□□□日□□□亡驢賽哥□賽□孫順孫並幼孫女七人三人
出嫁楊郎婦李郎婦□□□□□□□妹妹蔚姐□氏□失和鳴並日忘筆年□及冥數俄終統
和六年四月二十一日亡當月二十八日□□□當年十月十一日丙時□葬□□禮也□□府君聰明狀□□
見出人門□□慈孝之規子孫□□□□不得高其名而□其□□□□只如短於命而歿於身限□
進也嗣子□□吉地□後□□玄□□張□□爲銘而□□銘曰
日復沒子兮無定時□死□俱有□□□□擧行兮葬禮常事□□奠兮孝道恆規　神柩附兮
臨穴永訣佳誠開兮□長辞□□石□□□臧府君千萬年兮不朽記之
孫男武定軍兵馬前行守瑀書

【校勘】（「録文」は前掲張家口地区文管所・涿鹿県文管所「河北省涿鹿県譚荘遼咸知進墓」掲載の釈文をさす）
〔01〕幷序：「録文」は釈さず。〔03〕迹：「録文」は「止」につくる。〔04〕陣：「録文」は「軍」につくる。縦：「録文」なし

［05］善：「録文」なし。事：「録文」釈さず。自銜：「録文」は「□何」につくる。「自」字は不鮮明、他字の可能性もある。［06］別駕：「録文」は「別馬」につくる。香：「録文」は釈さず。馥：「録文」は釈さず。負：「録文」は釈さず。勢足績貞姿：「録文」は「男足績□□」につくる。不□：「録文」は「不高」につくるが、実見の限りでは「高」の字を読み取ることはできない。［07］縦：「録文」は「樂」につくる。徴随壽：「録文」は釈さず。「随」字はあきらかに異体字で他字の可能性もあるが、他個所の「随使押衙」の「随」字との共通性から「随」と釈す。［09］後娶：「録文」は「後」字を釈さず。武定軍衙隊軍使：「録文」は「□□軍衞隊軍使」につくる。「武定」は筆画の一部がわずかに確認できる。［10］二日：「録文」は釈さず。後成人使□任：「録文」は釈さず。傳□易：「録文」は釈さず。支計：「録文」は「餐計」につくる。［11］麹：「録文」は「葙」につくる。［12］後補節度：墓誌の現状からは確認できず。衙：「録文」は釈さず。［13］而已轉前：墓誌の現状からは確認できず。使而選爲：「録文」は釈さず。［14］劉公領武：墓誌の現状からは確認できず。既□□識：「録文」は釈さず。聽知：「録文」は「聽知」につくる。任：「録文」は「修」につくる。［15］著於節：墓誌の現状からは確認できず。事：「録文」は釈さず。特會：「録文」は時會につくる。「會」字は字の上辺のみが確認され、他字の可能性もある。魏氏爲：「録文」は釈さず。［16］爲□四日：「録文」は釈さず。衙使事：「録文」は釈さず。軍：「録文」は釈さず。［17］尊普□矣：「録文」は釈さず。［18］娶□氏爲：「録文」は釈さず。［19］依：「録文」は「衣」につくる。□定軍節度衙推：「録文」は「□□□節度□□」につくる。將仕郎試秘書省校書郎：「録文」は「將仕□識秘書省校書郎」につくる。［20］惟：「録文」は釈さず。［21］長事：「録文」は釈さず。爲名：「録文」は釈さず。同押衙：「録文」は「同□衙」とする。［22］方：「録文」は釈さず。哥：「録文」は釈さず。人三人：「録文」は釈さず。［23］及：「録文」は釈さず。統：「録文」は釈さず。［24］禮也：「録文」は釈さず。爲銘而□□銘曰：「録文」は釈さず。

稷山段氏の金元代
――十一～十四世紀の山西汾水下流域における「士人層」の存続と変質について――

飯山知保

問題の所在――金元交替期華北における「士人層」の連続性――

北宋代における科挙の制度的確立を背景として、北宋末から南宋代にかけての江南を中心とする中華地域China properの南方では、史料上「士人」「士子」と呼ばれる官学生・科挙応試者ら在地知識人層に対する役法・裁判上で

の優免特権が確立する一方、彼らは在地社会の指導者層として勢威を振るい、また「士」たるべき規範の摸索も顕著となる。[1]いわゆる「士人層」とは、こうした在地知識人層に対する、現代の研究者による呼称であるが、かかる士人層の交流関係や社会的地位はモンゴルの征服を経ても存続し、[2]やがて保挙制度や国子監・科挙が整備・実施され、儒学教養に基づく出仕経路が提供された。[3]

一方、筆者は同時期の華北に対する幾つかの考察を行ない、金初の戦乱時に河南・陝西などの士人層は甚大な打撃を受けたが、契丹（遼）・北宋代から金代への王朝交替を経ても、科挙応試への意欲は減退しなかった点、女真は基本的に北宋の科挙・学校制度を継承し、士人層はむしろ北宋代以上に拡大して、猛安・謀克制度の行き詰まりにより経済的・社会的困難に直面した中下層女真人も科挙に応試した点などを明らかにした。[4]その後のモンゴル時代の科挙に関しては、進士及第者の事例収集や、モンゴル時代独特の戸計制度である「儒戸」、漢人軍閥・モンゴル政権の漢地統治への漢人知識人の役割、そして進士及第者の出身・昇進や文学活動などに対する研究がすでに行なわれている。[5]

しかしながら、モンゴル時代華北「士人層」を考える上で最も基礎的な土台となるべき、金代士人層との連続性についてはいまだに明確な知見を欠く。十一～十四世紀華北における科挙応試者数は、金代章宗朝にその頂点を記録するが、続くモンゴル時代にはその半数をはるかに下回るにまで減少したと考えられる。[6]また、各種『登科録』などによれば、科挙再開後の華北での及第者では、一般的に金代士人層との関連性の強い儒戸よりも、むしろ軍戸・民戸などの戸計出身者の割合が高い。[7]無論、儒戸以外の戸計に分類された金代士人層も多数存在したことは確かであるが、かかる現象はむしろ、科挙が実施されなかった数世代の間に、元来の金代士人層が少なからぬ変動を経験したことを示していよう。

だが、ごく局地的な県レベルでの事例研究[8]を除き、金代士人層がモンゴルの侵攻に端を発する動乱のもとにあった華北在地社会にあって、どのように変容したのか、あるいはどの程度存続する余地があったのかという点については、

実証的な研究が行なわれていない。

残念ながら、具体的な数字を挙げて金代士人層のモンゴル時代への連続性を論じることは、史料的な限界から不可能である。そこで本稿では、金代に進士及第者を輩出し、モンゴル時代にも「儒学を以て顕姓為り」[9]という立場を保持した、山西汾水（汾河）下流域の稷山県段氏を対象とし、彼らの成功とその背景に対する分析を通じて、華北士人層が金代からモンゴル時代へと勢力を維持する上で直面した問題を、その他の在地有力者層の動向を踏まえて分析する。

なお、本稿では前述の「士人層」に属す家系を「士人家系」と呼び、「儒学習得による出仕（主に科挙応試）のため、積極的に子弟に高度な儒学教養の学習をさせる家系」と定義する。

一、汾水下流域の地勢的特質と北宋代の稷山段氏

今日、一般的に汾水流域は、①源流から呂梁山脈を流れ下り太原蘭村に至るまで、②太原蘭村から洪洞石壁に至る平野部、③洪洞石壁から万栄黄河河口に至る、姑射山と烏嶺山・中条山脈に挟まれた平野部、に大別される（地図を参照）。唐宋代では①の地域は北方の遊牧勢力との接壌地帯であった。他方、②③の地域は華北でも有数の農耕地帯であり、山西から陝西・河南に通じる主要な交通路でもあった。唐代から多くの有力家系が勃興し、北宋代には華北有数の進士及第者輩出地域となる。[10] 女真・モンゴルの支配時期（以下、「金元代」と呼ぶ）においても、③の地域は最も多くの関連史料が伝存する。本稿では、かかる史料的原因から③の地域を「汾水下流域」と呼び、主要な考察対象地域として設定する。

段氏が拠点とした稷山県は、汾水下流域にあって、平陽府（モンゴル時代：晉寧）・河中府（同：河津）と並ぶ人口密

譚其驤（主編）『中国歴史地図集第七冊　元・明時期』（三聯書店、1992年）pp.9f「中書省南部」に基づき作成。

稷山段氏系図

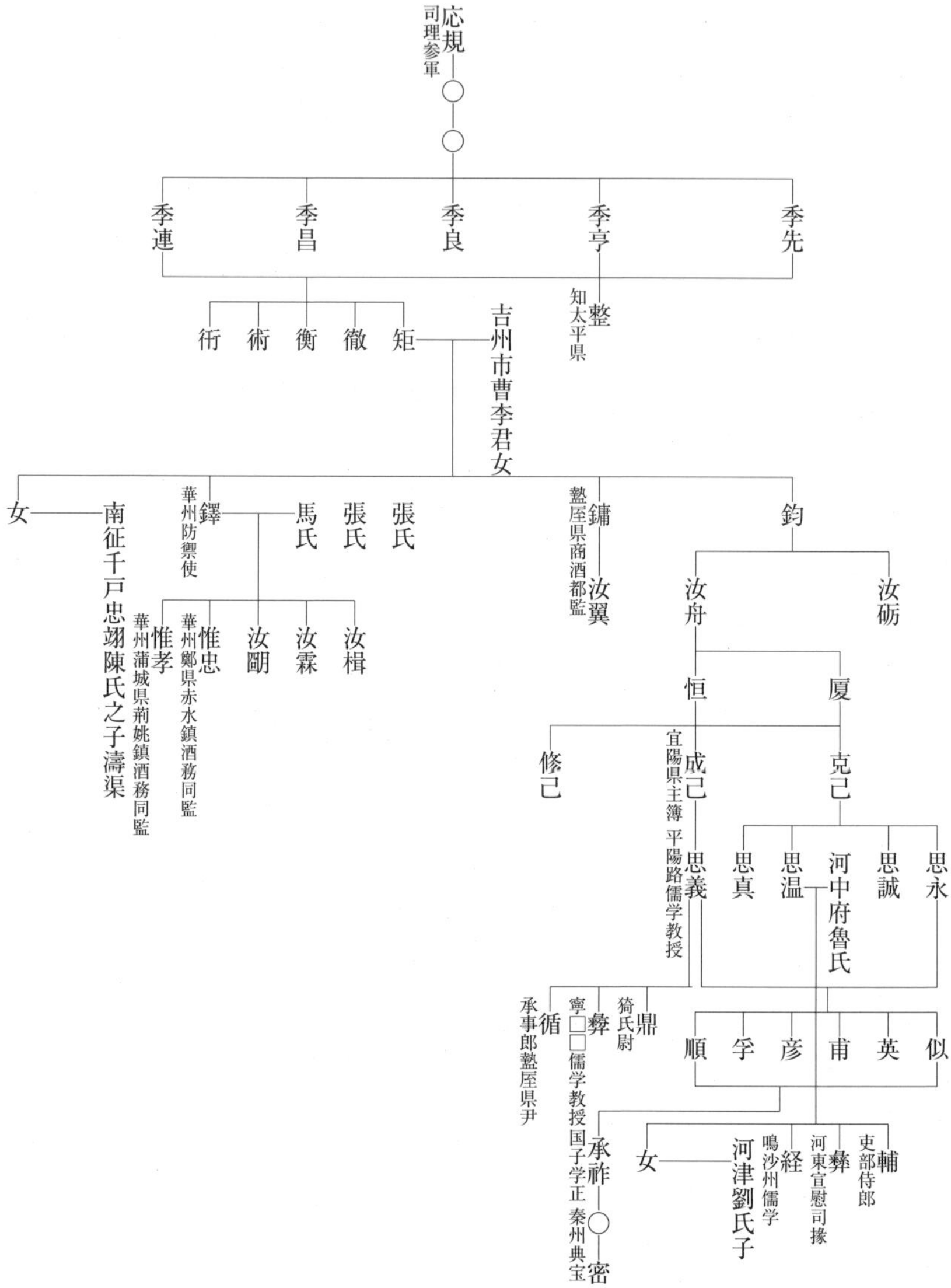

『山右石刻叢編』巻22「段鐸墓表」「段季良墓表」「段矩碑」、『二妙集』「二妙集序」「河東段氏世徳碑銘」、『国朝文類』巻56、同治『稷山県志』巻８「段氏阡表並銘」、『榘庵集』巻６「段思温先生墓誌銘」、『呉文正公集』巻68「元贈奉議大夫驍騎尉河東県子段君墓表」、成化『山西通志』巻15「贈太平尹西渓先生段君墓表」、乾隆『稷山県志』巻５人物志に基づき作成。

集地域である絳州に属し、汾水沿いの交通路に位置する。『山右石刻叢編』巻二二「段季良墓表」によると、この段氏の始祖は、北宋代に稷山県に定住した「司理参軍」段応規であった（以下、稷山段氏の系図については、稷山段氏系図を参照）。彼は県城附近に住み、その一族が集住して田畑を相伝する集落は後に「司理荘」と呼ばれるなど、稷山県では有力な家系であったらしい[11]。遅くとも応規の四世孫の世代には、そこからの収入を学費に充当する田畑を備え、子弟の能力をみて家財管理と科挙応試を行なわせている[12]。そして、「段季良墓表」によれば、第五世代（北宋末）には段整なる人物が太学への入学に成功し、知太平県事に任じられている[13]。

この段整は司理参軍応規の五世孫にあたり、応規以降、稷山段氏で初めて官途についた人物であった。正確な年次は記されていないが、その世代からみて彼が太学に入学したのは北宋末、おそらくは三舎法が実施された徽宗朝であると考えられる。科挙及第者は出していないが、愛宕元氏が研究した臨淄麻氏[14]と同じく、州県の官属である始祖を持ち、大土地所有を行なう家系を出自とする官僚であり、北宋代華北における新興官僚の家系の一典型ともいえよう。だが、間もなく北宋は滅亡し、段整も史料上から姿を消してしまう。この栄光から一転しての挫折とともに、段氏の金元代は幕を開けるのである。

二、女真の征服と金代の段氏

靖康の変における金軍の行軍路は、太原を制圧した後、潞州・沢州を攻略し、太行山脈の隘路を抜けて黄河の北岸に出るものであり、汾水下流域の主要都市である河中府が陥落するのは、金軍による華北征服が本格化した後の天会六（一一二八）年二月、平陽府（晋寧軍）は同七年二月である[15]。これ以降、大規模な戦闘は行なわれず、汾水下流域は比較的速やかに女真の支配下に入った。

こうした中、北宋末の挫折を乗り越え、稷山段氏は整の次世代も科挙応試を続ける。前章で述べた太学生整の従弟矩（一〇九七～一一三三）の息子三人のうち、鈞と鐸（一一三〇～一二〇一）は科場での名声により京師で「稷山二段」と呼ばれる。[16] 鈞は早世したが、鐸は正隆三（一一五八）年に第五人で進士及第することに成功し、後に中奉大夫・華州防禦使在任中に死去している。鐸の次兄鏞とその子汝翼は鐸の恩廕により県商酒同監に任じられ、鐸の五人の息子のうち、汝楫・汝霖・汝閎は早世したが、惟忠・惟孝も県商酒都監となった。

鐸の子の世代にはさらなる進士及第者はおらず、孫の世代も「皆な詞賦をなりわいとし、しばしば廷試に達し」[17]たが、やはり進士及第者は現れない。しかし、そのご曾孫の世代の克己（一一九六～一二五四）と成己（一一九九～一二七九）が正大年間（一二二四～三一年）に相継いで進士及第する。金一代で三人もの進士及第者の輩出は、金代華北でも稀な事例である。

中央官界での人脈についても、李愈（「段季良墓表」「段矩碑」）や張万公（「段鐸墓表」）といった名だたる文人官僚が段氏に関連する墓表の撰者となっているほか、段克己・成己兄弟は、趙秉文から詞賦の才能を高く評価されて「二妙」と讃えられており、[18] 北宋代と較べてその差は歴然としている。

大定年間（一一六〇～八九年）以降、科挙・学校制度を積極的に整備・拡張した金国の政策の下、汾水下流域でも科挙応試により繁栄する同様な家系が多く確認される。段氏の周辺でも、稷山の隣県であり、絳州の寄郭県である正平県の李氏では、李愈が前述の段鐸とほぼ同時期の正隆五（一一六〇）年に詞賦科で進士及第している。[19] また、科挙応試の実績のない家系も積極的に子弟に応試を行なわせた。稷山県の陳氏は代々農業を営んでいたが、陳規が郷先生に師事してから州学に進学し、明昌五（一一九四）年に進士及第して、中議大夫・中京副留守にまで昇進した。[20] そもそも、金代華北でも、汾水下流域は有数の進士及第者輩出地域であり、[21] 洪洞県では、地域の有志が共同で経・史・子および類書・字学に至るまでの書を備えた蔵書楼が建立された。[22] この地域の士人層は北宋代に劣らず、金代にはさらな

る増大をみたといえよう。稷山段氏はそうした中でも最も成功した家系の一つであった。

三、モンゴルの侵攻と在地有力者層の再編成

一二一一年のモンゴルの侵攻開始以来、汾水下流域はモンゴル・金国の間で争奪の対象となり、幾多の軍事行動が展開されるが、一二二〇年代中盤まではモンゴルが完全に制圧する。その後は、聞喜県にはフウシンのタガチャルが駐屯するなど[23]、四川・河南方面への出軍に備える部隊が多く駐屯した[24]。

こうした中、宋金以来の在地有力者層の衰亡が顕著となり、金代に進士及第者を出して繁栄した士人家系は、動乱の中でほとんど史料から姿を消してしまう。例えば、前章で挙げた稷山陳氏の場合、『山右石刻叢編』巻二五「陳規墓表」（至元十一（一二七四）年立石）に、金末元初の状況が次のように記される。

〔明昌五年に進士及第した陳規の〕以前の著述や上奏は金末の戦乱の後はほとんど失われたが、ただその始終全うされた大いなる節義ははっきりと人々の耳目に残っている。潁川郡君蘇氏を娶ったが、公（陳規）に先立って亡くなり、〔後添えの〕趙氏は戦乱の中で歿した。蘇氏との間には三人の子供がいたが、一人息子は汴京から燕京に赴いて亡くなった。二人の娘のうち、長女は寧氏の息子南容に嫁ぎ、次女は燕人趙遵周に嫁いだが、遵周が亡くなると女冠師となった。いま公を葬るのはこの次女である。知柔・知剛という二人の甥は早くに公の恩廕で出仕したが、相次いで歿した[25]。

現在、本稿で設定した汾水下流域にほぼ相当する晉南（臨汾・運城）地区に数多く分布する、北宋代以来の木造レンガ造り（木構磚室）の地下墳墓の多くの造営時期は、金末を下限とする[26]。例えば、稷山県馬村の「稷山金墓」は、一四の玄室を備えた晉南でも最大規模の宋金地下墳墓であるが、この墳墓の最後の玄室の造営時期も金代後期とされ

る[27]。このことも、宋金以来のこの地域の在地有力者層が、モンゴルの侵攻によりいかに多くの影響を被ったかを端的に示すだろう。

このように、旧来の士人層が没落してゆく一方、動乱による混乱への対処、あるいはモンゴルによる新制度への順応により官員を輩出し、頭角をあらわす家系が史料に頻出するようになる。本章では、現存史料にみられるモンゴル時代の汾水下流域において任官者を出した家系を、ひとまず便宜上、最初に出仕した族人の出仕方法によって、次の四類型に分けて分析する。なお、科挙及第による出仕については、第五章で別に考察する。

類型A「モンゴルに帰附して官職を与えられた家系」

金末の軍官や在地の武装集団を統率する家系がモンゴルに帰附した場合が多く、汾水下流域にも多数存在した。モンゴルにより根拠地周辺の地方官職を安堵され、クビライ政権により漢人軍閥の民官職承襲が禁止されると、軍官として南宋などへの遠征に従軍するか、または吏職・縁故により出仕して官職保持を試みる。汾水下流域において史料に現れるかかる家系は次のとおり。

①靳氏（曲沃、『山右石刻叢編』巻二六「絳陽軍節度使靳公神道碑」、成化『山西通志』巻一九六「靳孝子墓碑」）
②史氏（河津、『二妙集』「故河津鎮西帥史公墓碣銘」）
③楊氏（翼城、乾隆『翼城県志』巻二八「楊県尹墓表」）
④陳氏（河津、乾隆『韓城県志』巻一二「元韓城尹兼諸軍奥魯陳公墓塔銘」）
⑤張氏（石楼、『張忠文公文集』巻一八「晉寧張氏先塋碑銘有序」）
⑥徐氏（平陽、『山右石刻叢編』巻二七「故河東南路提挙常平倉事徐君墓碣銘并序」、『黄文献集』巻一〇上「御史中丞贈資政大夫中書右丞護軍追封平陽郡公謚文靖徐公神道碑」）

⑦程氏（洪洞、『秋澗集』巻五六「平陽程氏先塋碑銘」）
⑧張氏（晉寧、『金華黄先生文集』巻三八「嘉議大夫武昌路総管致仕張公墓誌銘」）
⑨鄭氏（石楼、『僑呉集』巻一一「石楼鄭氏先徳碑」）

モンゴルに帰附して鎮西帥に任じられた陳千世の四人の息子が、それぞれ浮山令・河津令・河津諸軍奥魯・監河津課という、本拠地周辺の官職に就いた④河津陳氏などは、この類型に属す家系の典型例である。ただし、時宜を得てモンゴルに帰附しても、その地位がモンゴル時代を通じて安泰であるという保証は必ずしもなかった。例えば⑤石楼張氏の場合、金代に鎮西副元帥であった祖父を継いだ張大亨がモンゴル支配下で石楼県尹となったが、その息子祿は父職を承襲できず、晉寧路吏在任中に早世してしまう。この家系の史料が現在に残るのは、祿の甥の徳聚が詹事院掾として出仕した後に、皇太弟時代のアユルバルワダに仕える機会を得、その即位後に昇進を重ねて奉議大夫・礼部侍郎にまで至り、墓誌銘の執筆を張養浩に依頼したからである。

また、モンゴルに帰附した当主が死去した場合も、その官職・権益の承襲は必ずしも保証されなかった。⑦洪洞程氏では、金末に摂行洪洞県令であった人物を父に持つ程玉が壬午（一二二二）年にモンゴルに帰附し、陝西攻撃に従軍し、総西京工匠に任じられる。だが、程玉は早世してしまい、この家系は既得の官職を失ってしまう。ただし、程玉の遺児の瑞がシレムンの帳幕に隷し、グユク・モンケの治世には襄漢で互市官となる。彼が一二五九年に鄂州攻撃に参加して功績を挙げ、クビライの厨房を司った後、累進して武略将軍・同知南陽府事に至ったため、その先塋碑が記されたのである。

このように、モンゴルに首尾よく帰附した家系でも、済南張氏などの大軍閥は別格として、その前途は概して不安定であり、官員を輩出するためには、吏員・縁故などによる出仕に注力する必要があった。⑥平陽徐氏は、その代表的な成功例である。己卯（一二一九）年にモンゴルに帰附して元帥府都提控に任じられ、河東南路提挙常平倉事にま

で至った徐玉であるが、その長子は出家して道士となって平陽道官に至り、次子の徳挙は尚書省掾として出仕し、太原路塩使司提挙で致仕する。徳挙の息子毅（一二五四〜一三一四）は、弱冠で□□掾に辟され、同知檀州事時代にクビライに名を知られて監察御史となり、累進して僉枢密院事にまで至る。この後、さらにアユルバルワダの知遇を得、その即位後に江南行台侍御史に任じられたのを皮切りに、資善大夫・参議中書省事にまで至った。その息子の宗義は、おそらく父の恩廕か縁故により出仕し、亜中大夫・衡州路総管にまで至ったことが確認できる。

類型Ｂ「吏職からの出仕者を出した家系」

金末の戦乱で首尾よくモンゴルに帰附して官職を得られずとも、十三世紀末までは冗官問題が深刻化しておらず、吏職は中級以上の官職にも到達しうる出仕経路の一つであった[28]。この類型に属す家系は次の一例であるが、前述したように、この他の類型に属す家系でも、吏職からの出仕は盛んに行なわれた。

①崔氏（絳州翼県、『中斎集』巻九「湘陰知州崔架之墓誌銘」）

崔棟（一二六四〜一三三四）は弱冠で江西鈔提挙司・行泉府司理問所の吏員となり、提控富州安福州撫州案牘、歴大都人匠都総管府留守司少府監知事や州同知などを歴任した後、奉議大夫・湘陰州知州で致仕し、その長子の思誠は国子生から承事郎・番禺県尹にまで至っている。

なお、崔棟は地方官衙の吏員として出仕したが、できれば中央官衙の吏員として出仕した方が、その後の昇進速度や人脈形成に有利であった[29]。このため、次に挙げる民国『濰県志』巻四一「故高公墓誌銘」のように、わざわざ大都まで出向いて吏職を求める事例が、モンゴル時代の史料には少なからずみられる。

北海の高君（高顕）が淮安路の照磨官となった翌年、私に請うて言った。「……私の家は代々農業を行ない、出仕者はいませんでした。今の世の中は太平であり、官員となる者の多くは賢俊です。かりに〔そうした賢俊で出仕

に耐えうる〕者がいなければ、どうやって家門を拡げて一族を庇護することができるでしょうか。そこで〔一族は〕資金と荷物をととのえ、私を京師に派遣して吏員としての実務を学ばせたのです。〔その結果、出仕する〕順序に則って大都路吏に就き、□州吏目に昇進して、任期満了後に将仕佐□として今の職位（淮安路照磨）を授けられたのです」[30]。

モンゴル時代初期にモンゴルとの結びつきを築けなかった家系にとっては、この吏職からの出仕は、官員を出す最も一般的な手段であったと考えられる。そして、かかる求職活動による吏職獲得は、その形態からみて、次の類型Cと密接な関係にあっただろう。

類型C「縁故を得て出仕者を出した家系」

この他の類型に分類した家系でもやはり頻見される類型で、モンゴル時代に最も盛行した出仕方法の一つといえる。よりよい縁故を求めて京師に上る事例が多い。『道園類稿』巻四三「王伯益墓表」（大名の王伯益（一二六六～一三一三）の墓表）は、縁故による出仕の実情を次のように詳細に記す。

伯益の字は執謙、大名の人であった。幼くして郷校に入り、一ヶ月で他の子供が読む書を全て学び、難しいところを教師に問うた。……そこで〔教師は〕父に勧めて〔伯益を〕州学に送らせたところ、数ヶ月もせずに郷校と同じく同級生を凌駕した。〔伯益が〕成長すると、父は資金を与えて京師に遊学させた。当時、中書平章ブクム（Buqum ト灰木）と翰林承旨唐公（唐仁祖）の名は世に名高く、人材発掘を自らの任務と考えた。伯益に会うと二人とも「奇材だ」と言い、敢えて通常の進用経路を用いて伯益を損なうことはせず、皇上に進言して館閣の重要な地位に就けるよう勧めようとした。〔だが、〕しばらくたっても二公の望みどおりにはならず、尚方符宝典書となった。三年の任期を満了すれば四品官に就けるはずであったので、伯益を符宝典書としたのであるが、三年たっ

ても四品官に就くことはできなかった。二公は相継いで世を去っており、伯益のために口利きをしてくれる者もいなかったが、〔その後〕柳唐佐（柳貫）が平章政事張子有（張九思）に口を利いてくれた。平章は隆福宮に仕えて権要に近く、また文士を好み、伯益を上客として礼遇し、自らの幕府に留め、徽政院照磨とした。〔それから、〕真定録事と陵州判官に任じられ、将作院照磨に転任した。(31)

同時代史料で「儌倖」「僥倖」と表現されて批判の対象となるのは、まさしくこうしたモンゴル王侯や高官との個人的な関係に基づいた出仕であるが、汾水下流域でも同様な事例が五件みられる。

①姚氏（稷山、『秋澗集』巻五一「大元中奉大夫参知政事稷山姚氏先徳碑銘」、『山右石刻叢編』巻三四「姚忠粛公神道碑」、乾隆『直隷絳州志』巻一四「大都路総管姚公神道碑銘」）

②李氏（絳州月城塞、『道園類稿』巻四五「河東李氏先塋碑」）

③楊氏（洪洞、『山右石刻叢編』巻三七「贈平陽万戸翼千戸楊公墓碑」）

④曹氏（平陽、『道園類稿』巻四七「曹同知墓誌銘」）

⑤陳氏（平陽、『雪楼集』巻二一「故平陽路提挙学校官陳先生墓碑」「故河東両路宣慰司参議陳公墓碑」、『松雪斎文集』巻九「故嘉議大夫浙東海右道粛政廉訪使陳公碑」）

①稷山姚氏は、縁故による最初期の成功例である。おそらく北宋代に絳州観察判官を出したとするこの家系は、しかしその後は出仕者を出さずにモンゴル時代を迎えた。姚天福（?～一三〇二）が懐仁県に推択され吏となり、モンケの治世にクビライがたまたま懐仁を訪れると、葡萄酒を給仕する手際をみとめられてそのケシクに入る。そして、至元年間初めに懐仁県丞となり、丞相タガチャルらにみとめられて、至元五（一二六八）年に御史台架閣庫管勾兼獄丞に抜擢され、その後は監察御史や各地の按察使・粛政廉訪使・行省参知政事など華々しい官歴を歩んでから、最終的に通奉大夫・参知政事・行京尹事にまで至り、その三人の息子もみな出仕している。

この稷山姚氏の場合はカアンの弟が自ら任地に訪れる幸運に恵まれたのであるが、通常は前掲「王伯益墓表」が記すように、縁故を求めて京師に上った。

④平陽曹氏の曹章は、中統年間初めに京師に遊び、経緯は不明ながら勧農知事の職を手にした。その息子天錫は湖南宣慰使元帥府掾として出仕して承務郎・福州永福県尹に至り、天錫の長子憲（?～一三四三）も広東帥府奏差として仕え、武徳将軍・同知松江府事で致仕する。縁故と吏職出仕の組み合わせにより、この家系は世代を越えて官員を輩出したのである。なお、曹憲の長子祖仁は「河東郷貢進士」から江東粛政廉訪司令史となっているが、これについては第五章で触れる。また、③洪洞楊氏の場合、一四世紀初頭まで出仕者は存在しなかったが、楊温（一二六九～一三四七）が商人として江淮川蜀で商売をした後、息子二人と京師に上り、孫の「卓越者一人」を選んで、「筮仕の方」を指導しつつ、日々「貴近」と交遊した。その甲斐あって、孫の徳明は、詳細は不明ながら「宿衛」に入り、年労により忠翊校尉・杭州上都翼千戸に任じられる。

官員との縁故は、地方官衙への出仕へも重要な役割を果たしたと思われる。②絳州李氏では、李安生が至元七（一二七〇）年に聞喜に占籍し、平陽ダルガのジャライル（J̌alayir 札剌児）の「客」となってから、安生の息子英（一二四四～八八）が河東宣慰使により稷山税務大使に任じられ、後に絳州税務提領に転任した（在任中に死去）。この場合、平陽ダルガとの縁故が李英の出仕に何らかの影響を及ぼした可能性は高いだろう。なお、英は生前に、他人が州ダルガにした借金の保証人となり、結局財産のほとんどを失っている。かかる難局の中、その息子の思敬は十二・三歳で絳州の賈茂之に師事した後、京師への遊学を選択する。縁故を得ての出仕を望んでのことだろうが、彼が京師で成功することはなかった。だが、延祐丙辰（一三一六）年に陝西で兵乱が起きると、母を気遣って帰郷したことが評判となり、孝廉として河東粛政廉訪司令史に任じられ、後に監察御史にまで至った。この事例も、縁故などによるより良い出仕の機会を摑むため、京師へと上る当時の人々の傾向を示すものであろう。

類型Ｄ「モンゴル王侯の位下・投下での出仕者を出した家系」

モンゴル時代の汾水下流域には安西王の権益地（解州の塩利など）が点在しており[32]、その管理機構に出仕する事例もみられる。

①樊氏（臨晉、『山右石刻叢編』巻三一「樊氏先塋之記」）

この家系は金代以前に官吏を出したとの記述がないが、樊玉（一二二一～八九）はクビライの治世初期に転運司の檄をうけて、具体的な官職名などは不明であるが、解州塩池の塩禁を管理した。そして、おそらく父と塩池（安西王の権益地の一つ）との関連により、その息子の珪は安西王の命を受け、吉州路人匠提挙に任じられ、延祐元（一三一四）年には忠翊校尉・管領崇慶等処怯憐口民匠長官を宣授されている。

以上、本章で確認したように、モンゴル時代に入ると、出仕経路の多様化・多岐化が急激に進展する。この知見をふまえ、次章では、かかる状況下で稷山段氏がいかにその名声を保持したのかを考察する。

四、モンゴル時代の稷山段氏

稷山段氏では、金末に進士及第した克己と成己がモンゴルに出仕することはなかった。そして、克己の死後、その子供たちは成己に教育され、その中から出仕者（辟召への辞退者を含む）が出た。すなわち、克己の次子の思誠は、大徳八（一三〇四）年、承旨閻復の推薦を受け、河中府儒学教授に推されるも辞退。克己の三子思温（一二三九～八八）は安西王マンガラから記室参軍に辟されるも、やはり辞退。成己の子思義（一二四一～一三〇六）は大徳八年、同じく閻復の推薦を受け、冀寧路儒学教授に就き、そのご韓城に移住して学問に専念。思真（具体的な血縁関係は不明）は大

徳八年に国史院に出仕し、おそらくその時に面識を得た閻復が「河東文献故家」たる段氏を訪問し、思誠と思義をそれぞれ前述の職位に推薦した。思義の任官は、その没年からみて在任期間が長くても一年足らずであり、本格的に職務に従事したとは考え難い。おそらくは顕彰目的の名目上の官職授与に近いものであったと思われる。思誠の任官辞退も、同様な職位授与に対する辞退であろうか。ただし、思温が安西王マンガラの辟召を辞退した背景は不詳である。

克己・成己の孫の世代では、思温の子の輔が応奉翰林として出仕し、西台御史・南台御史・中台御史・僉燕南河北道粛政廉訪司事・国子司業・太常礼儀院判官を歴任。思義の子である孚・彝・循も、輔の恩蔭などによりそれぞれ猗氏県尉・寧□□儒学教授・盩厔県尹に任じられている。曾孫の世代では、承祚が国子監に入学し、国子学正に就いた。このようにモンゴル時代の稷山段氏が金代に引き続き官員を輩出した背景には、次の諸要因が挙げられる。

Aモンゴル配下の軍閥・地方官による庇護

克己・成己の文集の合集である『二妙集』では、詩文の応酬者の大部分は身分が不明か医者であるが、その中でひときわ眼を引くのが、三ヶ所に登場する「総管李侯」「万夫長李侯」という者たちである。これは、モンゴルの金国侵攻に最初期から参加し、一二一〇年代から三〇年代にかけて平陽を拠点とした李氏兄弟（李守忠、李守賢（一一八九～一二三四）：平陽知府、李守正：河東南路兵馬都元帥）を指す。東平厳氏、沢州段氏のように、モンゴルの華北支配初期の漢人軍閥の中には、支配地の学芸復興に尽力する事例が散見されるが、[33] 平陽の李氏兄弟も、『榘庵集』巻六「段思温先生墓誌銘」に「万戸晉寧李侯は菊軒（成己）を迎えて学館を開いて授業をさせ、学者が四方から集まった（万戸晉寧李侯、迎菊軒闢館授徒、学者四集）」、成化『山西通志』巻一五「贈太平尹西渓先生段君墓表」に「国初、郡侯の李姓の者が菊軒を迎えて〔平陽府の〕北廓に学校を開き、〔菊軒は〕そこを家とした（国初、郡侯李姓者迎菊軒、闢庠北廓、而遂為家）」と記されるように、稷山段氏兄弟、とくに成己の庇護者となった。

つまり、他の士人家系が戦乱の中で没落する中、稷山段氏は在地の支配者の庇護を受けており、これは動乱期を乗り越えて「儒学を以て顕姓為り」「河東文献の故家」との地位を保持する上で極めて重要であったと考えられる。稷山段氏が汾水下流域で保ち続けた名声は、布衣ながら成己が撰述した公の建造物（祠廟・学校）に関する碑刻が現在でも当該地域でみられる点、同じく成己が朝廷から平陽提挙学校官の職位を提示された点[34]、克己の三子思温が安西王マンガラから記室参軍（親王府の正八品の職位[35]）に辟された点からも分かる。

B詞賦学から道学への転換

金代の段氏は詞賦のみをなりわいとしたが、成己の子の世代になると、前掲「段思温先生墓誌銘」に次のように記されるように、道学への転換がみられる。

先生（思温）は読書して大義に通じていたが、世学が継承されないことを常に恐れ、感極まって涙を流すことさえあった。菊軒（成己）に従って学業を終えたいと欲し、かさねて寒暑を忍んで（努力した）。母夫人はその意を察し、「学問を好むことは段氏の福です」と励ました。菊軒もまたその志を嘉し、教え導いた。そこで先生は学業に励み、寝食を忘れるほどであった。経史の要義は、必ず手ずから書き記した。初めは詞賦を学んでいたが、ここに至ってことごとくそれを捨て去り、古の聖賢問学の根本を求め、張載・程顥・程頤・朱熹の伝を究めた。……菊軒はその才能を高く評価し、つねに「我が家系を引き継ぐのはこの者だ」と語った[36]。

金代科挙では詞賦科が本流であり、金代に進士及第者を輩出し著名であった家系の多くは、詞賦の学を家学として伝承した[37]。前述したように、稷山段氏も金代には代々詞賦を学んでいる。だが、モンゴル時代に入り、詞賦の学が実用的価値を減じると、新たな状況への適応に失敗した家系は学問の家としての評価を徐々に失い、その多くは史料から姿を消す。段思温の転身と、それを支持した成己の理解により、稷山段氏は、この転換期を乗り越えたといえよう。

C段思真の国史院への出仕と閻復による推挙

前述した克己・成己の次世代の出仕は、実質的に全て大徳八年の閻復の推挙による。その契機と思われるのが、思真が同年に翰林国史院に「職を隷した」点である。前掲「贈太平尹西渓先生段君墓表」は、その様子を次のように記す。

大徳八年、思真は国史院に勤務し、承旨閻文公（閻復）が河東文献の故家を訪れた。当時、遯庵（克己）はすでに歿しており、芹渓（思誠）と先生（思義）を朝廷に推挙し、ともに学校官を授けられた。芹渓は河中〔府儒学教授〕、先生は晉寧〔路儒学教授〕であった。[38]

明確な記述はないが、思真の国史院への出仕と閻復の稷山訪問との間には、何らかの関係があったと読める文脈である。翰林国史院の官員として、段思真の名は『元史』をはじめその他の史料に一切みられない。その後の官歴も明記されないことから、おそらく翰林国史院付きの吏として出仕し、栄達することがなかったと思われる。その出仕の契機は不明であるが、京師に上って求職活動をしたか、在地での実家の名声を利用して庇護者を得た可能性も十分あろう。

ともかく、中央官衙に族人を送り込み、そこで高官の縁故を得たことが、モンゴル時代中期以降の段氏の家運に大きな影響を与えた可能性が高い。なお、思真らの次世代にあたる段輔の出仕は「文行を以て、応奉翰林に選ばるる〈以文行、選応奉翰林〉」（同治『稷山県志』巻八「段氏阡表並銘」）と記され、記述からみて何らかの保挙によると思われる。段輔は応奉翰林から西台御史・南台御史を経て、延祐三（一三一六）年十二月には監察御史に在任しており、[39]その出仕時期は一任三年あるいは一考三〇ヶ月として一三〇七～八年頃となる。年代からみて、この任官にも閻復が関与している可能性が十分に想定できよう。

以上の要因から段氏の成功の背景は、次のようにまとめられる。すなわち、モンゴル時代の史料上では、金代から続く「学者」の家系としての段氏の姿が賞賛される。[40]だが実際には、金国の滅亡とモンゴルの華北支配の進展におけるその時々の保身・出仕傾向に的確に対応し、官員を輩出し続けたことが、その存続を可能たらしめたのである。段輔が栄達した後も、その次世代の承祚は国子監に入学し、結局は栄達することなく帰郷したが、学官として出仕には成功している。

このように、金代に進士及第者を出し、モンゴル時代にも引き続いて官員を輩出した家系は、管見の限り例外なくモンゴル支配下の新たな行政・出仕制度に順応している。[41]一方で、こうしてモンゴルの支配に順応する機会・能力のなかった金代士人家系は、半世紀に及ぶ戦乱と強固な中央政府の不在を乗り越え、在地有力者としての地位の保持が困難であったことは十分に推察されよう。

五、科挙再開とその影響

前章まででは、金末元初の動乱とモンゴルの新出仕制度の出現が、在地有力者層のあり方に多大な変動を与えたことを確認した。そこで次に、かかる状況に科挙再開（一三一三年）がいかなる影響を与えたのかを考察する。モンゴル時代、汾水下流域の科挙応試者は、全ての河東の応試者とともに太原での郷試に赴いたが、その合格定員は蒙古五人、色目四人、漢人七人であった。[42]前述した他の出仕経路とくらべ、その隘路ぶりは際立っている。

それでは、科挙応試者とは一体どのような人々だったのだろうか。汾水下流域で、同時代史料でその実在が確認される進士及第事例は次の七例である。

①王士元（延祐二（一三一五）年及第、臨汾出身、『山右石刻叢編』巻三七「慶奉寺仏像碑」、『至正集』巻四一「晉寧路郷賢祠堂

記」）
②劉尚質（泰定四（一三二七）年及第、曲沃出身、嘉靖『曲沃県志』巻三人物志、『元史』巻四五順帝本紀至正十八年五月是月条）
③趙承禧（至順元（一三三〇）年及第、晉寧（平陽）出身、『燕石集』巻一三「趙宗吉真賛」、『玩斎集』巻三「送趙宗吉赴河間太守」）
④許寅（元統元（一三三三）年及第、臨汾出身、『元統元年進士録』、『青陽集』巻三「梯雲荘記」、『秘書監志』巻九）
⑤エセンブカ（Esenbuqa 也先溥化、元統元年及第、太平出身、『元統元年進士録』）
⑥エセントイン（Esentoyin 野仙脱因、河東県出身、『元統元年進士録』）
⑦靳栄（及第年不詳、曲沃出身、成化『山西通志』巻一九六「靳孝子墓碑」）
⑧孫抑（及第年不詳、洪洞出身、『元史』巻一九八孫抑伝）

まず、出仕経路としてみたモンゴル時代科挙の最大の特色は、『至正集』巻三二「送馮照磨序」における許有壬（延祐二年進士）の認識に言い尽くされる。

士（科挙応試者）は数枚の紙を持って家を出て、都合一一篇の文章さえ書けば、それで立派な官職を得、一般の民より抜きん出ることができるのだ。かの輩（推挙・縁故などによる出仕者）は万単位の財物を費やしてようやく任官することができ、そのうちまた〔その官職を〕失うのに、われら（科挙及第者）は〔財物など〕全く費やすことはない。胥吏の輩は出仕してから何度も遷転して〔ようやく〕俸給を得、〔それから〕二〇年以上してようやく資品官に流入することができるのだが、われらは郷試から及第までわずか一〇ヶ月のみ。われらがこの恩遇にこたえるには、いったいどうすればよいのだろうか[43]。

すなわち、科挙は儒学教養という比較的明確な基準で選抜が行なわれる上、吏員出仕のように冗官問題に悩まされることがなく、また縁故のように庇護者の権勢の変転に左右されることもなく、及第後はすぐに従六品から正八品

（例外的に正九品）の職位に任じられ、[44]その後も順調に昇進すればかなりの高官に到達可能であった。さらに、第一回の科挙実施に際しては、吏員出身者の昇進は従七品にとどめ、前職の任期が満了し、従七品以上の職位への任官を審査中の者は、品階を降して任命するという措置がとられている。[45]無論、最多でも一回一〇〇名に過ぎない進士及第者にこれほどの特権を突然与えることが官僚機構に大きな混乱をもたらすことは明白であり、至治三（一三二三）年十二月には、吏員出身者の昇進制限が正四品に引き上げられるが、[46]ともかくこの一連の優遇措置は、出仕志望者の科挙応試への意欲を刺激しただろう。

また、モンゴル時代の科挙に関しては、及第以外にもそれに付随する出仕経路が存在したことも看過できない。まず、第一回の科挙では、会試に不合格であった受験生には、その年齢と出身に応じて、もれなく従七品致仕・学校官（教授・山長・学正）の職位、そしてすでに出仕している者には昇進での優遇が与えられた。[47]これは第一回の科挙に限った特例措置とされたが、実際にはその後も会試・郷試落第者への救済措置が講じられ続け、至正元（一三四一）年の科挙再開に際して定例となる。[48]さらに、会試落第者には中央吏員への出仕経路[49]が開かれ、国子監の伴読となる経路も設置されていたと推測される。[50]

このように、進士及第はできずとも、会試に進めば、下級官とはいえ出仕が可能であったが、こうした任官機会それ自体を出仕経路としてとらえるべきことは、つとに指摘されている。[51]前々章で触れた平陽曹氏の曹祖仁が「河東郷貢進士」（郷試に合格したことを指すのか、ただ単に応試したことを指すのか不詳）から江東粛政廉訪司令史に任じられたことも、かかる出仕の一例である。

総じて言えば、適当な縁故がない任官希望者にとって、非常な難関ではあるが、科挙応試は考慮すべき選択肢の一つであった。実際、汾水下流域の事例のうち、過半数を占める事例（①②③⑦）では、応試者の父祖に出仕者がおらず、高官やモンゴル王侯との縁故も認められない。当時の冗官傾向からみて、長年に亘り吏員として勤務したり、さ

したるつてもなく大都に上って縁故を探すよりも、及第すれば資品官に確実に到達できる科挙応試に賭けてみたとの想定も、十分に妥当であろう。また、父祖に出仕者がいた場合でも、後述するように承廕・承襲資格者は通常一名であり、次男以下は出仕を望むならば他の経路に因る必要があった。例えば、⑥エセントインは父が武略将軍を帯びていたが、自らは次男であった。かかる状況を考慮して、この家系がエセントインに儒学を習得させた可能性は十分にあるだろう。④許寅も軍戸出身で、同様の経歴をもつ。なお、十三世紀末から顕在化する軍戸の昇進機会の激減をうけて、軍戸の中で科挙応試を選択する家系が増加したであろうことは、すでに別稿で指摘した(52)。

また、⑤エセンブカは軍戸出身で、□□使の曾祖父、州同知の祖父をもったが父は出仕していない。さらに、⑦靳栄は第三章の類型A①曲沃靳氏の出身であるが、この家系は栄の曾祖父和（一一九八～一二六五）が己卯（一二一九）年にモンゴルに帰附し、絳州を守備し、その子の用は敦武校尉・栄河尹から同知晋寧路総管府事にまで至ったが、その次の世代は出仕者を出しておらず、栄の世代には恩廕や縁故などの出仕への手がかりを失った状態にあった。こうした家系でも、科挙応試は当然選択肢として浮上しただろう。なお、かかる進士及第事例に、金代士人家系からの連続性は看取されない。

ただし、やはり進士及第の定員は圧倒的に少なく、また科挙応試に必要な儒学習得には当然相応の資産的余裕が必要であった。また、前述した吏員出身者の昇進制限についても、モンゴル王侯や高官の縁故を得、かかる制限に束縛されずに栄達する吏員出身者の事例は史料上頻見され、実質的には骨抜きに近い状況であったと考えられる。そのような科挙応試をめぐる実情は、『元史』巻一四二徹里帖木児伝に記される、後至元元（一三三五）年に行なわれた科挙廃止をめぐる次の議論に象徴的に示される。

〔許有壬が言うには、〕「現在、通事などは天下に三三二五名、一年に四五六名〔が任用されます〕。エウデンチ・太医・控鶴は、みな資品官に流入します。また路吏出身や恩廕もあり、出仕経路は多様です。今年の四月から九月まで、

無位無官から宣授をうけ任官した者（縁故による出仕者）は七二名なのに対し、科挙は〔一回の及第者数を三年で割れば、〕一年にわずか三〇余名しか登用しません[53]」。

このように、あくまで科挙はその他の出仕経路の一つであり、その再開により金代の状況が再現されたとは考え難い。前述したように、モンゴル時代の科挙応試者は金代の半数以下と考えられることも、この想定と符合しよう。

こうした中、稷山段氏は進士及第者を出していないが、前章で述べたように国子監へ子弟を入学させた。これは、国子監で上舎生まで至り、学内の選抜試験に合格すれば、郷試免除で会試受験が可能であり、その上、上舎生には推挙などによる任官経路も開かれていた状況[54]を考慮してのものであろう。国子監への入学資格は、七品官以上の子弟であるか、三品以上の朝官の推薦を得ることであったが、首尾よく七品以上の官僚（段輔）を出した段氏としては、郷試からの受験よりも、明らかに国子監入学の方が進士及第者を出す捷路であった。やはり稷山段氏は、出仕経路の変遷に順応しつつあったといえよう。

しかし、国子監を卒業して国子学正に就任した承祚は、老母の侍養を理由として帰郷してしまう。そしてこれ以降、段氏の族人が吏職・縁故で再び出仕に成功した形跡もなく、段氏の官員は、明代洪武年間に稷山県学訓導から秦州典宝に就任した、克己の五世孫の段密[55]を除き史料から姿を消す。なぜ承祚が突然帰郷したのか、その理由は史料に一切記されない。ともかく、モンゴル時代の恩廕は五品以上の官員一人につき一件のみ[56]であり、闇復の死後、有力な縁故をもたなかったとおぼしき段氏は、承廕資格を得られなかった承祚の世代以降は安定して官員を輩出する土台を失い、その状態から再起できなかった可能性が高い。

このように、モンゴルや高官との縁故を持たない場合、モンゴル時代において安定して官員を輩出する上で、一つの躓きが致命的となることすらあった。縁故による出仕がモンゴル時代を通じて盛行する一方、科挙応試者数が前代の水準を回復することがなかった背景の一つには、こうした状況に直面して、より有利で安定した出仕基盤を求める

当時の人々の思惑があったと思われる。

おわりに

本稿で得られた知見をまとめると次のようになる。まず、北宋代から金代にかけての汾水下流域では、女真の征服という戦乱があったものの、華北有数の進士及第者輩出地域の地位を保持し続け、士人層の活発な活動が看取される。しかし、金末元初の戦乱により科挙制度を保証した金国が崩壊し、それに取って代わったモンゴルの新制度が出仕経路の多岐化を招来したため、この一連の変動に対処・順応できなかった多くの金代士人家系が没落する。そして、モンゴル支配下の新興在地有力者層は、モンゴルの中華地域支配が進展する中で変化してゆく出仕状況により、南宋征服への従軍、吏職・縁故の獲得、位下・投下での勤務など、多様な経路を通じて官員輩出を希求した。また、科挙再開が華北の在地有力者層に与えた影響はおそらく限定的であり、科挙応試に積極的であった家系も、その数は金代の最盛期を大きく下回ったと考えられる。こうした中、金元代を通じて「儒学を以て顕姓為り」という地位を保持し続けた稷山段氏も、実際にはかかる出仕状況に的確に対応していた。

士人層の連続性という点に関して、総じて言えば、北宋代・金代の汾水下流域では、金代章宗朝を頂点として科挙受験者層が増加し続けたが、モンゴルの侵攻を境として金代士人家系の多くが没落し、モンゴル時代に再び勢力を回復することはなかった。金代とモンゴル時代の士人層の間には、明らかな断絶が存在する。また、かかる断絶を経た後、延祐の科挙再開により現れたモンゴル時代の応試者層も、その数が金代の水準を回復することはなかった。

これが儒学教養の権威が否定された結果でないことは、稷山段氏が「儒学」の伝承により名声を博した点からも明らかである。むしろ、モンゴル時代の段氏の経歴に端的に示されるように、儒学教養を出仕に活かす方途が科挙のみ

でなくなった点、すなわち科挙制度の相対化が、かかる事態を招いたといえよう。金代とモンゴル時代の「士人層」には、それを構成する家系の顔ぶれのみならず、出仕経路に対する志向にも大きな差異が存在したのである。

またこの知見は、士人層に関する中華地域の南北差異を考える上でも興味深い。先に繰り返し述べたように、南宋代の南方社会では士人層に対する役法・裁判上の優免慣習が存在していたが、同時期の華北士人層は科挙制度に基づくそうした優免慣習を持たず[57]、南方の士人層とは社会的立場に少なからぬ差があった。モンゴル時代に入っても、少なくとも汾水下流域では科挙応試に対する志向はむしろ大いに減退し、従って科挙制度に由来する優免慣習が確立した蓋然性は低い。実際に、同時代史料において、そうした慣習の存在をほのめかす記述は管見の限りみられない。すなわち、本稿での知見が示唆する限り、科挙制度が王朝と社会とを結ぶ紐帯となり、社会においても有力者の地位を保証する威信の源となるという「科挙社会」は、汾水下流域においてはモンゴル時代に中絶したと考えるほかないのである。

これは汾水下流域の歴史上においてモンゴルの支配が社会に与えた影響の重要さを顕示するのと同時に、科挙制度確立後の中華地域の社会構造の変遷を、南方社会を基準に、明清時代へと単線的に想定することの難しさをも示すように思われる。あるいは、明初の科挙での華北士人の劣勢の背景についても、学術水準や科挙応試に対する習熟度の差異だけではなく、十一～十四世紀の華北と南方が辿った歴史的経緯の差異に由来する、応試者層の数量・社会的地位の格差も存在した可能性も、考慮すべきかもしれない。これらの点についてさらに考察を進めるためには、モンゴル時代華北における出仕形態の変遷をより総合的に把握した上で検討する必要がある。今後の課題としたい。

註

（1）　高橋芳郎「宋代の士人身分」（『史林』六九―三、一九八六。後に同氏『宋――清身分法の研究』北海道大学図書刊行会、

二〇〇一に収録）、中砂明徳「士大夫のノルム形成——南宋時代」（『東洋史研究』五四—三、一九九五）などを参照。

（2）村上哲見「弐臣と遺民——宋末元初江南文人の亡国体験——」（『東北大学文学部研究紀要』四三、一九九三）、蕭啓慶「元朝科挙与江南士大夫之延続」（『元史論叢』七、一九九九）、森田憲司「碑記の撰述からみた宋元交替期の慶元における士大夫」（『奈良史学』一七、一九九九。後に『元代知識人と地域社会』汲古書院、二〇〇四に収録）。

（3）櫻井智美「元代集賢院の設立」（『史林』八三—三、二〇〇〇）、宮紀子「程復心『四書章図』出版始末攷——大元ウルス治下における江南文人の保挙——」（『内陸アジア言語の研究』XVI、二〇〇一。後に『モンゴル時代の出版文化』名古屋大学出版会、二〇〇五に収録）。

（4）拙稿「金初華北における科挙と士人層——天眷二年以前を対象として——」（『中国—社会と文化』一九、二〇〇四）、同「金代漢地在地社会における女真人の位相と「女真儒士」について」（『満族史研究』四、二〇〇五）、同「科挙・学校政策の変遷からみた金代士人層」（『史学雑誌』一一四—一二、二〇〇五）、同「楊業から元好問へ——一〇～一三世紀晋北における科挙の浸透とその歴史的意義について——」（『東方学』一一一、二〇〇六）を参照。

（5）以上、モンゴル時代の科挙及びそれに関連する先行研究については、渡辺健哉「近年の元代科挙研究について」（『集刊東洋学』九六、二〇〇六）を、儒戸・儒人に関する先行研究については、拙稿『モンゴル時代漢地在地社会における儒人戸』（富士ゼロックス小林節太郎記念基金、二〇〇七）一～二頁を参照。

（6）拙稿「女真・モンゴル支配下華北における科挙受験者数について」（『史観』一五七、二〇〇七）を参照。

（7）蕭啓慶「元朝多族士人圏的形成初探」（『元朝史新論』允晨文化実業公司、一九九九。初出は『第二届宋史学術研討会論文集』中国文化大学、一九九六）、同「元代科挙与菁英流動：以元統元年進士為中心」（前掲『元朝史新論』。初出は『漢学研究』五一、一九九七）。

（8）拙稿「金元代華北社会における在地有力者——碑刻からみた山西忻州定襄県の場合——」（『史学雑誌』一一二—四、二〇〇三）。

（9）『榘庵集』巻六「段思温先生墓誌銘」「段氏世県晉寧之稷山、以儒学為顕姓」。

（10）John Chaffee, *The Thorny Gates of Learning in Sung China: A Social History of Examination*, Albany: State University of New

York Press, 1995, Appendix 3 を参照。

(11)「降及前宋、則我司理参軍出焉。参軍諱応規、郷於絳之稷山、門族蕃大、連甍接耐、相望屹然、邑人号司理荘以別之。爾後、埋光種徳、疆畎相承、不替其緒者累葉矣」。

(12)「四世孫季良、字公善、乃故贈中奉大夫武威郡侯矩之父也。故華州防禦使鐸之祖也。昆季五人、兄曰季先・季亨、弟日季昌・季連、姪五人、徹・整・衡・術・衎、量材授事、各有所主、或私門幹蠱、或黌宇治経、俾皆不失其性分。……故而已人有勧其仕進者、笑而不答、私謂所親曰、丈夫居世、豈能以太倉一粒為人所役哉。姑山之陽、汾水之曲、世有善田数頃許、足以香祭祀、奉甘旨、備歳時伏臘之礼、給子孫詩書之費」。

(13)「季亨之子整、与賓貢之書、升於太学。絳之距荷、不啻千里。始我往矣、琴書僕馬、無不畢備。及至之日、津遣以時、俾忘倦游。整亦不負叔父之志、曉窗夜燭、克尽其業、為時聞人。……後以文芸擢知太平県事」。

(14)愛宕元「五代宋末の新興官僚――臨淄の麻氏を中心として――」(『唐代地域社会史研究』同朋舎、一九九七。初出は『史林』五七―四、一九七四)を参照。

(15)『金史』巻三太宗本紀の天会六年から七年の記事を参照。

(16)『山右石刻叢編』巻二二「段鐸墓表」「已与兄鈞同遊場屋、□□争先振華発藻、難弟難兄矣。都人呼為稷山二段、其声価有如此者」。

(17)『山右石刻叢編』巻二二「段矩碑」「孫五人、曰夏、曰恒、尤為翹楚者、皆業詞賦、屢達廷試」。

(18)同治『稷山県志』巻八「段氏阡表並銘」「克己・成己之幼也、礼部尚書趙公秉文識之、名之曰二妙」、『渠庵集』巻六「段思温先生墓誌銘」「初未奏名、既謁礼部趙公某、使誦所業賦、公嗟愕久之、起書「双飛」二大字以贈」。

(19)『金史』巻九六李愈伝「李愈、字景韓、絳之正平人。業儒術、中正隆五年詞賦進士第、調河南澠池主簿」。

(20)『山右石刻叢編』巻二五「陳規墓表」「曾大父某、大父某、父密、皆畜徳不耀晦跡農畝。公貴贈大父某官、父中議大夫。中議公娶梁氏、□生三子、長曰□、其季即公也。幼童遅不与余兒群、始知読書、月開日益、不煩戒飭。郷先生崔邦憲教以課試法、無幾何時、進業出諸生右。始任戴冠、補州学生、提挙学校田彦実、以芸学聞天下、識公為遠器、徵登于門、俾誨其子。年廿有四、擢明昌五年進士第」。

(21) 前掲拙稿「科挙・学校政策の変遷からみた金代士人層」六頁を参照。
(22) 『金文最』巻二八「蔵書記」を参照。
(23) 松田孝一「河南淮北蒙古軍万戸府考」(『東洋学報』六八—三、一九八七)及び堤一昭「元代華北のモンゴル軍団長の家系」(『史林』七五—三、一九九二)を参照。
(24) 『甘水仙源録』巻六「棲真子李尊師墓碑」「時方進取、国制未定、戎馬営屯星散汾晋間、劫攘財物戕害人命、在所有之、有司莫敢誰何。歳庚寅、太宗皇帝南伐、……」。
(25) 「平昔著述謙藁、乱後所存無幾、独其始終大節表表、在人耳目者如此。配潁川郡君蘇氏、先公卒、趙氏没於乱。蘇氏三子、男一人、汴至燕而亡。女二人、長嫁寧氏子南容。次嫁燕人趙遵周、遵周卒、為女冠師。今葬公者是也。二姪知柔・知剛、早以公廕仕、相次以没」。
(26) 山西省考古研究所編『平陽金墓磚彫』(山西人民出版社、一九九九)「緒言」を参照。
(27) 山西省考古研究所「山西稷山金墓発掘簡報」(『文物』一九八三—一)五六頁を参照。
(28) 牧野修二『元代勾当官の体系的研究』(大明堂、一九七九)「結語」を参照。
(29) 前掲牧野『元代勾当官の体系的研究』一六七～一七九頁を参照。
(30) 「北海高君照磨於淮安路之明年、請於余曰、「……則吾家世力農、不楽仕進。今世道昇□、□官者多賢俊、苟無人焉、将何以大門閭而庇宗族乎。於是備資装、遣余詣京師、習吏事。以次転大都路吏、進□州吏目、満以将仕佐□授今職」。
(31) 「伯益、名執謙、大名人。生数歳、入郷校、旬月中已能習尽群児所読書、問難其師。……因勧其父某、送詣郡学、未数月、又絀其同舎生如郷校。及長、其父資之游京師、時中書平章卜灰木・翰林承旨唐公有重名当世、以人材為已任。一見伯益、皆曰、「奇材也」。不敢以進用常秩浼伯益、将言於上択館閣優重地薦之。久之、不得如二公志、尚方符宝典書。満三年、当得四品官、即以伯益為符宝典書、三年竟不得四品官。二公相継去世、無為伯益言者。柳唐佐為言於張子有平章、平章事隆福宮、最貴近而雅好文士、礼伯益為上客、留署其府、為徽政院照磨。調真定録事・陵州判官、改将作院照磨」。
(32) 松田孝一「元朝期の分封制——安西王の事例を中心として——」(『史学雑誌』八八‐八、一九七九)六四～六九頁を参照。
(33) 陳高華「大蒙古国時期的東平厳氏」(『元史論叢』六、一九九六)を参照。

（34）同治『稷山県志』巻八「段氏阡表並銘」「成己已登至大《ママ》進士第、主宜陽簿。及内附、朝廷特授平陽提挙学校官、不起」、成化『山西通志』巻一五「贈太平尹西渓先生段君墓表」「世皇興起斯文、璽書即家拝平陽等路提挙学校官、竟弗居職」。

（35）宮紀子「叡山文庫所蔵の『事林広記』写本について」（『史林』九一—三、二〇〇八）二六頁を参照。

（36）「先生雖已能読書、通大義、恒恐世学不嗣、感激或至泣下。欲従菊軒卒業、重違温凊。母夫人察其意、勉以好学為段氏福。菊軒亦嘉其志、楽以啟告。先生遂肆力於学、至忘寝食。経史要義、必手籍之。始猶攻辞芸、至是尽棄去、求古聖賢問学之本、究関洛考亭之伝。……菊軒深器之、嘗曰是能世吾家者」。

（37）前掲拙稿「金初華北における科挙と士人層」を参照。

（38）「大徳八年、思真隷職国史院、承旨閻文公訪河東文献故家。時遯庵有瑕已没、以芹渓与先生並薦於朝、皆授校官。故芹渓得河中、先生得晉寧」。

（39）『元史』巻二七英宗本紀一「延祐三年十二月丁亥、立為皇太子、授金宝、開府置官属。監察御史段輔・太子詹事郭貫等首請近賢人択師傅、帝嘉納之」。

（40）同治『稷山県志』巻八「段氏阡表並銘」「嗟夫、昔宋失中原、文献墜地。蓋為金者、百数十年、材名文芸之士、相望乎其間。至明道正誼之学、則或鮮者矣。及其亡也、禍乱尤甚、斯民之生存無幾。況学者乎。而河東段氏之学、独行乎救死扶傷之際、卓然一出於正。不惑於神怪、不画於浮近、有振俗立教之遺風焉」。

（41）前章で挙げた類型C⑤平陽陳氏は稷山段氏と同じく、北宋代から官員を輩出し続けた家系であるが、その出仕形態はやはり北宋代・金代は科挙、モンゴル時代は縁故・吏職の組み合わせとなり、新たな状況・制度への速やかな適応が看取される。

（42）『元典章』礼部巻四典章三一学校一「科挙條制」を参照。

（43）「士出門持数幅紙、始終綴文才十一首、即得美官、抜出民上矣。彼輩金舟粟費以万計得一命、尋復奪之、而吾一毫無費也。胥吏輩自執役幾転而得祿、少不下二十年始出官、而吾自郷試至竣事才十月爾。則吾之報称、宜何如哉」。

（44）植松正「元代江南の地方官任用について」（『元代江南政治社会史研究』汲古書院、一九九七。初出は『法制史研究』三八、一九八九）二五六〜二五九頁を参照。

（45）『元史』巻二五仁宗本紀延祐元年十月乙未「勅、吏人転官、止従七品、在選者降等注授」。

(46)『元史』巻二九泰定帝本紀至治三年十二月乙酉条「〔乙酉、〕定吏員出身者秩正四品」。
(47)『元史』巻八一選挙志一科目「若夫会試下第者……」以下を参照。
(48)『元史』巻八一選挙志一科目「泰定元年三月……」以下を参照。
(49)前掲牧野『元代勾当官の体系的研究』第五章「令史と掾史」を参照。
(50)王建軍『元代国子監研究』（澳門周刊出版有限公司、二〇〇三年）三一一～三一二頁を参照。
(51)前掲植松「元代江南の地方官任用について」、李治安「元代郷試与地域文化」（『元代文化研究　国際元代文化学術研討会専輯』一、北京師範大学出版社、二〇〇一）を参照。
(52)拙稿「金元代華北における外来民族の儒学習得とその契機——モンゴル時代華北駐屯軍所属家系の事例を中心に——」（『中国—社会と文化』二二、二〇〇七）を参照。
(53)「今通事等天下凡三千三百二十五名、歳余四百五十六人。玉典赤・太医・控鶴、皆入流品。又路吏及任子其途非一。今歳自四月至九月、白身補官受宣者七十二人、而科挙一歳僅三十余人」。
(54)前掲王建軍『元代国子監研究』二九四～三三三頁を参照。
(55)同治『稷山県志』巻五人物志・明「段密、……克己五世孫。洪武中、任本県学訓導、陞秦州典宝。所著有衡斎集」。
(56)『元史』巻八三選挙志三三選挙三銓法中を参照。
(57)前掲拙稿「科挙・学校政策の変遷からみた金代士人層」一四頁を参照。

宋代史研究会の歩み

回	発表者	報告内容	日時・場所
32	［唐代史研究会・宋代史研究会夏期合同研究会「石刻史料からみた唐宋元の社会と文化」］		06・8・1〜3 ホテル信濃プリンスシラカバ（長野県茅野市）
	肥田路美	「石刻史料としての摩崖造像」	
	劉浦江	「契丹名字研究——文化人類学視野下的父子連名制」	
	森田憲司	「石刻の史料的特性と課題：元朝の題名の場合」	
	須江隆	「宋代石刻の史料的特質と研究手法」	
	渡邊孝	「石刻史料より見た唐末〜五代初藩鎮軍制の基礎的考察と整理」	
	石見清裕・高橋継男	「唐代墓誌史料の概観」	
33	小路口聡	「「人に忍びざる政」の可能性について——朱熹・性善説・死刑——」	07・8・22〜24 九殿浜温泉ひみのはな（富山県氷見市）
	山根直生	「宋代史研究会　第九研究報告集『「宋代中国」の相対化（仮）』」	
	毛利英介	「11世紀　ユーラシア東方における北宋の国際的地位について——宋麗通交再開を手がかりに——」	
	藤原崇人	「蕭妙敬と徒単太后——契丹（遼）仏教継承の一過程——」	
	飯山知保	「10—14世紀　山西社会と科挙制度——稷山段氏の変遷を中心として——」	
	寺地遵	「南宋政治史研究三十年」	08・8・18〜20

34

清水浩一郎「南宋高宗朝の「太后」孟氏について」
樋口能成「茶寇は茶商か――茶寇よりみた南宋長江中流域の社会と経済――」
藤本猛「徽宗朝・崇寧五年正月の政変」
包偉民「宋孝宗〝臧否〟試述」

湧水千石の郷（福岡県福岡市）

編集後記

本報告集の企画としての始動は二〇〇五年十月のことであった。前編集委員から託された方針はただ一点、執筆陣・編集委員の双方に（第八集から引き続き編集を担当して下さる久保田氏をのぞき）従来よりも若い世代を当てること、のみであったが、折しも「にんぷろ」こと特定領域研究「東アジアの海域交流と日本伝統文化の形成――寧波を中心とする学際的創生――」の開始直後であり、本書独自の方向性をどう設定するか、悩ましく思われた。

編集委員・執筆者の候補として何人かの方々をお誘いしていった当初、企画原案として私が示したのは、宋代史研究に関する近十年の回顧と展望、といったものであった。学際的な「にんぷろ」に対し、宋代史研究そのものから出発してこれを再考する企画を、と愚考したのだが、若手の起用という基本方針との不適合や内容の不鮮明さは否めず、相次いでお断りの返事をいただく結果となった。その後、現在のテーマへと改まっていったのは、飯山・高井・山崎三氏の編集委員としての参加による企画の深化をうけてのことである。先の曖昧なテーマを示され困惑されたであろう方々に対しては、この場を借りてお詫びしたい。あえてこの一文を記させていただいた所以である。

完成した本書の内容を見ると、先の原案に対しても期せずして第Ⅰ部・第Ⅱ部の諸論文がはるかに実証的・生産的な視野から応えてくださり、第Ⅲ部では「にんぷろ」の目指す「海の世界」からする新たな展望に対置・接合しうる「陸の世界」からのそれが示されようとしている。これも他の編集委員・執筆者の方々、そして一人一人お名前は出さないが、本書の企画段階でご意見下さった方々のご協力によるものである。心から感謝申し上げたい。

二〇〇九年四月三十日

山根直生

［付記］

本書初校の到着を待っていた二〇〇九年三月末、津田（高橋）芳郎先生の突然の訃報に接した。中国出張中に体調を崩され、同月二十二日、北京にて永眠されたとのことであった。享年五十九歳。あまりにも早すぎる死であり、告別式への参加もかなわなかった我々には今なお実感がない。研究会の場などで聞かせていただいた、快活・明晰なお声が思い出されるばかりである。おそらく、先生を知る多くの方々の思いも同様ではなかろうか。

宋代史研究における先生の功績については、ここに繰り返すまでもなく、またここに書き尽くせるものでもない。今夏の宋代史研究会合宿では、先生のご研究をふまえた特集が企画される予定とも聞く。しかし、昨年度からの宋代史研究会代表世話人への就任にあたり、先生が記された以下の一文については、あえていま紹介させていただきたい。

昨今の状況を見聞きしますと、全国的に宋代史を志す若者は減少傾向にあるようです。（中略）しかし宋代史に限らず歴史学は所詮個人の認識の学問ですから周知の史料も使いよう、そして斬新な発想や構想こそが最も大切なのではないでしょうか。別に根拠があるわけではありませんが、私には近々そうした新鮮かつ奇抜な研究が出てきそうな予感がします。……

（宋代史研究会 newsletter 2007。先生ご自身による日付は二〇〇八年一月とある）

編集委員一同、本書がこの「予感」に応えられるものとなっていることを願うとともに、宋代史研究会研究報告集としてのこれを、代表世話人である津田先生のご霊前に謹んでお捧げしたい。あの流暢な中国語で、天上の宋人とも尽きぬ議論を楽しまれていることを夢想しつつ、改めてご冥福をお祈りします。

執筆者紹介

飯山知保（いいやま　ともやす）一九七六年生。早稲田大学文学学術院助教。「金元代華北社会における在地有力者――碑刻からみた山西忻州定襄県の場合――」（『史学雑誌』一一二―四、二〇〇三）、「科挙・学校政策の変遷からみた金代士人層」（『史学雑誌』一一四―一二、二〇〇五）、「『運使郭公言行録』の編纂と或るモンゴル時代吏員出身官僚の位相」（『東洋史研究』六七―二、二〇〇八）。

久保田和男（くぼた　かずお）一九六二年生。長野工業高等専門学校教授。『宋代開封の研究』（汲古書院、二〇〇七）、「北宋徽宗時代と首都開封」（『東洋史研究』、第六三巻第四号、二〇〇五）、「北宋の皇帝行幸について」（『宋代社会の空間とコミュニケーション』汲古書院、二〇〇六）、「宋代の「畋獵」をめぐって」（『古代東アジアの社会と文化』、汲古書院、二〇〇七）。

高井康典行（たかい　やすゆき）一九六七年生。早稲田大学文学学術院・日本大学文理学部非常勤講師。「オルド（斡魯朶）と藩鎮」（『東洋史研究』第六一巻第二号、二〇〇二）、「遼代の遼西路について」（『古代東アジアの社会と文化』、汲古書院、二〇〇七）、「頭下州軍の官員」（『遼金西夏研究の現在』一、東京外国語大学アジア・アフリカ言語文化研究所、二〇〇八）。

山崎覚士（やまざき　さとし）一九七三年生。佛教大学文学部准教授。「五代の道制――後唐朝を中心に――」（『東洋学報』八五―四号、二〇〇四）、「唐末杭州における都市勢力の形成と地域編成」（『都市文化研究』七号、二〇〇六）、「九世紀における東アジア海域と海商――徐公直と徐公祐――」（『人文研究』五八巻、二〇〇七）、「貿易と都市――宋代市舶司と明州――」（『東方学』一一六輯、二〇〇八）。

山根直生（やまね　なおき）一九七三年生。福岡大学人文学部准教授。「唐宋間の徽州における同族結合の諸形態」（『歴史学研究』八〇四、二〇〇五）、「静海・海門の姚氏――唐宋間、長江河口部の海上勢力」（『宋代の長江流域　宋代史研究会研究報告第八集』、汲古書院、二〇〇六）、「宋元明の徽州における黄墩移住伝説」（『九州大学東洋史論集』三六号、二〇〇八）。

宮崎聖明（みやざき　としあき）一九七三年生。北海道大学大学院文学研究科専門研究員。「北宋前期における官制改革論と集議官論争――元豊官制改革前史」（『東洋学報』八六―三、二〇〇四）、「元豊官制改革の施行過程について」（『史朋』三七、二〇〇四）。

塩卓悟（しお　たくご）一九六八年生。関西大学・佛教大学・聖トマス大学講師。（共編）『訳注太平広記婦人部』（汲古書院、二〇〇四）、「唐宋代の屠殺・肉食観――『太平広記』『夷堅志』を手掛かりに――」（『史泉』一〇五、二〇〇七）、「唐宋文言小説と内藤湖南――『太平広記』を中心に」（『アジア遊学』一〇五、二〇〇七）。

劉浦江（リゥ　プージャン、Liu Pujiang）一九六一年生。北京大学歴史学系教授。「再論阻卜与韃靼」（『歴史研究』二〇〇五―二）、「契丹名、字初釈――文化人類学視野下的父子連名制」（『文史』二〇〇五―三）、『金中都〝永安〞考』（『歴史研究』二〇〇八―一）。

小林隆道（こばやし　たかみち）一九七八年生。早稲田大学文学研究科博士後期課程在籍。「宋代の広域区画（路）について」（『史滴』二五、二〇〇三）、「北宋期における路の行政化――元豊帳法成立を中心に――」（『東洋学報』八六―一、二〇〇四）、「宋代「備准」文書と情報伝達――朱熹『紹熙州県釈奠儀図』「文公潭州牒州学備准指揮」の分析から――」（『九州大学東洋史論集』三七、二〇〇九）。

渡辺健哉（わたなべ　けんや）一九七三年生。東北大学大学院文学研究科助教。「元の大都形成過程における至元二〇年九月令の意義」（『集刊東洋学』九一、二〇〇四）、「大都研究の現状と課題」（『中国―社会と文化』二〇、二〇〇五）、「元の大都の形成――「中国の王権と都市」によせて」（『中国の王権と都市――比較史の観点から――』大阪市立大学大学院　都市文化研究センター、二〇〇七）。

武田和哉（たけだ　かずや）一九六五年生。奈良市教育委員会奈良市埋蔵文化財調査センター技術職員（学芸員）。「蕭孝恭墓誌より見た契丹国（遼朝）の姓と婚姻」（『内陸アジア史研究』二十、二〇〇五）、「契丹国（遼朝）における宮都の基礎的考察」（『条里制・古代都市研究』二十一、二〇〇六）、「平城京　都城の発展」（『都城　古代日本のシンボリズム』、青木書店、二〇〇七）。

毛利英介（もうり　えいすけ）一九七八年生。日本学術振興会特別研究員（PD・京都大学）。「一〇七四から七六年におけるキタイ（遼）・宋間の地界交渉発生の原因について」（『東洋史研究』六二―四、二〇〇四）、「澶淵の盟の歴史的背景」（『史林』八九―三、二〇〇六）、「一〇九九年における宋夏元符和議と遼宋事前交渉」（『東方学報』八二、二〇〇八）。

藤原崇人（ふじわら　たかと）一九七三年生。大谷大学真宗総合研究所協同研究員。「遼代興宗朝における慶州僧録司設置の背景」（『仏教史学研究』四六―二、二〇〇三）、「元代華北における僧官の設置形態」（『内陸アジア史研究』二〇、二〇〇五）、『草原の王朝・契丹国（遼朝）の遺跡と文物』（共著、勉誠出版、二〇〇六）。

豊島悠果（とよしま　ゆか）一九七九年生。東京大学次世代人文学開発センター研究員、法政大学非常勤講師。「高麗前期の冊立儀礼と后妃」（『史学雑誌』一一四編一〇号、二〇〇五）、「高麗時代の婚姻形態について」（『東洋学報』八八巻四号、二〇〇七）、「一一一六年入宋高麗使節の体験――外交と文化交流の現場――」（『朝鮮学報』二一〇輯、二〇〇九）。